W9-CDY-862

WIE GEHT'S?

AN INTRODUCTORY GERMAN COURSE

Dieter Sevin Vanderbilt University

Ingrid Sevin Belmont College

Katrin T. Bean Vanderbilt University

HOLT, RINEHART AND WINSTON   New York   San Francisco   Toronto   London

Photo Credits *(by page number)*

Ingrid Sevin: 6, 7, 17, 25, 27, 44, 71, 91, 109 (3), 130, 154, 157, 159, 165, 172, 174, 175, 193, 200, 288 (2), 305, 355.   Monkmeyer: 8 (Shelton), 77 (Reichmann), 95 (Kolda), 279 (Shelton), 339 (Reichmann).   German Information Center: 12, 48, 79 (2), 168, 233, 251, 252, 293, 295.   Helena Kolda: 31 (2), 32 (3), 251.   Peter Menzel: 34, 57, 68, 166, 173, 253, 277, 293, 305, 326.   Presse und Informationsamt der Bundesregierung: 70, 71, 74, 78, 140, 141, 157, 175, 203, 212, 229 (2), 235, 264, 295, 308, 309, 311, 325, 327, 337, 350.   Österreichische Fremdenverkehrswerbung: 75, 95, 98, 106, 109, 136 (2), 123, 137, 168, 189, 203, 230, 277, 322.   Dieter Nübler: 89, 90, 217.   Landesverkehrsamt Salzburg: 93.   Fremdenverkehrsamt München: 108, 153 (2), 218.   Internationes: 130, 201, 267, 301.   Bild/VSW: 213.   Kurt Cerny: 217.   HRW: 233, 262, 364.   Port Authority/N.J.: 353.   Bettmann Archives: 364.   New York Public Library: 352.

Cover slides (Stuttgart Shopping Mall): German Information Center

Illustrations

(by page number): 2, 3, 6, 13, 15, 16, 18, 20, 21, 23, 28, 29, 35, 38, 40, 41, 43, 46, 51, 56, 61, 94, 127, 145, 146, 147, 232, 265, 292 by Lana Giganti

Library of Congress Cataloging in Publication Data

Sevin, Dieter.
Wie geht's?: An Introductory German Course.
   Includes index.
   1. German language—Grammar—1950-   I. Sevin,
Ingrid, joint author.   II. Bean, Katrin T., joint
author.   III. Title
PF3112.S4   79-23082
ISBN 0-03-043516-1

Copyright © 1980, by Holt, Rinehart and Winston
Printed in the United States of America
All Rights Reserved
0 1 2 3 4 5   032   9 8 7 6 5 4 3 2 1

INHALTSANGABE (Table of Contents)

346-7386

PREFACE

The guiding principle in the development and writing of WIE GEHT'S? was the creation of an introductory German text that would be flexible, practical and appealing in format, organization and presentation while focusing on the essential elements of effective communication. All four skills (listening comprehension, speaking, reading, and writing) are practiced as the student is introduced to various aspects of life in the German-speaking countries. The double meaning of the title reflects the double goal of the book: to show how the language works and to show the language at work. It implies that explaining how the language works is not an end in itself but only a means of achieving communicative competence in natural, modern German. The flexible organization of WIE GEHT'S? should lend itself easily to various individual teaching styles and student backgrounds. The book has been successfully class-tested by several instructors at Vanderbilt University.

WIE GEHT'S? is divided into nine pre-units (*Schritte*), sixteen chapters (*Kapitel*), and five review sections (*Rückblicke*). It is complemented by a set of tapes, a laboratory manual/workbook, and an instructor's manual.

Schritte 1-9

The purpose of these pre-units is to guide the students along their first steps in German through intensive oral practice of easily assimilated vocabulary, common phrases and idioms. For easier learning, this vocabulary is grouped around familiar, every-day topics. Grammatical concepts are avoided during the first two or three weeks, until the first review section, which follows the ninth pre-unit. By that time, the students will be able to communicate with each other on an elementary level. The resulting feeling of accomplishment will let them proceed with confidence to the main chapters.

Chapter Organization

I. GESPRÄCHE.

One or two short dialogues, written in conversational German, introduce the chapter topic. Students are not expected to memorize these dialogues but rather to use them as models for conversations. The expressions in boldface are to be learned actively. The English translation(s) as well as relevant cultural notes also follow the dialogue(s).

Mündliche Übung. These oral exercises drill useful idioms and phrases, found in the preceding dialogue(s) and in the topical vocabulary list which follows. They help students successfully assimilate the chapter vocabulary and practice correct pronunciation.

Wortschatz. Important active vocabulary words pertaining to the particular topic are presented. They are limited to about forty-five words per chapter. Especially in the earlier chapters, the focus is on practical topics such as foods, shopping, eating out, travelling and so on. For easier mastery, the vocabulary is arranged by subtopics, and nouns are listed in alphabetical order according to gender. Usefulness in every-day speech was the crite-rion for their selection. The frequency lists by J. Alan Pfeffer, Hans-Hein-rich Wängler, Marjorie Tussin and Jon Zimmermann were used as refer-ences.

Zum Thema. This section consists of various communication exercises, such as personalized questions and suggestions for student interviews. They are designed for additional practice of the new vocabulary and idioms.

II. STRUKTUR.

In each chapter, two to three major grammar points are introduced. The explanations are clear and concise and are presented without undue em-phasis on structural complexities. Little class time should be required for additional explanation and thus most of the time can be devoted to practice. Charts and tables as well as abundant example sentences are used to il-lustrate all explanations.

Übungen. A variety of exercises follows each major grammar point. These exercises provide ample practice of all grammar principles presented. The chapter vocabulary, as well as that of previous chapters, is recycled throughout. Those exercises appearing under the heading *Zusammenfas-sung* practice all the new structures and all the vocabulary of the chapter. They are designed to check for total mastery of the chapter material rather than of individual items. The exercises can be done orally or in writing.

III. EINBLICKE.

At the end of each chapter we have included a reading passage which deals with the chapter theme, provides additional examples of grammar usage, uses the chapter vocabulary and above all presents a relevant, up-to-date view of one or more aspects of the German-speaking world. A variety of writing styles is represented (the essay, the interview, a radio commentary etc.). Cognates and other easily recognizable words precede the reading in a short *Was ist das?* section. It is advisable to read through these words and to discuss them with students before tackling the reading. Words needed on a purely passive basis (for recognition only) are glossed in the margin.

Vokabeln. Limited to about fifteen words, this short list follows the reading text and provides basic common vocabulary related to the reading.

Übrigens. Cultural notes, in English, follow both the opening dialogue(s) and the reading. They provide, where appropriate, additional information related to a topic presented in the reading.

Fragen and Aufsatz. Comprehension questions and personalized questions follow the reading. The *Aufsatz* presents topics for composition. Both of these final exercises are designed to encourage students to express their thoughts, in German, on the chapter theme.

Reviews

Grammatical summaries (*Rückblicke*) appear after the ninth pre-unit, chap-ters three, seven, eleven and fifteen. They are designed to review both structures and vocabulary, and to help students see the grammar in a larger structural context. Exercises are included so that students may check for mastery of a wide variety of grammar and vocabulary on an ongoing basis.

Appendix

The appendix consists of:

1. a complete pronunciation section giving all German sounds, an explanation of how to pronounce them correctly, sample words showing the sounds in question and contrasting examples comparing the new sounds to previously mastered ones.

2. a table of sample verb forms and a list of principal parts of irregular verbs.

3. a complete *German/English End Vocabulary* encompassing all words appearing in the text. For the active words (approximately 1350) the first occurrence of the word in the text is indicated. An *English/German* End Vocabulary is provided to help students with the topics for composition.

Index

A complete grammar index allows for quick access to specific grammar points.

Tape Program and Laboratory Manual/Workbook

The tape program and its corresponding laboratory manual (*Im Labor und Zu Hause*) provide additional opportunity for students to practice listening, speaking and writing skills.

The tapes. There are two laboratory sessions for each chapter of the text. The tapes include a section of the *Gespräche*; new and graded grammar exercises for each of the grammar topics covered in the corresponding chapter of the main text; listening comprehension exercises; pronunciation practice; and thematic dictations. Most grammar exercises are four-phased, that is, the correct response is given and the students are requested to repeat it for immediate reinforcement.

The Laboratory Manual/Workbook. Entitled *Im Labor und Zu Hause*, this supplement is made up of two sections. The first is the guide to the tape program. It provides:—the instructions and examples for all grammar exercises;—the pronunciation exercises; and—room to give written responses where needed. The second is a workbook section which focuses on vocabulary building, structure and cultural enrichment. At least one exercise for each chapter is based on visual stimuli and requires students to identify objects, interpret what they see, and use the vocabulary in an active manner. The answers for the workbook material appear at the end of the Manual so that students may use this section for self-study.

Instructor's Manual

The instructor's Manual provides professors with detailed suggestions for teaching with this text. It includes sample lesson plans, sample tests and quizzes. Scheduling, based on the quarter system and the semester system, for classes meeting three, four or five times a week is indicated. Sugges-

tions for coordinating the *Guten Tag* film series with this text are also
provided.

Summary of special features

□ Nine pre-units which provide a unique initiation to German

□ Topical organization and thorough thematic integration within each chapter

□ Vocabulary:—carefully controlled and recycled throughout the text
　　　　　　　—divided into active and passive words
　　　　　　　—arranged thematically and alphabetically by gender

□ Dialogues in lively and colloquial German

□ Concise grammar presentations focusing on communication and making abundant use of charts and sample sentences.

□ Numerous exercises requiring the use of all four skills

□ Translation exercises

□ 5 summary grammar sections designed for review and for reference.

□ Cultural notes

□ Tape program and Laboratory Manual/Workbook providing additional exercises for all material presented in the main text

□ Instructor's Manual with detailed teaching suggestions, sample tests and lesson plans

Acknowledgments

We would like to thank the following professors who reviewed the manuscript for this text during its various stages of development:

John Austin, *Georgia State University*
Gerald Cerwonka, *Syracuse University*
Alan Galt, *University of Cincinnati*
Henry Geitz, Jr., *University of Wisconsin, Madison*
Arnold Hartoch, *University of Illinois, Chicago Circle*
Horst Huber, *College of Du Page*
Robert Kyes, *University of Michigan, Ann Arbor*
Richard Rogan, *Northern Illinois University*
William Sullivan, *California State University, Sacramento*
Curtis W. Swanson, *California State University, Fullerton*

We would like to express our appreciation to Marilyn Hofer for her perseverance and diligence in guiding the text through its various stages and to Clifford Browder for the careful reading of the manuscript and many valuable suggestions.

Dieter Sevin
Ingrid Sevin
Katrin T. Bean

WIE GEHT'S?

SCHRITT 1

> Read the dialogues out loud until you can do so fluently, with good pronunciation and intonation. All phrases **in bold** are expected to become part of your active vocabulary.

HERR FIEDLER:	**Guten Tag!**
FRÄULEIN KLEIN:	Guten Tag!
HERR FIEDLER:	**Ich heiße** Fiedler, Heinz Fiedler. Und Sie, **wie heißen Sie?**
FRÄULEIN KLEIN:	Ich heiße Klein, Erika Klein.

HERR MEIER:	**Guten Morgen**, Frau Otte! **Wie geht es Ihnen?**
FRAU OTTE:	**Danke**, gut. Wie geht es Ihnen?
HERR MEIER:	Danke, **es geht mir** auch **gut**.

HELGA:	**Guten Abend**, Ute. **Wie geht's?**
UTE:	Ach, so so. Nicht besonders gut.
HELGA:	**Was ist los?**
UTE:	Ach, **ich bin müde. Bis morgen!**
HELGA:	**Auf Wiedersehen!**

[1]Gespräche-*dialogues*

MR. FIEDLER:	**Hello.**
MISS KLEIN:	Hello.
MR. FIEDLER:	**My name is** Fiedler, Heinz Fiedler. And you, **what's your name**?
MISS KLEIN:	My name is Klein, Erika Klein.

MR. MEIER:	**Good morning,** Mrs. Otte. **How are you?**
MRS. OTTE:	Fine, **thank you.** How are you?
MR. MEIER:	**I'm fine,** too, thank you.

HELGA:	**Good evening,** Ute. **How are you?**
UTE:	Oh, fair. Not very well.
HELGA:	**What's the matter?**
UTE:	Oh, **I'm tired. See you tomorrow.**
HELGA:	**Good-bye.**

MÜNDLICHE ÜBUNG (ORAL PRACTICE)

> These drills give you a chance to practice common patterns and the vocabulary of this chapter. Listen carefully to patterns and cues, and repeat the sentences until you can say them fluently.

1. Heinz Fiedler: **Ich heiße** Heinz Fiedler.
   Dieter Meier, Paula Otte, Erika Klein, Ute Bauer

2. Erika Klein: **Heißen Sie** Erika Klein?
   Helga Braun, Paula Otte, Dieter Meier, Heinz Fiedler

3. Dieter Meier: **Ja, ich heiße** Dieter Meier.
   Erika Klein, Heinz Fiedler, Ute Bauer, Helga Braun

4. Ute Bauer: **Nein, ich heiße nicht** Ute Bauer.
   Heinz Fiedler, Dieter Meier, Erika Klein, Paula Otte

5. Frau Otte: **Wie geht es Ihnen,** Frau Otte?
   Fräulein Klein, Herr Fiedler, Fräulein Bauer, Herr Meier

6. gut: **Es geht mir** gut.
   prima, wunderbar, nicht besonders gut, so so, schlecht

AUSSPRACHEÜBUNG
(PRONUNCIATION EXERCISE): a, e, i, o, u, er

> The words listed below are either familiar words, cognates (words related to English), or proper names (**Erika, Amerika**). In brackets you will find indications of pronunciation in a simplified phonetic spelling. The colon (:) following a vowel means that the vowel is long. See also the section on pronunciation in the appendix.

Hören Sie gut zu, und wiederholen Sie!
(Listen well and repeat.)

[a:] **A**bend; T**a**g, W**a**gen, Ban**a**ne; j**a**

[a] **A**rm; w**a**s, d**a**s, d**a**nke, H**a**nd

[e:] **E**rika; Am**e**rika, g**e**ht; T**ee**, S**ee**

[e] **e**s; schl**e**cht, H**e**lga, K**e**ller

[ə] *(unstressed e)* dank**e**, heiß**e**, Ott**e**; gut**e**n, Ab**e**nd, Ihn**e**n

[ʌ] *(final -er)* Diet**er**, Fiedl**er**, Mei**er**, Bau**er**, Wiederseh**er**

[i:] m**i**r, pr**i**ma, W**ie**dersehen; w**ie**, S**ie**

[i] **i**ch, **i**st; b**i**n, b**i**s, n**i**cht, Schr**i**tt

[o:] los, Rose, Ton, Boot; so so

[o]   **O**tte, oft, Morgen, besonders, Sommer

[u:] **U**te; gut, Gudrun, Nudel; Schuh

[u]   und; wunderbar, Gesundheit, Hunger, Butter

Note: 1. As you may have noticed, double vowels (**Tee**), vowels followed by **h** (**geht**), and the combination **ie** (**wie**) are long. Vowels followed by double consonants (**Schritt**) are short.

           2. Pay particular attention to word stress as you hear it from your instructor or the tape. For a while, you may want to mark words for stress.

WORTSCHATZ (VOCABULARY): GUTEN TAG UND AUF WIEDERSEHEN

> The vocabulary in this section, including the headings, is intended for active use. You are expected to master it and its spelling.

Wie geht's? How are you?
Wie geht es Ihnen?

der	**Herr**	Mr.; gentleman
das	**Fräulein**	Miss; young lady
die	**Frau**	Mrs.; woman

Guten Morgen!	Good morning.
Guten Tag!	Hello.
Guten Abend!	Good evening.
Wie heißen Sie?	What's your name?
Ich heiße _____.	My name is _____.
Was ist los?	What's the matter?
Ich bin müde.	I'm tired.
Es geht mir _____.	I'm (feeling) _____.
gut / schlecht	good, fine / bad
nicht (besonders) gut	not (especially) good
so so	fair
prima	great; neat
wunderbar	wonderful
ja / nein	yes / no
danke / bitte	thank you / please
und	and

Auf Wiedersehen!	Good-bye.
Bis morgen!	See you tomorrow. (Until tomorrow.)
Bis später!	See you later. (Until later.)

My name is _____.
Your name is _____.

ich -e	**ich heiße**
Sie -en	**Sie heißen**

—Auf Wiedersehen!

AUFGABE (ASSIGNMENT)

Prepare the assignment so that you can answer the questions fluently in class. Occasionally a model will help you with your preparation.

1. Wie heißen Sie?
2. Heißen Sie _____?
3. Wie geht es Ihnen?
4. Geht es Ihnen gut?
5. Was ist los?

SCHRITT 2

LEHRER: **Hören Sie** gut **zu**, und **antworten Sie auf deutsch! Das ist** das Buch. **Was ist das?**

KLASSE: Das ist der Bleistift. *pencil*

LEHRER: Richtig. **Wo ist** die Tafel, Fräulein Bauer?

HEIDI BAUER: Da.

LEHRER: **Machen Sie einen ganzen Satz, bitte!**

HEIDI BAUER: Da ist die Tafel.

LEHRER: Gut. **Wie ist** die Tafel, Herr Meyer?

ROBERT MEYER: **Wie bitte?**

LEHRER: **Welche Farbe hat** die Tafel?

ROBERT MEYER: Die Tafel ist schwarz.

KLASSE: Falsch! *quiet please*

LEHRER: Ruhe bitte! Herr Schmidt, ist das richtig?

KURT SCHMIDT: Nein, die Tafel ist nicht schwarz. Die Tafel ist grün.

LEHRER: Richtig. Herr Meyer, **wiederholen Sie** bitte!

ROBERT MEYER: Die Tafel ist grün.

LEHRER: Gut. **Für morgen lesen Sie** das Gespräch **noch einmal**, und **lernen Sie** die Vokabeln! Das ist alles.

Was ist los?

INSTRUCTOR: Listen carefully, and answer in German.
That is the book. What is that?

CLASS: That is the pencil.

INSTRUCTOR: Right. Where is the blackboard, Miss Bauer?

HEIDI BAUER: There.

INSTRUCTOR: Make a whole sentence, please.

HEIDI BAUER: There is the blackboard.

INSTRUCTOR: Good. What is the blackboard like, Mr. Meyer?

ROBERT MEYER: What did you say?

INSTRUCTOR: What is the color of the blackboard?

ROBERT MEYER: The blackboard is black.

CLASS: Wrong!

INSTRUCTOR: Quiet, please. Mr. Schmidt, is that right?

KURT SCHMIDT: No, the blackboard isn't black. The blackboard is green.

INSTRUCTOR: Right. Mr. Meyer, please repeat.

ROBERT MEYER: The blackboard is green.

INSTRUCTOR: Fine. For tomorrow read the dialogue once more, and learn the
vocabulary. That's all.

MÜNDLICHE ÜBUNG

A. Drill

1. der Tisch: **Das ist** der Tisch.

   der Stuhl, der Bleistift, der Kuli, das Heft, das Papier, das Bild, das Fenster, *chalk*→die Kreide, die Tür, die Tafel, die Wand

2. das Heft: **Wo ist** das Heft? **Da ist** das Heft. *notebook*

   der Kuli, die Kreide, das Bild, die Tür, der Tisch, die Wand, das Papier, der Bleistift, die Tafel, das Fenster

3. das Buch: **Ist das** das Buch? **Ja, das ist** das Buch.

   der Bleistift, das Fenster, die Wand, der Kuli, die Kreide

4. die Tafel: **Ist das** die Tafel? **Nein, das ist nicht** die Tafel.

   das Heft, der Tisch, das Papier, das Bild, der Bleistift

5. braun: **Wie ist das? Das ist** braun.

   blau, schwarz, weiß, gelb, *yellow* orange, grün, rot, grau, lila ← *colors*

6. der Bleistift: **Welche Farbe hat** der Bleistift?

   der Kuli, das Papier, das Buch, die Tafel, die Wand

B. Fragen und Antworten (Questions and Answers)

1. Ist das Papier weiß? **Ja, das Papier ist weiß.**

   Ist das Papier blau, das Buch gelb, die Tafel grün, die Kreide weiß, der Kuli rot, der Bleistift gelb?

2. Ist die Kreide grün? **Nein, die Kreide ist nicht grün.**

   Ist die Wand schwarz, die Tafel rot, der Bleistift weiß, das Buch grau, das Papier braun, das Heft grün?

3. Die Kreide ist weiß. Ist das richtig? **Ja, das ist richtig.**
   Die Tafel ist weiß. Ist das richtig? **Nein, das ist nicht richtig.**

   Das Papier ist weiß. Die Wand ist orange. Der Kuli ist lila. Das Heft ist blau. Das Buch ist schwarz. Der Tisch ist braun. Das Bild ist grau.

C. Kettenreaktion (Chain Drill)

Antworten Sie, und fragen Sie weiter! (Answer and ask your neighbor.)

   Hören Sie gut zu! **Ich höre gut zu. Hören Sie gut zu?**

   Lesen Sie! Wiederholen Sie! Antworten Sie auf deutsch! Lernen Sie das! Fragen Sie nicht!

AUSSPRACHEÜBUNG: ä, ö, ü, eu, äu, au, ei, ie

Hören Sie gut zu, und wiederholen Sie!

[e:]   Erika; geht, später, Gespräch, Bär

[e]   Helga, Keller, Bäcker, Wände, Hände, hängen

[ö:]   Öl, ölen; hören, Löwenbräu, Goethe

[ö]   öffnen, Ötker; Pöppel

[ü:]   Übung; für, müde, grün, Tür, typisch

[ü]   müssen, küssen, Müller

[oi]	deutsch, heute, Fräulein; Löwenbräu
[au]	auf; braun, Paula Bauer; blau, Frau
[ai]	Kreide, Bleistift, weiß, heißen, Heidi, Meyer, Bayer

Note: Pay special attention to the pronunciation of ei and ie (as in Eisenhower's niece).

| [ai] | eins; heißen, Heinz, Meier, Klein |
| [i:] | wie, Sie, Wiedersehen, Dieter, Fiedler |

WORTSCHATZ: KLASSENZIMMER UND FARBEN

1. In English the definite article has just one form: **the**. The German singular definite article has three forms: **der, das, die**. Some nouns take **der** (we call these nouns masculine), some take **das** (we call them neuter), and some take **die** (we call them feminine). This distinction is a grammatical one and has little to do with biological sex, although it is true that most nouns referring to females are feminine and most referring to males are masculine.

2. In German, the plurals of nouns are formed in a variety of ways which are for the most part unpredictable. You must therefore learn the plural together with the article and the noun. Plurals are given in an abbreviated form following the singular forms of nouns. The following are the most common plural abbreviations:

das Fenster,- / die Fenster   die Wand,-̈e / die Wände   die Tafel,-n / die Tafeln
das Bild,-er / die Bilder   die Tür,-en / die Türen   der Kuli,-s / die Kulis
das Heft,-e / die Hefte

When the noun is not followed by one of the plural endings, either it does not have a plural, or the plural is used very rarely. Plurals do not show gender differences; their article is **die**.

das Klassenzimmer,- classroom
die Klasse,-n class

der	**Bleistift,-e**	pencil
	Kuli,-s	pen
	Lehrer,-; die Lehrerin,-nen	teacher
	Satz,-̈e	sentence
	Stuhl,-̈e	chair
	Tisch,-e	table
das	**Bild,-er**	picture
	Buch,-̈er	book
	Heft,-e	notebook
	Fenster,-	window
	Papier	paper
	Wort,-̈er	word

die Antwort,-en	answer
Aufgabe,-n	assignment
Frage,-n	question
Kreide	chalk
Tafel,-n	blackboard
Tür,-en	door
Wand,-̈e	wall

die Farbe,-n color

blau	blue
braun	brown
gelb	yellow
grau	gray
grün	green
lila	purple
orange	orange
rot	red
schwarz	black
weiß	white

COLORS

Redewendungen und Sonstiges (Idioms and Other Things)

Das ist (nicht) _____.	That is (not) _____.
Was ist das?	What is that?
Wo ist _____?	Where is _____?
Wie ist _____?	What is _____ like? (Asks for a description.)
Welche Farbe hat _____?	What is the color of _____?
Wie bitte?	What did you say? Could you say that again?
Hören Sie zu!	Listen.
Antworten Sie!	Answer.
Fragen Sie!	Ask.
Lesen Sie!	Read.
Lernen Sie!	Learn.
Wiederholen Sie!	Repeat.
Machen Sie einen ganzen Satz!	Make a whole sentence.
da	there
richtig / falsch	right / wrong
für morgen	for tomorrow
noch einmal	once more, again
auf deutsch	in German

SEIN	to be
ich bin	I am
es ist	it is
Sie sind	you are

WIEDERHOLUNG (REVIEW)

A. Kettenreaktion

Antworten Sie, und fragen Sie weiter!

1. Wie heißen Sie _____? Ich heiße _____.
2. Heißen Sie _____? Ja, ich heiße _____.
   Nein, ich heiße nicht _____.
3. Wie geht es Ihnen? Danke, gut.
   Nicht besonders gut.
4. Geht es Ihnen gut? Ja, es geht mir gut.
   Nein, es geht mir nicht gut.

B. Fragen

Antworten Sie auf deutsch!

1. Heißen Sie Paula Otte? Heinz Fiedler?
2. Wie heißen Sie?
3. Geht es Ihnen prima?
4. Geht es Ihnen schlecht?
5. Sind Sie müde?
6. Ich sage (say) „Guten Tag!" Was sagen Sie?
7. Ich sage „Auf Wiedersehen!" Was sagen Sie?

AUFGABE

1. Was ist der Artikel von (of) Tür? **Der Artikel von Tür ist „die".**
   Tisch, Stuhl, Bleistift, Heft, Kuli, Kreide, Tafel, Buch, Papier, Wand, Fenster,
   Bild, Frage, Antwort, Satz, Wort

2. Was ist der Plural von Kuli? **Der Plural von Kuli ist „Kulis".**
   Bleistift, Bild, Wand, Tür, Tafel, Tisch, Heft, Buch, Stuhl, Fenster, Frage, Satz

3. Was ist hier (here) grün? **Die Tafel ist grün.**
   rot, grau, braun, blau, weiß, gelb, orange, lila, schwarz

4. Welche Farben hat das Deutschbuch?

5. Welche Farben lieben (love) Sie? (Ich liebe _____.)

SCHRITT 3

Passen Sie auf! | **GESPRÄCH**

LEHRER: Herr Schuster, **gehen Sie** bitte **an** die Tafel!

RALPH SCHUSTER: Wie bitte?

LEHRER: **Passen Sie** bitte **auf**! Ich sage es noch einmal. Gehen Sie bitte an die Tafel! **Verstehen Sie** das?

RALPH SCHUSTER: Ja.

LEHRER: **Nehmen Sie** die Kreide, und **schreiben Sie**: groß, klein! Danke! Fräulein Springer, beschreiben Sie **Ihre** Jacke!

EVI SPRINGER: **Meine** Jacke ist rot.

LEHRER: Richtig. **Was noch?**

EVI SPRINGER: Meine Jacke ist neu und leicht.

LEHRER: Sehr gut. Ist Ihre Bluse auch neu, Fräulein Stein?

BARBARA STEIN: Meine Bluse und mein Rock sind neu.

LEHRER: Bitte, **sprechen Sie laut! Sagen Sie** das noch einmal!

BARBARA STEIN: Meine Bluse und mein Rock sind neu.

LEHRER: Sehr gut. Bitte **öffnen** Sie das Buch **auf Seite** drei! Lesen Sie! Herr Schuster, wo ist Ihr Buch?

RALPH SCHUSTER: **Ich weiß nicht.**

INSTRUCTOR:	Mr. Schuster, please **go to** the blackboard.
RALPH SCHUSTER:	Excuse me?
INSTRUCTOR:	Please **pay attention**. I'll say it again. Go to the blackboard, please. **Do you understand** that?
RALPH SCHUSTER:	Yes.
INSTRUCTOR:	**Take** the chalk and **write**: large, small. Thank you. Miss Springer, describe **your** jacket.
EVI SPRINGER:	**My** jacket is red.
INSTRUCTOR:	Right. **What else?**
EVI SPRINGER:	My jacket is new and lightweight.
INSTRUCTOR:	Very good. Is your blouse also new, Miss Stein?
BARBARA STEIN:	My blouse and my skirt are new.
INSTRUCTOR:	Please, **speak up. Say** that again.
BARBARA STEIN:	My blouse and my skirt are new.
INSTRUCTOR:	Very good. Please **open** the book **to page** three. **Read.** Mr. Schuster, where is your book?
RALPH SCHUSTER:	**I don't know.**

MÜNDLICHE ÜBUNG

A. Drill

1. die Tafel: **Bitte gehen Sie an** die Tafel!
   das Fenster, die Tür, die Wand

2. die Kreide: **Nehmen Sie** die Kreide!
   das Papier, das Bild, das Heft, das Buch

3. das Buch: **Öffnen Sie** das Buch!
   die Tür, das Fenster, das Heft

4. laut: **Sprechen Sie bitte** laut!
   nicht so laut, langsam, nicht so schnell, Deutsch, Englisch

5. der Schuh: **Das ist** der Schuh.
   die Bluse, die Jacke, der Pulli, das Hemd, die Hose, der Rock, der Mantel

6. mein Pulli / Ihr Pulli: **Hier ist** mein Pulli, **und da ist** Ihr Pulli.
   mein Buch / Ihr Buch; mein Bleistift / Ihr Bleistift; meine Jacke / Ihre Jacke; meine Klasse / Ihre Klasse

7. das Gegenteil (the opposite)
   groß / klein: **Das Gegenteil von** groß **ist** klein.
   lang / kurz; dick / dünn; neu / alt; warm / kalt; gut / schlecht; langsam / schnell; richtig / falsch

8. der Rock / blau: **Ist** der Rock blau?
   das Hemd / gelb; der Pulli / rot; der Stuhl / neu; das Buch / dick; der Bleistift / lang; das Heft / dünn

B. Fragen und Antworten

1. Ist der Rock blau? **Ja, der Rock ist blau.**

   Ist die Bluse grün, die Jacke braun, der Kuli neu, der Satz richtig, das Papier dünn, das Zimmer warm?

   Sind die Schuhe schwarz, die Stühle alt, die Bücher schwer, die Antworten falsch?

2. Ist der Rock blau? **Nein, der Rock ist nicht blau.**

   Ist das Buch dick, der Bleistift kurz, das Klassenzimmer groß, das Bild klein, der Pulli neu?

   Sind die Schuhe weiß, die Fenster groß, die Fragen schwer, die Sätze lang?

3. Was ist rot? **Der Pulli ist rot.**

   Was ist weiß, groß, klein, dünn, prima, lang, grün, warm?

AUSSPRACHEÜBUNG: s, st, sp, sch

Hören Sie gut zu, und wiederholen Sie!

[z] Sie sind, Seite sieben (7); lesen, besonders, langsam, Bluse, Hose, Musik, Physik

[s] Professor, Klasse, passen; was, bis, los; groß, weiß, heißen

[st] ist, kosten, Fenster, Schuster

[št] Stuhl, Stein; Bleistift, verstehen

[šp] später, sprechen, Sport; Gespräch, Aussprache

[š] schlecht, schnell, schwarz, schreiben; falsch, deutsch, Tisch, Englisch

WORTSCHATZ: KLEIDUNG UND GEGENTEILE

die Kleidung clothing

der	**Mantel,-̈**	coat
	Pulli,-s	sweater
	Rock,-̈e	skirt
	Schuh,-e	shoe
das	**Hemd,-en**	shirt
	Kleid,-er	dress
die	**Bluse,-n**	blouse
	Hose,-n	slacks, pants
	Jacke,-n	jacket

das Gegenteil,-e opposite

dick / dünn	thick / thin (fat / skinny)
groß / klein	large / small (big / little)
lang / kurz	long / short
langsam / schnell	slow(ly) / fast

leicht / schwer	light / heavy (easy / difficult)	**16** WIE GEHT'S?
neu / alt	new / old	
warm / kalt	warm / cold	

Redewendungen und Sonstiges

Gehen Sie an _____!	Go to _____.
Nehmen Sie _____!	Take _____.
Öffnen Sie !	Open _____.
Passen Sie auf!	Pay attention.
Sagen Sie _____!	Say _____.
Schreiben Sie _____!	Write _____.
Sprechen Sie Deutsch (Englisch)!	Speak German (English).
Sprechen Sie laut!	Speak up!
Verstehen Sie?	Do you understand?
Was noch?	What else?
Ich weiß nicht.	I don't know.
auf Seite _____	to page _____, on page _____
auch	also, too
etwas	something
oder	or
sehr	very
zum Beispiel (abbrev. z. B.)	for example
mein / meine[1]	my
Ihr / Ihre[1]	your
sie sind	they are

WIEDERHOLUNG

A. Fragen

1. Wie geht es Ihnen?
2. Geht es Ihnen schlecht?
3. Sind Sie müde?
4. Hören Sie gut zu?
5. Antworten Sie auf deutsch?
6. Welche Farbe hat die Tafel, der Stuhl, das Heft, das Buch, der Bleistift, der Kuli, die Wand?
7. Ist der Tisch grau, die Tafel grün, das Buch rot, der Bleistift schwarz?

B. Wie fragen Sie?

What questions would elicit the following answers?

    z.B. Ja, ich bin müde.
        Sind Sie müde?

[1]Before masculine and neuter nouns, **Ihr** and **mein** have no ending. Before feminine and plural nouns, they end in **-e: mein Buch, Ihr Buch; meine Jacke, Ihre Jacke; meine Bücher, Ihre Bücher.**

1. Danke, gut.
2. Nein, ich heiße nicht Heinz Fiedler.
3. Der Artikel von Tafel ist „die."
4. Das Buch ist orange und grün.
5. Der Pulli ist warm.
6. Da ist die Tür.
7. Das ist der Kuli.
8. Der Plural von Bleistift ist „Bleistifte."

AUFGABE

A. Fragen

1. Was ist der Artikel von Rock, Jacke, Bluse, Pulli, Schuh, Hose, Kleid, Hemd?
2. Was ist der Plural von Jacke, Kleid, Schuh, Rock, Pulli, Hemd, Bluse, Hose?
3. Welche Farbe hat Ihr Heft, Ihr Buch, Ihr Bleistift, Ihr Pulli, Ihr Hemd (Ihre Bluse), Ihr Mantel?
4. Welche Farbe hat Ihre Hose, Ihre Jacke, Ihre Wand, Ihre Tür?
5. Ist Ihr Deutschbuch neu oder alt, Ihr Bleistift lang oder kurz, Ihr Heft dick oder dünn, Ihr Kuli gut oder schlecht, Ihr Klassenzimmer warm oder kalt?
6. Sprechen Sie langsam oder schnell, laut, Englisch, Deutsch?
7. Ist Englisch leicht oder schwer?

B. Beschreiben Sie!

Describe your clothes and other items you bring to class. Make eight to ten sentences.

z.B. **Meine Hose ist blau. Meine Schuhe sind . . .**

—Sind mein Rock und meine Bluse nicht schön?

SCHRITT 4

Was ist denn das? | **GESPRÄCH**

LEHRERIN: Guten Tag! Bitte **zeigen Sie mir** Ihre Zeichnung **für heute!**

VOLKER: **Was für eine** Zeichnung?

URSULA: Der Körper!

VOLKER: Ich **habe keine** Zeichnung.

LEHRERIN: Dann für morgen bitte.

VOLKER: **In Ordnung.** Ursula, **was ist denn das?** Moderne Kunst?

URSULA: Nein, Dummkopf! Hier ist der Kopf, und da sind die Arme und die Beine.

VOLKER: Aber die Arme sind zu kurz und die Beine zu lang. Die Augen sind viel zu klein, und der Mund ist viel zu groß.

URSULA: Dein Mund ist auch zu groß.

LEHRERIN: Na, was ist los?

VOLKER: Ach, nichts.

LEHRERIN: Ist das Ihre Zeichnung, Ursula?

URSULA: Ja.

LEHRERIN: Nicht schlecht. Aber wo sind die Ohren?

URSULA: Ich bin **noch nicht fertig.**

TEACHER: Hello. Please **show me** your drawing **for today**.

VOLKER: **What** drawing?

URSULA: The body!

VOLKER: I **don't have any** drawing.

TEACHER: Then for tomorrow, please.

VOLKER: **All right.** Ursula, **what (on earth) is that?** Modern art?

URSULA: No, dummy! Here's the head, and there are the arms and the legs.

VOLKER: But the arms are too short and the legs too long. The eyes are much too small, and the mouth is much too big.

URSULA: Your mouth is too big, too.

TEACHER: Well, what's the matter?

VOLKER: Oh, nothing.

TEACHER: Is that your drawing, Ursula?

URSULA: Yes.

TEACHER: Not bad. But where are the ears?

URSULA: I'm **not finished yet.**

MÜNDLICHE ÜBUNG

A. Drill

1. Ihre Zeichnung: **Zeigen Sie mir** Ihre Zeichnung!
   Ihre Aufgabe, Ihre Jacke, Ihre Schuhe, Ihre Sätze, Ihre Bücher

2. die Zeichnung: **Was für eine** Zeichnung **ist das?**
   die Farbe, die Klasse, die Kreide, die Frage, die Antwort, die Aufgabe

3. das Buch: **Was für ein** Buch **ist das?**
   der Stuhl, der Tisch, das Heft, das Bild, das Wort

4. der Kopf: **Das ist** der Kopf.
   das Haar, das Gesicht, der Mund, die Nase, der Hals, der Bauch

5. die Augen: **Das sind** die Augen.
   die Ohren, die Arme, die Hände, die Finger, die Beine, die Knie, die Füße

6. die Hand: Die Hand **ist zu groß.**
   der Kopf, der Mund, die Hose, der Pulli, das Hemd

7. der Kopf / groß: Der Kopf **ist viel zu** groß.
   der Hals / kurz; die Hand / klein; der Pulli / warm; das Buch / alt; die Frage / leicht; der Satz / lang

8. die Finger / kurz: Die Finger **sind viel zu** kurz.
   die Beine / dünn; die Füße / groß; die Augen / klein; die Arme / lang; die Fragen / schwer

B. Fragen und Antworten

1. Ist das Ihre Zeichnung? **Ja, das ist meine Zeichnung.**
   Ist das Ihre Klasse, Ihre Aufgabe, Ihre Jacke, Ihre Lehrerin?

2. Ist das Ihr Buch? **Ja, das ist mein Buch.**
   Ist das Ihr Bleistift, Ihr Klassenzimmer, Ihr Lehrer, Ihr Bild, Ihr Mantel?

3. Sind das Ihre Hefte? **Ja, das sind meine Hefte.**
   Sind das Ihre Schuhe, Ihre Bilder, Ihre Kulis, Ihre Hemden, Ihre Fragen, Ihre Antworten?

4. Ist das Ihr Kuli? **Nein, das ist nicht mein Kuli.**
   Ist das Ihr Lehrer, Ihre Lehrerin, Ihr Heft, Ihre Jacke, Ihr Buch?

AUSSPRACHEÜBUNG: DAS ALPHABET

Hören Sie gut zu, und wiederholen Sie oder singen Sie:

das **Alphabet**	alphabet
der **Buchstabe,-n**	letter
buchstabieren	to spell

Das ABC Lied (song)

A B C D E F G H I J K L M N O P
[a·be·ce·de· e· ef· ge· ha·i· jot·ka·el·em·en·o·pe]

Q R S T U V W
[ku·er·es·te· u·vau·we]

X Yp·si·lon Zet O· Kay! Wir wollen ler·nen das A B C!
[iks·ypsilon· zet]

20
WIE GEHT'S?

der Körper,- body

der	**Arm,-e**	arm
	Bauch	stomach, belly
	Finger,-	finger
	Fuß,-̈e	foot
	Hals	neck
	Kopf,-̈e	head
	Mund	mouth
	Zahn,-̈e	tooth
das	**Auge,-n**	eye
	Bein,-e	leg
	Gesicht,-er	face
	Haar,-e	hair
	Knie,-	knee
	Ohr,-en	ear
die	**Hand,-̈e**	hand
	Nase	nose

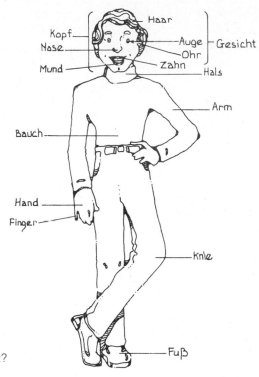

Redewendungen und Sonstiges

Zeigen Sie mir _____!	Show me _____.
In Ordnung.	Okay. All right.
Was ist denn das?	What (on earth) is that?
was für ein(e)[1]	what kind of a
noch nicht	not yet
fertig	finished, ready
ach	oh
dann	then
(viel) zu	(much) too
aber	but
für heute	for today
ein(e)[1]	a, an

WIEDERHOLUNG

A. Fragen

1. Wie heißen Sie?
2. Wie heiße ich?
3. Was ist das Gegenteil von groß, richtig, alt, leicht?

---

[1]Before masculine and neuter nouns, **ein** has no ending. Before feminine nouns, it ends in **-e: ein Ohr, eine Nase.**

4. Was ist der Artikel von Kleid, Jacke, Schuh, Kuli, Papier, Fräulein?
5. Was ist der Plural von Tisch, Stuhl, Buch, Bleistift, Mantel, Bluse?
6. Schreiben Sie schnell oder langsam?
7. Ist das Klassenzimmer warm oder kalt? Ist das Zimmer groß oder klein? Ist Deutsch leicht oder schwer?

B. Fragen Sie!

z.B. Das Papier ist dünn.
Ist das Papier dünn?

1. Die Wand ist grün.
2. Die Stühle sind braun.
3. Das ist falsch.
4. Der Tisch ist schwer.
5. Die Bücher sind dick.
6. Das ist mein Bleistift.

z.B. Das Bild ist groß. (wie)
Wie ist das Bild?

1. Die Schuhe sind *neu*. (wie)
2. Sie sprechen *langsam*. (wie)
3. *Da* ist meine Jacke. (wo)
4. Das ist *Ihr Kuli*. (was)
5. Der Pulli ist *rot*. (Welche Farbe hat . . .)
6. Das ist *meine Klasse*. (was)
7. Der Rock ist *lila*. (Welche Farbe hat . . .)
8. *Da* ist Ihr Heft. (wo)

AUFGABE

A. Fragen

1. Was ist der Artikel von Mund, Ohr, Nase, Gesicht, Kopf, Haar, Hand, Fuß, Finger, Arm?
2. Was ist der Plural von Auge, Ohr, Knie, Fuß, Bein, Arm, Kopf?
3. Sind Sie groß oder klein? (Ich bin . . .)
4. Sind Sie leicht oder schwer?
5. Sind Ihre Haare lang oder kurz? (Meine Haare sind . . .)
6. Sind Ihre Haare schwarz, braun, grau, rot oder blond?
7. Welche Farbe haben Ihre Augen? (Meine Augen sind . . .)
8. Sind Ihre Augen gut oder schlecht?
9. Sind Ihre Hände warm oder kalt?
10. Sind Ihre Finger lang oder kurz?
11. Sind Ihre Füße groß oder klein?
12. Verstehen Sie das Wort Handschuh, Hausschuh, Hausmantel, Schreibtisch, Bilderbuch, Wandtafel?

B. Buchstabieren Sie auf deutsch!

Note: for **ß** say **eszet**; for **ä** (**ö**, **ü**, **äu**) say **a** (**o**, **u**, **au**) **umlaut**.

1. Auge, Bauch, Bein, Fuß, Hände, Hobby, Jacke, Knie, Max, Ohr, Papier, Qualität, Volkswagen, Zahn, fragen, heißen, hören, ist, lesen, sind, wiederholen, zeigen, blau, grün, schlecht, schwarz, weiß, Sätze, Wörter.
2. Ihren Namen (your own name), meinen Namen.

SCHRITT 5

VERKÄUFERIN:	Guten Tag, Frau Ziegler! Wie geht's?
FRAU ZIEGLER:	Guten Tag! Gut, danke, und Ihnen?
VERKÄUFERIN:	Auch gut, danke. **Was brauchen Sie** heute?
FRAU ZIEGLER:	Ich brauche Papier, Bleistifte, Kulis und Hefte für die Kinder. **Wieviel kostet** der Kuli?
VERKÄUFERIN:	Der Kuli kostet eine Mark sechzig (1,60 DM).[1] Die Bleistifte kosten vier Mark fünfzig (4,50 DM) das Dutzend.
FRAU ZIEGLER:	Und die Hefte?
VERKÄUFERIN:	Das Heft kostet eine Mark dreißig (1,30 DM).
FRAU ZIEGLER:	Das ist nicht zu teuer. **Ich nehme** fünf Hefte, zwei Kulis, ein Dutzend Bleistifte und das Papier.
VERKÄUFERIN:	**Das kostet zusammen** fünfzehn Mark sechzig (15,60 DM).
FRAU ZIEGLER:	Hier sind zwanzig Mark (20,— DM).
VERKÄUFERIN:	Und vier Mark vierzig (4,40 DM) zurück. **Danke schön.** Kommen Sie bald wieder! Auf Wiedersehen!
FRAU ZIEGLER:	Auf Wiedersehen!

[1]Note the difference between English and German: $1.60, but **1,60 DM**; $1,600.00, but **1.600,00 DM**.

SALES CLERK: Hello, Mrs. Ziegler. How are you?

MRS. ZIEGLER: Hello. Fine, thanks. And you?

SALES CLERK: Fine, too, thank you. **What do you need** today?

MRS. ZIEGLER: I need paper, pencils, pens, and notebooks for the children. **How much is** this pen?

SALES CLERK: This pen is 1 mark 60. The pencils are 4 marks 50 a dozen.

MRS. ZIEGLER: And the notebooks?

SALES CLERK: The notebook is 1 mark 30.

MRS. ZIEGLER: That isn't too expensive. **I'll take** five notebooks, two pens, a dozen pencils, and this paper.

SALES CLERK: **That comes to** 15 marks 60 altogether.

MRS. ZIEGLER: Here are 20 marks.

SALES CLERK: And 4 marks 40 back. **Thank you very much.** Come back soon. Good-bye.

MRS. ZIEGLER: Good-bye.

MÜNDLICHE ÜBUNG

A. Hören Sie gut zu, und wiederholen Sie!

1. Wir (we) zählen von eins bis zehn: eins, zwei, drei, vier, fünf, sechs, sieben, acht, neun, zehn.

2. Wir zählen von zehn bis zwanzig: zehn, elf, zwölf, dreizehn, vierzehn, fünfzehn, se**chz**ehn, sie**bz**ehn, achtzehn, neunzehn, zwanzig.

3. Wir zählen von zwanzig bis dreißig: einundzwanzig, zweiundzwanzig, dreiundzwanzig, vierundzwanzig, fünfundzwanzig und so weiter (etc.).

4. Wir zählen von zehn bis hundert: zehn, zwanzig, dreißig, vierzig, fünfzig, se**chz**ig, sie**bz**ig, achtzig, neunzig, hundert.

5. Wir zählen von hundert bis tausend: hundert, zweihundert, dreihundert, vierhundert, fünfhundert, sechshundert und so weiter.

B. Lesen Sie laut!

1. 3, 7, 9, 1, 5, 8, 12, 11, 14, 17, 13, 19, 22, 25, 28, 31, 34, 36, 42, 57, 66, 71, 89, 92

2. $4 + 4 = 8$: **Vier plus vier ist acht.**
   $8 - 4 = 4$: **Acht minus vier ist vier.**

$3 + 2 = 5$	$10 - 2 = 8$
$7 + 3 = 10$	$9 - 4 = 5$
$8 + 1 = 9$	$8 - 2 = 6$
$1 + 1 = 2$	$7 - 6 = 1$

—Eine Mark hat 100 Pfennige.

3. 1980: **neunzehnhundertachtzig**

1963, 1945, 1929, 1914, 1776, 1492, 800

4. Was kostet das? 2,— DM: **Das kostet zwei Mark.**

2,50 DM	4,75 DM	8,90 DM
2,80 DM	5,60 DM	10,40 DM
3,25 DM	6,30 DM	50,— DM

AUSSPRACHEÜBUNG: z, w, v, f

Hören Sie gut zu, und wiederholen Sie!

[ts]   zwei, zehn, zwölf, zwanzig, zweiundzwanzig, zweihundertzweiundzwanzig, zusammen, zeigen, **Zahn**

[z], [ts]   sechs, sechzehn, sechzig, sechsundsechzig, sechshundertsechsundsechzig, sieben, siebzig, siebenundsiebzig, siebenhundertsiebenundsiebzig; **Satz**

[v]   wie, was, wo, weiß, warm, wiederholen, Wiedersehen, Wand; schwarz, schwer, zwei

[f]   vier, vierzehn, vierzig, vierundvierzig, vierhundertvierundvierzig, viel, verstehen, Volkswagen; wieviel

[f]   fünf, fünfzehn, fünfzig, fünfundfünfzig, fünfhundertfünfundfünfzig, für, Fenster, Finger, Fuß; öffnen, Heft, Professor, Tafel; auf, elf, zwölf

WORTSCHATZ: ZAHLEN UND PREISE

die Zahl,-en number

die **Mark (DM)**   mark(s)
zählen   to count

von _____ bis _____			from _____ to _____			**26**
plus / minus			plus / minus			WIE GEHT'S?
und so weiter (abbrev. usw.)			and so on (etc.)			

1	eins	11	elf	21	einundzwanzig
2	zwei	12	zwölf	22	zweiundzwanzig
3	drei	13	dreizehn	30	dreißig
4	vier	14	vierzehn	40	vierzig
5	fünf	15	fünfzehn	50	fünfzig
6	sechs	16	sechzehn	60	sechzig
7	sieben	17	siebzehn	70	siebzig
8	acht	18	achtzehn	80	achtzig
9	neun	19	neunzehn	90	neunzig
10	zehn	20	zwanzig		

0	null	1.000	tausend
10	zehn	10.000	zehntausend
100	hundert	100.000	hunderttausend
200	zweihundert	1.000.000	eine Million

Redewendungen und Sonstiges

Was brauchen Sie?	What do you need?
Ich nehme _____.	I'll take _____.
Wieviel kostet _____?	How much is _____?
Das kostet zusammen _____.	That comes to _____ altogether.
Danke schön!	Thank you very much.
bald	soon
billig / teuer	cheap / expensive
wieder	again

WIEDERHOLUNG

A. Fragen

1. Wie geht's?
2. Heißen Sie Dieter Meier?
3. Wie heißen Sie?
4. Was ist das? (Point to items in the classroom.)
5. Ist das Buch dick?
6. Welche Farbe hat Ihr Buch, Ihr Heft, Ihr Kuli, Ihre Bluse, Ihre Hose, Ihre Jacke?
7. Was ist das Gegenteil von alt, dünn, kalt, schlecht, billig?
8. Was ist der Artikel von Pulli, Hemd, Bluse, Kopf, Ohr, Nase, Finger, Haar?

B. Geben Sie Befehle! (Restate as requests.)

z.B. Schreiben Sie an die Tafel?
Schreiben Sie an die Tafel!

1. Sprechen Sie laut?
2. Wiederholen Sie das?
3. Nehmen Sie die Kreide?
4. Öffnen Sie das Buch auf Seite sieben?
5. Gehen Sie an das Fenster?

6. Lesen Sie die Antwort?
7. Lernen Sie die Wörter?
8. Passen Sie wieder auf?
9. Hören Sie gut zu?

C. Machen Sie Aussagen! (Make complete statements.)

z.B. Heft / kosten / eine Mark
Das Heft kostet eine Mark.

1. Pulli / sein / rot
2. Mantel / sein / neu
3. ich / öffnen / Buch
4. ich / schreiben / an / Tafel

5. ich / verstehen / das
6. ich / lesen / auf deutsch
7. ich / lernen / Wörter
8. ich / sprechen / laut

D. Machen Sie Fragen!

z.B. wo / sein / Stuhl?
Wo ist der Stuhl?

1. wo / sein / Fräulein?
2. wo / sein / Tür?
3. wie / sein / Hefte?

4. was / sein / das?
5. welche Farbe / haben / Schuhe?

Deutsches Geld.

AUFGABE

Antworten Sie auf deutsch!

1. Wieviel ist das?

15 + 9 =	20 − 1 =	72 + 8 =
28 + 4 =	12 + 48 =	114 − 16 −
22 − 8 =	60 − 5 =	1.000 − 25 =

2. Wie geht's weiter? (How does it continue?)

100 − 10 = 90	70 − 7 = 63
90 − 10 = 80	63 − 7 = 56
80 − 10 =	56 − 7 =
und so weiter	und so weiter

3. Was denken (think) Sie? Was kostet das Deutschbuch, ein Heft, ein Dutzend Bleistifte, ein Kuli, ein Hemd, ein Pulli, eine Hose, eine Jacke?

4. Sechs Bleistifte kosten 2,40 DM, ein Heft kostet 1,60 DM, ein Buch kostet 24,55 DM, und Papier kostet 3,— DM. Wieviel kostet das zusammen?

5. Eine Jacke kostet 75,— DM, eine Bluse kostet 48,— DM, und Schuhe kosten 84,— DM. Wieviel kostet das zusammen?

6. Ein Buch kostet 5,50 DM. Wieviel kosten drei Bücher?

7. Das Hemd kostet 28,50 DM, die Hose kostet 125,— DM. Wieviel kostet das zusammen?

8. Was ist der Artikel von Zahl, Rock, Mantel, Jacke, Tür, Fenster, Wand, Farbe, Bein, Fuß, Nase, Bauch?

9. Was ist der Plural von Lehrer, Lehrerin, Buch, Tisch, Stuhl, Kuli, Bleistift, Kopf, Gesicht, Finger, Hand, Haar?

SCHRITT 6

Es ist schön heute, nicht wahr? | GESPRÄCHE

HERR JAHN: **Es ist schön** heute, **nicht wahr?**

FRÄULEIN JUNG: Ja, wirklich. **Die Sonne scheint** wieder!

HERR JAHN: Aber **es ist** noch **etwas kühl.**

FRÄULEIN JUNG: **Na und! Das macht nichts.** Es ist wieder Frühling!

INGE: Das Wetter ist heute furchtbar, nicht wahr?

JOACHIM: **Das stimmt. Es regnet** schon den ganzen Tag.

INGE: Ach, und es ist so kalt. Ich friere.

JOACHIM: Ich auch. Pfui! Typisch April!

CHRISTIAN: Mensch, ist das heute heiß. Ich schwitze furchtbar.

JUTTA: **Warum?** Es ist doch wunderbar heute!

CHRISTIAN: Nein, danke. Ich bin k.o.

JUTTA: **Es gefällt mir** so. Prima Sommerwetter!

MR. JAHN: It's nice today, isn't it?

MISS JUNG: Yes, indeed. The sun is shining again.

MR. JAHN: But it's still a bit cool.

MISS JUNG: So what! That doesn't matter. It's spring again!

INGE: The weather is awful today, isn't it?

JOACHIM: That's true. It's been raining all day.

INGE: Oh, and it's so cold. I'm freezing.

JOACHIM: Me, too. Ugh! Typical April.

CHRISTIAN: Boy, it's hot today. I'm sweating terribly.

JUTTA: Why? It's wonderful today.

CHRISTIAN: No, thanks. I'm exhausted.

JUTTA: I like it this way. Great summer weather!

MÜNDLICHE ÜBUNG

A. Hören Sie gut zu, und wiederholen Sie!

1. Das Jahr hat vier Jahreszeiten. Die Jahreszeiten heißen der Frühling, der Sommer, der Herbst und der Winter.

2. Das Jahr hat zwölf Monate. Die Monate heißen der Januar, der Februar, der März, der April, der Mai, der Juni, der Juli, der August, der September, der Oktober, der November, der Dezember.

3. Die Woche hat sieben Tage. Die Tage heißen der Montag, der Dienstag, der Mittwoch, der Donnerstag, der Freitag, der Samstag und der Sonntag.

B. Drill

1. schön: Es ist schön heute, nicht wahr?
   wunderbar, prima, furchtbar, kalt, heiß, warm

2. etwas kühl: Heute ist es etwas kühl.
   sehr kühl, schön warm, furchtbar heiß, etwas kalt, furchtbar kalt, schön kühl, sehr heiß

3. der Mai: Der Mai gefällt mir.
   der Sommer, das Wetter, das Buch, das Klassenzimmer, die Klasse, der Herbst, der Frühling, der Oktober

4. das Buch: Gefällt Ihnen das Buch?
   der Pulli, der Herbst, das Bild, die Bluse, der Winter, das Wetter

5. das Wetter: Ja, das Wetter gefällt mir.
   die Jacke, der Frühling, das Klassenzimmer, die Farbe, der Rock

6. der Winter: Nein, der Winter gefällt mir nicht.
   das Bild, der Februar, das Papier, der Mantel, das Kleid, die Jacke

AUSSPRACHEÜBUNG: j, ch, ig, chs, ch, ck, ng

Hören Sie gut zu, und wiederholen Sie!

[j]   ja, Jahr, Januar, Juni, Juli, jung

[x]   machen, acht, Joachim, Woche; ach, Buch, auch, Bauch

[ç]   welche, schlecht, sprechen, sechzig, Gespräche, Gesicht, nicht, Bücher, leicht; ich, wirklich

[iç] richtig, sechzig, fünfzig, vierzig, dreißig, zwanzig

[ks] sechs, nächst

[k]   Christian, Christine, Christa, Chaos

[k]   Jacke; dick, Rock, zurück

[ŋ]   singen, Finger, Hunger, Englisch; Frühling, Ring

Note: After a, o, u, and au, **ch** is pronounced [x].
  After e, ä, i, ö, ü, ei, eu, n, l, and r, **ch** is pronounced [ç].
  At the beginning of a word, **ch** is pronounced [k].

WORTSCHATZ: DAS JAHR UND DAS WETTER

der Tag,-e day
die Woche,-n week

der	**Montag**	Monday
	Dienstag	Tuesday
	Mittwoch	Wednesday

der	Donnerstag	Thursday
	Freitag	Friday
	Samstag	Saturday
	Sonntag	Sunday

der Monat,-e month
das Jahr,-e year
die Jahreszeit,-en season

der	Januar	January
	Februar	February
	März	March
	April	April
	Mai	May
	Juni	June
	Juli	July
	August	August
	September	September
	Oktober	October
	November	November
	Dezember	December

—Schönes Badewetter, nicht wahr?

—Der Schneemann hat Augen und eine Nase. Was noch?

—Viele, viele Blätter (leaves)!

— Es ist warm. Die Sonne scheint wieder!

der **Frühling**	spring
Sommer	summer
Herbst	fall
Winter	winter

das Wetter weather

Es ist schön. / **Es ist furchtbar.**	It's beautiful. / It's terrible. It's awful.
Es ist warm. / **Es ist kühl.**	It's warm. / It's cool.
Es ist heiß. / **Es ist kalt.**	It's hot. / It's cold.
Die Sonne scheint.	The sun is shining.
Es regnet.	It's raining.
Es schneit.	It's snowing.

Redewendungen und Sonstiges

Die Woche hat _____.	The week has _____.
im Januar[1]	in January
im Sommer[1]	in the summer
etwas	a little (bit)
nicht wahr?	isn't it?
Das stimmt.	That's true. That's right.
wirklich	really, indeed
warum?	why?

[1]**im** is used with the names of months and seasons.

wieviel? wieviele?[1]	how much? how many?
Na und!	So what!
Das macht nichts.	That doesn't matter.
Es gefällt mir.	I like it.
Gefällt Ihnen _____?	Do you like _____?

WIEDERHOLUNG

A. Antworten Sie mit „Ja"!

z.B. Geht es Ihnen gut?
Ja, es geht mir gut.

1. Ist die Tafel grün?
2. Ist das Papier dünn?
3. Sind Sie müde?
4. Hören Sie gut zu?

5. Antworten Sie auf deutsch?
6. Ist der Plural von Buch Bücher?
7. Ist das Gegenteil von leicht schwer?

B. Wie geht's weiter?

Complete the sentences logically with any words that make sense.

z.B. Wo ist _____?
Wo ist die Lehrerin? Wo ist die Klasse?

1. Sie sind _____.
2. Es geht mir _____.
3. Mein Kuli _____.
4. Das Gegenteil _____.
5. Der Artikel _____.

6. Ich nehme _____.
7. Mein Pulli _____.
8. Welche Farbe _____?
9. Ich spreche _____.
10. Wieviel kostet _____?

C. Wieviel ist das?

3 + 6 =	100 − 60 =
9 + 9 =	80 − 15 =
23 + 10 =	50 − 20 =
40 + 50 =	33 − 11 =
65 + 15 =	16 − 6 =
75 + 25 =	12 − 11 =

AUFGABE

A. Fragen

1. Welcher Tag ist heute?
2. Welcher Tag ist morgen?
3. Wieviele Tage hat die Woche?

[1]Note the difference between the singular and plural: **wieviel Papier** (*how much paper*), **wieviele Bleistifte** (*how many pencils*). Similarly: **viel Papier** (*much paper*), **viele Bleistifte** (*many pencils*).

C	F
38	100.4
35	95
30	86
25	77
21	69.8
10	50
5	41
0	32
−5	23
−10	14
−15	5
−17	1.4
−25	−13
−30	−22

— Wie heiß ist es heute?

4. Wie heißen die Tage?
5. Wieviele Tage hat der September, der Oktober, der Februar?
6. Welcher Monat ist jetzt (now)?
7. Wieviele Monate hat das Jahr?
8. Wie heißen die Monate?
9. Wieviele Wochen hat ein Jahr?
10. Welche Jahreszeit ist jetzt?
11. Wieviele Jahreszeiten hat das Jahr?
12. Wie heißen die Jahreszeiten?
13. Wie heißen die Wintermonate, die Sommermonate, die Herbstmonate?
14. Wie ist das Wetter heute?
15. Scheint heute die Sonne?
16. Regnet es heute?
17. Ist es heute furchtbar kalt?
18. Was ist der Artikel von Montag, September, Donnerstag, Herbst, Juni, Monat, Jahr, Woche?
19. Wie ist das Wetter im Winter, im Sommer, im Frühling, im Herbst?
20. Was gefällt Ihnen hier? (_____ gefällt mir.)

B. Buchstabieren Sie auf deutsch!

Montag, Dienstag, Mittwoch, Januar, März, Dezember, Frühling, Herbst, Winter, heiß, kühl, schön

SCHRITT 7

PETRA PAPST: Hier. Das sind meine Eltern und meine Geschwister. ~~siblings~~

BERND BÄCKER: Ein schönes Bild! **Wie alt ist** Ihre Schwester?

PETRA PAPST: Gerda ist achtzehn.

BERND BÄCKER: Sie ist hübsch.

PETRA PAPST: Und auch hübsch faul. *lazy*

BERND BÄCKER: Hm. Und das ist Ihr Bruder?

PETRA PAPST: Ja, das ist Kurt.

BERND BÄCKER: Wie ist er?

PETRA PAPST: Ach, Kurt ist in Ordnung.
Er ist oft sehr lustig. *funny*

BERND BÄCKER: **Genau wie** mein Bruder.

PETRA PAPST: Wie groß ist Ihre Familie? Wieviele Geschwister haben Sie?

BERND BÄCKER: Wir sind fünf: mein Vater, meine Mutter, mein Bruder, meine Schwester und ich. Dann habe ich natürlich auch noch Großeltern, Tanten und Onkel.

PETRA PAPST: Ja, ja. Wie heißen Ihr Bruder und Ihre Schwester?

BERND BÄCKER: Mein Bruder heißt Theo, und meine Schwester heißt Dorothea. Hier, **sehen Sie**, das ist meine Familie.

PETRA PAPST: Ein nettes Bild! Wie alt sind Ihre Geschwister?

BERND BÄCKER: Theo ist sechzehn, und Dorothea ist achtzehn.

PETRA PAPST: Ach, Dorothea ist **so** alt **wie** meine Schwester! Sie ist sehr hübsch.

BERND BÄCKER: Ich weiß, aber oft auch brummig. *grouchy*

PETRA PAPST: Genau wie Gerda.

PETRA PAPST: Here. These are my parents and my brother and sister.

BERND BÄCKER: A lovely picture. **How old** is your sister?

PETRA PAPST: Gerda is eighteen.

BERND BÄCKER: She's pretty.

PETRA PAPST: And also pretty lazy.

BERND BÄCKER: Hm. And that's your brother?

PETRA PAPST: Yes, that's Kurt.

BERND BÄCKER: What's he like?

PETRA PAPST: Oh, Kurt's okay. He's often very funny.

BERND BÄCKER: **Just like** my brother.

PETRA PAPST: How big is your family? How many brothers and sisters do you have?

BERND BÄCKER: There are five of us: my father, my mother, my brother, my sister, and I. Then of course I also have grandparents, aunts and uncles.

PETRA PAPST: Yes. What are your brother's and sister's names?

BERND BÄCKER: My brother's name is Theo and my sister's Dorothea. Here, **look**, this is my family

PETRA PAPST: A nice picture. How old are your brother and sister?

BERND BÄCKER: Theo is sixteen and Dorothea eighteen.

PETRA PAPST: Well, Dorothea is **as** old **as** my sister. She's very pretty.

BERND BÄCKER: I know, but often grouchy, too.

PETRA PAPST: Just like Gerda.

MÜNDLICHE ÜBUNG

1. Bruder: **Das ist mein** Bruder.
   Onkel, Vater, Großvater, Vetter

2. Schwester: **Das ist meine** Schwester.
   Tante, Mutter, Großmutter, Kusine

3. Eltern: **Das sind meine** Eltern.
   Großeltern, Geschwister, Brüder, Schwestern

4. mein Bruder / sehr lustig: **Das ist** mein Bruder. **Er ist** sehr lustig.
   mein Großvater / sehr alt; mein Onkel / etwas dick; mein Vetter / oft brummig; mein Sohn / auch faul

5. meine Schwester / sehr hübsch: **Das ist** meine Schwester. **Sie ist** sehr hübsch.
   meine Großmutter / sehr klein; meine Tante / oft fleißig; meine Kusine / nicht häßlich; meine Tochter / sehr jung

6. Brüder: **Haben Sie** Brüder?
   Schwestern, Geschwister, Tanten, Onkel, Kusinen, Vettern

7. Bruder: **Ja, ich habe einen**[1] **Bruder.**
   Onkel, Vetter, Sohn, Großvater

8. Bruder: **Nein, ich habe keinen**[1] **Bruder.**
   Onkel, Vetter, Sohn, Goßvater

9. Schwester: **Ja, ich habe eine** Schwester.
   Tante, Kusine, Tochter, Großmutter, Familie

10. Schwester: **Nein, ich habe keine** Schwester.
    Tante, Kusine, Tochter, Großmutter, Familie

11. Onkel / 58: **Mein** Onkel **ist** achtundfünfzig.
    Vetter / 24; Bruder / 12; Vater / 49; Großvater / 72

12. Tante / 55: **Meine** Tante **ist 55.**
    Kusine / 15; Schwester / 21; Mutter / 44; Großmutter / 82

13. Mutter / Vater: **Meine** Mutter **ist so alt wie mein** Vater.
    Tante / Onkel; Kusine / Bruder; Frau / Vetter; Schwester / Mann

14. alt: **Meine Kusine ist so alt wie ich.**
    groß, dünn, fleißig, faul, hübsch, lustig

15. Mutter: **Meine** Mutter **ist so alt wie Ihre** Mutter.
    Tante, Schwester, Kusine, Frau, Tochter

16. Vater: **Mein** Vater **ist so alt wie Ihr** Vater.
    Onkel, Bruder, Vetter, Mann, Sohn

AUSSPRACHEÜBUNG: p, b, t, d, k, g

Hören Sie gut zu, und wiederholen Sie!

[p] plus, prima, **P**ullover, **P**apier, **P**etra, **P**apst; **A**pril, ka**p**utt, ty**p**isch

[b] bitte, besonders, **B**luse, **B**leistift, **B**ein; aber, haben, schreiben
     But: [p] hübsch, Herbst; gelb

[t] **T**afel, **T**isch, **T**ür, **T**ante, **T**ochter, **T**heo; Dorothea, Vater, Seite, bitte,
     Mutter, Wetter, Vetter; Wort, Antwort

[d] der, das, die, danke, **D**onnerstag, **D**ezember; wieder, müde, wunderbar,
     Bruder
     But: [t] und, tausend, sind, Hand, Wand, Mund, Abend, Kind, bald, Bild,
           Kleid
         [t] *and* [d] Hand / Hände; Wand / Wände; Abend / Abende; Kind /
               Kinder; Bild / Bilder; Kleid / Kleider

[k] klein, **K**lasse, **K**usine, **K**reide, kühl, **K**opf; danke, Onkel, Oktober; Jacke,
     Sack, Rock, Block, dick, zurück

[g] gut, groß, grün, grau, genau; sagen, fragen, regnet, Auge, August
     But: [k] sagt, fragt; Tag
         [k] *and* [g] sagt / sagen; fragt / fragen; Tag / Tage

[1]The words **ein, kein, mein,** and **Ihr** have an **-en** ending before a masculine singular noun,
when the noun is the object rather than the subject of a verb.

WORTSCHATZ: DIE FAMILIE

die Familie,-n family

der	**Mann,-̈er**	man; husband
	Vater,-̈	father
	Großvater,-̈ [1]	grandfather
	Junge,-n	boy
	Sohn,-̈e	son
	Bruder,-̈	brother
	Vetter,-n	cousin
	Onkel,-	uncle
das	**Mädchen,-**	girl
	Kind,-er	child
die	**Frau,-en**	woman; wife
	Mutter,-̈	mother
	Großmutter,-̈ [1]	grandmother
	Tochter,-̈	daughter
	Schwester,-n	sister
	Kusine,-n	cousin
	Tante,-n	aunt
	Geschwister (*pl.*)	brother(s) and sister(s), siblings
	Eltern (*pl.*)	parents
	Großeltern (*pl.*)	grandparents

[1]In compound nouns, the last element gets the umlaut: **der Großvater, -̈ / die Großväter; die Großmutter, -̈ / die Großmütter.**

Redewendungen und Sonstiges

Sehen Sie!	Look!
Sie haben _____.	You have _____.
ein / kein	a, an / no, not a
Wie alt ist _____?	How old is _____?
so _____ **wie**	as _____ as
genau wie	just like
hier / dort	here / there
fleißig / faul	industrious / lazy
hübsch / häßlich	pretty / ugly
jung / alt	young / old
lustig	funny
brummig	grouchy
nett	nice

SEIN	to be
ich **bin**	I am
er, es, sie **ist**	he, it, she is
wir, sie, Sie **sind**	we, they, you are

WIEDERHOLUNG

A. Machen Sie ganze Sätze! (Make whole sentences.)

z.B. Woche / haben / sieben / Tag
Die Woche hat sieben Tage.

1. Satz / sein / lang
2. Jacke / sein / nicht / neu
3. Artikel / von Woche / sein / „die"
4. Kurt Benz / gehen / an / Tafel
5. wir / öffnen / Buch
6. mein Buch / kosten / 12,50 DM
7. ich / haben / 5 / Bleistift
8. ich / verstehen / Aufgabe / nicht
9. Mädchen / gefallen / mir

B. Machen Sie einen Satz!

Use each of the following words in a complete sentence.

1. Wetter
2. zählen
3. kosten
4. gefällt
5. furchtbar
6. schwarz
7. bin
8. Onkel
9. Füße
10. Woche
11. Fragen
12. lustig

AUFGABE

A. Fragen

1. Was ist der Artikel von Tochter, Onkel, Junge, Schwester, Kind, Sohn, Mädchen, Großmutter?
2. Was ist der Plural von Mutter, Vater, Vetter, Kusine, Mann, Frau, Kind, Onkel, Tante?
3. Haben Sie Brüder? Haben Sie Schwestern?
4. Wieviele Geschwister haben Sie?
5. Wie heißen Ihre Geschwister?
6. Wie alt sind Ihre Geschwister?
7. Wieviele Vettern und Kusinen haben Sie?
8. Wie alt sind Sie?
9. Sind Sie groß oder klein, alt oder jung, fleißig oder faul, lustig oder brummig?

B. Buchstabieren Sie!

Geschwister, Junge, Mädchen, Sohn, Tochter, Vater, Mutter, Kusine, Vetter, hübsch, häßlich, faul, fleißig

SCHRITT 8

MAX REUTER: **Entschuldigen Sie** bitte. **Wie spät ist es?**

RITA HAMM: **Es ist** acht **Uhr.**

MAX REUTER: Ach du liebes bißchen! In zehn Minuten beginnt meine Klasse. **Vielen Dank!**

RITA HAMM: **Bitte, bitte!**

AXEL HUBER: Hallo, Fräulein Lang! **Wieviel Uhr ist es?**

MARIA LANG: **Es ist halb** zwölf.

AXEL HUBER: Gehen Sie jetzt essen?

MARIA LANG: Ja, meine Klasse beginnt erst **um Viertel nach** eins.

ROLF RICHTER: Wann sind Sie heute fertig?

HORST HEROLD: Um zwei. Warum?

ROLF RICHTER: Spielen wir heute Tennis?

HORST HEROLD: Ja, **gute Idee!** Jetzt ist es zehn vor zehn. **Um Viertel vor** drei dann?

ROLF RICHTER: Gut! Bis später!

MAX REUTER: Excuse me, please. **How late is it?**
RITA HAMM: It's eight o'clock.
MAX REUTER: Good grief. My class starts in ten minutes. **Thanks a lot.**
RITA HAMM: **You're welcome.**

AXEL HUBER: Hi, Miss Lang. What time is it?
MARIA LANG: **It's eleven thirty.**
AXEL HUBER: Are you going to eat now?
MARIA LANG: Yes, my class isn't until **a quarter past** one.

ROLF RICHTER: When are you finished today?
HORST HEROLD: At two. Why?
ROLF RICHTER: Shall we play tennis today?
HORST HEROLD: Yes, **that's a good idea.** It's ten of ten now. At **a quarter to** three, then?
ROLF RICHTER: Fine! See you later.

MÜNDLICHE ÜBUNG

1. Wieviel Uhr ist es? Wie spät ist es?
   1.00: **Es ist** ein **Uhr.**
     3.00, 5.00, 7.00, 9.00, 11.00

   1.05: **Es ist** fünf **nach** eins.
     3.05, 5.05, 7.05; 9.10, 11.10, 1.10; 4.20, 6.20, 8.20

   1.15: **Es ist Viertel nach** eins.
     2.15, 4.15, 6.15, 8.15, 10.15

   1.30: **Es ist halb** zwei.
     2.30, 4.30, 6.30, 8.30, 10.30

   1.40: **Es ist** zwanzig **vor** zwei.
     3.40, 5.40, 7.40; 9.50, 11.50, 1.50; 12.55, 2.55, 4.55

   1.45: **Es ist Viertel vor** zwei.
     3.45, 5.45, 7.45, 9.45, 11.45, 12.45

2. Wann beginnt Ihre Klasse?
   20 Minuten: **Meine Klasse beginnt in** zwanzig Minuten.
     5 Minuten, 10 Minuten, 15 Minuten, 2 Minuten, 12 Minuten

   9.00: **Meine Klasse ist um** neun.
     3.00, 11.00, 1.00, 9.15, 12.15, 9.45, 12.45, 1.30, 3.30

AUSSPRACHEÜBUNG: h, m, n, x, l, r

Hören Sie gut zu, und wiederholen Sie!

[h]   hier, heute, hübsch, heiß, hundert, Haar

[:]   gehen, sehen, verstehen, zehn, zählen, Ihnen, Schuhe; Schuh

[m]	morgen, **Million, Minute, Mädchen, März**; nehmen, **Familie, Zimmer**; um, warum
[n]	nehmen, nett, **Nase**, nein, neun; finden, **Juni, Tennis, Sonne, Sonntag**
[ks]	**Axel, Max, Alexander**
[l]	lernen, lesen, langsam, laut, lila; alt, kalt, **Eltern**, elf, zwölf, **Juli, Kuli, Pulli; Onkel, Tafel, April**, schnell
[r]	richtig, regnet, rot, **Rock, Radio**; braun, grün, drei, prima, fragen, **Frau**, sprechen, schreiben, hören, **Türen, Uhren, Jahre**
[ʌ]	mir, wir, hier, vier, vor, für, sehr; **Vater, Mutter, Bruder, Schwester, Fenster, Wetter, Sommer, Winter, Oktober, Dezember** *But:* [ʌ] *and* [r] **Tür / Türen; Uhr / Uhren; Ihr / Ihre; Jahr / Jahre**

WORTSCHATZ: DIE UHRZEIT

Note: German has a formal and informal way of telling time. The *formal* system is like the one used by the military in the United States. The hours are counted from 0 to 24, with 0–11 referring to a.m. and 12–24 referring to p.m. In Germany this system is commonly used in time-tables for trains, buses, planes, etc., on radio and TV, and to state business hours of stores. The *informal* system is used in everyday speech, and varies somewhat from region to region. The system below is a compromise, but certain to be understood everywhere:

formal	*informal*
16.05 = sechzehn Uhr fünf	fünf nach vier
16.15 = sechzehn Uhr fünfzehn	Viertel nach vier
16.30 = sechzehn Uhr dreißig	halb fünf
16.45 = sechzehn Uhr fünfundvierzig	Viertel vor fünf
16.55 = sechzehn Uhr fünfundfünfzig	fünf vor fünf
17.00 = siebzehn Uhr	fünf (Uhr)

die Uhr,-en watch, clock; o'clock
die Zeit,-en time

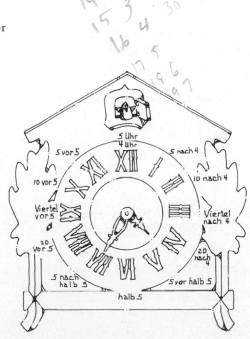

die	**Stunde,-n**	hour; lesson
	Minute,-n	minute
	Sekunde,-n	second
	Wie spät ist es?	How late is it?
	Wieviel Uhr ist es?	What time is it?
	wie lange?	how long?
	wann?	when?
	um _____	at _____ o'clock
	Viertel nach _____	a quarter past _____

halb _____	half past _____
Viertel vor _____	a quarter to _____
morgens	in the morning
mittags	at noon
nachmittags	in the afternoon
abends	in the evening
jetzt	now

Redewendungen und Sonstiges

Entschuldigen Sie bitte!	Excuse me, please.
Vielen Dank!	Thank you very much.
Bitte, bitte!	You're welcome.
Gute Idee!	That's a good idea.
beginnen	to begin, start
essen	to eat
studieren	to study
Tennis spielen	to play tennis

WIEDERHOLUNG

A. Was sind die Fragen für diese (these) Antworten?

1. Das ist die Tafel.
2. Da ist das Fenster.
3. Der Bleistift ist gelb.
4. Nein, die Tafel ist nicht schwarz.
5. Ja, das Haar ist rot.
6. Nein, ich verstehe das nicht.
7. Das Heft kostet 1,50 DM.
8. Ich brauche einen Rock.
9. Fünf plus fünftausendfünfhundertfünfzig ist fünftausendfünfhundertfünfundfünfzig.
10. Nein, heute scheint die Sonne nicht.
11. Im Sommer ist es furchtbar heiß.
12. Der Januar hat 31 Tage.
13. Heute ist Dienstag.
14. Die Wintermonate heißen Dezember, Januar, Februar.

B. Wie geht's weiter?

1. Lernen Sie _____!
2. Welche Farbe hat _____?
3. Wir lesen _____.
4. Mein Bleistift ist _____.
5. Haben Sie _____?
6. Wieviel kosten _____?
7. Das Gegenteil von _____.
8. Ihre Jacke _____.
9. Zählen Sie _____!
10. Das Wetter _____.
11. Heute bin ich _____.
12. Sprechen Sie _____?
13. Heute ist _____.
14. Meine Eltern _____.

— Wieviel Uhr ist es?

A. Fragen

1. Wieviele Stunden hat ein Tag?
2. Wieviele Minuten hat eine Stunde?
3. Wieviele Sekunden hat eine Minute?
4. Wieviele Klassen haben Sie heute? Wieviele Klassen haben Sie morgen?
5. Wann beginnt Ihre Deutschklasse?
6. Wie lange ist die Deutschklasse?
7. Wann beginnt Ihre nächste (next) Klasse?
8. Wann sind Sie heute fertig?
9. Wann essen Sie morgens, mittags, abends?
10. Wie spät ist es?
     8.45, 9.30, 10.15, 11.05, 12.55, 13.00, 14.10, 15.40
11. Wie spät ist es jetzt?

B. Der Stundenplan (Class Schedule)

Axel geht in die Schule. Hier ist Axels Stundenplan.

ZEIT	MONTAG	DIENSTAG	MITTWOCH	DONNERS-TAG	FREITAG	SAMSTAG
8:00-8:45	Geschichte	Latein	Mathematik	Physik	Deutsch	Latein
8:50-9:35	Deutsch	Kunst	Chemie	Biologie	Deutsch	Mathematik
9:15-10:35	Biologie	Physik	Englisch	Französisch	Englisch	Mathematik
10:40-11:25	Geographie	Religion	Deutsch	Musik	Französisch	Sport
11:35-12:15	Englisch	Französisch	Geschichte	Kunst	Chemie	Sport
12:20-13:00	Musik	Soziologie	Latein	Soziologie		

1. Wann hat Axel Englisch, Deutsch, Latein, Mathematik, Biologie, Physik, Chemie, Musik, Sport?
   Axel hat auch noch Geschichte (history), Kunst (art), Französisch (French), Religion, Geographie und Soziologie.
2. Wieviele Stunden Englisch hat Axel? Wieviele Stunden Deutsch, Latein, Mathematik, Geschichte und Sport?
3. Was studieren Sie?
4. Was haben Sie heute?
5. Was haben Sie morgen?

C. Buchstabieren Sie!

Biologie, Chemie, Deutsch, Englisch, Französisch, Geschichte, Mathematik, Musik, Physik, Sport

SCHRITT 9

FRÄULEIN KNEIDL: Sagen Sie, wie alt sind Sie?

FRÄULEIN KNIRPS: Ich bin neunzehn.

FRÄULEIN KNEIDL: **Wann haben Sie Geburtstag?**

FRÄULEIN KNIRPS: **Ich habe am** (21.) einundzwanzig**sten** Dezember **Geburtstag.** Und Sie, wann haben Sie Geburtstag?

FRÄULEIN KNEIDL: Ich habe am (5.) fünften Mai Geburtstag.

HERR GNOM: Entschuldigen Sie bitte! **Der wievielte ist heute?**

HERR PFEFFER: **Heute ist der** (12.) zwöl**fte** Oktober.

HERR GNOM: **Sind Sie sicher?**

HERR PFEFFER: **Natürlich.**

HERR GNOM: **Ach du liebes bißchen!** Meine Frau hat heute Geburtstag!

HERR PFEFFER: O je!

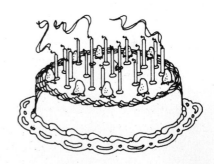

MISS KNEIDL: Say, how old are you?

MISS KNIRPS: I'm nineteen.

MISS KNEIDL: **When's your birthday?**

MISS KNIRPS: **My birthday is on the** twenty-first of December. And when's your birthday?

MISS KNEIDL: My birthday is on the fifth of May.

MR. GNOM: Excuse me, please. **What's the date today?**

MR. PFEFFER: **Today is the** twelfth of October.

MR. GNOM: **Are you sure?**

MR. PFEFFER: **Of course.**

MR. GNOM: **Good grief!** Today's my wife's birthday.

MR. PFEFFER: Oh, oh.

MÜNDLICHE ÜBUNG

A. Bitte lesen Sie laut!

"The first" heißt auf deutsch **der erste**. "The third" heißt auf deutsch **der dritte**. Zum Beispiel: der erste August, der dritte August; der erste September, der dritte September und so weiter.

Von eins bis neunzehn hängen Sie **-te** an die Zahl. Sie haben dann die Ordnungszahlen (ordinals): der **erste**, zweite, **dritte**, vierte, fünfte, sechste, siebte, achte, neunte, zehnte, elfte, zwölfte, dreizehnte, vierzehnte, fünfzehnte, sechzehnte, siebzehnte, achtzehnte und neunzehnte.

Nach neunzehn hängen Sie **-ste** an die Zahl. Sie haben dann die Ordnungszahlen: der zwanzigste, einundzwanzigste, dreißigste, vierzigste, fünfzigste und so weiter.

B. Drill

Note: Ordinals, like adjectives before nouns, have endings:
der _____ e; am _____ en.

1. 12. Oktober: **Heute ist der** zwölfte Oktober.

   15. März; 6. Juni; 22. September; 19. Februar; 10. Mai; 2. August; 31. Juli; 25. November; 1. Januar; 3. Dezember

2. 10. März: **Wir beginnen am** zehnten März.

   5. April; 2. Juni; 9. August; 28. Oktober; 16. Dezember; 30. September

3. Januar: **Ich habe im** Januar **Geburtstag.**

   März, Juli, Juni, Februar, Mai, Oktober, April

4. Fräulein Knirps / am 21. Dezember: Fräulein Knirps **hat** am einundzwanzigsten Dezember **Geburtstag.**

   Herr Gnom / am 1. August; Herr Pfeffer / am 9. September; Frau Gnom / am 12. Oktober; Fräulein Kneidl / am 5. Juni

C. Kettenreaktion

1. Heute ist der erste Juni, morgen ist der zweite Juni.
   Heute ist der zweite Juni, morgen ist der dritte Juni.
   Und so weiter.

2. Sie haben am ersten Mai Geburtstag, ich habe am zweiten Mai Geburtstag.
   Sie haben am zweiten Mai Geburtstag, ich habe am dritten Mai Geburtstag.
   Und so weiter.

3. Ich habe am _____ en April Geburtstag. Wann haben Sie Geburtstag?
   Ich habe am _____ en April Geburtstag. Und so weiter.

D. Die Formen von **sein** *und* **haben**

1. Herr Gnom: Herr Gnom ist **jung.**

   ich, wir, Sie, Herr Gnom und Herr Pfeffer, Fräulein Kneidl, Fräulein Kneidl und Fräulein Knirps

2. Frau Gnom: Frau Gnom hat **heute Geburtstag.**

   wir, Heinz und Ute, ich, Herr Meier, Sie

AUSSPRACHEÜBUNG: gn, kn, pf, ps, qu

Hören Sie gut zu, und wiederholen Sie!

[gn] **Gn**om, **Gn**otke; re**gn**en, resi**gn**ieren, sta**gn**ieren
[kn] **Kn**eidl, **Kn**irps, **Kn**oten, **Kn**eipp, **Kn**ie
[pf] **Pf**ennig, **Pf**effer, **Pf**efferminz, **pf**ui; Ko**pf**
[ps] **Ps**ychologie, **Ps**ychiater, **Ps**ychoanalyse, **Ps**ychotherapie, **Ps**eudonym
[kv] **Qu**alität, **Qu**antität, **Qu**artal, **Qu**artett, **Qu**intett; **Äqu**ator, **Äqu**ivalent

WORTSCHATZ: ORDNUNGSZAHLEN UND DATEN

die Ordnungszahl,-en ordinal number

1.	**erste**	11.	elfte
2.	zweite	12.	zwölfte
3.	**dritte**	13.	dreizehnte
4.	vierte	14.	vierzehnte
5.	fünfte	19.	neunzehnte
6.	sechste	20.	zwanzigste
7.	siebte	21.	einundzwanzigste
8.	achte	30.	dreißigste
9.	neunte	31.	einunddreißigste und so weiter
10.	zehnte		

das Datum, die Daten date

Der wievielte ist heute?	What's the date today?
Heute ist der erste (zweite) _____.	Today is the first (second) of _____.
Wann haben Sie Geburtstag?	When is your birthday?
Ich habe im Mai Geburtstag.	My birthday is in May.
Ich habe am ersten (zweiten) Mai Geburtstag.	My birthday is on the first (second) of May.

HABEN	to have
ich habe	I have
er, es, sie hat	he, it, she has
wir, sie, Sie haben	we, they, you have

Redewendungen und Sonstiges

Ach du liebes bißchen!	Good grief!
Sind Sie sicher?	Are you sure?
Natürlich!	Of course.

WIEDERHOLUNG

A. *Was paßt?* (What fits?)

Find appropriate comments or answers for the statements and questions below.

1. Spielen wir jetzt Tennis?
2. Na, wie geht's?
3. Das Buch kostet 38,50 DM.
4. Kurt ist etwas dick.
5. Es regnet.
6. Wie geht es Ihren Eltern?
7. Morgen kommt mein Großvater.
8. Hier ist meine Familie.
9. Hier sind 100,— DM.
10. Gehen wir jetzt essen?
11. Das Wetter ist heute furchtbar.
12. Danke schön!
13. Mein Vater hat heute Geburtstag.
14. In zwei Minuten beginnt meine Klasse.
15. Heute ist der 22. Mai.

Sind Sie sicher?
Ach du liebes bißchen!
Danke, gut.
O je!
Das macht nichts.
Natürlich.
Vielen Dank!
Gute Idee!
Bitte, bitte!
Ach, so so.
Wunderbar!
Ja, wirklich.
Na und?
Wie schön!
Pfui!
Das stimmt.
Prima.

B. Fragen Sie, und sagen Sie es uns!

Ask another student the questions below, then report the answers to the entire group.

z.B. Sind Sie fleißig?
Ja, ich bin fleißig.
Er (sie) sagt, er (sie) ist fleißig.

1. Wie heißen Sie? (er/sie heißt)
2. Wieviele Geschwister haben Sie?
3. Haben Sie eine große Familie?
4. Wie alt sind Sie?
5. Wieviele Klassen haben Sie heute? morgen?
6. Wann beginnt Ihre nächste (next) Klasse?
7. Wann sind Sie heute fertig?

C. Fragen

1. Was sehen Sie hier im Klassenzimmer?
2. Was lernen Sie hier?
3. Wieviele Studenten sind heute hier?
4. Was kostet ein Bleistift, ein Kuli, ein Heft, das Deutschbuch?
5. Welche Farbe hat die Tafel, die Kreide, das Übungsheft?
6. Wie ist das Wetter heute?
7. Welcher Monat ist jetzt?
8. Welcher Tag ist heute? morgen?
9. Wieviel Uhr ist es jetzt?
10. Sind Sie fleißig, müde, brummig, groß, lustig, klein, laut, langsam?

D. Feriendaten (Vacation Dates)

Axel hat viele Schulferien. Sehen Sie auf Seite 51!
1. Bitte lesen Sie Axels Feriendaten auf deutsch!
2. Was für Ferien haben Sie?
3. Wann sind Ihre Ferien? (vom _____ bis _____)

Osterferien (Easter):	9. 4.[1] – 21. 4.
Pfingstferien (Pentecost):	5. 6. – 16. 6.
Sommerferien:	1. 8. – 17. 9.
Herbstferien:	31.10. – 2.11.
Weihnachtsferien (Christmas):	21.12. – 8. 1.

E. *Kalenderdaten* (Calendar Dates)

MONTAG	DIENSTAG	MITTWOCH	DONNERSTAG	FREITAG	SAMSTAG	SONNTAG
	Elke 1	2	*Axel* 3	4	5	6
Großvater 7	8	9	10	11	12	13
14	15	16	17	18	19	20
21	*Onkel Paul* 22	23	24	25	26	27
28	29	30	*Tante Irene* 31			

1. Wieviele Tage hat der August?
2. Was für ein Tag ist der 1.8., der 3.8., der 7.8., der 22.8., der 31.8.? (_____ ist ein _____.)
3. Wann ist ein Samstag, ein Sonntag und ein Donnerstag?
4. Wann hat Axel Geburtstag? Elke? der Großvater? Onkel Paul? Tante Irene?
5. Wann haben Sie Geburtstag?
6. Welcher Tag ist heute?
7. Der wievielte ist heute?

[1]In writing dates, English gives the month and then the day: 4/9 (April 9), whereas German gives the day and then the month. In German, an ordinal number is followed by a period: **9.4.** (9. April). So **9.4 – 21.4.** reads **vom neunten April bis einundzwanzigsten April.**

RÜCKBLICK

By now you have learned a lot of vocabulary and a number of idiomatic expressions; you have learned to pronounce German and how to say a few things about yourself and your family. Without being fully conscious of it, you also have learned a good deal about the structure of the German language. Becoming aware of these things will help you considerably in the coming chapters.

I. Nouns

1. German has three genders: MASCULINE, NEUTER, and FEMININE. Nouns are distinguished by **der, das,** and **die** in the singular. In the plural there are no gender distinctions; the article is **die** for all plural nouns.

der Vater, der Stuhl		Väter, Stühle
das Mädchen, das Buch	die	Mädchen, Bücher
die Mutter, die Wand		Mütter, Wände

2. German nouns have a great variety of plural forms. You have learned how to interpret the most common plural abbreviations found in dictionaries and vocabulary lists.

das Fenster,- / Fenster	das Hemd,-en / Hemden
das Bild,-er / Bilder	die Bluse,-n / Blusen
der Schuh,-e / Schuhe	der Pulli,-s / Pullis
der Rock,-̈e / Röcke	

3. Its gender and plural form must be learned with each noun.

4. All nouns are capitalized.

Wir sind fünf: mein **V**ater, meine **M**utter, mein **B**ruder, meine **S**chwester und ich.

II. The Indefinite Article and Possessive Adjectives

We have used:

ein(e)	*a, an*	Haben Sie eine Schwester?
kein(e)	*no, not a, not any*	Nein, ich habe keine Schwester.
mein(e)	*my*	Mein Vater ist so alt wie meine Mutter.
Ihr(e)	*your (formal)*	Ihr Vater ist so alt wie Ihre Mutter.

III. Pronouns

You have used the following pronouns:

ich	*I*	Ich heiße Heinz Fischer.
er	*he, it*	Er ist lustig.
es	*it*	Es regnet.
sie	*she, it*	Sie ist hübsch.
wir	*we*	Wir zählen von eins bis zehn.
sie	*they*	Sie heißen Frühling, Sommer, Herbst und Winter.
Sie	*you (formal)*	Wann haben Sie Geburtstag?

The pronoun **ich** is not capitalized, unless it stands at the beginning of a sentence.

The pronouns **sie** *(she, it)* and **sie** *(they)* can be distinguished through the personal endings of the verb: **sie hat, sie haben.**

The pronoun **Sie** *(formal* you, *sg. and pl.)* is always capitalized.

IV. Verbs

1. You have realized that German verbs have different endings — that is, they are INFLECTED. A verb's ending is determined by NUMBER (singular or plural) and PERSON of the subject. A verb may be in the first person (I, we), second person (you), or third person (he, it, she, they).

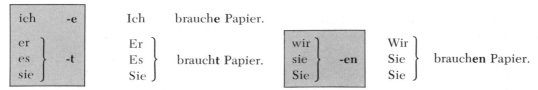

| ich | **-e** | Ich | brauch**e** Papier. |

| er, es, sie | **-t** | Er, Es, Sie | brauch**t** Papier. |

| wir, sie, Sie | **-en** | Wir, Sie, Sie | brauch**en** Papier. |

2. **Sein** and **haben** are two important verbs. They are frequently used as AUXILIARY or helping verbs. As in English, their forms are not entirely regular. You have learned these forms:

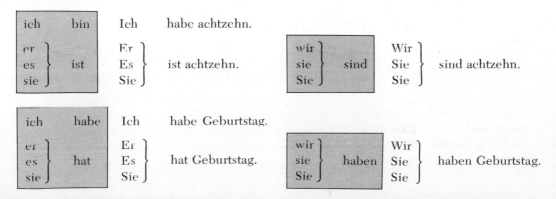

| ich | **bin** | Ich | habe achtzehn. |

| er, es, sie | **ist** | Er, Es, Sie | ist achtzehn. |

| wir, sie, Sie | **sind** | Wir, Sie, Sie | sind achtzehn. |

| ich | **habe** | Ich | habe Geburtstag. |

| er, es, sie | **hat** | Er, Es, Sie | hat Geburtstag. |

| wir, sie, Sie | **haben** | Wir, Sie, Sie | haben Geburtstag. |

V. Sentence Structure

We have encountered three basic sentence types: statements, questions, and imperatives. In all of them, verb position plays a significant role.

1. Statements

One of the most important observations you will make is that the verb is always the *second* element in a statement. (As you see from the examples, a sentence element can consist of more than one word.)

Er	heißt	Heinz Fiedler.
Helga und Ute	spielen	Tennis
Der Rock und die Bluse	sind	neu.
Da	ist	die Tafel.
In zehn Minuten	beginnt	meine Klasse.

We have practiced two types of questions: INFORMATION QUESTIONS and YES/NO QUESTIONS.

a. INFORMATION QUESTIONS begin with a question word or phrase and ask for specific information: *where, when, how,* or *how much* something is. In information questions, too, the verb is the second element. You have learned the following question words and phrases:

Wann	beginnt	die Klasse?
Warum	gehen	Sie?
Was	spielen	Helga und Ute?
Welche Farbe	hat	das Buch?
Wie	heißt	sie?
Wie lange	studieren	Sie?
Wie spät	ist	es?
Wieviel	kostet	der Kuli?
Wieviel Uhr	ist	es?
Wieviele Tage	hat	der September?
Wo	bin	ich?

Note that all question words begin with **w**!

b. YES/NO QUESTIONS, on the other hand, begin with the verb.

Beginnt	die Klasse	bald?
Gehen	Sie	jetzt?
Spielen	Helga und Ute	Tennis?
Ist	das Buch	blau?
Heißt	sie	Petra?
Studieren	Sie	noch lange?
Ist	es	spät?

3. Imperatives
Imperatives (commands, suggestions) also begin with the verb.

Hören	Sie zu!
Antworten	Sie auf deutsch!
Nehmen	Sie die Kreide!
Öffnen	Sie das Buch!

WIEDERHOLUNG

A. Fragen

1. Was sind zehn Hauptwörter zum Thema „Klassenzimmer"?
(What are ten nouns relating to the topic "classroom?")

2. Wieviele Wörter kennen (know) Sie zum Thema „das Jahr und das Wetter"?
Sie haben eine Minute.

3. Was ist das Gegenteil von . . .?
richtig, billig, klein, schwer, alt, lang, schnell, dünn, hübsch, brummig, ja, gut

4. Was ist der Artikel für . . .?
Tisch, Wort, Antwort, Kleidung, Mantel, Hemd, Bauch, Nase, Kopf, Tag, Stunde, Woche, Geburtstag

5. Was ist der Plural von . . .?
Satz, Frage, Tür, Zahl, Hose, Gesicht, Haar, Zahn, Jahreszeit, Datum

6. Wie heißen die Farben auf deutsch?

7. Wie spät ist es?
7.40, 1.15, 5.30, 8.55, 6.45; 14.10, 22.15, 17.50, 13.00, 18.20

B. Zählen Sie von _____ bis _____!

1. 1–10
2. 11–20
3. 61-70
4. der 1.–10.
5. der 11.–20.
6. der 21.–30.

C. Sagen Sie das Alphabet auf deutsch!

D. Buchstabieren Sie auf deutsch!

Jacke, Fuß, warum, hübsch, zwölf, wieviel, Physik

E. Sagen Sie es auf deutsch!

1. Good morning. 2. Good evening. 3. What's the matter? 4. Pay attention. 5. Repeat. 6. All right. 7. What (on earth) is that? 8. It's raining. 9. I like it. 10. Excuse me, please. 11. You're welcome. 12. Good-bye. 13. See you later. 14. A good idea.

KAPITEL

2/9/81

Deutschkurs für Ausländer

SUSAN: Guten Tag, Joe! Wie geht's? *Say*

JOE: Danke, prima. **Sag mal**, haben wir heute eine Prüfung?

SUSAN: Ja, natürlich. Eine Prüfung in Geographie.

JOE: Wirklich? Mensch, und ich weiß nichts! Sag mal, welche Flüsse **gibt es** in Deutschland?

SUSAN: **Im Norden** ist die Elbe, **im Osten** die Oder, **im Süden** die Donau und **im Westen** der Rhein.

JOE: Und welche Städte gibt es da?

SUSAN: Hamburg **liegt** im Norden, Berlin im Osten, München im Süden und Bonn im Westen.

JOE: Gut. Sag mal, wo sprechen die Leute . . .?

SUSAN: Joe, **ich habe keine Zeit**. In zehn Minuten beginnt die Prüfung. Mach's gut! **Viel Glück!**

JOE: Hilfe!

(Später.)

SUSAN: Na, Joe, wie geht's?

JOE: Schlecht. Wie heißt **die Hauptstadt von** Liechtenstein?

SUSAN: Vaduz.

JOE: Mensch, wieder ein Fehler! In Liechtenstein sprechen die Leute Französisch, nicht wahr?

SUSAN: Quatsch! In Liechtenstein sprechen sie Deutsch.

JOE: Verflixt! *(Darn it!)*

Where is . . . ?

German Course for Foreigners

SUSAN: Hi, Joe! How are you?

JOE: Fine, thanks. **Say,** do we have a test today?

SUSAN: Yes, of course. A test in geography.

JOE: Really? Boy, and I don't know a thing. Say, what rivers **are there** in Germany?

SUSAN: **In the north** is the Elbe, **in the east** the Oder, **in the south** the Danube, and **in the west** the Rhine.

JOE: And what cities are there?

SUSAN: Hamburg **is (lies)** in the north, Berlin in the east, Munich in the south, and Bonn in the west.

JOE: Good. Say, where do people speak . . .?

SUSAN: Joe, **I don't have time.** The test starts in ten minutes. Take care! **Good luck!**

JOE: Help!

(Later.)

SUSAN: Well, Joe, how are you?

JOE: Not so hot. What's **the capital of** Liechtenstein?

SUSAN: Vaduz.

JOE: Boy, another mistake. In Liechtenstein they speak French, don't they?

SUSAN: Nonsense! In Liechtenstein they speak German.

JOE: Darn it!

> These drills are designed to provide you with further pronunciation practice, to drill you in phrases from the dialogues, and to acquaint you with some of the new vocabulary. Listen for the pattern and the cue, and repeat the sentence until you can say it fluently.

1. Deutschland: Deutschland **gefällt mir**.
   Amerika, England, Spanien, Italien, Österreich

2. Spanien: **Was sprechen die Leute in** Spanien?
   England, Italien, Frankreich, Deutschland

3. Spanien / Spanisch: **In** Spanien **sprechen sie** Spanisch.
   England / Englisch;   Italien / Italienisch;   Frankreich / Französisch;
   Deutschland / Deutsch

4. Deutschland: Deutschland **ist ein Land**.
   Spanien, Österreich, Italien, England

5. Hamburg: Hamburg **ist eine Stadt**.
   Frankfurt, Bonn, München, Berlin

6. London / England: London **ist die Hauptstadt von** England.
   Bonn / Westdeutschland;   Paris / Frankreich;   Rom / Italien;   Madrid /
   Spanien

7. der Rhein: Der Rhein **ist ein Fluß**.
   der Main, die Oder, die Elbe, die Donau

8. Hamburg / im Norden: Hamburg **liegt** im Norden.
   Berlin / im Osten; München / im Süden; Bonn / im Westen

9. westlich: **Was liegt** westlich **von Deutschland**?
   südlich, nördlich, östlich, südwestlich, südöstlich

10. Amerikaner: **Der Mann ist** Amerikaner.[1] **Die Frau ist** Amerikanerin.[1]
    Engländer, Spanier, Italiener, Österreicher, Schweizer

11. Amerikaner / Amerika / Englisch: **Ich bin** Amerikaner. **Ich bin aus** Amerika.
    Ich spreche Englisch.
    Österreicher / Österreich / Deutsch; Spanier / Spanien / Spanisch; Franzose / Frankreich / Französisch

12. Hamburg / Hamburger / Hamburgerin: **Ich bin aus** Hamburg. **Ich bin** Hamburger. **Ich bin** Hamburgerin.
    Frankfurt / Frankfurter / Frankfurterin;   Wien / Wiener / Wienerin;   Berlin / Berliner / Berlinerin; New York / New Yorker / New Yorkerin

WORTSCHATZ: DEUTSCHKURS UND GEOGRAPHIE

der Kurs,-e course

der **Ausländer,-**	foreigner (*masc.*)
Fehler,-	mistake

[1]*An American* is expressed in German by **Amerikaner(in)**, without the indefinite article.

der	**Professor,-en**	professor (*masc.*)
	Student,-en	student (*masc.*)
das	**Semester,-**	semester
die	**Ausländerin,-nen**	foreigner (*fem.*)
	Bibliothek,-en	library
	Professorin,-nen	professor (*fem.*)
	Prüfung,-en	test, exam
	Schule,-n	school
	Sprache,-n	language
	Studentin,-nen	student (*fem.*)
	Universität,-en (abbrev. **Uni, -s**)	university

das Land,-er country
die Landkarte,-n map
die Leute (pl.) people

der	**Berg,-e**	mountain	**liegen**	to lie, be (located)
	Fluß,-sse	river	**wohnen**	to live, reside
	See,-n	lake		

| die | **Stadt,-e** | city |
| | **Hauptstadt,-e** | capital |

LAND		LEUTE	SPRACHE
Deutschland[1]	Germany	der Deutsche,-n	Deutsch[3]
Österreich	Austria	der Österreicher,-[2]	
die Schweiz	Switzerland	der Schweizer,-[2]	
Frankreich	France	der Franzose,-n	Französisch
Spanien	Spain	der Spanier,-[2]	Spanisch
Italien	Italy	der Italiener,-[2]	Italienisch
England	England	der Engländer,-[2]	Englisch
Amerika	America	der Amerikaner,-[2]	

see sheet

Tschechin

Redewendungen und Sonstiges

Ich bin aus _____.	I'm from _____ (a native of).
Ich habe keine Zeit.	I don't have time.
es gibt	there is, there are
im Norden[4] (nördlich von)	in the north (north of)
im Süden (südlich von)	in the south (south of)
im Osten (östlich von)	in the east (east of)
im Westen (westlich von)	in the west (west of)
Sag mal!	Say. Tell me.
Viel Glück!	Good luck!

[1]All countries are neuter, unless indicated otherwise.
[2]Frequently, feminine forms can be derived from masculine ones by adding **-in**.
[3]**Antworten Sie auf deutsch** (in German)! But: **Sie sprechen Deutsch** (the German language).
[4]**im** is used with months, seasons, and points of the compass: **im Mai, im Herbst, im Norden**; **in** is used with the names of cities, countries, and continents: **in Berlin, in Deutschland, in Europa.**

ZUM THEMA (TOPICAL EXERCISES)

A. Was paßt?

> For each question or statement on the left, select one or several appropriate responses from the column on the right. If you recall other appropriate responses, you may use them also.

1. Haben wir heute eine Prüfung?
2. In Liechtenstein sprechen die Leute Italienisch, nicht wahr?
3. Sag mal, wie heißt die Hauptstadt von Deutschland?
4. Wien ist in Österreich, nicht wahr?
5. Liegt Hamburg im Süden von Deutschland?

Nein, im Norden.
Ja, in zehn Minuten.
Nein, Deutsch.
Das stimmt.
Quatsch!
Ja, in Geographie.
Ich weiß nicht.
Richtig!
Bonn.
Ja, natürlich.
Nein, morgen.

B. Ist das richtig oder falsch?

1. Der Rhein ist eine Stadt in Deutschland.
2. In Spanien sprechen die Leute Englisch.
3. Die Schweiz ist ein Land in Europa.
4. Madrid ist die Hauptstadt von England.
5. Frankreich ist eine Stadt.
6. Die Hauptstadt von Westdeutschland ist Bonn.
7. Österreich ist nördlich von Deutschland.
8. Österreich ist nördlich von Italien.
9. New York ist westlich von Chicago.
10. Deutschland ist im Süden von Frankreich.

C. Fragen

1. Was sprechen die Spanier? die Österreicher? die Schweizer? die Italiener? die Amerikaner? die Franzosen?
2. Was sprechen Ihre Eltern? Ihre Großeltern?
3. Was ist London? England? der Rhein? die Donau? die Schweiz?
4. Wo liegt London? Paris? Bonn? Madrid? Wien? Rom?
5. Woher (where from) sind Sie? (Ich bin aus . . .)
6. Wo wohnt Ihre Familie? (Meine Familie wohnt in . . .)
7. Ist Ihre Stadt groß oder klein?
8. Wie ist es dort im Frühling? im Sommer? im Herbst? im Winter?
9. Ist da ein Fluß? Ist er groß oder klein? Wie heißt er?
10. Gibt es dort Berge? Sind sie groß oder klein? Wie heißen sie?

I. The Present Tense

1. You are already familiar with these PERSONAL PRONOUNS: **ich, er, es, sie, wir, sie, Sie.**

There are two others: **du** and **ihr** *(you)*. **du** *(sg.)* and **ihr** *(pl.)* are intimate address forms, and are reserved for use with family members, close friends, children up to the age of fourteen, and animals.

(fifteen, sixteen)

Sie, which is always capitalized, is used in all formal relationships, and always when others are addressed with such titles as **Herr, Frau,** and **Fräulein**. It is used to address either one or more than one person.

2. Most German INFINITIVES end in **-en: lernen, antworten**. The stem of the verb is that part which precedes the infinitive ending **-en**. Thus the stem of **lernen** is **lern-**, and that of **antworten** is **antwort-**.

English verbs have only one personal ending, **-s:** *I (you, we, they) learn*, but *he (it, she) learns*. In German, endings are added to the verb stem for all persons:

> **stem + personal ending = present tense verb form**

Most verbs follow this pattern in the present tense:

ich	lerne	I	learn
du	lernst	you (fam.)	learn
er, es, sie	lernt	he, it, she	learns
wir	lernen	we	learn
ihr	lernt	you (fam.)	learn
sie	lernen	they	learn
Sie	lernen	you (formal, sg./pl.)	learn

These verbs follow the model of **lernen**:

beginnen	to begin	schreiben	to write
brauchen	to need	spielen	to play
fragen	to ask	studieren	to study
gehen	to go	verstehen	to understand
heißen	to be called	wiederholen	to repeat
hören	to hear	wohnen	to live (reside)
kommen	to come	zählen	to count
liegen	to lie	zeigen	to show
machen	to make, do		

3. When a verb stem ends in **-d** or **-t** (**antwort-**), or in certain consonant combinations (**öffn-**), an **-e** is inserted between the stem and the **-st** and **-t** endings to make these endings clearly audible:

ich	antworte	I	answer
du	antwortest	you	answer
er, es, sie	antwortet	he, it, she	answers
wir	antworten	we	answer
ihr	antwortet	you	answer
sie	antworten	they	answer
Sie	antworten	you	answer

These verbs follow the model of **antworten: kosten** (to cost); **öffnen** (to open).

4. German has only one verb form to express what English says with several forms:

er lernt
{ he learns
  he is learning
  he does learn

er lernt nicht
{ he isn't learning
  he doesn't learn

lernt er?
{ is he learning?
  does he learn?

5. Both languages frequently use present tense verb forms to express future time, particularly when a time expression clearly points to the future.

Das nächste Semester **beginnt** am 8.
Januar.

Meine Eltern **kommen** im Sommer.

The next semester begins on January 8.

My parents will come in the summer.

ÜBUNGEN (EXERCISES)

A. Ersetzen Sie das Subjekt! (Replace the subject.)

*Use the words in parentheses. Be sure that the verb form agrees with the new
subject.*

z.B. ich beginne (er, sie/*pl.*, ihr, du)
er beginnt
sie beginnen
ihr beginnt
du beginnst

1. er geht (ich, sie/*sg.*, wir, Sie)
2. sie kommen (du, ihr, ich, er)
3. wir zählen (ich, sie/*pl.*, Sie, sie/*sg.*)
4. Sie lernen (er, du, sie/*sg.*, wir, ihr)
5. ich wiederhole (wir, er, du, Sie)

6. du verstehst (Sie, ihr, er, ich)
7. ihr spielt (ich, Sie, wir, sie/*pl.*, er)
8. sie schreibt (du, wir, er, ich)
9. es öffnet (wir, ihr, Sie, ich)
10. ich antworte (du, er, ihr, sie/*pl.*)

B. Machen Sie Fragen!

z.B. Du brauchst das Buch.
Brauchst du das Buch?

1. Ihr öffnet die Tür.
2. Sie verstehen das.
3. Sie spielt Tennis.
4. Er studiert Deutsch.

5. Es kostet sehr viel.
6. Du schreibst an die Tafel.
7. Sie antwortet auf deutsch.
8. Ihr kommt morgen.

C. Ersetzen Sie das Subjekt!

Be sure to change the verb accordingly.

z.B. Die Klasse beginnt in zehn Minuten. (ich, du, wir)
Ich beginne in zehn Minuten.
Du beginnst in zehn Minuten.
Wir beginnen in zehn Minuten.

1. Wir wohnen in Österreich. (du, ihr, die Familie)
2. Sie machen Fehler. (Robert, ich, wir)
3. Er antwortet auf deutsch. (Sie, du, ich)
4. Ich wiederhole die Frage. (Barbara, wir, ihr)
5. Ihr lernt die Wörter. (ich, du, die Studenten)
6. Du öffnest das Buch auf Seite 3. (die Studenten, ich, ihr)
7. Paul kommt in vier Minuten. (ich, meine Eltern, du)
8. Heidi Bauer geht an die Tafel. (der Lehrer, ihr, ich)
9. Wir brauchen Hefte und Kulis. (ich, wir, Sie)
10. Gehen Sie in die Bibliothek? (du, ihr, wir)

D. Auf deutsch, bitte!

Express in German.

1. I'm beginning today. 2. He is going. 3. They're coming tomorrow. 4. We're learning German. 5. She is opening the door. 6. Are they playing tennis? 7. The child is counting. 8. He does live in Germany. 9. I do need paper. 10. She does answer in German. 11. Are you going to answer in English? 12. No, I'm going to speak German.

II. The Nominative Case

1. In the English sentence *The student asks the professor*, the SUBJECT of the sentence is *the student*; *he* does the asking. We know that *the student* is the subject from its *position*, because in English the subject usually precedes the verb.

This is not always true in German, where one knows the function of a word or phrase from its *form* rather than from its position. In the sentence **Der Student fragt den Professor**, the phrase **der Student** tells us we are dealing with the subject, while **den Professor** tells us we are dealing with a direct object. (More about this in Chapter 2.) The subject case is called the NOMINATIVE. In dictionaries and vocabulary lists, nouns are given in the nominative. One determines what the subject is by asking who or what is acting in the sentence.

Der Student fragt den Professor.	The student asks the professor.
Wer fragt den Professor? **Der Student!**	Who is asking the professor? The student!
Die Bibliothek ist groß.	The library is big.
Was ist groß? **Die Bibliothek!**	What is big? The library!

2. The nominative forms of the INTERROGATIVE PRONOUN are:

	PERSONS	THINGS AND IDEAS	
nom.	wer?	was?	*who? what?*

3. The nominative forms of the DEFINITE ARTICLE (*the*) and the INDEFINITE ARTICLE (*a, an*) are already familiar. Note that the indefinite article does not distinguish between masculine and neuter nouns, because it has no ending. It also has no plural (*I have a pencil*, but *I have pencils*). For this reason **kein**, which has the same forms as **ein**, appears in the plural of the tables.

	SG.		PL.	
MASC.	NEUT.	FEM.		
der	das	die	die	*the*
ein[1]	ein	eine	—	*a*
kein[1]	kein	keine	keine	*no, not a*

Der Vater, das Kind, und die Mutter wohnen in Bonn. Die Großeltern wohnen in Amerika. Ein Vater, ein Kind und eine Mutter sind da, aber keine Großeltern. Mein Vater und meine Mutter wohnen in Berlin. Wo wohnen Ihre Eltern?

4. Nouns can be replaced by **PERSONAL PRONOUNS**. In English we replace persons with *he*, *she*, or *they*, and objects and ideas with *it* or *they*. In German the pronoun used depends on the gender of the noun. You already know the nominative forms of the third-person pronouns:

man – one

der Vater	er	*he*	der Stuhl	er	*it*
die Mutter	sie	*she*	die Tafel	sie	*it*
das Kind	es	*it*	das Buch	es	*it*
die Eltern	sie	*they*	die Hefte	sie	*they*

Da ist **der Stuhl**. **Er** ist neu.	There's the chair. It's new.
Wo ist **die Tafel**? Da ist **sie**.	Where's the blackboard? There it is.
Das Buch liegt hier. **Es** ist dick.	The book is here. It's thick.
Die Hefte kosten 2,60 DM. **Sie** sind teuer.	The notebooks cost 2 marks 60. They're expensive.

5. Remember that verb endings vary, depending on whether the subject is in the first, second, or third person, and in the singular or plural. The verb must also agree with the subject.

	SG.			PL.		
1	2	3		1	2	3
ich lerne	du lernst	der Mann } lernt das Kind die Frau er es sie		wir lernen	ihr lernt	die Leute } lernen sie

[1]The possessive adjectives **mein** (*my*) and **Ihr** (*your*) follow the pattern of **kein**.

ÜBUNGEN

E. Sagen Sie die Wörter noch einmal mit (with) **ein und kein!**

 z.B. der Fehler
  ein Fehler
  kein Fehler

die Prüfung, das Land, die Hauptstadt, der Berg, die Landkarte, der See, der Ausländer, der Amerikaner, die Italienerin, die Lehrerin, der Student

F. Sagen Sie die Sätze noch einmal mit ein und kein!

 z.B. So heißt das Land.
  So heißt ein Land.
  So heißt kein Land.
  So heißen keine Länder.

1. So beginnt das Buch.
2. Da wohnt die Familie.
3. Dort liegt die Stadt.
4. Hier ist das Kind.
5. Ist da der Fluß?
6. Das ist der Fehler.
7. Heute beginnt die Klasse.
8. Der Student lernt Dänisch.

G. Ersetzen Sie das Subjekt!

Replace the subject with a pronoun.
 z.B. *Das Wetter* ist wunderbar.
  Es ist wunderbar.

1. Hat *Ihr Vater* keine Zeit?
2. Wann kommen *Ihre Eltern*?
3. *Meine Klasse* beginnt um Viertel nach elf.
4. *Die Schweiz* liegt südwestlich von Deutschland.
5. *Der Student* antwortet auf deutsch.
6. *Das Papier* ist zu dünn.
7. *Meine Jacke* ist neu.
8. *Der Oktober* hat 31 Tage.
9. *Das Mädchen* heißt Erika Schuster.
10. *Mein Professor* ist heute brummig.
11. Ist *Ihre Klasse* groß?
12. *Mein Pullover* ist schön warm.
13. *Ihr Mantel* gefällt mir.
14. *Mein Buch* gefällt mir.

H. Antworten Sie mit ja!

Replace the italicized nouns with pronouns.
 z.B. Kommt *Ihr Vater*?
  Ja, er kommt.

1. Ist *Ihr Rock* neu?
2. Ist das *das Heft*?
3. Ist *die Amerikanerin* hier?
4. Sprechen *die Spanier* Deutsch?
5. Wohnt *Ihre Familie* in Amerika?
6. Sind *die Kulis und Bleistifte* im Klassenzimmer?
7. Spielt *Herr Meier* Tennis?
8. Liegt *das Land* südlich von Deutschland?

III. Sentence Structure

Verb second!

1. There are two points of contrast between German and English usage of which you must be aware. In English the subject usually precedes the verb, and more than one element may do so.

We | have | a test in geography.
In ten minutes we | have | a test in geography.

In the second sentence, *In ten minutes* and *we* are each a sentence element.

In German, however, only one sentence element may precede the verb, and this element is not necessarily the subject. If another element precedes the verb, the subject then *follows* the verb.

Wir | haben | eine Prüfung in Geographie.
In zehn Minuten | haben | wir eine Prüfung in Geographie.

2. The verbs **sein** (*to be*) and **heißen** (*to be called*) are *linking verbs*. They link together two like things, both of which are in the nominative: the first is the subject, the other a *predicate noun*.

SUBJ.   PRED. NOUN
Der Herr **ist**   ein Ausländer.
Er **heißt** Stefan Wolf.

The verb **sein** can be complemented not only by a PREDICATE NOUN, but also by a PREDICATE ADJECTIVE. Both are considered part of the verb phrase (i.e., the complete verb). This is the first example of a typical and important feature of German sentence structure: when the verb consists of more than one part, the inflected part (V_1) is the second element in the sentence, and the uninflected part (V_2) stands at the very end of the sentence.

Stefan Wolf **ist** hier   **Professor.**
     Er **ist** wirklich sehr **gut.**
———————— V_1 ————————V_2

ÜBUNGEN

I. Sagen Sie es anders! (Say it differently.)

Begin the sentence with the italicized sentence element.

     z.B. Die Klasse beginnt *jetzt.*
         Jetzt beginnt die Klasse.

1. Die Familie wohnt *in Bonn.*
2. Die Leute sprechen *hier* Englisch.
3. Meine Schwester hat *heute* Geburtstag.
4. Italien ist *im Süden.*
5. Frankreich liegt *westlich von Deutschland.*
6. Es geht *mir* gut.
7. Die Sonne scheint *bald* wieder.
8. Meine Klasse ist *um zwei Uhr.*

IV. Predicting the Gender of Some Nouns

We have already emphasized that nouns must be memorized with their articles, because their genders are not readily predictable. However, here are a few hints to help you determine the gender of some nouns.

1. Most nouns referring to males are masculine:

der Vater   der Onkel   der Mann

Most nouns referring to females are feminine:

die Mutter   die Tante   die Frau

Many feminine nouns can be derived from masculine nouns:

der Student / die Studentin   der Lehrer / die Lehrerin
der Amerikaner / die Amerikanerin

2. All nouns ending in **-heit, -keit, -ie, -ik, -ion, -tät**, and **-ung** are feminine:

die Schönheit   die Richtigkeit   die Geographie   die Musik   die Religion   die Universität   die Prüfung

Most nouns ending in **-e** are feminine:

die Klasse   die Seite   die Woche   die Stunde   die Minute

3. All nouns ending in **-chen** or **-lein** are neuter. These two suffixes make diminutives of nouns—that is, they make them smaller: **das Heftchen** (little notebook), **das Kindlein** (little child). Because of these suffixes, two nouns referring to females are neuter: **das Mädchen** and **das Fräulein**.

4. German typically uses many compound nouns which consist of two or more nouns. The last component determines the gender and the plural form:

der Herbst + **das Semester** = **das** Herbst**semester** / die Herbstsemester
das Haus + **die Aufgabe** = **die** Haus**aufgabe** / die Hausaufgaben
die Mathematik + das Haus + die Aufgabe + **das Heft** = das Mathematikhausaufgaben**heft** / die Mathematikhausaufgabenhefte

ÜBUNGEN

J. Was bedeuten diese Wörter? Was sind die Artikel?

What is the meaning of these words? What must their gender be?

z.B. Geographie
geography; die Geographie

Biologie, Büchlein, Dänemark, Direktor, Direktorin, Entschuldigung, Faulheit, *lazyness* Heftchen, Männchen, Marmelade, Mission, Müdigkeit, Physik, Qualität, Sommertag, Wintersonne

ZUSAMMENFASSUNG (SUMMARY)

> These sentences include what you have learned in this and earlier chapters. Watch particularly for points of contrast between English and German patterns.

K. Auf deutsch, bitte! *for 2/10*

1. Tomorrow my parents will come. 2. My father is (a) teacher. 3. He's (a) French(man), and my mother is (an) Austrian. 4. In France they speak French, and in Austria they speak German. 5. France is west of Germany, and Austria is south of Germany. 6. I do understand French and I speak German, but I often answer in English. 7. I'm (an) American. 8. I'm from Texas. 9. There's Joe. Joe's a student, too. 10. He's studying Spanish. 11. Joe and Ellen, are we playing tennis today? Do you have time? 12. No, we don't have time.

Deutschland hat viele Nachbarn | EINBLICKE[1]

> You must be able to use actively the vocabulary listed under **Vokabeln**. Vocabulary under **Was ist das?** and in the margins is for passive knowledge— that is, for comprehension only.

Was ist das?

Guess the meaning of these words.

der Europäer, Markt, Tourist; das Europa, Mitteleuropa, Produkt; die Republik; Dänisch, Holländisch, Norwegisch, Polnisch, Russisch, Tschechisch, Schwedisch; demokratisch; oft

[1]Insights

Ray-poo-bleek

Deutschland liegt in Mitteleuropa. Es hat zwei *Teile*: Westdeutschland
oder die Bundesrepublik Deutschland (BRD) und Ostdeutschland oder
die Deutsche Demokratische Republik (DDR). Die Bundesrepublik ist
ungefähr so groß wie Oregon. In Westdeutschland wohnen 62 Millionen
5 *Menschen*, aber in Oregon *nur* 2,4 Millionen Menschen. Die Deutsche
Demokratische Republik ist ungefähr so groß wie Ohio. In Ostdeutschland wohnen 17 Millionen Menschen, aber in Ohio nur 11 Millionen
Menschen. Die Hauptstadt von Westdeutschland heißt Bonn. Bonn liegt
am° Rhein. Die Hauptstadt von Ostdeutschland heißt Ost-Berlin.[1]   on the

Austria
Switzerland

10 Österreich, mit° ungefähr 7 Millionen Menschen, ist fast° so groß wie   with/almost
Maine. Die Schweiz, mit ungefähr 6 Millionen Menschen, ist ungefähr
halb so groß wie Maine. Aber in Maine wohnen nur ungefähr 1 Million
Menschen. Österreich liegt südöstlich von Deutschland. Die Hauptstadt
von Österreich heißt Wien. Die Schweiz liegt südwestlich von Deutsch-
15 land. Die Hauptstadt von der° Schweiz heißt Bern.   of the

—Durch (through)
das Brandenburger
Tor von West-
Berlin nach Ost-
Berlin

—Berlin bei Nacht
(night)

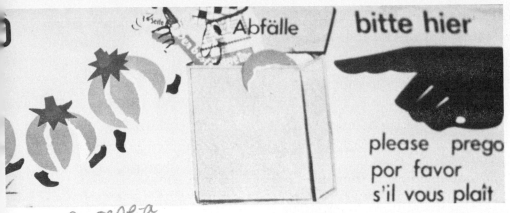

Oyropea

In Europa *spricht man* viele Sprachen. Nördlich von Deutschland spricht
man Dänisch, Schwedisch und Norwegisch. Östlich von Deutschland
spricht man Polnisch, Tschechisch und Russisch. Westlich von Deutschland spricht man Holländisch, Französisch, Englisch und Spanisch, und
⁵ südlich von Deutschland spricht man Französisch und Italienisch. Deutsch
spricht man <u>nicht nur</u>° in Deutschland, <u>sondern auch</u>° in Österreich, in   not only/but also
Liechtenstein, in der° Schweiz und in Luxemburg.   the

Man Fährt

Deutschland hat viele *Nachbarn. Alles* ist sehr nah°. ~~Sie fahren~~° nicht weit°,   near/drive/far
und *schon* kommt eine Grenze°, oft auch eine andere° Sprache.   border/another

¹⁰ Viele Europäer sprechen mehr als° eine Sprache. Sie lernen sie° in Schu-   more than/them
len, in Kursen für Ausländer, von Freunden° und von Touristen. In   from friends
Deutschland gibt es <u>viele Gastarbeiter</u>.² Auch sie lernen Deutsch. Sprachen
sind *wichtig* in Europa. Der <u>gemeinsame</u>° Markt braucht sie. Viele Pro-   common
dukte sind in mehreren° Sprachen beschriftet°. Sprachen sind wichtig für   several/labeled
¹⁵ gute Nachbarschaft.° Gute Nachbarn sind sehr wichtig.   neighborly relations

VOKABELN

der **Mensch,-en**	human being, person; *pl.* people
Nachbar,-n	neighbor
Teil,-e	part
alles	everything
finden	to find
man spricht¹	they speak (*lit.*, one speaks)
nur	only
schon	already
ungefähr	about, approximately
wichtig	important

¹Don't confuse the pronoun **man** (*one*) with the noun **der Mann** (*the man*).

1. **Berlin**, with over three million inhabitants, is the largest German city and was once the capital of a united Germany. At the end of World War II, when the victorious Allies divided Germany into zones of occupation, Berlin, lying wholly within the Soviet zone, was likewise divided. During the Cold War that followed, the separate states of East and West Germany were created. West Berlin remained under the authority of the Western powers (the United States, Britain, and France), but became de facto a part of West Germany. East Berlin became the capital of the German Democratic Republic.

—In Deutschland gibt es viele Gastarbeiter.

2. **Gastarbeiter** (*guest workers*) are foreign workers—mainly from Turkey, Greece, Yugoslavia, Italy, and Spain—who were attracted to West Germany (among other European countries) by its high living standard and the availability of jobs. West Germany's rapid industrial expansion, which has made it one of the foremost industrial nations in the world today, needed additional blue-collar workers to sustain its growth.

FRAGEN

A.

1. Wo liegt Deutschland?
2. Wieviele Teile hat Deutschland?
3. Wie heißen die Teile?
4. Wie groß ist Westdeutschland? Ostdeutschland? Österreich? die Schweiz?
5. Wieviele Menschen wohnen in Westdeutschland? in Ostdeutschland? in Österreich? in der Schweiz?
6. Wie heißt die Hauptstadt von Westdeutschland? von Ostdeutschland? von Österreich? von der Schweiz?
7. Wo in Europa spricht man Spanisch? Englisch? Italienisch? Französisch? Deutsch?

1. Wieviele Nachbarn hat Deutschland?
2. Wie heißen die Nachbarn?
3. Welche Sprachen spricht man nördlich, östlich, südlich, westlich von Deutschland?
4. Welche Flüsse gibt es in Westdeutschland? in Ostdeutschland?
5. Welche Städte liegen im Norden, im Osten, im Süden, im Westen von Westdeutschland?

AUFSATZ (COMPOSITION)

write about home state, some place 5 sentences

Using brief, simple sentences, write a short paragraph about Germany. Name the two parts of the country and describe their size and population. State the names of their capitals and which language is spoken.

KAPITEL

2-11-81
Wed.

Im Lebensmittelgeschäft[1]

VERKÄUFER: Guten Tag! **Was darf's sein?** *May I help you*

FRAU LOTH: Ich brauche **etwas Obst.** Die Kinder **essen gern** Obst. Haben Sie heute keine Bananen?

VERKÄUFER: Doch, da drüben. *Oranjen*

FRAU LOTH: Was kosten sie?

VERKÄUFER: 1,60 DM das Pfund.

FRAU LOTH: Und die Orangen?

VERKÄUFER: 50 Pfennig das Stück.

FRAU LOTH: Gut, dann geben Sie mir **zwei Pfund** Bananen und sechs Orangen.

VERKÄUFER: **Das wär's?** *That's it?*

FRAU LOTH: Ja, das ist alles.

VERKÄUFER: **Das macht zusammen 6,20 DM.** Vielen Dank. Auf Wiedersehen!

sechs mark zwanzig

DM = Marks

450 gm = 1 American lb

500 gm = 1 Deutsche Pfund

der Keks } *cookies*
die Kekse }

In der Bäckerei

VERKÄUFERIN:	Guten Morgen. Was darf's sein?
GISELA:	Ich möchte sechs Brötchen. Ist der Apfelstrudel frisch?
VERKÄUFERIN:	Aber natürlich.
GISELA:	Gut, dann nehme ich **vier Stück** Apfelstrudel.
VERKÄUFERIN:	Es gibt heute Schwarzbrot[2] im Sonderangebot. *on special*
GISELA:	Nein, danke. Aber **was für** Plätzchen haben Sie?
VERKÄUFERIN:	Sehen Sie, dort!
GISELA:	Geben Sie mir ein Dutzend Schokoladenplätzchen!
VERKÄUFERIN:	**Sonst noch etwas?** *Anything else?*
GISELA:	Nein, danke. Das wär's. Was macht das zusammen?
VERKÄUFERIN:	Alles zusammen 12,50 DM.

ÜBRIGENS

1. In Germany, Switzerland, and Austria small specialty shops are still very common. Many housewives, particularly in small towns, still shop almost daily, going from the butcher to the bakery, then to the grocery store and the fish market.

2. When Germans think of **Brot**, they probably think first of a firm, heavy loaf of rye bread, and not of the soft white bread so common in America. White loaves and rolls are prized for their crisp crust. There are over two hundred varieties of bread in Central Europe.

May I Help You?

In the grocery store

CLERK: Hello. **May I help you?**

MRS. LOTH: I need **some fruit**. The children **like (to eat)** fruit. Don't you have any bananas today?

CLERK: Yes, over there.

MRS. LOTH: How much are they?

CLERK: 1 mark 60 a pound.

MRS. LOTH: And the oranges?

CLERK: 50 pfennig each.

MRS. LOTH: Fine, then give me **two pounds of** bananas and six oranges.

CLERK: **That's it?**

MRS. LOTH: Yes, that's everything.

CLERK: **That comes to** 6 marks 20. Thank you very much. Good-bye.

In the bakery

CLERK: Good morning. May I help you?

GISELA: I'd like six rolls. Is the apple strudel fresh?

CLERK: Of course.

GISELA: Fine. Then I'll take **four pieces of** apple strudel.

CLERK: Today we have a special on rye bread.

GISELA: No, thank you. But **what kind of** cookies do you have ?

CLERK: Look over there.

GISELA: Give me one dozen chocolate cookies.

CLERK: **Anything else?**

GISELA: No, thank you. That's it. How much is that altogether?

CLERK: That comes to 12 marks 50.

— In der Fleischerei gibt es Wurst und Fleisch.

MÜNDLICHE ÜBUNG

1. Obst: **Die Kinder essen gern** Obst.
   Bananen, Orangen, Plätzchen, Kuchen (cake), Brötchen

2. Fisch: **Die Kinder essen nicht gern** Fisch.
   Salat, Tomaten, Karotten, Reis, Brot

3. Cola: **Wir trinken gern** Cola.
   Limonade, Kaffee, Tee, Bier, Wasser (water)

4. das Brot: **Ist** das Brot **frisch**?
   der Käse (cheese), die Milch, der Salat, das Gemüse (vegetable)

5. Brötchen: **Sind die** Brötchen **frisch**?
   Tomaten, Karotten, Erdbeeren (strawberries), Plätzchen

6. Obst: **Ich brauche etwas** Obst.
   Fleisch (meat), Butter, Salz (salt), Zucker, Pfeffer

7. Fisch: **Was für** Fisch **haben Sie heute**?
   Kuchen, Wurst (sausage), Käse, Obst, Brot

8. ein Pfund Butter: **Geben Sie mir** ein Pfund Butter!
   drei Pfund Fisch, ein Pfund Reis, zwei Pfund Tomaten, ein Pfund Nudeln,
   zwei Pfund Bananen

9. fünf Stück Käsekuchen: **Dann nehme ich** fünf Stück Käsekuchen.
   acht Orangen, drei Stück Erdbeerkuchen, ein Dutzend Plätzchen, sechs
   Brötchen, eine Tomate

10. Kaffee: **Möchten Sie auch etwas** Kaffee?
    Tee, Wein, Milch, Saft (juice), Wurst

11. Bananen: **Nein, danke. Ich möchte keine** Bananen.
    Orangen, Plätzchen, Brötchen, Tomaten, Nudeln

12. 4,50 DM: **Das macht zusammen** vier Mark fünfzig.
    1,20 DM; 3,65 DM; 8,90 DM; 12,80 DM; 18,45 DM; 22,30 DM

— Eine Drogerie verkauft keine Hamburger.

WORTSCHATZ: GESCHÄFTE UND LEBENSMITTEL

das Geschäft,-e store

der	**Markt,-̈e**	market	die	**Bäckerei,-en**	bakery
	Supermarkt,-̈e	supermarket		**Fleischerei,-en**	butcher shop
das	**Kaufhaus,-̈er**	department store		**Drogerie,-n**[1]	drugstore
				Apotheke,-n[1]	pharmacy

die Lebensmittel (pl.) groceries

der	**Apfel,-̈**	apple	das	**Bier**	beer
	Fisch	fish		**Brot,-e**	bread
	Kaffee	coffee		**Brötchen,-**	roll
	Käse	cheese		**Ei,-er**	egg
	Kuchen,-	cake		**Fleisch**	meat
	Saft,-̈e	juice		**Gemüse**	vegetable(s)
	Salat,-e	lettuce, salad		**Obst**	fruit
	Tee	tea		**Plätzchen,-**	cookie
	Wein,-e	wine		**Wasser**	water

[1]The German **Drogerie** is nothing like an American drugstore. It sells neither prescription drugs (available only in the **Apotheke**) nor toys, books, records, school supplies, or snacks. It does offer soaps and other toiletries, cosmetics, over-the-counter drugs, herb teas, etc.

die	**Banane,-n**	banana	die	**Orange,-n**	orange
	Bohne,-n	bean		**Tomate,-n**	tomato
	Butter	butter		**Wurst,-̈e**	sausage
	Cola	coke			
	Erbse,-n	pea		**kaufen / verkaufen**	to buy / to sell
	Erdbeere,-n	strawberry		**trinken**	to drink
	Karotte,-n	carrot		**frisch**	fresh
	Marmelade,-n	jam, marmalade			
	Milch	milk			

Redewendungen und Sonstiges

Was darf's sein?	May I help you?
Ich möchte _____.	I would like (to have) _____.
Ich esse gern _____.	I like to eat _____.
Geben Sie mir _____!	Give me _____.
Sonst noch etwas?	Anything else?
das Stück; zwei Stück _____	piece; two pieces of _____
das Pfund; zwei Pfund _____	pound; two pounds of _____
etwas Obst	some fruit
Das wär's.	That's it.
zusammen	together
Das macht zusammen _____.	That comes to _____.

Ich spiele gern Tennis

— In der Bäckerei gibt es viel Brot.

A. Was paßt?

1. Der Fisch ist nicht frisch.
2. Möchten Sie etwas Obst?
3. In der Bäckerei kauft man Wurst, nicht wahr?
4. Wir kaufen auch Kuchen.
5. Ich trinke morgens gern Cola.

Wirklich?

Ach du liebes bißchen!

Ich nicht.

Ja, gern.

Quatsch!

Gute Idee!

Ja, bitte.

Pfui!

Prima!

Das stimmt nicht.

B. Fragen

1. Was für Obst essen Sie gern? Was für Gemüse essen Sie gern?
2. Essen Sie gern Kuchen? Plätzchen? Karotten? Fisch? Eier?
   (Ja, ich esse gern . . . / Nein, ich esse nicht gern . . .)
3. Trinken Sie gern Bier? Milch? Wein? Kaffee? Wasser?
4. Was essen Sie morgens? mittags? abends?
5. Was trinken Sie morgens? mittags? abends?
6. Was für Lebensmittel sind teuer? billig? frisch?
7. Was für Geschäfte sind teuer? billig? gut?
8. Was verkauft die Bäckerei? der Supermarkt? die Fleischerei?

C. Interview

Form groups of two and ask each other the questions below. Your instructor may ask you to report to the class afterward what your partner said, so listen carefully.

1. Was essen Sie gern? 2. Was essen Sie nicht gern? 3. Was trinken Sie gern? 4. Was trinken Sie nicht gern? 5. Was essen Sie mittags? 6. Was essen Sie abends?

D. Schriftliche Übung

Write a dialogue on one of the topics suggested. Use the chapter dialogue and previous dialogues as models. Limit yourself to familiar structures and patterns, and avoid adjectives before nouns until they have been formally introduced.

Schreiben Sie ein Gespräch!
1. Im Lebensmittelgeschäft
2. Im Kaufhaus
3. In der Bäckerei

STRUKTUR

I. The Present Tense of sein (to be) and haben (to have)

You are already familiar with most of the forms of these two somewhat irregular verbs. They are both very important, since they are often used as auxiliary or helping verbs. Be sure to memorize the forms.

	SEIN	HABEN
ich	bin	habe
du	**bist**	**hast**
er, es, sie	ist	hat
wir	sind	haben
ihr	**seid**	**habt**
sie	sind	haben
Sie	sind	haben

ÜBUNGEN

A. Ersetzen Sie das Subjekt!

z.B. Ich habe keine Zeit. (er, ihr, du)
Er hat keine Zeit.
Ihr habt keine Zeit.
Du hast keine Zeit.

1. Ich bin zwanzig Jahre alt. (er, wir, ihr, sie/*pl.*)
2. Ich habe im Mai Geburtstag. (sie/*sg.*, du, Sie, es)
3. Wie alt bist du? (Sie, er, ihr)
4 Wann hast du Geburtstag? (er, sie/*sg.*, sie/*pl.*, ihr)
5. Du bist so alt wie ich. (ihr, Sie, er, sie/*sg.*)
6. Ja, das bin ich. (Sie, sie/*sg.*, du)
7. Habt ihr jetzt Zeit? (du, Sie, sie/*sg.*, er)
8. Wir haben jetzt eine Prüfung. (ihr, ich, Sie, sie/*sg.*)

II. The Accusative Case

1. In this chapter, the focus is on the DIRECT OBJECT. In the sentence *The student asks the professor*, the direct object is *the professor*. **He** is being asked; **he** is the target of the verb's action. The direct object case is called

the ACCUSATIVE. One determines what the direct object is by asking who
or what is directly affected by the verb's action.

Der Student fragt **den Professor**.	The student asks the professor.
Wen fragt der Student? **Den Professor!**	Whom does the student ask? The professor!

Ich sehe **die Bibliothek**.	I see the library.
Was sehe ich? **Die Bibliothek!**	What do I see? The library!

2. The accusative forms of the INTERROGATIVE PRONOUN are **wen** (*whom*)
and **was** (*what*). You now know two cases for these pronouns.

	PERSONS	THINGS AND IDEAS
nom.	wer?	was?
acc.	wen?	was?

3. Verbs that can take accusative objects are called TRANSITIVE. (Not all
verbs can take direct objects: for example, **gehen**, *to go*). Here are some
familiar transitive verbs:

brauchen	to need	kaufen	to buy	schreiben	to write
essen	to eat	lernen	to learn	sehen	to see
finden	to find	lesen	to read	studieren	to study
fragen	to ask	machen	to make, do	trinken	to drink
es gibt	there is, there are	möchten	would like	verkaufen	to sell
		nehmen	to take	verstehen	to understand
haben	to have	öffnen	to open		
hören	to hear	sagen	to say		

Essen Sie **den Salat**?
Wo gibt es **einen Supermarkt**?
Wir haben **keine Bananen**.
Ich möchte **den Käse**.
Schreiben Sie **einen Satz**!

4. Only the ARTICLES for masculine nouns have special forms for the accusative. In the other genders, the nominative and accusative are identical.

Peter: Der Salat, das Sauerkraut, die Wurst und die Brötchen sind prima.
Petra: Dann kaufe ich **den Salat, das Sauerkraut, die Wurst und die Brötchen**.
Peter: Nein, nein. Wir brauchen **keinen Salat, kein Sauerkraut, keine Wurst
und keine Brötchen**.

		SG.		PL.
	MASC.	NEUT.	FEM.	
nom.	der	das	die	die
	ein	ein	eine	—
	kein	kein	keine	keine
acc.	den	das	die	die
	einen	ein	eine	—
	keinen	kein	keine	keine

5. These prepositions are always followed by the accusative case:

durch	through
für	for
gegen	against
ohne	without
um	around; at (o'clock)

{ ✳

durch den Wald
für den Vater
gegen den Gastarbeiter
ohne den Kuli
um den Tisch

Sie geht **durch das Kaufhaus**. **Für den** Vater möchte sie einen Pulli, **für das Kind** ein Bilderbuch, **für die Mutter** eine Uhr und **für die Großeltern** Blumen.

Some prepositions may be contracted with the definite article:

durch + das = durchs
für + das = fürs
um + das = ums

Sie geht durchs Kaufhaus und kauft etwas fürs Kind.

ÜBUNGEN

B. Ersetzen Sie das Akkusativobjekt!

z.B. Wir kaufen den Saft. (Salat, Kuchen)
Wir kaufen den Salat.
Wir kaufen den Kuchen.

1. Ich kaufe den Tee. (Fisch, Kaffee, Saft, Wein, Käse, Käsekuchen) *der der der der der der*
2. Ich nehme das Fleisch. (Gemüse, Obst, Brot) *das das das*
3. Wir essen die Marmelade. (Butter, Wurst, Orange) *die die die die*
4. Er verkauft die Äpfel. (Erbsen, Bananen, Eier, Lebensmittel) *die die die die*
5. Kaufen Sie das Brot? (Salat, Milch, Käse, Kaffee, Fleisch, Orangen) *der die der der das die*
6. Wo gibt es einen Supermarkt? (Apotheke, Kaufhaus, Markt, Drogerie, Lebensmittelgeschäft) *die das der die das*

C. Sagen Sie es noch einmal!

Replace the noun following the preposition with another noun.

z.B. Ich möchte etwas für den Vater. (Mutter, Kind, Eltern)
Ich möchte etwas für die Mutter.
Ich möchte etwas für das Kind.
Ich möchte etwas für die Eltern.

1. Wir gehen durch die Geschäfte. (Supermarkt, Kaufhaus, Bäckerei)
2. Er kommt ohne das Bier. (Kaffee, Wein, Cola)
3. Was haben Sie gegen den Kuchen? (Gemüse, Wein, Kinder)
4. Er wiederholt das für den Onkel. (Tante, Großeltern, Vetter)

D. Was kaufen Sie?

Answer each question with four to six items, drawing on all the vocabulary you have had so far.

z.B. Sie sind im Supermarkt. Was kaufen Sie?
Ich kaufe ein Pfund Butter, zwei Stück Kuchen, etwas Obst, usw.

1. Sie sind im Papier- und Büchergeschäft. Was kaufen Sie?
2. Sie sind in der Bäckerei. Was kaufen Sie?
3. Sie sind im Lebensmittelgeschäft. Was kaufen Sie?
4. Sie sind im Kaufhaus. Was kaufen Sie?

E. Stellen Sie Fragen mit wer, wen oder was!

Ask a question about each noun.

z.B. Der Student fragt den Professor.   Otto spielt Tennis.
Wer fragt den Professor?   **Was spielt Otto?**
Wen fragt der Student?   **Wer spielt Tennis?**

1. Die Kinder essen gern Erbsen.
2. Die Leute sehen das Bild.
3. Meine Großeltern lernen Deutsch.
4. Jutta trinkt ein Glas Cola.
5. Die Studentin versteht die Frage nicht.

III. Sentence Structure

1. In Chapter 1 you learned that in German only one sentence element can precede the verb, and that this element is not necessarily the subject. The first sentence element usually either serves as a *link* to preceding sentences, or introduces the *topic* of the sentence. The direct object is one such element which may precede the verb.

Gisela kauft **den Kuchen**.   Gisela is buying the cake.
Subj. Verb   Obj.
Den Kuchen kauft Gisela.   As for the cake, Gisela is buying it.
Obj.   Verb Subj.

2. Some direct objects are used so frequently with certain verbs that they become part of the verb phrase—that is, they are verb complements (V₂).

Sie **spielt Tennis**.   Er **spricht Deutsch**.
Sie **spielt** oft **Tennis**.   Er **spricht** gut **Deutsch**.
Sie **spielt** morgens oft **Tennis**. Er **spricht** wirklich sehr gut **Deutsch**.
_____ V₁ _____ V₂   _____ V₁ _____ V₂

3. Negation
Negation is a rather complex subject, but following the guidelines below will let you deal with most situations.

a. **Kein** must be used to negate a sentence containing a predicate noun or an object that is either preceded by **ein** or unpreceded.

Ist das ein Café?   Is that a café?
Nein, das ist **kein** Café.   No, that's no café (that's not a café).
Haben Sie Bananen?   Do you have (any) bananas?
Nein, wir haben **keine** Bananen. No, we have no bananas (we don't have any bananas).

b. **Nicht** is used under all other circumstances. Its position is determined as follows:

Nicht usually comes _after_ (the subject, verb, all objects, and time expressions) Therefore it stands at the end of many sentences.

Ich kaufe das Buch **nicht**.
Ich kaufe das Buch heute **nicht**.

Nicht usually comes _before_ other adverbs (of manner and place) or adverbial phrases, and verb complements (V₂).

Ich kaufe das Buch **nicht** gern.
Ich kaufe das Buch **nicht** gern hier.
Ich kaufe das Buch **nicht** für die Universität.
Das Buch ist **nicht** neu.
Das ist **nicht** mein Buch.
Ich spiele **nicht** Tennis.

S V₁ O time expressions ↑ other adverbs or adverbial phrases V₂.
                          nicht

4. The word **doch** is an affirmative response to a negative question.

Haben Sie keine Orangen?	Don't you have any oranges?
Doch!	Sure we do.
Verstehen Sie das nicht?	Don't you understand that?
Doch!	Of course I do.

5. Joining Sentences

Two independent clauses can be joined into one sentence by means of COORDINATING CONJUNCTIONS. Each of the two clauses keeps the original word order.

und	*and*
aber	*but*
oder	*or*

Ich kaufe Erdbeeren. Er kauft Äpfel.
Ich kaufe Erdbeeren, **und** er kauft Äpfel.

Wir essen Fisch. Sie essen Fleisch.
Wir essen Fisch, **aber** sie essen Fleisch.

Nehmen Sie Käsekuchen? Möchten Sie Apfelstrudel?
Nehmen Sie Käsekuchen, **oder** möchten Sie Apfelstrudel?

ÜBUNGEN

F. Beginnen Sie mit dem (with the) *Objekt! Was bedeutet das auf englisch?*

z.B. Wir kaufen das Bier.
    Das Bier kaufen wir.
    As for the beer, we're buying it.

1. Sie trinkt den Wein nicht.
2. Susan lernt Französisch.
3. Sie kauft die Brötchen.
4. Ich verstehe das.
5. Ihr nehmt die Bananen.
6. Hier spricht man Spanisch.
7. Wir trinken gern Cola.

G. Sagen Sie die Sätze noch einmal mit ein und kein!

z.B. Er kauft den Bleistift, das Heft und die Landkarte.
Er kauft einen Bleistift, ein Heft und eine Landkarte.
Er kauft keinen Bleistift, kein Heft und keine Landkarte.

1. Ich möchte den Rock, das Kleid und die Bluse.
2. Du brauchst den Pulli, das Hemd und die Hose.
3. Wir fragen den Mann, das Fräulein und die Frau.
4. Habt ihr den Kuli, das Papier und die Uhr?

H. Fragen Sie noch einmal mit möchten Sie, und dann antworten Sie mit nein!

Follow the examples.

z.B. Was kostet das Obst?
Möchten Sie Obst?
Nein, ich möchte kein Obst.

1. Was kostet das Gemüse?
2. Was kostet das Fleisch?
3. Was kostet der Fisch?

4. Was kostet der Käse?
5. Was kostet die Wurst?

z.B. Was kosten die Erdbeeren?
Möchten Sie Erdbeeren?
Nein, ich möchte keine Erdbeeren.

1. Was kosten die Tomaten?
2. Was kosten die Bohnen?
3. Was kosten die Äpfel?

4. Was kosten die Brötchen?
5. Was kosten die Eier?

I. Antworten Sie mit nein!

Place the direct object immediately after **nein**.

z.B. Möchten Sie *das Brot?*
Nein, das Brot möchte ich nicht.

1. Brauchen Sie *den Mantel?*
2. Spielen Sie *Tennis?*
3. Essen die Kinder *Fisch?*

4. Verstehen Sie *das Fräulein?*
5. Kaufen Sie *die Erbsen?*
6. Trinken Sie *Bier?*

J. Verneinen Sie (negate) *die Sätze mit* **nicht!**

z.B. Das Gemüse ist frisch.
Das Gemüse ist nicht frisch.

1. Ich heiße Dieter Fiedler.
2. Es geht mir gut.
3. Das ist richtig.
4. Das ist meine Idee.
5. Verstehen Sie das?
6. Die Fragen sind leicht.

7. Heute ist das Wetter schön.
8. Hamburg liegt im Süden.
9. Die Familie wohnt in Österreich.
10. Wir kommen morgen.
11. Ich esse gern Sauerkraut.
12. Sie hat heute Geburtstag.

K. *Verneinen Sie die Sätze!*

Decide first whether **kein** *or* **nicht** *must be used.*

1. Ist der Herr nett?
2. Möchten Sie Kaffee?
3. Ich brauche Tomaten.
4. Haben Sie Schokoladenplätzchen?
5. Westdeutschland ist so groß wie Texas, nicht wahr?
6. Sie haben heute Zeit.
7. Er weiß das natürlich.
8. Wir haben heute eine Prüfung.

L. *Antworten Sie mit* **ja, doch** *oder* **nein!**

z.B. Sind die Lebensmittel teuer? **Ja, sie sind teuer.**
Sind die Erdbeeren nicht teuer? **Doch, sie sind teuer.**
Sind die Orangen billig? **Nein, sie sind nicht billig.**

1. Sprechen die Österreicher nicht Deutsch?
2. Hat Deutschland viele Nachbarn?
3. Ist Bonn die Hauptstadt von Ostdeutschland?
4. Ist Wien nicht die Hauptstadt von Österreich?
5. Ist die Bundesrepublik ungefähr so groß wie Oregon?
6. Sind Sprachen nicht wichtig in Europa?
7. Ist der Artikel von Stadt „die"?
8. Liegt Berlin in Süddeutschland?

M. *Machen Sie aus* (out of) *zwei Sätzen einen Satz!*

Link the two sentences with the conjunctions indicated.

z.B. Das Obst ist teuer. Das Gemüse ist billig. (but)
Das Obst ist teuer, aber das Gemüse ist billig.

1. Wir haben keine Erbsen. Wir haben Karotten. (but)
2. Er trinkt keinen Kaffee. Ich trinke keinen Tee. (and)
3. Die Kinder essen nicht gern Fisch. Sie essen gern Fleisch. (but)
4. Lernen Sie Deutsch? Lernen Sie Französisch? (or)
5. Trinken Sie gern Wein? Möchten Sie Bier? (or)
6. Meine Eltern wohnen in Europa. Ich wohne in Amerika. (and)

ZUSAMMENFASSUNG

N. *Auf deutsch, bitte!*

1. May I help you? 2. What kind of vegetables do you have today? 3. Give me two pounds of beans. 4. The eggs aren't fresh, are they?—Sure they are! 5. Well, we don't need any eggs. 6. But we need some fish and lettuce. 7. I'm not buying any wine. 8. Don't you like (to drink) wine?—Of course I do! 9. Do you see any beer? 10. Oh, students don't like (to drink) beer. 11. She's buying a coke and some juice. 12. That's it?—No, I'd also like two pieces of strawberry cake.

— Die Regensburger Uni ist modern.

Sonntags sind die Geschäfte zu | **EINBLICKE**

Was ist das?

der Bus; das Auto, Café, Glas, Sauerkraut, Spezialgeschäft; die Atmosphäre, Medizin, Zone; im Zentrum; interessant, romantisch

Carolyn, eine *amerikanische* Studentin in Regensburg,[1] geht in die Studentenheimküche°. Dort sind Ursula und Wolfgang, zwei deutsche Studenten.

    dorm kitchen

   Carolyn: Guten Morgen! Ich heiße Carolyn. Ich bin neu hier.
5   Ursula: Grüß dich°! Ich heiße Ursula, und das ist Wolfgang.   Hello!
   Wolfgang: Guten Morgen! Wie geht's?
   Carolyn: Danke, gut. Aber *ich habe Hunger.* Wo kann° man hier   can
      etwas einkaufen°?   buy
   Ursula: Wir sind gerade beim° *Frühstück.* Hier hast du[2] *eine Tasse*   just having
10   Kaffee, Brot, Butter und Marmelade.

— Carolyn ist neu
im Studentenheim.

Carolyn:	Danke schön!
Wolfgang:	Bitte, bitte. Etwas Milch für den Kaffee?
Carolyn:	Ja, bitte.
Ursula:	Auch ein Ei?
5 Carolyn:	Nein, danke.
Ursula:	Um die Ecke° ist ein Lebensmittelgeschäft, eine Bäckerei und eine Fleischerei.
Carolyn:	Prima! Ich brauche auch etwas Medizin.
Ursula:	Dort findest du auch eine Apotheke.
10 Carolyn:	Ist das Lebensmittelgeschäft sehr teuer?
Wolfgang:	Billig ist es nicht. Wir *fahren oft* in die Stadt. Dort gibt es viele kleine Spezialgeschäfte und auch große Supermärkte, wie zum Beispiel „Aldi". Bei° „Aldi" gibt es fast° alles, aber kein frisches Gemüse.
15 Carolyn:	Habt ihr auch Kaufhäuser?
Wolfgang:	Natürlich, zum Beispiel „Horten". Wir gehen *manchmal* auch ins „Donaueinkaufszentrum"°. Ein Bus *bringt* uns° bis an° die Tür.
Ursula:	Dort ist alles wie in Amerika. Alles ist sehr groß.
20 Wolfgang:	*Mehr* Atmosphäre hat die Fußgängerzone°[3] hinter° „Horten". Da gibt es keine Autos, nur Fußgänger. Dort kann man wunderbar einkaufen° und Leute beobachten°.
Ursula:	Du meinst° Mädchen.
Wolfgang:	Na und!
25 Ursula:	Wir gehen dort *manchmal* gern in ein Café[4] und essen ein Stück Kuchen.

corner

A po tay ka

at/almost

shopping center/us
right up to

Pedestrian mall/behind

shop/watch

mean

Wolfgang:	Oder wir *laufen* an die Donau zur° „Wurstküche", essen *ein paar* Bratwürste° mit Sauerkraut und trinken *ein Glas* Bier.	to the fried sausages
Ursula:	Regensburg gefällt mir. Es ist alt und romantisch. Um den Dom° gibt es viele enge° *Straßen* und interessante Geschäfte. Samstags° ist Markt. Da verkaufen die Bauern° Obst, Gemüse, Eier und *Blumen*[5]. Alles ist sehr frisch.	cathedral/narrow on Saturdays/farmers
Carolyn:	Prima! *Ich gehe* heute nachmittag° *einkaufen.*	this afternoon
Wolfgang:	*Das geht nicht.*	
Carolyn:	Warum nicht?	
Wolfgang:	Heute ist Samstag. *Samstags* sind die Geschäfte nur bis zwei *offen.* Und *sonntags* ist alles *zu.*	
Carolyn:	Aber das Einkaufszentrum ist nicht zu, oder°?	or is it?
Ursula:	Doch! Nur einmal im Monat° sind samstags die Geschäfte bis nachmittags um vier offen.	once a month
Carolyn:	Und wie ist das von Montag bis Freitag?	
Ursula:	Hier draußen° ist mittags von halb eins bis zwei alles zu. Aber im Zentrum sind die Geschäfte von morgens um halb neun bis abends um halb sieben offen. 8:30 — 6:30	out here
Carolyn:	Gut, dann gehe ich jetzt *noch* schnell einkaufen. Vielen Dank fürs Frühstück!	
Ursula:	Bitte, bitte!	

—Beachten Sie (watch) die Geschäftszeiten!

Bitte beachten!
Neue Geschäftszeiten
Mo.–Fr. 8³⁰ – 18³⁰
Sa. kurz 8⁰⁰ – 14⁰⁰
Sa. lang 8⁰⁰ – 16⁰⁰

Mensa- student cafeteria

VOKABELN

das	**Frühstück**	breakfast
	Glas,-̈er; ein Glas _____	glass; a glass of _____
die	**Blume,-n**	flower
	Straße-n	street
	Tasse,-n; eine Tasse _____	cup; a cup of _____

amerikanisch	American
bringen	to bring
Das geht nicht.	That's impossible. That doesn't work.
ein paar	a couple of, some
fahren	to drive
Ich gehe einkaufen.	I go shopping.
Ich habe Hunger (Durst).	I'm hungry (thirsty).
laufen	to walk; run
manchmal	sometimes
mehr	more
offen / zu	open / closed
oft	often
sonntags (montags . . .)	on Sundays (Mondays)

ÜBRIGENS

1. What has been called the city of **Regensburg** since the Middle Ages actually dates back to Roman times. This city is one of the few in Germany not destroyed during World War II, so a variety of architecture spanning the centuries has survived. A walk in the old part of the city is a tour of Romanesque, Gothic, and Baroque buildings, many of them undergoing expert restoration.

2. There is no equivalent form of address in English for **du**. While it has become customary for university students to address each other with the **du**-form, all adults must still be addressed with **Sie**.

3. Many German cities have developed traffic-free areas called **Fußgängerzonen**, usually in the center of town. These pedestrian areas have actually increased the volume of business for the nearby shops and stores, and there are benches and sidewalk cafés where weary shoppers can relax.

4. **Cafés** or **Konditoreien** are favorite places for conversation or for breaks in shopping excursions. Coffee, tea, or hot chocolate is served, along with a great variety of delicious cakes and pastries, which are part of the Central European tradition. Some bakeries in the United States reflect this pleasant amenity of daily life in Europe.

5. Germans are very fond of having fresh flowers in their homes. It is customary for coffee or dinner guests to bring their hosts a little gift, usually fresh flowers. Red flowers are a token of love.

—Geschäftsstraße
in Salzburg.

FRAGEN

A. 1. Warum kommt Carolyn in die Studentenheimküche?

   2. Was essen Wolfgang und Ursula gerade? Was geben Sie Carolyn?

   3. Was für Geschäfte sind um die Ecke?

   4. Welches Geschäft verkauft Medizin?

   5. Was für ein Geschäft ist „Aldi"? Was gibt es dort? Was gibt es dort nicht?

   6. Warum hat die Fußgängerzone Atmosphäre?

   7. Was essen und trinken die Leute im Café? in der Wurstküche?

   8. Wann ist Markt? Was verkaufen die Bauern dort?

   9. Wie lange sind die Geschäfte montags bis freitags im Zentrum offen? Wie lange sind sie samstags offen? Wie ist das sonntags?

B. 1. Wohnen Sie im Studentenheim? Haben Sie dort eine Küche?

   2. Was essen Sie morgens?

   3. Welche Geschäfte verkaufen hier Brot, Fleisch, Gemüse, Obst usw.? Wo kauft man Medizin?

   4. Haben wir hier eine Fußgängerzone? Gehen Sie oft in die Fußgängerzone?

   5. Haben wir hier ein Café? Wie heißt das Café? Was essen die Leute dort?

   6. Gibt es hier einen Dom? Wie heißt er?

   7. Gibt es hier einen Markt? Was verkaufen die Bauern da? Kaufen Sie oft Blumen?

   8. Wann sind die Geschäfte hier offen? Wie ist das samstags? Ist sonntags alles zu?

for monday 8 — 10 sentences 2-16-81

AUFSATZ

Write a brief paragraph on shopping in Regensburg. As an American student in Regensburg, tell a newcomer what kinds of stores are nearby, what they sell, which store has prescription drugs, which supermarket is more reasonable, what you like about the **Fußgängerzone**, what the farmers sell on Saturdays, and when the stores are open and when closed.

KAPITEL

Beim Mittagessen[1] At lunch

AXEL: **Herr Ober**, die Speisekarte bitte!

OBER: Hier bitte!

AXEL: Was empfehlen Sie heute?

OBER: Die beiden Menüs und die gemischte Fischplatte sind sehr gut.

AXEL: Gabi, was nimmst du?

GABI: Ich weiß nicht. Was nimmst du?

AXEL: Ach, ich nehme Menü eins: Schnitzel und Kartoffelsalat.

GABI: Dann nehme ich Menü zwei: Rindsrouladen mit Kartoffelklößen.

OBER: Einmal Menü eins und einmal Menü zwei. Und **etwas zu trinken**?

GABI: Ein Glas Apfelsaft. Und du, Axel, trinkst du nichts?

AXEL: Doch, Limonade.

OBER: Gut.

I

F   rdbeerkuchen mit Schlag-

(

FRAU MOLLIG: Vielen Dank!
FRITZCHEN: Mm, **das schmeckt gut!**
FRAU MOLLIG: Guten Appetit![3]
FRITZCHEN: **Danke, gleichfalls.**
FRAU MOLLIG: Mm, das war gut.
FRITZCHEN: Mutti, ich möchte **noch ein** Eis.
FRAU MOLLIG: Nein, wir gehen jetzt. Fräulein, ich möchte bezahlen!

ÜBRIGENS

1. Many Europeans still eat the main meal at noon. It often consists of soup, meat or fish, vegetables, and a dessert. Salads are not eaten before the meal, but with the main course. Europeans do not usually drink water with the meal, but rather (if anything) juice, beer, or wine. Coffee is never served with a meal, but afterward.

2. **Eis** means both ice and ice cream. If you ask for **Eis** in a restaurant, you will get ice cream. Ice water is not served in German-speaking countries.

3. It shows good manners to wish others a pleasant meal (**Guten Appetit**) before they begin to eat.

Enjoy Your Food

At lunch

AXEL: **Waiter**, the menu, please!

WAITER: Here you are.

AXEL: What do you recommend today?

WAITER: The two complete dinners and the mixed fish platter are very good.

AXEL: Gabi, what are you having?

GABI: I don't know. What are you having?

AXEL: Well, I'll take dinner number one: veal cutlet and potato salad.

GABI: Then I'll take dinner number two: stuffed beef rolls with potato dumplings.

WAITER: One dinner number one and one dinner number two. And **something to drink**?

GABI: A glass of apple juice. And you, Axel, aren't you drinking anything?

AXEL: Sure, lemonade.

WAITER: Fine.

In the café

MRS. MOLLIG: Well, now for a cup of coffee.

FRITZCHEN: And ice cream.

MRS. MOLLIG: **Miss!**

WAITRESS: Hello. May I help you?

MRS. MOLLIG: One cup of coffee, one piece of strawberry cake with whipped cream, and one ice cream.

FRITZCHEN: With whipped cream.

WAITRESS: Very well.

(Later.)

WAITRESS: **Here you are.**

MRS. MOLLIG: Thank you very much.

FRITZCHEN:	Mmm, **that tastes good.**
MRS. MOLLIG:	**Enjoy your food.**
FRITZCHEN:	**Thanks, the same to you.**
MRS. MOLLIG:	**Mmm, that was good.**
FRITZCHEN:	Mom, I'd like **another** ice cream.
MRS. MOLLIG:	No, we're going now. Miss, I'd like to pay.

ein anderes Eis —
a different ice cream

MÜNDLICHE ÜBUNG

1. die Speisekarte: **Herr Ober**, die Speisekarte **bitte!**
   eine Tasse Kaffee; ein Glas Apfelsaft; ein Stück Erdbeerkuchen; ein Eis; die Rechnung (check)

2. eine Speisekarte: **Fräulein, ich brauche** eine Speisekarte.
   ein Messer (knife); eine Gabel (fork); einen Löffel (spoon)

3. Schnitzel und Kartoffelsalat: **Ich möchte** Schnitzel und Kartoffelsalat.
   Rindsrouladen mit Kartoffelklößen; Bratwürste und Sauerkraut; Sauerbraten mit Kartoffelbrei (marinated pot roast with mashed potatoes)

4. ein Eis: **Zum Nachtisch** (for dessert) **nehme ich** ein Eis.
   etwas Käse; ein Stück Käsekuchen; Schokoladenpudding; ein paar Erdbeeren

5. gut: **Die Suppe schmeckt** gut.
   prima, wunderbar, furchtbar, nicht schlecht

6. eine Tasse Kaffee: **Ich möchte noch** eine Tasse Kaffee.
   eine Tasse Tee; ein Glas Bier; ein Glas Wein, ein Glas Limonade

7. Schnitzel: **Ich esse gern** Schnitzel **zum Mittagessen** (for lunch).
   Suppe, Omelett, Salat, Pommes frites (French fries)

8. Saft: **Ich trinke gern** Saft **zum Mittagessen.**
   Wasser, Bier, Cola, Milch

WORTSCHATZ: IM RESTAURANT

das Restaurant,-s restaurant
die Mensa student cafeteria

der	**Braten**	roast	das	**Messer,-**	knife ✓
	Löffel,-	spoon ✓		**Salz**	salt
	Pfeffer	pepper	die	**Gabel,-n**	fork ✓
	Pudding,-s	pudding		**Kartoffel,-n**	potato
	Reis	rice		**Limonade (Limo)**	soft drink, lemonade
	Teller,-	plate			
	Zucker	sugar		**Nudel,-n**	noodle
das	**Eis**	ice cream, ice		**Rechnung,-en**	check, bill
	Essen	food, meal		**Speisekarte,-n**	menu
	Abendessen	supper (evening meal)		**Spezialität,-en**	specialty
	Mittagessen	lunch (noontime meal)		**Suppe,-n**	soup

bezahlen	to pay	gehören	to belong	98
bestellen	to order	helfen	to help	WIE GEHT'S?
bleiben	to remain	tragen	to carry	
danken	to thank	werden	to become	
empfehlen	to recommend			

Redewendungen und Sonstiges

Herr Ober!	Waiter!
Fräulein!	Miss! Waitress!
Bitte schön!	Here you are.
Das schmeckt gut.	That tastes good.
etwas zu trinken (essen)	something to drink (eat)
Guten Appetit!	Enjoy your meal (food).
Danke, gleichfalls!	Thanks, the same to you.
noch ein(e)	another
zum Mittagessen (Abendessen, Frühstück)	for lunch (supper, breakfast)
zum Nachtisch	for dessert

ZUM THEMA

A. Was paßt?

1. Die Suppe ist eiskalt.
2. Die Rouladen schmecken wirklich prima.
3. Möchten Sie etwas zum Nachtisch?
4. Ich nehme Schnitzel und Salat.
5. Guten Appetit!

Das stimmt.
Gute Idee!
Ja, bitte.
Ach du liebes bißchen!
Danke, gleichfalls!
Wirklich?
Ich auch.
Vielen Dank!
Ja, gern.
Nein, danke.
Ja, wirklich.

B. Fragen

1. Was ist das Menü eins? das Menü zwei?
2. Was haben die Menüs zum Nachtisch?
3. Was für Suppen gibt es im Gasthof Post? Was für Salate? Was für Nachtisch?
4. Was ist teuer? billig?
5. Was kostet eine Tasse Kaffee? ein Glas Apfelsaft? ein Teller Suppe? ein Salat? die Schlagsahne?
6. Ist der Gasthof Post teuer?
7. Sie haben keine Speisekarte, kein Messer, keinen Löffel. Was sagen Sie?
8. Sie möchten bezahlen. Was sagen Sie?

Gasthof Post

Tagesmenü: I Nudelsuppe, Schnitzel und Kartoffelsalat, Eis   9,—
           II Gemüsesuppe, Rindsrouladen mit
             Kartoffelklößen, Eis   11,50

Tagesspezialitäten:

Bratwurst und Sauerkraut	5,50	
Omelett mit Schinken°, Salat	7,80	ham
Kalbsleber°, Erbsen und Karotten, Pommes frites	8,75	calves liver
Sauerbraten°, Kartoffelbrei, Salat	9,25	marinated pot roast
Schweinebraten°, Kartoffelbrei, Salat	11,—	pork . . .
Hühnchen° mit Weinsoße°, Reis, Salat	12,—	chicken/sauce
Gemischte Fischplatte, Kartoffeln, Salat	14,—	

Suppen:

Tomatensuppe, Erbsensuppe, Bohnensuppe, Kartoffelsuppe	2,—	

Salate:

Grüner Salat, Tomatensalat, Gurkensalat°, Bohnensalat	2,—	cucumber . . .

Getränke°:   beverages

Apfelsaft	2,20	Bier (0,2 l)[1]	1,90
Limonade	2,20	Wein (0,2 l)	2,50
Tee	2,50		
Kaffee	2,80		

Zum Nachtisch:

Schokoladenpudding	1,90	Käsekuchen	2,50	
Vanilleeis	2,—	Apfelstrudel	2,50	
Frische Erdbeeren	2,50	Erdbeerkuchen	2,80	
Schlagsahne	–,50	Kirschtorte°	3,—	cherry cake

[1]A liter is a little more than a quart. **0,2 l** therefore is approximately three-fourths of a cup.

C. Was noch?

See how many items you can come up with for each word or phrase.

     z.B. Ich möchte ein Stück . . .
          Ich möchte ein Stück Brot.

1. ein Stück . . .   3. eine Tasse . . .   5. etwas . . .
2. ein Glas . . .   4. ein paar . . .

D. Interview

Form groups of two and ask each other these questions.
a. Der Ober (das Fräulein) fragt:

1. Möchten Sie Suppe? Welche Suppe möchten Sie? 2. Welche Tagesspezialität bestellen Sie? 3. Was möchten Sie trinken? 4. Was möchten Sie zum Nachtisch?

b. Fragen

1. Wieviele Tassen Kaffee trinken Sie morgens? 2. Trinken Sie mittags Bier? ein Glas? zwei? wieviel? 3. Essen Sie mittags oder abends warm? 4. Was essen Sie gern zum Nachtisch? 5. Was trinken Sie gern abends?

E. Schriftliche Übung

Schreiben Sie ein Gespräch!

1. Im Restaurant
2. In der Mensa
3. Im Café

STRUKTUR

2-16-81

I. Verbs with Vowel Changes

Some very common verbs have a STEM-VOWEL CHANGE in the second and third person singular. These changes will be clearly noted in all vocabularies.

	E > I	E > IE	A > Ä	AU > ÄU
	SPRECHEN to speak	SEHEN to see	FAHREN to drive	LAUFEN to walk; run
ich	spreche	sehe	fahre	laufe
du	sprichst	siehst	fährst	läufst
er, es, sie	spricht	sieht	fährt	läuft
wir	sprechen	sehen	fahren	laufen
ihr	sprecht	seht	fahrt	lauft
sie	sprechen	sehen	fahren	laufen
Sie	sprechen	sehen	fahren	laufen

A few verbs which belong to this group have additional changes:

	NEHMEN to take	**ESSEN** to eat	**WERDEN** to become
ich	nehme	esse	werde
du	nimmst	ißt	wirst
er	nimmt	ißt	wird

Note: The **du**-form of verbs with a stem ending in any **-s** sound (**-s, -ß, -tz, -z**) adds only **-t** instead of **-st**: essen, **du ißt.**

The following familiar verbs have stem-vowel changes:

essen (ißt)	to eat	lesen (liest)	to read
empfehlen (empfiehlt)	to recommend	nehmen (nimmt)	to take
fahren (fährt)	to drive	sehen (sieht)	to see
geben (gibt)	to give	sprechen (spricht)	to speak
gefallen (gefällt)	to like	tragen (trägt)	to carry
helfen (hilft)	to help	werden (wird)	to become

ÜBUNGEN

A. Ersetzen Sie das Subjekt!

z.B. Der Ober trägt die Teller. (ich, ihr, wir)
Ich trage die Teller.
Ihr tragt die Teller.
Wir tragen die Teller.

1. Fahren Sie zum Kaufhaus? (wir, er, ihr, du)
2. Wir nehmen Nudelsuppe. (er, ich, sie/*pl.*, du)
3. Ich werde müde. (das Kind, wir, sie/*sg.*, sie/*pl.*)
4. Sie empfehlen das Schnitzel. (der Ober, ich, du, das Fräulein)
5. Sehen Sie die Apotheke nicht? (du, ihr, er, die Leute)
6. Ich esse Apfelstrudel. (wir, sie/*pl.*, er, du)
7. Sprechen Sie Deutsch? (er, ihr, du, sie/*pl.*)
8. Hilfst du heute nicht? (ihr, Sie, sie/*sg.*)
9. Sie gibt dem Kind ein paar Erbsen. (ich, Sie, du, wir)
10. Lesen Sie gern Bücher? (du, ihr, er, sie/*pl.*)

II. The Dative Case

1. In English, the INDIRECT OBJECT is indicated in two ways:
(a) with a preposition: *The student gives the book to the professor.*
(b) through the word order: *The student gives the professor the book.*
In German, this function is expressed through case form. The indirect

DATIVE

object case is called the DATIVE. One finds the indirect object by asking for whom or in reference to whom (or occasionally what) the action of the verb is taking place.

Der Student gibt **dem Professor** das Buch.	The student gives the professor the book.
Wem gibt der Student das Buch?	To whom does the student give the book? To the professor!
Dem Professor!	

2. The dative form of the INTERROGATIVE PRONOUN is **wem** (to whom).

	PERSONS	THINGS AND IDEAS
nom.	wer?	was?
acc.	wen?	
dat.	wem?	—

3. The dative forms of the DEFINITE and INDEFINITE ARTICLE are:

	MASC.	SG. NEUT.	FEM.	PL.
nom.	der ein kein	das ein kein	die eine keine	die — keine
acc.	den einen keinen			
dat.	dem einem keinem	dem einem keinem	der einer keiner	den — keinen

Der Ober empfiehlt dem Vater, der Mutter und dem Kind das Schnitzel. Er bringt dem Kind einen Löffel, aber man gibt einem Kind kein Messer und keine Gabel.

4. In the dative plural, all nouns add an **-n** ending, unless the plural form already ends in **-n** or ends in **-s**.

die Väter/den Vätern	But:	die Eltern/den Eltern
die Kinder/den Kindern		die Mädchen/den Mädchen
die Hefte/den Heften		die Pullis/den Pullis

DATIVE

5. Here are familiar verbs which can have both accusative and dative objects. You will notice that with such verbs the direct object is usually a thing and the indirect object a person:

bringen	öffnen
empfehlen	sagen
geben	schreiben
kaufen	verkaufen
machen	

Der Ober bringt **den Leuten** das Bier.	The waiter brings the people the beer.
Er empfiehlt **dem Fräulein** den Sauerbraten.	He recommends the marinated pot roast to the young lady.
Ich gebe **dem Kind** ein paar Erdbeeren.	I give the child a couple of strawberries.
Die Mutter kauft **der Großmutter** eine Jacke.	The mother buys a jacket for the grandmother.

6. Some German verbs take *only* dative objects. You are familiar with:

antworten
danken
gefallen
gehören
helfen

Der Student antwortet dem Professor.	The student answers (gives an answer to) the professor.
Frau Ziegler dankt der Studentin.	Frau Ziegler thanks (gives thanks to) the student.
Die Mensa gefällt den Amerikanern.	The Americans like the student cafeteria. (The student cafeteria is pleasing to the Americans.)
Der Mantel gehört dem Fräulein.	The coat belongs to the young lady.
Ich helfe den Eltern.	I'm helping (giving help to) the parents.

7. These prepositions are always followed by the dative case:

aus	*out of, from (a place)*
bei	*at, near, at the home of*
mit	*with, together with*
nach	*after (time); to (cities, countries, continents)*
seit	*since, for[1] (time)*
von	*of, from, by*
zu	*to, in the direction of, at, for*

[1]**Seit** translates as *for* in English when it expresses duration of time (three minutes, two weeks, one year, etc.) that began in the past and still continues in the present.

Again, some of these prepositions may be contracted with the definite
article:
bei + dem = beim
von + dem = vom
zu + dem = zum

Sie kommt **aus dem Geschäft.**	She's coming out of the store.
Er kommt **aus Berlin.**	He comes from Berlin. (He's a native of Berlin.)
Er wohnt **bei Frau Müller.**[1]	He's living at Mrs. Müller's.
Ihr Haus ist **bei der Apotheke.**	Her house is near (by) the pharmacy.
Ich schreibe **mit einem Kuli.**	I'm writing with a pen.
Schläfst du **nach dem Essen?**	Do you take a nap after lunch?
Fahrt ihr **nach Deutschland?**	Are you going to Germany?
Gehen Sie **nach Hause!**	Go home!
Sie wohnen **seit September** in Bonn.	They've been living in Bonn since September.
Sie wohnen **seit drei Monaten** in Bonn.	They've been living in Bonn for three months.
Kommst du **von der Bibliothek?**	Are you coming from the library?
Wir fahren **von Berlin** nach Wien.	We're going from Berlin to Vienna.
Sie fährt **zum Supermarkt.**	She's driving to the supermarket.
Müllers sind nicht **zu Hause.**	The Müllers aren't at home.
Was gibt es heute **zum Mittagessen?**	What's for lunch today?

Pay particular attention to the contrasting use of these pairs of prepositions:

Sie fährt **zum** (to the) Supermarkt.   But: Sie fährt **nach** (to) Deutschland.
Sie sind nicht **zu** (at) Hause.   Gehen Sie **nach** (—) Hause!
Ich schreibe **mit** (with) einem Kuli.   Er wohnt **bei** (at) Frau Müller.
Wir fahren **von** (from) Berlin nach   Er kommt **aus** (from) Berlin.
Wien.

ÜBUNGEN

B. Sagen Sie die Sätze im Plural!

z.B. Wir sprechen *mit dem Ausländer.*
Wir sprechen mit den Ausländern.

1. Das Fräulein kommt *mit dem Messer.*
2. Er studiert *seit einem Jahr* Deutsch. (drei)
3. Das Auto gehört *dem Schweizer.*

[1]Careful—don't use **mit**! This would give the wrong impression of their relationship.

4. Sie kommen *aus dem Geschäft*.

5. Das Papier liegt *bei dem Bleistift*.

6. *Nach einem Monat* bezahlt er die Rechnung. (zwei)

7. Ich habe die Idee *von dem Kind*.

8. Ich fahre *mit meinem Bruder*.

C. Ersetzen Sie das Dativobjekt!

z.B. Der Ober bringt dem Kind ein Eis. (Onkel, Mädchen)
Der Ober bringt dem Onkel ein Eis.
Der Ober bringt dem Mädchen ein Eis.

1. Das Fräulein empfiehlt dem Vater den Braten. (Professor, Spanier, Ausländer, Großvater)

2. Der Junge gibt der Lehrerin ein Stück Papier. (Tante, Kusine, Studentin)

3. Der Mann bringt den Eltern das Essen. (Kinder, Frauen, Amerikaner)

4. Die Drogerie gehört meiner Tante. (Großvater, Großeltern, Vetter)

5. Axel dankt dem Bruder. (Schwester, Geschwister, Nachbarn, Onkel)

6. Tante Rita hilft meinem Vater. (Mutter, Schwestern, Brüder, Sohn)

7. Ich antworte dem Mann. (Amerikanerin, Ausländer, Mädchen, Leute)

8. Das Kaufhaus gefällt der Großmutter. (Schweizer, Kinder, Italienerin)

D. Sagen Sie es noch einmal!

Replace the nouns following the prepositions with the words suggested. Use contractions when possible.

z.B. Eva geht zum Lebensmittelgeschäft. (Apotheke, Supermarkt, Bäckerei)
Eva geht zur Apotheke.
Eva geht zum Supermarkt.
Eva geht zur Bäckerei.

1. Paula kommt aus dem Kaufhaus. (Fleischerei, Bäckerei, Drogerie)

2. Familie Schmidt fährt morgen nach München. (Europa, Amerika, Frankreich, Berlin)

3. Seit Sonntag ist er wieder hier. (zwei Monate, drei Jahre, eine Stunde, ein Monat)

4. Wir gehen mit dem Großvater. (Großmutter, Fräulein, Großeltern)

5. Heinz wohnt bei seinen Eltern. (Bruder, Schwester, Familie Müller)

6. Ich komme aus Amerika. (Österreich, die Schweiz, Frankfurt)

7. Das Buch ist von der Tante. (Kusine, Vetter, Tochter, Geschwister)

8. Er möchte etwas Salat zu den Rouladen. (das Schnitzel, die Bratwurst, der Sauerbraten)

9. Das Café ist bei der Apotheke. (Kaufhaus, Lebensmittelgeschäft, Drogerie)

10. Nach dem Essen studieren sie. (Klasse, Frühstück, Deutschstunde)

11. Monika fährt von Luxemburg nach Deutschland. (Frankreich, Spanien, England)

12. Was gibt es denn zum Abendessen? (Mittagessen, Frühstück, Nachtisch)

E. Stellen Sie Fragen mit wer oder was!

Ask about each noun, using the appropriate form of wer or was.

z.B. Der Hamburger fragt den Ober.
Wer fragt den Ober?
Wen fragt der Hamburger?

1. Das Fräulein bringt den Leuten die Speisekarte.
2. Der Dom gefällt der Amerikanerin.
3. Frau Loth kauft den Kindern ein paar Bananen.
4. Die Ausländer fragen den Frankfurter.
5. Der Professor gibt den Studenten die Aufsätze.

III. Sentence Structure

1. In sentences with two objects, the dative object usually precedes the accusative object.

Der Ober bringt **dem Vater ein Glas Bier**.
              dat.   acc.

2. You already know how to join sentences with a coordinating conjunction. Clauses can also be joined with SUBORDINATING CONJUNCTIONS. While coordinating conjunctions don't affect word order, subordinating conjunctions do. *In a subordinate clause, the verb stands at the very end.*

For now, we will use these subordinating conjunctions:

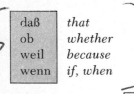

daß   *that*
ob   *whether*
weil   *because*
wenn   *if, when*

Er sagt (es) mir. Er nimmt Menü zwei.
    Er sagt, daß er Menü zwei nimmt .
He tells me that he's taking dinner number two.

    Sie fragt Axel. Er hat Hunger.
  Sie fragt Axel, ob er Hunger hat .
She asks Axel if he's hungry.

    Ich möchte ein Omelett. Ich esse gern Eier.
  Ich möchte ein Omelett, weil ich gern Eier esse .
I'd like an omelet because I like (to eat) eggs.

    Wir trinken eine Tasse Tee. Du hast Zeit.
  Wir trinken eine Tasse Tee, wenn du Zeit hast .
We'll drink a cup of tea, if you have time.

Information questions can become subordinate clauses by using the question word as a conjunction and putting the verb last.

Sie fragt: „ Wie schmeckt der Braten?"
Sie fragt, wie der Braten schmeckt .
She asks how the roast tastes.

Yes/no questions require **ob** as a conjunction.

Sie fragt: „ Schmeckt der Braten?"
Sie fragt, ob der Braten schmeckt .
She asks if the roast tastes good.

Note that the main part of the sentence is *always* separated from the subordinate clause by a comma.

ÜBUNGEN

F. Beginnen Sie jeden (each) Satz mit Sie sagt, daß . . .!

z.B. Das Wetter ist heute wunderbar.
Sie sagt, daß das Wetter heute wunderbar ist.

1. Sie trinken gern Wein.
2. Die Prüfung beginnt in zehn Minuten.
3. Das macht zusammen 10,60 DM.
4. Die Apotheke ist beim Supermarkt.
5. Familie Müller fährt am Sonntag nach Italien.

G. Beginnen Sie jeden Satz mit Er fragt . . . oder Er fragt, ob . . .

z.B. Wann beginnt die Klasse?
Er fragt, wann die Klasse beginnt.
Fährt Onkel Max nach München?
Er fragt, ob Onkel Max nach München fährt.

1. Was nimmst du?
2. Möchtest du etwas zu trinken?
3. Schmeckt das Eis gut?
4. Wer bezahlt das Bier?

5. Wie spät ist es jetzt?
6. Warum haben wir keine Zeit?
7. Kommst du aus Amerika?

H. Machen Sie aus zwei Sätzen einen Satz!

z.B. Frau Loth geht zur Bäckerei. Sie braucht etwas Brot. (because)
Frau Loth geht zur Bäckerei, weil sie etwas Brot braucht.

1. Der Professor fragt die Studentin. Kommt sie aus Amerika? (whether) *ob*
2. Die Stadt gefällt den Amerikanern. Sie ist alt und romantisch. (because) *weil*
3. Der Student sagt (es). Die Prüfung beginnt in ein paar Minuten. (that) *daß*
4. Eine Tasse Kaffee schmeckt gut. Man ist müde. (if) *wenn*
5. Wir fahren zu meinem Bruder. Er hat Geburtstag. (when) *wenn*
6. Frau Müller fragt Fritzchen. Schmeckt das Eis gut? (whether) *ob*

ZUSAMMENFASSUNG

I. Machen Sie ganze Sätze!

z.B. das / sein / für / Vater.
Das ist für den Vater.

1. Ober / kommen / mit / Speisekarte
2. Mutter / kaufen / Kind / Apfelsaft
3. Fräulein / empfehlen / Tante / Braten
4. er / sehen / Großvater / nicht
5. Sie / gehen / nicht / ohne / Kinder
6. Kommen / du / von / Universität?
7. Onkel / fahren / nicht / nach Berlin
8. sie (pl.) / haben / heute / kein / Erdbeerkuchen
9. bezahlen / Sie / Rechnung / hier!
10. er / trinken / kein / Wein / und / kein / Bier

J. Wie geht's weiter?

Complete these sentences logically.

z.B. Fährst du _____?
Fährst du nach Europa?

1. Nach der Prüfung _____.
2. Er bringt _____.
3. Antworten Sie _____.
4. Sie gibt _____.
5. Möchten Sie _____?
6. Zum Mittagessen _____.
7. Ißt du _____?
8. Seit dem 1. September _____.

K. Auf deutsch, bitte!

1. We're going through the cafeteria with the students. 2. They're from Hamburg. They're Hamburgers. 3. Paul lives with (at the home of) a family, and Helga lives with an uncle and aunt. 4. Helga, what are you having? 5. I'll have the roast, some peas and carrots, and something to drink. 6. Would you like a piece of cake for dessert? 7. No, I'm not having any cake, because that's too much (to eat). 8. I have no knife, no fork, and no spoon. 9. Paul brings the student (fem.) a knife, a fork, a spoon, and (some) ice cream. 10. Who does the ice cream belong to? (To whom does the ice cream belong?) 11. He asks whether she'd also like a cookie. 12. She thanks Paul and says that she's paying for the lunch.

Was ist das?

der Charme; das Büro, Rheinland; die Atmosphäre, Energie, Hausfrau, Kaffeepause, Mittagspause, Kartoffelchips, Qualität, Quantität; lokal, relativ, voll

Die Deutschen beginnen den Tag *gewöhnlich* mit einem guten Frühstück. Zum Frühstück gibt es Brot oder Brötchen, Butter, Marmelade, *vielleicht* auch ein Ei, etwas Wurst oder Käse. Dazu° trinkt man Kaffee, Milch oder Tee. Ein paar Stunden später macht man oft eine kurze Pause. Etwas Obst
5 oder etwas zu trinken gibt schnelle Energie. — with it

Mittags ißt man warm. Um die Zeit sind die Schulen aus, und Geschäfte und Büros machen oft eine Mittagspause. Viele Leute essen mittags zu Hause. Andere° gehen nicht nach Hause, sondern° in ein Restaurant. Im — others/but
Restaurant gib es gewöhnlich ein Tagesmenü. Das ist besonders gut oder
10 billig. Außer° *bekannten* Speisen° wie Bratwurst und Schnitzel findet man — besides/dishes
auch lokale Spezialitäten. So finden Sie auf der Speisekarte im Rheinland
„Sauerbraten", in Schwaben[1] „Spätzle"° und in Bayern[2] „Schweinshax'n"° — tiny dumplings/pigs knuckles
oder „Knödl"°. Ob im Norden oder Süden, im Osten oder Westen, *überall* — dumplings
finden Sie etwas Besonderes°. Versuchen° Sie auch einmal° etwas Neues°! — special/try/for once/new
15 Nehmen Sie auch *wie* die Deutschen das Messer in die rechte° Hand und — right
die Gabel in die linke° Hand, und dann „Guten Appetit!" Wundern Sie — left
sich nicht°, wenn an Ihrem Tisch noch andere Leute *sitzen*! Das spart° — don't be surprised/saves space

—Möchten Sie eine Schweinshaxe?

—Am Abend gibt es Brot, Käse, Wurst und Tomaten.

— Am Sonntag gibt es Kaffee und Kuchen.

Platz° und bringt oft *interessante* Gespräche. Zum Mittagessen trinkt man gern Saft, Limonade, Bier oder Wein, aber kein Wasser.　　　　space

Die Deutschen nehmen sich° beim Mittagessen gewöhnlich Zeit. Eine 　take their
gemütliche Atmosphäre ist ihnen° wichtig. So haben die Restaurants oft 　to them
5　viel Charme. Für Leute ohne viel Zeit gibt es in Fußgängerzonen Schnell- 　fast food stands/
imbißstuben° mit Bratwurst und belegten Brötchen°. Immer mehr° 　sandwiches/more and more/
sieht man auch McDonald's. Schnell essen ist manchmal besser als° *nichts,* 　better than
aber ein richtiges Mittagessen ist das für die meisten° Deutschen nicht. 　most
Nachmittags machen viele eine Kaffeepause mit Kaffee und Kuchen. Be-
10　sonders *am Wochenende* ist das eine Zeit für Familie und *Freunde.*

Abends ißt man kalt und nicht so viel. Da hat die deutsche Hausfrau es etwas leichter°. Man sagt, daß man mit einem vollen Bauch schlecht 　easier

cozy

schläft. So gibt es hauptsächlich° Brot, Käse, Wurst oder Fisch, Tomaten oder Gurken. Dazu gibt es vielleicht eine Tasse Tee oder ein Bier. Das Bier ist stärker als° in Amerika! Das ist für Amerikaner manchmal gefährlich°.

mainly

stronger than

dangerous

5   In Deutschland trinkt man *nicht nur* gern Bier, *sondern auch* Wein.[3] Es gibt viele Weinkenner°. Weinkenner *wissen*, welche Weine besonders gut sind. Nicht nur am Rhein und an der Mosel gibt es gute Weine! Es gibt viele Weingegenden°. Wenn abends *Freunde* kommen, öffnet man gern *eine Flasche* Wein. Dazu gibt es Knabberzeug°: Kartoffelchips und Brezeln°.

connoisseurs

. . . regions

snacks

pretzels

10

Kan abber ZOYg

Die meisten Deutschen passen heute sehr auf, was sie essen. Sie essen relativ viel frisches Obst und Gemüse. Qualität ist gewöhnlich wichtiger als° Quantität. Ihre Lebensmittel haben relativ wenig° Farbstoffe und Konservierungsmittel°. Für sie ist wichtig, was sie essen. Sie wissen: „Man ist, was man ißt."

15

more . . . than/few

artificial coloring and preservatives

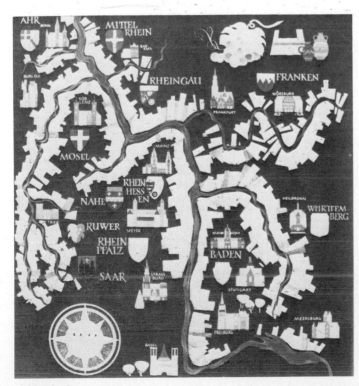

—Deutsche Weingegenden

VOKABELN

der	**Freund,-e**	friend
das	**Wochenende; am Wochenende**	weekend; on the weekend
die	**Flasche,-n; eine Flasche** _____	bottle; a bottle of _____

bekannt	well-known
gemütlich	cozy, pleasant
gewöhnlich	usual(ly)
interessant	interesting
nicht nur _____,	not only _____
sondern auch _____	but also _____
nichts	nothing
schlafen (schläft)	to sleep
sitzen	to sit
überall	everywhere
vielleicht	perhaps
wie	like, as
wissen (weiß)	to know (a fact)

ÜBRIGENS

1. Swabia (**Schwaben**) includes the southwestern part of the Federal Republic, between Lake Constance, the Black Forest, Heidelberg, and the river Lech. Its inhabitants are considered unusually industrious and inventive.

2. Bavaria (**Bayern**), the largest of the ten **Länder** (states) that make up the Federal Republic, lies in the southeast, stretching from the river Main in the north to the Alps in the south. It borders on East Germany and Czechoslovakia. Munich is the capital.

3. German wines are produced mainly in the southern and southwestern areas of the country. The Rhine and Mosel rivers (see map, p. 111) have given their names to two great wines famous throughout the world. Wines are classified as **Tafelwein** (table or simple wine), **Qualitätswein** (good wine), and **Qualitätswein mit Prädikat** (superior wine). A wine's classification and vintage year determine how it is judged for quality.

FRAGEN

A. 1. Was gibt es in Deutschland gewöhnlich zum Frühstück?

    2. Wann essen die Deutschen warm? Wann essen sie kalt?

    3. Wo essen die Kinder mittags?

    4. Was nehmen die Deutschen beim Essen in die rechte Hand und was in die linke Hand? Was sagen sie vor dem Essen?

    5. Was trinkt man gewöhnlich zum Mittagessen? Was nicht?

    6. Was gibt es in Schnell-Imbißstuben?

    7. Wie oft essen die Deutschen?

    8. Was essen sie abends? Was trinken sie abends?

    9. Trinken die Deutschen nur Bier? Was sind viele Deutsche?

  10. Was ist den Deutschen wichtig?

B. 1. Wann essen Sie warm? kalt?

2. Was für eine deutsche Spezialität möchten Sie essen?

3. Was nehmen Sie beim Essen in die rechte Hand und was in die linke Hand?

4. Was trinken Sie zum Mittagessen? zum Abendessen?

5. Wie heißen ein paar amerikanische Schnell-Imbißstuben? Essen Sie dort gern?

6. Wie oft essen Sie? Wann?

7. Was ist Ihnen wichtig, wenn Sie essen?

AUFSATZ

Write a paragraph about American eating habits. Tell what Americans eat for breakfast, lunch, and dinner. What do they drink with their meals? How often do they eat? Are there local specialties? Do Americans like to eat in fast-food restaurants? If so, why?

RÜCKBLICK

I. Nouns and Pronouns

1. You have learned about three of the four German cases:

a. The NOMINATIVE is the case of the subject.

Da kommt **der Ober. Er** bringt das Essen.

It is also used for predicate nouns following the linking verbs **heißen** and **sein.**

Der Herr **heißt** Oskar Meyer.
     Er **ist**   Wiener.

b. The ACCUSATIVE is the case of the direct object.

Wir besuchen **den Onkel.**

It follows these prepositions:

> **durch, für, gegen, ohne, um**

Sie laufen **um den See.**

c. The DATIVE is the case of the indirect object.

Sie bringt **der Frau** ein Schnitzel.

It follows these prepositions:

> _since_
> **aus, bei, mit, nach, seit, von, zu**

Er wohnt **bei seinen Eltern.**

It also follows these verbs:

> antworten, danken, gefallen, gehören, helfen

Das Buch **gehört der Studentin.**

Nouns in the dative plural have an **-n** ending, unless the plural form ends in **-s**: die Bleistifte/den Bleistiften; _but_: die Kulis/den Kulis.

KAPITEL 1 — 3

2. The case forms of the **DEFINITE** and **INDEFINITE ARTICLES**:

same in nom + akk

	DER MASC.	DAS SG. NEUT.	DIE FEM.	PL.
nom.	der ein kein	das ein kein	die eine keine	die — keine
acc.	den einen keinen			
dat.	dem einem keinem	dem einem keinem	der einer keiner	den — keinen

3. The case forms of the **INTERROGATIVE PRONOUN**:

	PERSONS	THINGS AND IDEAS
nom.	wer?	was?
acc.	wen?	
dat.	wem?	—

II. Verbs

1. Forms: PRESENT TENSE

a. Most verbs inflect like **danken**: *takes dative*

ich	danke	wir	danken
du	dankst	ihr	dankt
er	dankt	sie	danken

b. Verbs whose stem ends in **-d, -t**, or certain consonant combinations inflect like **antworten**: *takes dative*

ich	antworte	wir	antworten
du	antwortest	ihr	antwortet
er	antwortet	sie	antworten

c. Some verbs have vowel changes in the second and third-person singular:

	A > Ä	AU > ÄU	E > I	E > IE
ich	fahre	laufe	spreche	sehe
du	fährst	läufst	sprichst	siehst
er	fährt	läuft	spricht	sieht

d. Some verbs are irregular in form:

	HABEN	SEIN	WERDEN
ich	habe	bin	werde
du	hast	bist	wirst
er	hat	ist	wird
wir	haben	sind	werden
ihr	habt	seid	werdet
sie	haben	sind	werden

2. Usage

a. German has only one verb form to express what English says with several forms:

Er antwortet dem Professor.
> He answers the professor
> He is answering the professor.
> He does answer the professor.

b. The present tense occasionally expresses future time:

Im Mai **fahren** wir nach Berlin.

III. Sentence Structure

1. Verb position

a. In yes/no questions and imperatives, the verb is the first element.

Bringen Sie dem Fräulein den Kaffee?	Are you bringing the young lady the coffee?
Bringen Sie dem Fräulein den Kaffee!	Bring the young lady the coffee.

b. In information questions and statements, the verb is the second element.

Wann **bringen** Sie dem Fräulein den Kaffee?	When are you going to bring the young lady the coffee?
Sie **bringen** dem Fräulein den Kaffee.	You're bringing the young lady the coffee.

2. Clauses

a. Coordinate clauses are introduced by COORDINATING CONJUNCTIONS:

> und, oder, aber

Coordinating conjunctions do not affect the original word order of the two sentences.

Ich bezahle für den Kaffee.   Du bezahlst für das Eis.
Ich bezahle für den Kaffee, und du bezahlst für das Eis.

b. Subordinate clauses are introduced by SUBORDINATING CONJUNCTIONS or INTERROGATIVES:

daß ... weil ... wenn ... ob ...	wer? wen? wem? was? was für ein(e)? wo? wann? warum? wie? wie lange? wieviel? wieviele?

In subordinate clauses, the inflected verb is at the end of the clause:

Er bezahlt für den Kaffee.	He pays for the coffee.
Er sagt, daß er für den Kaffee bezahlt .	He says that he pays for the coffee.
Bezahlst du fürs Eis?	Are you paying for the ice cream?
Er fragt, ob du fürs Eis bezahlst .	He asks if you're paying for the ice cream.

3. Negation

a. | nicht + (ein) _____ = kein _____ |

Möchten Sie ein Eis?	Nein, ich möchte kein Eis.
Möchten Sie Erdbeeren?	Nein, ich möchte keine Erdbeeren.

b. | S V₁ O time expressions ↑ other adverbs or adverbial phrases V₂.
          nicht

Ich gehe heute mit Axel bei Aldi einkaufen.
Ich gehe heute **nicht** mit Axel bei Aldi einkaufen.

WORTSCHATZWIEDERHOLUNG

A. Fragen

1. Welche Wörter kennen Sie zum Thema „Länder, Leute, Sprachen"? (z.B. Deutschland, der Deutsche, Deutsch)

2. Wieviele Wörter kennen Sie zum Thema „Lebensmittel"? Sie haben eine Minute!

3. Welches Wort kommt Ihnen in den Kopf? (What word comes to mind?)
(z.B. Winter: *kalt*) Was fällt Ihnen ein?

Bibliothek, Sprache, Fluß, Gemüse, Glas, Bäckerei, faul, Frühstück, Suppe, Rechnung, trinken, Restaurant, Geschäft, schlafen
check

B. Geben Sie das Gegenteil von . . .

kaufen, fragen, kommen, nördlich, im Westen, offen, alles, bitte schön, eiskalt heiß

C. Geben Sie den Artikel für . . .

Republik, Europäer, Spanierin, Spezialgeschäft, Zone, Energie, Hausfrau, Qualität, Rheinland, Bergsee, Brötchen, Sauerbraten, Kartoffelsuppe, Obstkuchen, Gurkensalat, Weinglas, Kaffeetasse

STRUKTURWIEDERHOLUNG

D. Machen Sie ein paar Sätze mit . . . !

z.B. essen
Ich esse Bratwurst.
Er ißt kein Sauerkraut.

1. gern
(2. möchten) mögen
3. schmecken
4. aus

5. Er sagt, daß . . .
6. Sie fragen, ob . . .
7. nach Hause
8. zu Hause

E. Verben

Variieren (vary) *Sie die deutschen Sätze nach dem englischen Beispiel!*
For imperatives, use the formal address with Sie.

1. Ich *trinke* Wein.
   We drink wine. Do you drink wine? (3×) She doesn't drink wine.

2. Sie *antwortet* den Ausländern.
   I'm answering the foreigners. They answer the foreigners. Does she answer
   the foreigners? Answer the foreigners. Don't answer the foreigners. Why aren't
   you answering the foreigners? (3×)

3. Er *fährt* nach Berlin.
   They're driving to Berlin. Why is she driving to Berlin? I'm not going to drive
   to Berlin. Are you driving to Berlin? (3×) Drive to Berlin. Don't drive to Berlin.

4. Wir *essen* Fisch.
   Who is eating fish? Are you eating fish? (3×) They don't eat fish. Eat fish.

5. Sie *werden* müde.
   I'm getting tired. She's not getting tired. Don't get tired. Who's getting tired?
   We're getting tired, too.

6. Er *hat* Hunger.
   I'm hungry. Are you hungry? (3×) Who's hungry? They're not hungry. We're
   hungry.

7. Sie *ist* sehr intelligent.
   You're very smart. (3×) They're not very smart. I'm very smart. Isn't he smart?

F. Präpositionen (prepositions)

Kombinieren Sie (combine) *die Präpositionen mit den Wörtern!*

durch	Universität, Land, Berge, Stadt
für	Kuchen, Frühstück, Vater, Tante.
gegen	Kurs, Leute, Kinder, Restaurant
ohne	Essen, Speisekarte, Pudding, Freunde
um	Geschäft, Markt, Mensa, Tisch
aus	Flasche, Glas, Kaufhaus, Bibliothek
bei	Apotheke, Supermarkt, Familie Schmidt, Nachbarn
mit	Freundin, Leute, Messer, Gabel
nach	Frühstück, Mittagessen, Prüfung, Schule
seit	Wochenende, Abendessen, Geburtstag, Frühling
von	Ober, Fräulein, Straße, Kind
zu	Restaurant, Uni, Deutschkurs, Professor

G. Nominativ, Akkusativ und Dativ

Variieren Sie die deutschen Sätze nach dem englischen Beispiel!

1. Herr Diaz ist *Ausländer.*

   Mr. Schmidt is a foreigner. No, he's no foreigner. Is Miss Schmidt a foreigner? She's not a foreigner either. (She's also no foreigner.) Do you know whether she's a foreigner? He says she's not a foreigner. They say Miss Klein is an Austrian. Joe is an American. Susan's an American, too. They're Americans.

2. Hier gibt es *einen Supermarkt.*

   There's a river here. (a university, no library, no lake, a department store) There are mountains here. (students, people, no stores, no restaurants)

   Zum Mittagessen gibt es *Sauerbraten.*
   For lunch there's fish. For breakfast there are rolls, butter, and jam. For supper there's bread, sausage, and cheese. For dessert there's ice cream.

3. Das Haus gehört *dem Großvater.*

   Whom does the house belong to? What belongs to the grandfather? It belongs not only to the grandfather, but also to the uncle. She says it doesn't belong to the uncle.

4. Der Herr bringt *dem Fräulein Blumen.*

   What is he bringing to the young lady? Whom is he bringing flowers to? Who's bringing flowers? Why is he bringing flowers? Isn't he bringing flowers to the young lady? I don't know whether he's bringing the young lady flowers. They are bringing the children cookies. We're bringing the neighbors apples. Is he bringing the friends a bottle of wine? Bring the foreigners a map.

AUFGABE

H. Was fehlt?

Heute geht Frau Müller _von der_ (from the) Fleischerei _zu der_ (to the) Bäckerei und _zum_ (to the) Supermarkt. Dann geht sie _zum_ (to the) Markt. Dort kauft sie Blumen _für die_ (for the) Großmutter, denn sie hat heute Geburtstag. Frau Müller braucht auch ein paar Flaschen Wein, weil _am_ (on the) Wochenende Freunde _aus_ (from) Wien kommen. Dann geht Frau Müller wieder _nach_ (to) Hause und kocht Mittagessen _für die_ (for the) Familie: _für den_ (for the) Vater und _für die_ (for the) Kinder. _Um_ (at) ein Uhr sind alle _zu_ (at) Hause. _Zum_ (for the) Mittagessen gibt es heute Schnitzel, Kartoffelsalat und Bohnen. _nach_ (after the) Mittagessen machen die Kinder die Hausaufgaben. _Um_ (at) halb fünf geht Frau Müller _mit den_ (with the) Kindern _zu der_ (to the) Großmutter. _Bei de._ (at the) Großeltern sind auch ein Onkel und eine Tante. Sie feiern den Geburtstag _mit_ (with) Kaffee und Kuchen. _Nach dem_ (after the) Kaffee gehen Müllers _durch die_ (through the) Stadt _nach_ (to) Hause. Die Kinder essen Abendbrot _ohne die_ (without the) Eltern, denn sie gehen früh schlafen. Die Eltern lesen und sprechen noch ein bißchen _nach dem_ (after the) Abendessen, aber nicht lange, denn sie sind schon _seit_ (since) halb sieben auf (up). _Gegen_ (toward) zehn gehen sie auch schlafen.

I. Auf deutsch, bitte!

1. John is an Englishman, but he's studying German. 2. He says that languages are important in Europe. 3. Carolyn asks where there's a pharmacy and a supermarket. 4. She needs not only bread, butter, and jam, but also some cheese, a bottle of juice, two pounds of apples, and some bananas. 5. The stores will be closed (present tense) if she doesn't go soon. 6. Mr. and Mrs. Schmidt are coming to dinner. 7. Axel and I are helping at home. 8. He carries the plates and I carry the forks and knives. 9. What's for dessert, pudding or ice cream? 10. I have no pudding and no ice cream. 11. I know that they don't like (to eat) dessert. 12. They know that that is fattening (makes fat). 13. Good grief! What kind of people are they?

Test 2-20-81

KAPITEL

Entschuldigung, wo ist . . .? | GESPRÄCHE

Ein Tourist in Wien

TOURIST: **Entschuldigung! Können Sie mir sagen,** wo die Staatsoper[1]
ist?

WIENER: **Da drüben auf der linken Seite.**

TOURIST: Und wo ist das Hotel Sacher?[2]   *to the left*

WIENER: **Erste Straße links** hinter der Staatsoper.

TOURIST: Noch etwas. **Wie komme ich von** da **zum** Stephansdom?[3]

WIENER: **Immer geradeaus die** Kärntnerstraße **entlang.** Dann sehen Sie
ihn schon. *far → straight ahead*

TOURIST: Und **wie weit ist** es **zum** Stephansdom?

WIENER: **Nicht weit. Sie können zu Fuß gehen.**

TOURIST: Danke schön!

WIENER: **Bitte schön!**

—Wien und das
Burgtheater.

4

—Schloß Schönbrunn.

TOURIST: Entschuldigen Sie! Wo ist das Burgtheater?[4]

HERR: **Es tut mir leid.** Ich bin nicht von hier.

TOURIST: Entschuldigung! Ist das das Burgtheater?

DAME: Nein, das ist **nicht** das Burgtheater, **sondern** die Staatsoper. **Fahren Sie mit** der Straßenbahn zum Rathaus! **Gegenüber vom** Rathaus ist das Burgtheater.

across from

TOURIST: Und wo hält die Straßenbahn?

DAME: Da drüben **an der Ecke** ist die Straßenbahnhaltestelle.

TOURIST: Und wo ist die Universität?

DAME: **In der Nähe vom** Rathaus. Aber fragen Sie dort noch einmal!

TOURIST: Vielen Dank!

DAME: Bitte, bitte!

Find these places on the map of Vienna, p. 135.

ÜBRIGENS

1. The **Staatsoper**, completed in 1869, is one of the foremost European opera houses. Like most European theaters, it is supported through public funds.

2. The **Hotel Sacher** is probably the best-known hotel in Vienna. One of the reasons for its popularity is its famous café, for which a rich, delicious pastry has been named.

3. The **Stephansdom** is a masterpiece of Gothic architecture dating from the twelfth century. Its roof of colored tile and its spire 137 meters high make it the landmark of Vienna.

4. The **Burgtheater** is one of the great theaters of the German-speaking world.

A tourist in Vienna

TOURIST: Excuse me. **Can you tell me** where the opera house is?
VIENNESE: **Over there on the left.**
TOURIST: And where is the Sacher Hotel?
VIENNESE: **First street to the left** behind the opera.
TOURIST: One more thing. **How do I get from** there to St. Stephen's Cathedral?
VIENNESE: **Straight ahead along** Kärntner **Street.** You'll see it.
TOURIST: And **how far is it to** St. Stephen's?
VIENNESE: Not far. You can **walk** there.
TOURIST: Thank you.
VIENNESE: **You're welcome.**

TOURIST: Excuse me. Where's the Burgtheater?
GENTLEMAN: **I'm sorry.** I'm not from here.
TOURIST: Excuse me. Is that the Burgtheater?
LADY: No, that's **not** the Burgtheater, **but** the opera house. **Take** the streetcar to city hall. The Burgtheater is **across from** city hall.
TOURIST: And where does the streetcar stop?
LADY: Over there **at the corner** is the streetcar stop.
TOURIST: And where's the university?
LADY: **Near** the city hall. But ask again.
TOURIST: Thank you very much.
LADY: You're welcome.

MÜNDLICHE ÜBUNG

1. die Staatsoper: **Entschuldigen Sie! Wo ist** die Staatsoper?
   das Hotel Sacher, der Stephansdom, das Burgtheater, das Schloß (palace)

2. zum Schloß: **Entschuldigen Sie! Wie komme ich** zum Schloß?
   zur Staatsoper, zum Hotel Sacher, zum Dom, zur Donau, zur Universität

3. zur Universität: **Können Sie mir sagen, wie ich** zur Universität **komme**?
   zum Rathaus, zur Bibliothek, zum Museum, zur Post, zum Bahnhof

4. zum Bahnhof: **Wie weit ist es** zum Bahnhof?
   zum Dom, zur Bank, zur Mensa, zur Straßenbahnhaltestelle

5. die Straßenbahnhaltestelle: **Bitte, wo ist** die Straßenbahnhaltestelle?
   die Bushaltestelle, das Restaurant, die Bank, das Hotel

6. links: **Das Hotel ist da drüben** links.
   rechts, an der Ecke, auf der linken Seite, gegenüber (across) vom Rathaus

7. immer geradeaus: **Gehen Sie** immer geradeaus! _can't use_
   die Kärntnerstraße entlang, an der Ecke rechts, die erste Straße links, rechts um die Ecke, zu Fuß

8. dem Bus: **Fahren Sie mit** dem Bus!
   der Straßenbahn, dem Auto, dem Taxi, der U-Bahn

9. am Karlsplatz: **Die U-Bahn hält** am Karlsplatz.
   an der Ecke, da drüben, an der Brücke (bridge)

10. bei: **Die Haltestelle ist** bei **der Brücke.**
    in der Nähe von, gegenüber von, links von, rechts von

WORTSCHATZ: IN DER STADT

der Verkehr traffic
der Stadtplan,-̈e city map

der			das		
Bahnhof,-̈e	train station		**Schloß,-̈sser**	palace
Bus,-se	bus		**Taxi,-s**	taxi
Dom,-e	cathedral		**Theater,-**	theater
Fußgänger,-	pedestrian	die	**Bank,-en**	bank
Park,-s	park		**Brücke,-n**	bridge
Platz,-̈e	square; place, seat		**Dame,-n**	lady
Tourist,-en	tourist		**Ecke,-n**	corner
Weg,-e	way, path, trail; route		**Haltestelle,-n**	stop (for buses, streetcars)
das			**Hauptstraße,-n**	main street
Auto,-s	car		**Kirche,-n**	church
Café,-s	café		**Polizei**	police
Fahrrad,-̈er	bicycle		**Post**	post office
Gebäude,-	building		**Straßenbahn,-en**	street car
Hotel,-s	hotel		**U-Bahn**	subway
Kino,-s	movie theater			
Museum, Museen	museum		**besuchen**	to visit
Rathaus,-̈er	city hall		**halten (hält)**	to stop; hold
Schild,-er	sign			

Redewendungen und Sonstiges

Bitte schön!	You're welcome.
Entschuldigung!	Excuse me.
Es tut mir leid.	I'm sorry.
Fahren Sie mit _____!	Go by _____. Take _____.
Können Sie mir sagen _____?	Can you tell me _____?
Wie komme ich von ____ zu ____?	How do I get from _____ to _____?
Wie weit ist es zu _____?	How far is it to _____?
zu Fuß gehen	to walk
an der Ecke	at the corner
auf der linken (rechten) Seite	on the left (right)
da drüben	over there
die Straße entlang	along the street

erste Straße links (rechts)	first street to the left (right)
gegenüber von (+ *dat.*)	across from, opposite
(immer) geradeaus	straight ahead
in der Nähe; in der Nähe von (+ *dat.*)	nearby; near, in the vicinity of
nicht _____ **sondern** _____[1]	not _____ but _____
weit / nah	far / near

[handwritten: whether ob / if / when — whenever — wenn / als — wann ?]

ZUM THEMA

A. Was paßt?

1. Können Sie mir sagen, wo die Hofburg ist?
2. Wie weit ist es bis zum Rathaus?
3. Ist das das Burgtheater?
4. Wie komme ich von hier zum Stephansdom?

Fahren Sie mit der Straßenbahn!
Da drüben, auf der anderen Seite.
Gehen Sie die Kärntnerstraße entlang!
Die erste Straße links.
Das stimmt.
Nein, das ist die Staatsoper.
Hier an der Ecke.
Nicht weit, Sie können zu Fuß gehen.
Geradeaus durch den Park.
Das weiß ich nicht.
Ja, das ist richtig.
Es tut mir leid, ich bin nicht von hier.

B. Fragen

[handwritten: 2-23]

1. Gibt es hier viel Verkehr? Wann?
2. Gibt es hier eine U-Bahn? eine Straßenbahn? Busse?
3. Wie kommen Sie zur Universität? Gehen Sie zu Fuß, oder fahren Sie mit dem Auto, mit der U-Bahn, mit dem Bus oder mit dem Fahrrad?
4. Wie weit ist es für Sie zur Uni? Wie lange brauchen Sie?
5. Gibt es hier ein Museum? ein Schloß? viele Kirchen?
6. Gibt es hier einen Park? Wie heißt er? Wie weit ist es bis zum Park? Gehen Sie oft in den Park?
7. Gibt es hier einen Fluß? Wie heißt er? Ist er sauber (clean), groß oder klein? Gehen Sie oft an den Fluß?
8. Wie kommt man von hier in die Stadt? zur Post? zu einer Bank? zur Bibliothek? zu einem Kaufhaus? zu einem Lebensmittelgeschäft?

[handwritten: write a Gesprach]

---

[1]German has two conjunctions corresponding to the English *but*. **Sondern** must be used when the first clause is negated, and the meaning *but on the contrary, but rather* is implied.
Das ist das Rathaus, **aber** das ist das Burgtheater.
Das Rathaus ist **nicht** so bekannt, **aber** es ist doch interessant.
Das ist **nicht** das Rathaus, **sondern** (das ist) das Burgtheater.

C. Interview

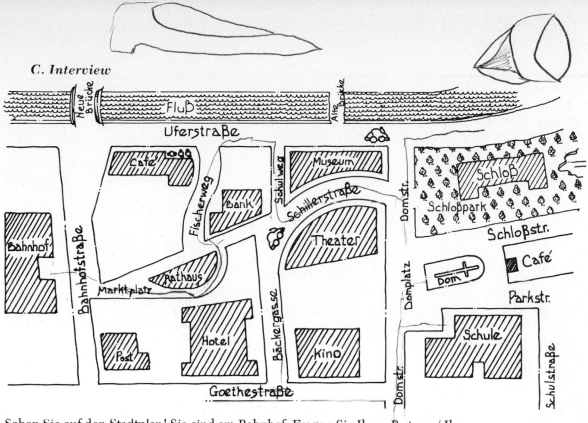

Sehen Sie auf den Stadtplan! Sie sind am Bahnhof. Fragen Sie Ihren Partner / Ihre Partnerin: 1. wo _____ ist? 2. wie Sie zum (zur) _____ kommen? 3. ob es weit oder nah ist, 4. ob Sie zu Fuß gehen können?

D. Schriftliche Übung

Schreiben Sie ein Gespräch!
1. Auf dem Campus. Ein Student fragt Sie nach dem Weg (asks for directions).
2. In der Stadt. Ein Ausländer fragt nach dem Weg.

2-23-81

STRUKTUR

I. Personal Pronouns

1. In English, the personal pronouns are *I, me, you, he, him, she, her, it, we, us, they*, and *them*. Some of these pronouns are used as subjects, others as direct or indirect objects, or objects of prepositions.

SUBJECT:	*She* is leaving.
DIRECT OBJECT:	I see *her*.
INDIRECT OBJECT:	I give *her* the book.
OBJECT OF A PREPOSITION:	We'll go without *her*.

The German personal pronouns are likewise used as subjects, direct or indirect objects, or objects of prepositions. Like the definite and indefinite articles, personal pronouns have special forms in the various cases. You already know the nominative case of these pronouns. Here now are the nominative, accusative, and dative cases together.

| | | SG. | | | | | PL. | | | FORMAL YOU |
	1	2	3			1	2	3		
nom.	ich	du	er	es	sie	wir	ihr	sie		Sie
acc.	mich	dich	ihn	es	sie	uns	euch	sie		Sie
dat.	mir	dir	ihm	ihm	ihr	uns	euch	ihnen		Ihnen

Note the similarities between the third-person pronouns and the corresponding definite article.

	SG.			PL.
nom.	der Mann/er	das Kind/es	die Frau/sie	die Leute/sie
acc.	den Mann/ihn			
dat.	dem Mann/ihm	dem Kind/ihm	der Frau/ihr	den Leuten/ihnen

2. <u>The dative object usually precedes the accusative object,</u> *unless the accusative object is a pronoun.*

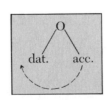

Ich gebe den Kuchen dem Kind
Ich gebe den Kuchen einem Kind
Ich gebe ein Stück Kuchen einem Kind

Ich gebe	dem Kind	den Kuchen.
Ich gebe	ihm	den Kuchen.
Ich gebe		ihn	dem Kind.
Ich gebe		ihn	ihm.

Scheiße

ÜBUNGEN

A. Ersetzen Sie die Hauptwörter durch Pronomen!

Replace the nouns with pronouns.

z.B. der Bruder, das Kind, die Schwester
     er, es, sie

1. der Vater, dem Onkel, den Bruder, dem Vetter, den Fußgänger, den Großvater
2. die Tante, die Großmutter, der Kusine, die Schwester, der Frau, der Dame
3. die Brüder, den Söhnen, die Frauen, den Damen, den Studenten, die Nachbarn, den Ausländern, den Leuten
4. für die Mutter, ohne die Kinder, mit den Geschwistern, gegen den Fußgänger, mit dem Onkel, ohne das Kind, bei der Tante, für die Töchter, zu den Großeltern, von dem Großvater

B. Ersetzen Sie die Hauptwörter durch Hauptwörter und Pronomen!

z.B. Da drüben ist das Hotel. (Bank, Bus, Haltestelle)
     Da drüben ist die Bank. Da drüben ist sie.
     Da drüben ist der Bus. Da drüben ist er.
     Da drüben ist die Haltestelle. Da drüben ist sie.

1. Wo ist die Polizei? (Bibliothek, Bus, Schild)
2. Wie heißt das Gebäude? (Straße, Platz, Museum)
3. Ist das Museum weit von hier? (Schloß, Kirche, Dom)
4. Fragen Sie den Fußgänger! (Polizei, Wiener, Wienerin)
5. Nehmen Sie die Straßenbahn! (Taxi, Bus, U-Bahn)
6. Sehen Sie die Brücke dort? (Park, Gebäude, Taxis)
7. Das Café liegt auf der linken Seite. (Bahnhof, Post, Rathaus)
8. Zeigen Sie dem Fräulein den Stadtplan! (Touristin, Studentinnen, Mann) _zeigen Sie ihr den Stadtpl_
9. Helfen Sie der Frau! (Dame, Kind, Leute)
10. Die Stadt gefällt mir. (Dom, Hauptstraße, Hotel)

C. Was fehlt? (What's missing?)

Complete the sentences with the appropriate case forms of the suggested pronouns.

z.B. Sie kauft _____ das Buch. (ich, Sie, wir, er)
     Sie kauft mir das Buch.
     Sie kauft Ihnen das Buch.
     Sie kauft uns das Buch.
     Sie kauft ihm das Buch.

1. Der Professor fragt _____. (Sie, ich, du, wir, sie/_sg._, er, ihr)
2. Das Fräulein bringt _____ das Eis. (du, ihr, wir, er, sie/_sg._, ich, Sie)
3. Siehst du _____? (er, sie/_pl._, sie/_sg._, ich, wir)
4. Geben Sie es _____! (er, ich, sie/_sg._, wir, sie/_pl._)

D. Ersetzen Sie die Hauptwörter durch Pronomen!

Restate the sentences three times, each time replacing one more noun.

z.B. Die Polizei zeigt dem Fußgänger den Weg.
  Sie zeigt dem Fußgänger den Weg.
  Sie zeigt ihm den Weg.
  Sie zeigt ihn ihm.

1. Die Dame zeigt dem Fräulein die Haltestelle.
2. Der Herr zeigt dem Ausländer den Bahnhof. *Er zeigt ihn ihm*
3. Das Mädchen zeigt dem Kind das Museum.
4. Die Leute zeigen den Touristen die Taxis.

II. Modal Auxiliary Verbs

1. Both English and German have a small group of MODAL VERBS which in some way modify the meaning of an ordinary verb. Modal verbs express such ideas as the *ability, necessity, permission, obligation,* or *desire* to do something.

ability
permission
obligation
(internal obligation moral)

könen	*to be able to, can*
müssen	*to have to, must*
dürfen	*to be allowed to, may*

sollen	*to be supposed to, shall*
wollen	*to want to*
mögen[1]	*would like to*

The German modals are irregular in the singular of the present tense.

	KÖNNEN	MÜSSEN	DÜRFEN	SOLLEN	WOLLEN	MÖGEN[1]	
ich	kann	muß	darf	soll	will	mag	möchte
du	kannst	mußt	darfst	sollst	willst	magst	möchtest
er	kann	muß	darf	soll	will	mag	möchte
wir	können	müssen	dürfen	sollen	wollen	mögen	möchten
ihr	könnt	müßt	dürft	sollt	wollt	mögt	möchtet
sie	können	müssen	dürfen	sollen	wollen	mögen	möchten

[1]Only the **möchte** forms of **mögen** are used frequently. You already know they mean *would like (to have):* **Ich möchte ein Bier** (I would like a beer). **Mögen** means *to like, enjoy:* **Ich mag Fisch nicht** (I don't like fish).

—Bushaltestelle

2. Modals are another example of the two-part verb phrase. In statements and information questions, the modal is the inflected second element of the sentence (V₁). The modified verb (V₂) appears at the very end of the sentence in its *infinitive* form.

Paul	geht	um fünf nach Hause.		Paul goes home at five.
Paul	**kann**	um fünf nach Hause	**gehen.**	Paul can go home at five.
Paul	**muß**	um fünf nach Hause	**gehen.**	Paul has to go home at five.
Paul	**darf**	um fünf nach Hause	**gehen.**	Paul is allowed to go home at five.
Paul	**soll**	um fünf nach Hause	**gehen.**	Paul ~~shall~~ to go home at five.
Paul	**möchte**	um fünf nach Hause	**gehen.**	Paul would like to go home at five.

——V₁   ——————————— V₂

Note: The English set of modals is incomplete and frequently has to be supplemented by such forms as *is able to, has to, is allowed to, is supposed to.* The German group of modals, however, does not use any supplements. They follow the pattern of *can, must,* and *may*: **Er muß gehen.** (He must go.)

3. Remember that in clauses introduced by such conjunctions as **daß, ob, wenn,** and **weil** the inflected verb stands at the very end.

Paul kann um fünf nach Hause gehen.
Sie sagt, **daß** Paul um fünf nach Hause gehen kann.

4. Modals can be used without an infinitive, provided the modified verb is clearly understood. This happens particularly often with verbs of motion.

Mußt du jetzt nach Hause?—Ja, ich muß.
Willst du zum Supermarkt?—Ja, ich will, aber ich kann nicht.

5. Watch these important differences in meaning:

a. Ich esse gern Kuchen.   I like to eat cake.
                                    I enjoy eating cake.

The above sentence says that I am generally fond of cake.

Ich möchte ein Stück Kuchen (essen).   I'd like (to eat) a piece of cake.

This sentence, on the other hand, implies a desire for a piece of cake at this particular moment.

b. Notice the difference in tone and politeness between these two sentences:

Ich will Kuchen.   I want some cake.
Ich möchte Kuchen.   I would like some cake.

The first might be said by a spoiled child, the second by a polite adult.

E. Ersetzen Sie das Subjekt!

z.B. Wir sollen zum Markt fahren. (ich, er, du)
Ich soll zum Markt fahren.
Er soll zum Markt fahren.
Du sollst zum Markt fahren.

1. Wir wollen zu Hause bleiben. (ich, er, du, sie/*pl.*)
2. Könnt ihr den Stadtplan morgen bringen? (du, sie/*sg.*, er, ich)
3. Sie müssen noch die Rechnung bezahlen. (sie/*sg.*, Vater, du, ihr)
4. Du darfst zum Bahnhof kommen. (er, ihr, die Kinder, ich)
5. Möchtet ihr ein Eis haben? (Sie, du, er, das Fräulein)

F. Sagen Sie die Sätze noch einmal mit den Modalverben!

z.B. Ich finde das Buch nicht. (können)
Ich kann das Buch nicht finden.

1. Ich empfehle den Fisch. (können)
2. Der Junge hilft dem Vater. (müssen)
3. Der Tourist dankt der Wienerin. (mögen)
4. Die Studenten bleiben in Wien. (wollen)
5. Sie versteht nicht alles. (können)
6. Sprecht ihr Deutsch? (wollen)
7. Das Fräulein bringt dem Kind einen Löffel. (sollen)
8. Essen die Kinder Eis? (dürfen)
9. Die Studenten antworten dem Professor. (sollen)
10. Paul fährt mit dem Großvater nach Österreich. (dürfen)
11. Ich gehe heute zum Rathaus. (müssen)
12. Wir fahren mit dem Auto zum See. (mögen)

G. Auf deutsch, bitte!

1. Direkte Aussagen (statements) *oder Fragen*

1. He wants to see the cathedral. 2. She would like to visit the museum. 3. They have to go to the post office. 4. I can't read that. 5. You are supposed to speak German. 6. You may order ice cream. 7. She's supposed to study. 8. We have to pay the bill. 9. Am I allowed to visit him? 10. Can't you help me? 11. We'd like to drive to Vienna. 12. Do you want to see the palace?

2. Sagen Sie die Sätze 1–8 noch einmal als (as) *indirekte Aussage! Beginnen Sie mit Sie sagt, daß . . . !*

z.B. Sie möchte nach Hause gehen.
Sie sagt, daß sie nach Hause gehen möchte.

III. *wissen versus kennen*

The forms of **wissen** (to know a fact) are very similar to those of the modals:

ich	**weiß**
du	**weißt**
er	**weiß**
wir	wissen
ihr	**wißt**
sie	wissen

(handwritten:) ① Ich weiß, daß ich nichts weiß.
② Ich weiß, daß du mich kennst.

(handwritten:) können — Ich kann Deutsch (sprechen)

In German, two verbs correspond to the English *to know*:

to know { **kennen**   to be acquainted with a person or thing
         { **wissen**   to know a fact

Ich **kenne** den Lehrer.   But: Ich **weiß**, daß er Lehrer ist.
Ich **kenne** das Buch.   Ich **weiß**, daß das Buch gut ist.

ÜBUNGEN

H. *kennen oder* **wissen**?

Fill in the appropriate forms.

1. Verzeihung, _____ Sie, wo die Bushaltestelle ist? *wissen*
2. _____ du, wieviel Uhr es ist? *weißt*
3. _____ Sie Regensburg? Ich _____ nur, daß es alt und romantisch ist. *Kennen, weiß / kenne*
4. Ich _____ Professor Müller nicht.
5. Er sagt, daß er das Museum gut _____. *kennt*
6. Ich _____ nicht, der wievielte heute ist. *weiß*
7. Wer _____, wann das Theater beginnt? *weiß*
8. Natürlich _____ ich Fräulein Antesberger. *kenne*

ZUSAMMENFASSUNG

I. *Machen Sie ganze Sätze!*

Double slashes separate one clause from the other

z.B. können / Sie / sagen / mir / / wo / sein / Universität?
Können Sie mir sagen, wo die Universität ist?

1. können / du / sagen / ihm // wie / heißen / Straße?
2. können / er / sagen / uns // wie / weit / es / sein / zu / Bahnhof?
3. können / sie *(pl.)* / sagen / euch // wie / ihr / kommen / zu Bank?
4. können / Sie / sagen / ihr // ob / Gebäude / sein / Museum?
5. können / ihr / sagen / mir // wo / sein / Kärntnerstraße?

2-25-81

J. sondern *oder* aber?

z.B. Er geht nicht zu Fuß, _____ er fährt mit der Straßenbahn.
Er geht nicht zu Fuß, sondern er fährt mit der Straßenbahn.

1. Wien ist sehr schön, _____ diese Stadt gefällt mir auch. *aber*
2. Der Bus hält nicht hier, _____ an der Ecke. *sondern*
3. Die Universität ist in der Nähe vom Rathaus, *aber* fragen Sie dort noch einmal.
4. Gehen Sie nicht rechts, *sondern* immer geradeaus.
5. Das ist kein Luxushotel, *aber* es ist auch nicht schlecht.
6. Er ist nicht besonders intelligent, *aber* er ist sexy.

K. Auf deutsch, bitte!   2-26-81

For imperatives, use the formal address with **Sie.**

1. I've got to go to the bank. 2. Excuse me, is there a bank nearby? 3. I'm sorry, but I'm not from here. 4. Who can help me? 5. May I help you? What would you like? 6. I'd like to find a bank. 7. Do you know where the cathedral is? 8. I know that it's not far from here. 9. Good. Across from the cathedral is a bank. 10. Do you know whether I can walk there (**dorthin**)? 11. Of course you can walk there, but the banks will be closed in twenty minutes. 12. Don't walk, take the subway or a taxi. Good luck!

Gruß aus Wien[1] | EINBLICKE

Was ist das?

der Garten, Kilometer, Name, Ring, Tanz, Walzer; das Bett; die Altstadt, Großstadt, Kapelle, Romantik, Winterresidenz; die Kronen, Juwelen; fallen, tanzen; elegant, historisch, kulturell, zentral

> In the letter below, you will find that Michael capitalizes **Du, Ihr,** and **Euer** (*your*) when he addresses his parents. This is proper in letters.

Wien, den 12. April

Liebe Eltern!

Jetzt sind wir schon eine Woche in Wien. Wir sind den *ganzen* Tag *unterwegs* und fallen abends todmüde° ins° Bett. Mein Hotel liegt sehr zentral, in der Nähe von der Staatsoper. Alles ist sehr nah. Schaut auf° den
5 Stadtplan! Dann versteht Ihr besser, wovon° ich spreche.

dead tired/into

look at

about what

Bei der Staatsoper seht Ihr den Ring und die Kärntnerstraße. Der Ring führt° um die ganze Altstadt. Er ist vier Kilometer lang und läuft an der früheren° Stadtmauer° entlang. Am Ring liegen die Hofburg, das Burgtheater, die Universität, das Rathaus, Museen und Parks.

leads
former/...wall

5 Von der Staatsoper kann man zu Fuß durch den Burggarten zur Hofburg gehen. Die Hofburg war° früher° die Winterresidenz der° Habsburger Kaiser°. Sie ist sehr groß. In der Hofburg gibt es nicht nur eine *phantastische* Schatzkammer° mit Kronen und Juwelen, sondern auch die bekannte Spa-

was / formerly / of the
emperors
treasury

2-24-81

Hófburg

—Die Kärtnerstraße

nische Reitschule°. Da ist das Reiten° kein Sport, sondern Kunst. Aus der   riding academy / riding
ganzen Welt° kommen die Menschen und wollen die weißen Pferde° (sie   world / horses
heißen „Lippizaner") tanzen sehen. Noch etwas. Wir haben doch Schall-
platten° von den Wiener Sängerknaben°. Sie singen sonntags hier in der   records / choir boys
5 Hofburg. Die Hofburg ist wirklich interessant.

Von der Hofburg kommt man dann zu Fuß durch den Volksgarten zum
Burgtheater. Das Burgtheater gefällt mir. Es ist so elegant.

Ach, es gibt hier so viel zu sehen! *Das macht Spaß. Immer wieder* findet
man bekannte Namen: das Goethe[2]-Denkmal°, Mozart-Denkmal, Beet-   monument
10 hoven-Denkmal, Johann Strauß-Denkmal und so weiter[3]. Denkt aber
nicht°, daß man hier nur Walzer hört. *Im Gegenteil*, hier hört man ge-   don't think
nauso° viel Beat-Musik wie bei uns.   just as

Aber zurück zum Stadtplan, zur Kärntnerstraße. Die Kärntnerstraße ist
Fußgängerzone. Dort kann man *stundenlang* gemütlich von einem Ge-
15 schäft zum anderen *bummeln.* Zeit habe ich *genug,* aber nicht genug *Geld.*
Alles ist sehr teuer. Die Kärntnerstraße führt zum Stephansdom. Vom
Stephansdom hat man einen *herrlichen Blick auf* die Stadt, die Donau,
den Prater° mit seinem Riesenrad° und Schloß Schönbrunn. Übrigens   amusement park / ferris
kann man auch mit einer Kutsche° durch die Altstadt fahren. Etwas Ro-   wheel
20 mantik aus der guten alten Zeit!   carriage

Heute nachmittag° wollen wir mit der Straßenbahn und dem Bus durch den Wiener Wald° zum „Kahlenberg" fahren. Dort *steht* eine Kapelle, eine Erinnerung an die Türkenbelagerung° von Wien (1683). Von dort soll man auch einen herrlichen Blick auf Wien und die Donau haben.

this afternoon
Vienna Woods
reminder of the Turkish siege

5 *Danach* gehen wir zum Weintrinken, zum „Heurigen"°, nach Grinzing. Dort ist eine Weinstube° neben° der anderen. Es soll Gemütlichkeit° bei gutem Essen, Wein, Musik und Tanz geben. Natürlich gibt es da auch viele Touristen. Na und, man muß alles einmal° sehen. Leider sind die Semesterferien° bald zu Ende.

new wine
inn / beside / nice atmosphere
once
semester break

10 Wie Ihr seht, es geht mir gut. Wien ist historisch und kulturell sehr interessant. Denkt aber nicht, daß Wien nur romantisch ist. Im Gegenteil, es ist auch eine Großstadt mit vielen Menschen und viel Verkehr. *Trotzdem,* wenn Ihr einmal nach Europa kommt, dann müßt Ihr auch Wien besuchen.

15 *Viele liebe Grüße!*
Euer Michael

P.S. Ich schreibe nicht auf englisch, sondern auf deutsch, weil Ihr immer sagt, daß Ihr Deutsch versteht. Wenn Ihr Probleme habt, kann Euch
20 ja Oma° helfen.

Ein Riese – a giant   Grandma

VOKABELN

der	**Blick** (auf + *acc.*)	view (of)
	Gruß, -̈e	greeting
das	**Geld**	money
	bummeln	to stroll
	danach	afterward
	Das macht Spaß.	That's fun.
	Euer _____!	Your _____
	ganz	whole, entire(ly)
	genug	enough
	herrlich	wonderful, magnificent
	im Gegenteil	on the contrary
	immer wieder	again and again
	Lieb- _____!¹	Dear _____!
	phantastisch	fantastic
	stehen	to stand
	stundenlang	for hours
	trotzdem	nevertheless
	unterwegs	on the way; under way, on the go
	Viele liebe Grüße!	Best regards!

¹liebe Eltern, lieber Michael, liebe Carolyn

ÜBRIGENS

1. **Wien** (*Vienna*) is the capital of Austria. The heart of the city is the **Innenstadt** (*inner city*), dating from medieval times and notable for its magnificent eighteenth century Baroque buildings. The city was the capital of the Austro-Hungarian Empire and reached its zenith of power and wealth during the reign of Emperor Franz Joseph (1848–1916).

2. The poet, dramatist, novelist, scientist and statesman **Johann Wolfgang von Goethe** (1749–1832) was born in Frankfurt and spent most of his life in the Duchy of Weimar (now in the DDR). He was one of the most influential intellectuals in German history.

3. Vienna was the home of Haydn, Mozart, Schubert, Beethoven, Brahms, and the Strauß family for at least part of their lives, and it has been an important music center for centuries.

FRAGEN

A. 1. Wo ist Wien?
    2. Was ist der Ring? Wie lang ist er? Welche Sehenswürdigkeiten (sights) liegen am Ring?
    3. Was war die Hofburg früher? Was kann man in der Hofburg sehen?
    4. Welche bekannten Namen findet man in Wien?
    5. Was für Musik hört man in Wien?
    6. Was ist die Kärntnerstraße? Wohin (to where) führt sie?
    7. Was kann man vom Stephansdom sehen?
    8. Wie kommt man zum Kahlenberg? Was gibt es dort? Was sieht man von dort?
    9. Was gibt es in Grinzing? Wer fährt nach Grinzing?
   10. Ist Wien nur eine alte, romantische Stadt?
   11. An welchem Fluß liegt Wien?

B. 1. Was möchten Sie in Wien sehen?
    2. Wohnen wir in einer Stadt, oder gibt es eine Stadt in der Nähe? Wie heißt diese Stadt?
    3. Wie heißen ein paar wichtige Straßen hier?
    4. Was für Sehenswürdigkeiten gibt es hier? Was können Ausländer und Touristen hier sehen?
    5. Was gefällt Ihnen hier besonders? Was gefällt Ihnen hier nicht?
    6. Was für Musik hört man hier?

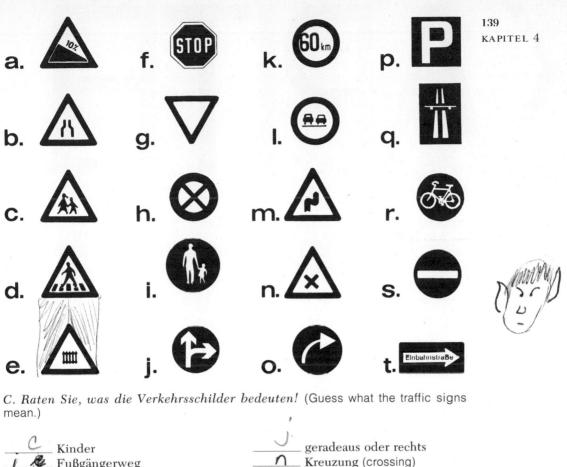

C. *Raten Sie, was die Verkehrsschilder bedeuten!* (Guess what the traffic signs mean.)

_c_ Kinder
_i_ Fußgängerweg
_d_ Fußgängerüberweg (pedestrian crossing)
_r_ Fahrradweg
_q_ Autobahn (freeway)
_e_ Bahnübergang (railroad crossing)
_f_ Stopschild
_g_ Vorfahrt (yield)
___ Kurve
_o_ rechts

_j_ geradeaus oder rechts
_n_ Kreuzung (crossing)
_a_ Gefälle (decline)
_b_ Engpaß (street narrows)
_t_ Einbahnstraße (one-way street)
_s_ keine Einfahrt (do not enter)
_h_ Halteverbot (no stopping or parking)
_l_ Überholverbot (no passing)
_P_ Parkplatz
_k_ Geschwindigkeitsbegrenzung (speed limit)

AUFSATZ   8-10 Sätze , or about your hometown   auf hören ✓

Write a paragraph about Vienna. Tell what and where it is, what some of its important streets and landmarks are, where one can get a good view of the city, and where one can make an excursion outside the city.

KAPITEL

| Ihr habt ein schönes Haus! | GESPRÄCHE |

Bei Müllers

USCHI: Schick! Ihr habt ein schönes Haus!

HORST: Danke. Eure Wohnung ist auch nicht schlecht.

USCHI: Aber klein.—Das muß das Wohnzimmer sein. Elegant! Die Möbel gefallen mir.

HORST: Hier ist die Küche. Im Kühlschrank habe ich . . .

USCHI: **Toll!** Sogar eine Spülmaschine und ein Müllschlucker!

HORST: Ja. Willst du nichts trinken?

USCHI: Doch, gern.—Und was ist dort **oben**?

HORST: Die Schlafzimmer und das Bad.

(Sie gehen nach oben.)

USCHI: Wunderbar! Sogar ein Wasserbett und ein Balkon mit einem Blick auf den Pool!

HORST: Nicht schlecht, was? Hier ist die Limo.

USCHI: Danke!

Eine Wohnung zu vermieten

> Wohnung, 2 Zi., Kü., Bad, unmöbl.,
> z. verm.,   Goethestraße 5

MIETER: Sie haben eine zwei-Zimmer-Wohnung zu vermieten?

VERMIETER: Ja, **im ersten Stock.**[1]

MIETER: Sie ist unmöbliert, nicht wahr?

VERMIETER: Ja. Möchten Sie sie sehen?

MIETER: Gern. Was kostet die Wohnung?

VERMIETER: 550 DM **im Monat**. Das ist ohne Wasser, Elektrizität, Heizung und Telefon. Das bezahlen Sie. Hier sind wir.

MIETER: Flur,[2] Wohnzimmer, Schlafzimmer, Küche und Bad. Aber die Küche hat keinen Herd und keinen Kühlschrank!

VERMIETER: Was denken Sie? Die Wohnung ist unmöbliert. Möbliert kostet sie natürlich mehr.

MIETER: Vielen Dank!

VERMIETER: So billig finden Sie keine andere Wohnung.

MIETER: (Verrückt!)

ÜBRIGENS

1. In Germany the first floor or ground floor is called **Parterre**. Only the floors above the **Parterre** are numbered. Where we say *on the second floor*, Germans say **im ersten Stock**.

2. German homes and apartments usually have a hallway (**Flur**) with doors opening into the various rooms. These hallways are rarely heated. Because Germans dislike drafts and cherish privacy, the doors are usually kept closed. Germans feel uncomfortably exposed when doors are open, quite unlike Americans, who prefer to see and be seen.

You Have a Beautiful House

At the Müllers

USCHI: How nice! You have a beautiful house.

HORST: Thank you. Your apartment isn't bad either.

USCHI: But small.—That must be the living room. Elegant! I like the furniture.

HORST: Here's the kitchen. In the refrigerator I have—

USCHI: **Great!** Even a dishwasher and a garbage disposal!

HORST: Yes. Don't you want something to drink?

USCHI: Sure, I'd love something.—And what's **upstairs?**

HORST: The bedrooms and the bathroom.
(*They go upstairs.*)

USCHI: Wonderful! Even a waterbed, and a balcony with a view of the pool!

HORST: Not bad, is it? Here's the lemonade.

USCHI: Thanks!

An apartment for rent

APT. HUNTER: You have a two-room apartment for rent?

LANDLORD: Yes, **on the second floor**.

APT. HUNTER: It's unfurnished, isn't it?

LANDLORD: Yes. Would you like to see it?

APT. HUNTER: Gladly. What does the apartment rent for (cost)?

LANDLORD: 550 marks **a month**. That's without water, electricity, heat, and telephone. You pay for that. Here we are.

APT. HUNTER: Hallway, living room, bedroom, kitchen, and bath. But the kitchen has no stove and no refrigerator.

LANDLORD: What do you expect (think)? The apartment is unfurnished. Of course it costs more furnished.

APT. HUNTER: Thank you very much.

LANDLORD: You won't find another apartment this cheap.

APT. HUNTER: (Crazy!)

MÜNDLICHE ÜBUNG

1. das Wohnzimmer: **Das muß** das Wohnzimmer **sein.**
   das Schlafzimmer, das Eßzimmer, das Bad, die Küche

2. Möbel: **Die Möbel gefallen mir.**
   Stühle, Bilder, Teppiche (carpets), Vorhänge (curtains)

3. das Sofa: Das Sofa **gefällt mir.**
   die Lampe, der Schreibtisch, die Kommode (dresser), das Studentenheim

4. ersten: **Die Wohnung ist im** ersten **Stock.**
   zweiten, dritten, vierten, fünften

5. den Pool: **Vom Balkon haben wir einen Blick auf** den Pool.
   den Garten, die Stadt, den See, die Berge

6. Limo: **Im Kühlschrank habe ich auch** Limo.
   Cola, Milch, Apfelsaft, Orangensaft

7. die Wohnung / 550: Die Wohnung **kostet 550 DM im Monat.**
   das Zimmer / 250; das Haus / 900; die Garage / 60; das Telefon / 50

8. hübsch: **Die Wohnung ist** hübsch, **nicht wahr?**
   toll, schick, groß, oben

WORTSCHATZ: DAS HAUS UND DIE MÖBEL

das Haus,-̈er house
das Studentenheim,-e dorm
die Wohnung,-en apartment

der	Balkon,-s	balcony	das	Schlafzimmer,-	bedroom
	Flur	hallway		Wohnzimmer,-	living room
	Garten,-̈	garden	die	Garage,-n	garage
das	Bad,-̈er	bathroom		Küche,-n	kitchen
	Eßzimmer,-	diningroom		Toilette,-n	toilet
	Gästezimmer,-	guest room		Treppe,-n	stairs, stairway

die Möbel(pl.) furniture

der	Fernseher,-	TV set	der	Vorhang,-̈e	curtain
	Herd	stove	das	Bett,-en	bed
	Kühlschrank,-̈e	refrigerator		Radio,-s	radio
	Ofen,-̈	oven		Sofa,-s	sofa
	Schrank,-̈e	closet, cupboard		Telefon,-e	telephone
	Schreibtisch,-e	desk	die	Kommode,-n	dresser
	Sessel,-	armchair		Lampe,-n	lamp
	Teppich,-e	carpet			

im ersten Stock	on the second floor
im Monat	per month
baden	to take a bath, swim
denken	to think
duschen	to take a shower
hängen	to put,[1] hang; to be hanging
kochen	to cook
legen	to put,[1] lay (down)
mieten / vermieten	to rent / rent out
schwimmen	to swim
setzen	to put,[1] set (down)
stellen	to put,[1] stand (upright)
elegant	elegant
oben / unten	upstairs / downstairs
schick	chic, nice
sogar	even
toll	great, terrific

[1]The English verb *put* has no one equivalent in German. It can be expressed by **hängen**, **legen**, **setzen**, **stellen**, etc., depending on the context.

ZUM THEMA

A. Was paßt?

1. Ihr habt ein schönes Haus.
2. Die Möbel gefallen mir.
3. Hier ist die Küche.
4. Sie haben eine Wohnung zu vermieten?
5. Aber die Küche hat keinen Herd und keinen Kühlschrank!

Natürlich nicht.

Möchten Sie sie sehen?

Danke.

Wunderbar!

Wirklich?

Ja, im ersten Stock.

Was denken Sie?

Ja, wir wohnen hier gern.

Ja, sie ist oben.

Nein, es tut mir leid.

Die Wohnung ist unmöbliert.

Toll!

Mir auch.

Ihre Wohnung gefällt mir auch sehr gut.

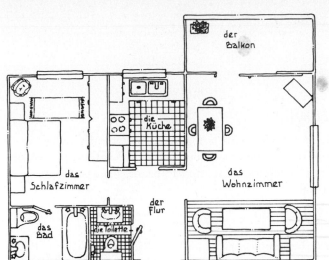

B. Beschreiben Sie die Wohnung!

1. Wieviele Zimmer hat sie?
2. Wie heißt das Zimmer, wo man kocht? wo der Fernseher steht? wo man schläft? wo man badet?
3. Wo ißt man hier? Gibt es ein Eßzimmer?
4. Was für Möbel gibt es im Wohnzimmer? im Schlafzimmer? Was hat man in der Küche?
5. Was hat die Wohnung noch?
6. Gefällt Ihnen die Wohnung?

From now on you will have to make direct questions from the indirect ones given. You may now use the **du**- form with your fellow students.

C. Interview

Fragen Sie Ihren Partner (Ihre Partnerin),

1. ob er (sie) im Studentenheim wohnt,
2. ob er (sie) eine Wohnung hat,
3. ob er (sie) bei den Eltern wohnt,
4. was für Möbel er (sie) im Zimmer hat,
5. ob das Zimmer einen Blick hat,
6. wie lange er (sie) schon da wohnt! (Ich wohne da seit . . .)

D. Schriftliche Übung

for 3/2 Montag

Schreiben Sie ein Gespräch!

1. Ein Student (eine Studentin) mietet ein Zimmer.
2. Ein paar Studenten mieten ein Haus.
3. Ich besuche eine Familie mit einem schönen Haus.

I. wo, wohin, woher

In English, the words *whither* and *whence* are practically never used any more, but they express precisely the meaning of the German **wohin** and **woher**. The concepts of location, destination, and origin still play an important role in German.

LOCATION: **Wo** ist Paul?   Where is Paul? (In what place?)
DESTINATION: **Wohin** geht er?   Where's he going? (To what place?)
POINT OF ORIGIN: **Woher** kommt er?   Where does he come from? (From what place?)

ÜBUNGEN *2-27-81 Freitag*

A. *Stellen Sie Fragen mit* **wo,** **wohin** *oder* **woher!**

z.B. Horst schläft *im Gästezimmer.*
Wo schläft Horst?

1. Sie stellt die Milch *in den Kühlschrank.*   *Wohin*
2. Der Braten ist *im Ofen.*   *Wo*
3. Sie kauft das Obst *auf dem Markt.*   *Wo*
4. Er kommt *aus Wien.*   *Woher*
5. Sie muß das Kind *ins Bett* bringen.   *Wohin*
6. Großvater liest *im Wohnzimmer.*   *Wo*
7. Wir wollen heute *ins Kino* gehen.   *Wohin*
8. Sie hängen das Schild *an die Tür.*   *Wohin*
9. Die Studenten kommen *aus der Bibliothek.*   *Woher*
10. Schmidts wohnen jetzt *in der Schweiz.*   *Wo*

II. Two-Way Prepositions

You have learned some prepositions which are always followed by the dative, and some which are always followed by the accusative. You will now learn a set of prepositions which sometimes take the dative and sometimes the accusative.

1. The basic meanings of the nine two-way prepositions are:

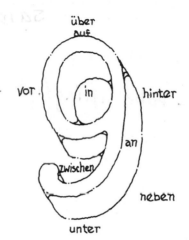

an	*to, at (the side of), on*
auf	*on (top of)*
hinter	*behind*
in	*in, into, inside of*
neben	*beside, next to*
über	*over, above*
unter	*under, below*
vor	*before, in front of*
zwischen	*between*

Again, some of these prepositions may be contracted with the definite article:

an + das = ans
an + dem = am
auf + das = aufs
hinter + das = hinters
in + das = ins
in + dem = im

2. In English we often make the distinction between *into* and *in*. This difference between *destination* and *location* is shown in German by the case following the preposition. If the question is **wohin?**—*where to* or *toward what destination* the activity of the verb is directed—the accusative is used. If the question is **wo?**—*where* some thing is located or some activity is going on—the dative is used:

Wohin geht Horst? Er geht **ins Haus.**
Where is Horst going?
He's going into the house.

Wo ist Horst? Er ist **im Haus.**
Where is Horst?
He's in the house.

The difference lies, of course, in the verb. You need to determine whether it implies change of place (destination), or position or activity within a place (location).

[handwritten top left] 2-27-81 Freitag

[handwritten top center] change of place = accusative

3. Typical verbs implying change of place (destination/accusative) are:

bringen	laufen
fahren	legen
gehen	setzen
hängen	stellen
kommen	tragen

[handwritten] — transitive

[handwritten] ich setze mich / I sit down

Some verbs denoting activity within a place (location/dative) are:

[handwritten] same place = dative

baden	kochen	spielen
bleiben	schlafen	stehen
essen	lesen	studieren
finden	liegen	trinken
hängen	schreiben	wohnen
kaufen	sitzen	

[handwritten] — to be sitting (intransitive)

Die Lehrerin geht **an die Tür.**	Wohin?
Die Lehrerin steht **an der Tür.**	Wo?
Er legt das Buch **auf den Tisch.**	Wohin?
Das Buch liegt **auf dem Tisch.**	Wo?
Das Kind geht **hinters Haus.**	Wohin?
Das Kind spielt **hinter dem Haus.**	Wo?
Sie gehen **ins Restaurant.**	Wohin?
Sie essen **im Restaurant.**	Wo?
Ich stelle das Glas **neben den Teller.**	Wohin?
Das Glas steht **neben dem Teller.**	Wo?
Wir hängen das Bild **übers Sofa.**	Wohin?
Das Bild hängt **über dem Sofa.**	Wo?
Er stellt die Schuhe **unters Bett.**	Wohin?
Die Schuhe stehen **unter dem Bett.**	Wo?
Wir gehen **vor die Tür.**	Wohin?
Wir stehen **vor der Tür.**	Wo?
Sie legt das Heft **zwischen die Bücher.**	Wohin?
Das Heft liegt **zwischen den Büchern.**	Wo?

4. Note the difference between these four sets of verbs:

to hang (up)	**Hängen Sie** das Bild **an die Wand!**
to be hanging	Das Bild **hängt** jetzt **an der Wand.**

| to put (upright) | **Stellen Sie** das Glas **auf den Tisch!** |
| to be standing | Das Glas **steht** jetzt **auf dem Tisch.** |

| to put (flat), lay | **Legen Sie** Messer, Gabel und Löffel **auf den Tisch!** |
| to be lying (flat) | Messer, Gabel und Löffel **liegen** jetzt **auf dem Tisch.** |

| to set (down) | **Setzen Sie** das Kind **auf den Teppich!** |
| to be sitting | Das Kind **sitzt** jetzt **auf dem Teppich.** |

5. Note also these uses of the two-way prepositions:

Wir gehen **ins Kino** (ins Theater, in die Kirche).
We're going to the movies (to the theater, to church).

Sie wohnen **in Deutschland** (in der Schweiz).
They live in Germany (in Switzerland).

Sie fahren **in die Schweiz** (but: nach Deutschland).
They're driving to Switzerland (to Germany).

Die Stadt liegt **am Rhein** (an der Donau).
The city is on the Rhine (on the Danube).

ÜBUNGEN

B. Sagen Sie es noch einmal!

Replace the nouns following the prepositions with the words suggested.

z.B. Der Bleistift liegt unter *dem Papier*. (Buch, Jacke, Tisch)
Der Bleistift liegt unter dem Buch.
Der Bleistift liegt unter der Jacke.
Der Bleistift liegt unter dem Tisch.

1. Die Post ist neben *der Bank*. (Bahnhof, Kino, Apotheke)
2. Uschi kommt in *die Wohnung*. (Küche, Eßzimmer, Garten) *accusative*
3. Der Mantel liegt auf *dem Bett*. (Stuhl, Kommode, Sofa) *dative*
4. Das Gästezimmer ist über *der Küche*. (Wohnzimmer, Garage, Eßzimmer) *dative*
5. Willi legt den Pulli auf *die Kommode*. (Bett, Schreibtisch, Balkon) *accusative*
6. Renate fährt vors *Haus*. (Garage, Bank, Lebensmittelgeschäft) *accusative*
7. Frau Loth kauft etwas in *der Bäckerei*. (Drogerie, Supermarkt, Kaufhaus) *dative*

[handwritten: der das die dem dem der dative]

C. Antworten Sie!

Use the cues provided.

z.B. Wo essen wir heute? (auf / Balkon)
Wir essen heute auf dem Balkon. *(die)*

1. Wohin sollen wir den Sessel stellen? (an / Wand) *accusative*
2. Wo studiert Frieda? (in / Schlafzimmer) *dative (dem)*
3. Wo spielen die Kinder? (hinter / Garage) *dative (der)*
4. Wohin trägst du den Stuhl? (in / Eßzimmer) *accusative (das)*
5. Wo gibt es Medizin? (in / Apotheke) *dative (der)*
6. Wo liegt Köln? (an / Rhein) *dative*
7. Wohin wollen Sie gehen? (in / Park) *accusative (den)*

8. Wo ist das Café? (an / Stephansdom) *dative* dem
9. Wohin gehen wir jetzt? (in / Kirche) accusative (die)
10. Wohin fahrt ihr im Sommer? (in / Schweiz) accusative (die)

D. *Machen Sie ganze Sätze!*

z.B. von / Balkon / sie / haben / ein Blick / auf / Garten
Vom Balkon haben sie einen Blick auf den Garten.

1. in / Wohnzimmer / es geben / ein Sofa / und / zwei / Stuhl
2. Bad / sein / zwischen / Schlafzimmer / und / Gästezimmer
3. Radio / stehen / auf / Tisch / neben / Schrank
4. heute / wir / gehen / in / Theater
5. Teppich / bleiben / unter / Sofa / und / Sessel (*pl.*)
6. stellen / Fernseher / in / Ecke!
7. essen / wir / in / Eßzimmer / oder / auf / Balkon?

III. *The Imperative*

1. You are already familiar with the FORMAL IMPERATIVE, both singular and plural. You know that the verb is followed by the pronoun **Sie**.

The FAMILIAR IMPERATIVE has different forms in the singular and plural. Usually, the singular is the **du**-form of the verb without **du** or the **-st** ending:

Du schreibst.	You write.
Schreib!	Write!

The plural is the **ihr**-form without **ihr**:

Ihr schreibt.	You write.
Schreibt!	Write!

Here now are all three imperatives of several verbs:

Schreiben Sie	mir, Frau Schmidt!	**Antworten Sie**	doch, Herr Schmidt!
Schreibt	mir, Kinder!	**Antwortet**	doch, Kinder!
Schreib	mir, Helga!	**Antworte**	doch, Helga!

Nehmen Sie	den Bus, Herr und Frau Schmidt!
Nehmt	den Bus, Uschi und Fritz!
Nimm	den Bus, Helga!

Verbs making the change **a** > **ä** in the singular (**du schläfst**) do not make this change in the imperative:

Schlafen Sie	gut, Fräulein Schmidt!
Schlaft	gut, Kinder!
Schlaf	gut, Helga!

Note that the three different forms of the German imperative all correspond to one form in English, and that the German imperative is always followed by an exclamation mark.

2. English imperatives beginning with *"Let's . . ."* are expressed in German

by the verb form plus **wir.**

Gehen wir nach Hause!	Let's go home.
Nehmen wir den Bus!	Let's take the bus.

ÜBUNGEN

E. Geben Sie den Imperativ!

Form plural and singular familiar imperatives.

z.B. Bleiben Sie bitte!
Bleibt bitte!
Bleib bitte!

1. Sagen Sie es!
2. Antworten Sie!
3. Wiederholen Sie das!
4. Fragen Sie!
5. Kommen Sie!
6. Zählen Sie!

7. Helfen Sie!
8. Lesen Sie!
9. Sehen Sie!
10. Nehmen Sie etwas!
11. Essen Sie!

12. Schlafen Sie gut!
13. Öffnen Sie es!
14. Arbeiten Sie!
15. Finden Sie es!

F. Geben Sie den Imperativ!

Form formal and familiar imperatives, using the phrases below.

z.B. zur Post gehen
Gehen Sie zur Post!
Geht zur Post!
Geh zur Post!

1. zu uns kommen
2. bitte entschuldigen
3. fleißig studieren
4. Deutsch sprechen
5. nicht so schnell fahren
6. hier halten
7. das Radio kaufen
8. mir den Stadtplan geben

9. ein Glas Wein trinken
10. bitte auf deutsch antworten
11. die Rechnung bezahlen
12. mir doch helfen
13. nicht so viel essen
14. nicht so lange duschen
15. nicht an den Kühlschrank gehen

ZUSAMMENFASSUNG

G. Schreiben Sie ganze Sätze!

Add suitable subjects and verbs.

z.B. über dem Tisch
Die Lampe hängt über dem Tisch.

1. in den Schrank
2. unter dem Telefon
3. über dem Sofa

4. hinter der Staatsoper
5. in die Bank
6. vor dem Haus

7. zwischen der Schulstraße und
dem Domplatz
8. neben dem Kino
9. auf den Schreibtisch

10. unters Bett
11. am Fenster
12. im Studentenheim

H. Auf deutsch, bitte!

1. Hello, Hans, where are you coming from? 2. I'm coming from the dorm. 3. Peter, Wolfgang, and I live in an apartment. 4. But I'd like to live in a dorm, too. 5. I hear that the rooms are great. 6. Yes, I like the rooms, but I don't like the furniture. 7. Where is the room?—On the third floor. 8. Do you know how much it costs? 9. The room costs me only one hundred seventy marks a month. 10. Terrific! And where are you going now? 11. To the bank. But let's go to your place (**zu euch**) later. 12. A good idea. I've got some beer in the refrigerator. 13. Great! Say, where are Peter and Wolfgang? 14. Don't ask me.

Schaffen°, sparen°, Häuschen bauen | EINBLICKE

work hard / save

Was ist das?

der Dialekt, Spielplatz, Stadtpark, Transport, Wanderer, Wanderweg; das Häuschen, Konsulat, Land, Picknick; Ball spielen; alle, charakteristisch, direkt, idyllisch

Dieses Sprichwort° aus Schwaben (Im Dialekt¹ heißt es „Schaffe, spare, Häusle baue".) ist nicht nur charakteristisch für die Schwaben, sondern auch für die Deutschen im allgemeinen°.

   saying

   in general

In Deutschland *leben* viele Menschen, aber es gibt relativ wenig° Land.
5 Die meisten° Deutschen wohnen in Wohnungen, aber viele träumen von° einem Haus mit Garten, einem Häuschen im Grünen°. Für viele bleibt das aber nur ein Traum, weil in den Städten Bauland° und Häuser sehr teuer sind. Es gibt auch nicht viel Bauland, weil man nicht überall *bauen* darf. Oft muß man in die *Dörfer* ziehen°. Dort gibt es mehr Bauland, und es
10 ist nicht so teuer wie in der Stadt.

   little

   most / dream of

   in the midst of nature (greenery)

   building lots

   to move

Aber nicht alle möchten so weit draußen° wohnen, weil dann der Weg zur *Arbeit* zu lang ist. Das kostet Energie, Zeit und Geld. Abends kommt man auch nicht so leicht ins Kino oder ins Theater. Das *Leben* zwischen *Wäldern* und *Feldern* ist oft idyllisch, aber nicht immer sehr *bequem*.

   out

15 *Eigentlich* kann man in der Stadt sehr gut leben. Die Wohnungen sind oft groß und schön. Man braucht kein Auto, weil alles in der Nähe liegt und es überall Bürgersteige° gibt. Die *öffentlichen* Verkehrsmittel° sind gewöhnlich gut. Überall gibt es Busse, und sie kommen relativ oft. In Großstädten, wie zum Beispiel in München, gibt es auch Straßenbahnen,
20 eine U-Bahn und eine S-Bahn°. Sie sind schnell, *sicher* und bequem. In

   sidewalks / public transportation

   commuter train

—Am Abend kann man in München gut bummeln.

—Im Englischen Garten.

München kann man mit der U-Bahn sogar direkt in die Fußgängerzone
fahren. Nicht nur *am Tag*, sondern auch *am Abend* gehen die Leute dort
gern bummeln. Man schaut° in die Schaufenster°, beobachtet° die Leute looks / display
windows / watches
und geht vielleicht in ein kleines Restaurant und trinkt ein Glas Wein. In
5 der Stadt gibt es eigentlich immer etwas zu tun°. to do

Man fährt mit den öffentlichen Verkehrsmitteln nicht nur zur Arbeit, sondern auch ins Grüne. Überall in Feldern und Wäldern findet man Wan-
derwege². Fast alle Wege sind öffentlich. *Auf diese Weise* ist das ganze
Land dem Wanderer offen, und das kleine Land wirkt° größer als° es ist. appears / bigger than
10 Unterwegs findet man oft auch ein gemütliches Gasthaus, wo man eine
Pause machen° kann. take a break

Man muß aber nicht unbedingt° *aufs Land* fahren, wenn man ins Grüne doesn't necessarily
have to
will. *Fast* alle Städte, ob groß oder klein, haben Stadtparks. Die Münch-
ner° *lieben* ihren° ,,Englischen Garten" (in der Nähe vom amerika- people of Munich / their
15 nischen Konsulat). Er ist phantastisch. Dort gibt es nicht nur Wanderwege,
sondern auch Spielplätze und Bänke°, Rasen° zum Picknicken° und zum benches / lawns / for
picnicking / rowboats
Ball spielen und kleine Seen mit Ruderbooten°. Hier sieht man jung und
alt, und das nicht nur *am Wochenende*.

Die meisten Deutschen wohnen eigentlich gern in der Stadt, auch wenn° even if
20 sie dort oft nur in einer Wohnung leben. In der Stadt gibt es *einfach* viel
zu sehen und zu tun. Alles ist relativ nah, nicht nur der Arbeitsplatz, die
Geschäfte und die Schulen, sondern auch die Theater, Kinos, Museen und
Parks.

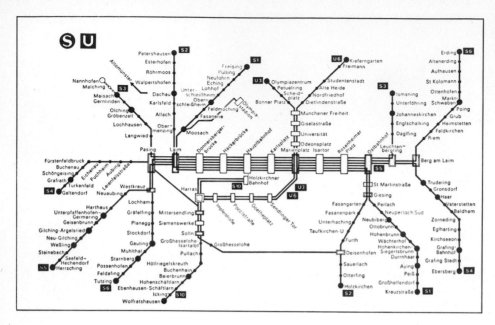

—Das Münchner
S- und U-
Bahnnetz

Natürlich träumt man trotzdem gern von einem Haus mit Garten, einem
Häuschen im Grünen. Viele *arbeiten* schwer und sparen³ fleißig, bis der
Traum Wirklichkeit° wird: „Schaffe, spare, Häusle baue."   reality

VOKABELN

der	**Wald,¨-er**	forest, woods
das	**Dorf,¨-er**	village
	Feld,-er	field
	Leben	life
die	**Arbeit**	work; job

am Abend	in the evening
am Tag	during the day
am Wochenende	on the weekend(s)
arbeiten	to work
auf diese Weise	(in) this way
aufs Land	(in)to the country(side)
bauen	to build
bequem	convenient, comfortable
bis	until (*subord. conj.*)
eigentlich	actual(ly)
einfach	simple, simply
fast	almost
leben	to live
lieben	to love
öffentlich	public
sicher	safe, secure

—Wieviel Wasser brauchen Sie? (1 *quart* =
0.95 liter.)

1. The Germanic tribes that settled in Germany some sixteen hundred years ago spoke variations of a common Germanic language. After they settled down, variants evolved into separate dialects different enough to make communication difficult. Standard German developed slowly as a written language. As late as the beginning of this century, most people spoke only in dialect. Newspapers and magazines, and even more so radio and television, have widely promoted the use of standard German. Yet today many still learn a dialect before the standard language, and even the well educated tend to have a regional accent.

2. **Wanderwege** are public trails that can be found all over Germany. There are practically no private roads in Germany, which means that almost all forests and fields are open for hiking and backpacking. Forest rangers (**Förster**) work to keep the woods cleared and free of litter. Although Germany is very densely populated, it is relatively easy to "get back to nature" there.

3. Germans are known for their hard work and thrift. Their per capita rate of bank savings, for instance, is unusually high compared to other countries. This thrift is also reflected in their relatively low consumption of energy. The West German per capita consumption of energy is only half that of North America, yet the standard of living and industrial output are just as high.

FRAGEN

A. 1. Warum wohnen die meisten Deutschen in Wohnungen?

    2. Was möchten viele Deutsche natürlich gern haben?

    3. Warum möchten viele nicht weit draußen wohnen?

    4. Warum kann man in der Stadt ganz gut leben? Wie sind die Wohnungen? Warum braucht man da kein Auto?

    5. Wohin kann man mit dem Zug, mit dem Bus oder oft mit der S-Bahn fahren? Was findet man dort?

    6. Warum muß man nicht aufs Land fahren, wenn man ins Grüne will?

    7. Welchen Park lieben die Münchner besonders? Warum?

B. 1. Wohnen hier mehr Leute in Wohnungen oder in Häusern?

    2. Ist Bauland hier sehr teuer? Wie ist das mit Häusern?

    3. Was für öffentliche Verkehrsmittel gibt es hier bei uns? Wie kommen die meisten Leute hier zur Arbeit? Wie kommen Sie zur Universität? Braucht man hier ein Auto?

    4. Gibt es hier viele Parks? Gehen Sie oft in den Park? Wann?

    5. Wie fahren die Leute hier ins Grüne? Wohin fahren Sie gern?

    6. Gehen Sie gern zu Fuß? Wo können Sie zu Fuß gehen?

AUFSATZ

Describe where you want to live, in the city or in the country (**auf dem Land**). Give at least five reasons for your choice. **Or:** Describe your dormitory room, your apartment, or your parents' house.

KAPITEL

Auf der Bank

TOURISTIN: Guten Tag! Wo kann ich hier **Geld umwechseln**?

ANGESTELLTER: Am Schalter 2

TOURISTIN: Danke! (Sie geht zum Schalter 2.)
Guten Tag! Ich möchte **Dollar in D-Mark** umwechseln.

ANGESTELLTER: Darf ich bitte Ihren Paß sehen?

TOURISTIN: Bitte schön! Und das sind meine Reiseschecks.

ANGESTELLTER: Unterschreiben Sie hier!—Danke! Gehen Sie dort zur Kasse! Hier ist Ihre Nummer.

TOURISTIN: Vielen Dank! (Sie geht zur Kasse.)

KASSIERERIN: 224,63 DM. Einhundert—zweihundert—zehn—zwanzig—vierundzwanzig Mark und dreiundsechzig Pfennig. Bitte schön!

TOURISTIN: Danke schön! Auf Wiedersehen!

Im Hotel

PORTIER: Guten Abend! **Bitte schön?**

GAST: Haben Sie ein Einzelzimmer frei?

PORTIER: Für wie lange?

GAST: Für zwei oder drei Nächte. Wenn möglich, ein ruhiges Zimmer mit Bad.

PORTIER: Wir haben leider nur noch ein Doppelzimmer frei, und das nur für eine Nacht.

GAST: **Na gut.** Dann nehme ich das.

PORTIER: Wollen Sie es sehen?

GAST: Nein danke.

PORTIER: Zimmer Nummer 12, im ersten Stock rechts. Hier ist Ihr Schlüssel.

GAST: Noch etwas. **Wo kann ich** mein Auto **lassen**?

PORTIER: In der Garage oder hinter dem Hotel.

GAST: Ich gehe heute abend ins Theater. **Wann machen Sie zu?**

PORTIER: Um 24 Uhr. Danach müssen Sie klingeln.

GAST: Gut. In Ordnung.

—Hotelinformation

DER HOTELEINGANG IST AB 24:00 GESCHLOSSEN

Hausschlüssel MITNEHMEN.

Abreisen BITTEN WIR BIS 10:00 UHR **anzukündigen** U. DAS ZIMMER BIS 12:00 FREIZUGEBEN, ANDERNFALLS MUSS EINE WEITERE NACHT BERECHNET WERDEN.

Frühstückszeiten

MONTAG u. SAMSTAG VON 7:00 – 10:00

DIENSTAG, MITTWOCH, DONNERSTAG UND FREITAG VON 6:30 – 10:00

SONNTAG VON 8:00 – 10:00

RESTAURANT täglich bis **24** Uhr geöffnet.

In the bank

TOURIST: Hello. Where can I **change money**?
TELLER: At counter 2.
TOURIST: Thank you. (She goes to counter 2.)
Hello. I'd like to change some **dollars into marks**.
TELLER: May I please see your passport?
TOURIST: Here you are. And those are my traveler's checks.
TELLER: Sign here.—Thank you. Go to the cashier over there. Here's your number.
TOURIST: Thank you very much. (She goes to the cashier.)
CASHIER: 224 marks 63. One hunderd—two hundred—ten—twenty—twenty-four marks and sixty-three pfennig. Here you are.
TOURIST: Thank you. Good-bye.

In the hotel

CLERK: Good evening. **May I help you?**
GUEST: Do you have a single room available?
CLERK: For how long?
GUEST: For two or three nights. If possible, a quiet room with bath.
CLERK: Unfortunately we have only a double room available, and that for only one night.
GUEST: **Well, all right.** Then I'll take that.
CLERK: Do you want to see it?
GUEST: No, thank you.
CLERK: Room number 12, on the second floor to the right. Here's your key.
GUEST: Something else. **Where can I leave** my car?
CLERK: In the garage or behind the hotel.
GUEST: I'm going to the theater tonight. **When do you close?**
CLERK: At midnight. After that you'll have to ring the bell.
GUEST: Fine. All right.

MÜNDLICHE ÜBUNG

1. Geld umwechseln: **Wo kann ich hier** Geld umwechseln?
   Dollar umwechseln, einen Scheck einlösen (to cash a check), Reiseschecks einlösen

2. zum Schalter fünf: **Gehen Sie bitte** zum Schalter fünf.
   zum nächsten Schalter, zur Kasse, zu der Dame da drüben

3. Ihren Paß: **Darf ich bitte** Ihren Paß sehen?
   Ihren Scheck, Ihren Reisescheck, Ihren Ausweis (I.D.)

4. Dollar: **Können Sie mir das in Dollar geben?**
   Bargeld (cash), Kleingeld (change)

5. in einem Hotel: **Wir übernachten** in einem Hotel.
   in einem Gasthof, in einer Pension (small, inexpensive hotel),
   in einer Jugendherberge (youth hostel), auf dem Campingplatz

6. Einzelzimmer: **Haben Sie ein Einzelzimmer frei?**
   Doppelzimmer, Zimmer mit Bad, Zimmer mit Balkon

7. für eine Nacht: **Es tut mir leid, nur** für eine Nacht.
   für eine Woche, für drei Nächte, bis Freitag

8. das Auto: **Wo kann ich das Auto lassen?**
   das Gepäck (baggage), die Koffer (suitcases), die Schlüssel, meine Tasche
   (bag)

—Diese Bank ist zu.

WORTSCHATZ: AUF DER BANK UND IM HOTEL

die Bank,-en bank

der	**Ausweis,-e**	I.D., identification	das	**Bargeld**	cash
	Dollar,-	dollar		**Kleingeld**	change
	Paß,-̈sse	passport	die	**Kasse,-n**	cashier
	Schalter,-	ticket window, counter		**Kreditkarte,-n**	credit card
	Scheck,-s	check		**Nummer,-n**	number
	Reisescheck,-s	traveler's check			

das Hotel,-s hotel

der	**Ausgang,-̈e**	exit	das	**Doppelzimmer,-**	double room
	Eingang,-e	entrance		**Einzelzimmer,-**	single room
	Campingplatz,-̈e	campground		**Gepäck**	baggage, luggage
	Gast,-̈e	guest	die	**Jugendherberge,-n**	youth hostel
	Gasthof,-̈e	inn		**Nacht,-̈e**	night
	Koffer,-	suitcase		**Pension,-en**	boarding house;
	Portier,-s	desk clerk			hotel
	Schlüssel,-	key		**Tasche,-n**	bag

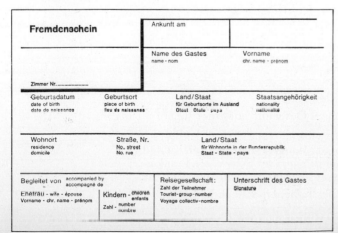

—Einen Fremdenschein (tourist form) müssen Sie in jedem Hotel ausfüllen.

einen Scheck einlösen	to cash a check
Geld ($ in DM) umwechseln	to change money ($ into DM)
Wie steht der Dollar?	What's the exchange rate of the dollar?
unterschreiben	to sign
Wann machen Sie zu?	When do you close?
Wo kann ich das lassen?	Where can I leave that?
im Parterre	on the first floor
frei / besetzt / reserviert	available / occupied / reserved
pro Nacht (Tag, Woche)	per night (day, week)
übernachten	to spend the night
Bitte schön?	May I help you?
holen	to (go and) get, pick up, fetch
leider	unfortunately
möglich	possible
Na gut.	Well, all right.

ZUM THEMA

A. Was paßt?

1. Wo kann ich hier Geld umwechseln?
2. Haben Sie ein Doppelzimmer frei?
3. Wo können wir unser Auto lassen?
4. Darf ich bitte Ihren Paß sehen?
5. Wann machen Sie zu?

Rechts um die Ecke ist der Parkplatz.

Ja, im dritten Stock.

Ja, gern.

Reiseschecks oder Bargeld?

Mit Bad oder ohne Bad?

Am Schalter neun.

Nach 24 Uhr müssen Sie klingeln.

Natürlich.

Gegenüber ist eine Bank.

Wir haben leider nur noch ein Einzelzimmer.

Hinter dem Hotel in der Garage.

Bitte.

Um zehn.

B. Fragen

1. Wo bekommt man (does one get) Bargeld? Kleingeld?
2. Wie bezahlen die meisten Amerikaner in einem Geschäft? auf einer Reise?
3. Wo bekommt man hier deutsches, österreichisches oder Schweizer Geld?
4. Wieviel D-Mark bekommt man für einen Dollar? Wieviel amerikanisches Geld bekommt man für eine D-Mark? Wieviele Schillinge oder Schweizer Franken bekommt man für einen Dollar? Wo bekommt man diese (this) Information?
5. Kann ein Amerikaner in Europa mit einem persönlichen Scheck bezahlen?

C. Interview

Fragen Sie Ihren Partner (Ihre Partnerin)

1. wie er (sie) gewöhnlich reist,
2. wohin er (sie) gern reist,
3. wo er (sie) gern übernachtet,
4. was für Gepäck er (sie) mitnimmt,
5. was er (sie) in den Koffer packt (packs),
6. ob er (sie) manchmal in einer Jugendherberge übernachtet!

D. Schriftliche Übung

Schreiben Sie ein Gespräch

1. Auf der Bank
2. In einem Hotel
3. In einer Jugendherberge

STRUKTUR

I. der- and ein-Words

1. der-words

This small but important group of limiting words is called **der**-words because its case endings are the same as those of the definite article **der**:

dies- welch- jed-	*this, these* *which?* *each, every (sg. only)*	all- manch- solch-[1]	*all (pl. only)* *many a, some (usually pl.)* *such (usually pl.)*

Compare:

	SG. MASC.	SG. NEUT.	SG. FEM.	PL.
nom.	der dieser welcher	das dieses welches	die diese welche	die diese welche
acc.	den diesen welchen			
dat.	dem diesem welchem	dem diesem welchem	der dieser welcher	den diesen welchen

[1]Usually the singular for **solch-** is **so ein(e)**, which is not a **der**-word: **so ein Haus** (*such a house*).

Dieser Schlüssel ist fürs Haus.	This key is for the house.	162 WIE GEHT'S?
Welcher Schlüssel ist das?	Which key is this?	
Nicht jeder Schlüssel ist fürs Haus.	Not every key is for the house.	
Hier hast du alle Schlüssel.	Here you have all the keys.	
Manche Schlüssel sind vom Büro, zum Beispiel solche Schlüssel.	Some keys are from the office, for instance such keys (as these).	
But: Hast du auch so einen Schlüssel?	Do you have such a key, too?	

2. ein-words

The possessives are called **ein**-words, because their case endings are the same as those of the indefinite article **ein** and the negative **kein**.

mein	*my*
dein	*your (sg. fam.)*
sein	*his, its*
ihr	*her, its*
unser	*our*
euer	*your (pl. fam.)*
ihr	*their*
Ihr	*your (sg./pl. formal)*

	SG. MASC.	SG. NEUT.	SG. FEM.	PL.
nom.	ein mein unser	ein mein unser	eine meine unsre[1]	keine meine unsre[1]
acc.	einen meinen unsren[1]			
dat.	einem meinem unsrem[1]	einem meinem unsrem[1]	einer meiner unsrer[1]	keinen meinen unsren[1]

Das ist **mein** Paß. Wo ist **dein** Paß?
Er hat **seinen** Ausweis. Hat sie **ihren** Ausweis?
Unsre Reiseschecks sind hier. Habt ihr **eure** Reiseschecks?
Sie bringen **Ihr** Gepäck. Bringen sie auch **ihr** Gepäck?

[1]When **unser** and **euer** have an ending, usually the -e- is dropped: **unsre, eure, unsren, euren,** etc.

3. Compare the two sets of forms:

Der	Portier gibt	dem	Gast	den	Schlüssel.
Dieser		diesem		diesen	
Ein		einem		einen	
Unser		unsrem		unsren	

Das	Mädchen gibt	dem	Kind	das	Buch.
Dieses		diesem		dieses	
Ein		einem		ein	
Unser		unsrem		unser	

Die	Mutter gibt	der	Lehrerin	die	Adresse.
Diese		dieser		diese	
Eine		einer		eine	
Unsre		unsrer		unsre	

Die	Lehrer geben	den	Eltern	die	Bücher.
Diese		diesen		diese	
Unsre		unsren		unsre	

ÜBUNGEN

A. Ersetzen Sie die Artikel!

Use der-words or so ein, as suggested.

> z.B. die Stadt (this, which, every, such a)
> **diese Stadt**
> **welche Stadt**
> **jede Stadt**
> **so eine Stadt**

1. das Zimmer (every, which, this, such a)
2. der Portier (this, every, which, such a)
3. die Touristen (some, such, these, which)
4. in dem Hotel (this, which, such a)
5. auf den Tisch (this, every, which)
6. mit den Gästen (these, all, some, such)

B. Ersetzen Sie die Artikel!

Use ein-words, as suggested.

> z.B. die Schlüssel (my, his, their)
> **meine Schlüssel**
> **seine Schlüssel**
> **ihre Schlüssel**

1. der Paß (her, your/*sg.*, his, no)
2. in den Koffer (your/3×, her, their, our)
3. in dem Studentenheim (our, your/3×, my, no)

4. das Gepäck (their, her, our, his)
5. auf den Schecks (your/*pl.*, his, my, their)
6. die Wohnung (her, my, no, your/*3×*, our)

C. Ersetzen Sie die Artikel!

z.B. *Die* Pension ist klein. (this, his, our)
Diese Pension ist klein.
Seine Pension ist klein.
Unsre Pension ist klein.

1. *Das* Zimmer hat einen Blick auf den See. (each, my, his, our)
2. Bitte bringen Sie *den* Koffer ins Zimmer. (this, my, his, our)
3. Ich kann *die* Schlüssel nicht finden. (your/*3×*, these, our)
4. Kann ich *das* Gepäck hier lassen? (this, her, his, our)
5. Der Portier kennt *den* Gast. (each, our, your/*3×*)
6. *Die* Taschen sind schon vor dem Hotel. (our, all, some, my)
7. *Den* Leuten gefällt das Hotel nicht. (these, some, such)
8. Du kannst *den* Scheck auf der Bank einlösen. (this, my, every, such a, your)

II. Separable-Prefix Verbs

1. English has a number of two-part verbs which consist of a verb and a preposition or an adverb:

Watch out!
We **get up** early.
She **came in.**

In German, such verbs are called SEPARABLE-PREFIX VERBS. You are already familiar with some of them:

Passen Sie **auf!**
Hören Sie **zu!**

Their infinitives are **aufpassen** and **zuhören**. The prefixes **auf** and **zu** carry the main stress: **auf′passen, zu′hören.** From now on we will identify such separable-prefix verbs for you by placing a raised dot (·) between the prefix and the verb in vocabulary lists: **auf·passen, zu·hören.**

A word of caution: Not all verbs with prefixes are separable—for example, **übernachten** and **unterschreiben**. Here the main stress is on the verb, not on the prefix: **übernach′ten, unterschrei′ben.**

2. These verbs are *separated* from the prefixes when the inflected part of the verb is the first or second sentence element—in other words, in *imperatives, questions,* and *statements*:

Passen Sie bitte **auf!**
Passen Sie jetzt **auf?**
Warum **passen** Sie nicht **auf?**
Wir **passen** immer **auf.**

These verbs are *not separated* from the prefixes when the verb stands at the end of a sentence or clause—that is, *with modals* and *in subordinate clauses*:

> Sie hören gut **zu.**
> Wir sollen gut **zuhören.**

> Ich weiß, daß Sie gut **zuhören.**
> Ich weiß, daß wir gut **zuhören** sollen.

3. Knowing the basic meaning of some of the most frequent SEPARABLE PREFIXES will help you derive the meanings of some of the separable-prefix verbs.

ab-	*away, off*	mit-	*together with, along with*
an-	*to, up to*	nach-	*after, behind*
auf-	*up, open*	vor-	*ahead, before*
aus-	*out, out of*	vorbei-	*past, by*
ein-	*into*	zu-	*closed*
her-	*toward the speaker*	zurück-	*back*
hin-	*away from the speaker*		

an·kommen	to arrive (come to)
her·kommen	to come (toward the speaker)
hin·kommen	to get there (away from the point of reference)
mit·kommen	to come along (with someone)
nach·kommen	to follow (come after)
vorbei·kommen	to come by, pass by
zurück·kommen	to return, come back

Here are some common SEPARABLE-PREFIX VERBS; you will need to learn them before doing the exercises. Some are already familiar.

ab·fahren[1]	to depart (drive off)	mit·bringen	to bring along
an·kommen	to arrive	mit·kommen	to come along
an·rufen	to call up, phone	mit·nehmen	to take along
auf·machen	to open	um·wechseln	to exchange
auf·passen	to pay attention, watch out	vorbei·gehen	to pass by
auf·stehen	to get up	zu·hören	to listen
aus·gehen	to go out	zu·machen	to close
ein·kaufen	to shop	zurück·kommen	to come back

[1]Verbs with irregularities remain irregular also as separable-prefix verbs: **Er fährt ab. Er nimmt es mit.**

ÜBUNGEN

D. Was bedeuten diese Verben?

Knowing the meanings of the basic verbs and the prefixes, can you tell what these separable-prefix verbs mean?

mitgehen, mitfahren, mithelfen, mitspielen; nachlaufen, nachkommen, nachbringen, nachsehen; vorbeifahren, vorbeibringen, vorbeikommen; zurückgeben, zurückbringen, zurücknehmen, zurücktragen, zurückfahren, zurückzahlen, zurücksehen; aufgeben, aufstellen; ausverkaufen, auszahlen; einschlafen

E. Sagen Sie die Sätze noch einmal ohne Modalverb!

z.B. Ich muß ihn anrufen.
Ich rufe ihn an.

1. Wir dürfen heute abend ausgehen.
2. Wann mußt du morgens aufstehen?
3. Wollt ihr mit mir einkaufen?
4. Ich soll Wein mitbringen.
5. Wollen Sie mitkommen?
6. Ich möchte dich gern mitnehmen.
7. Du kannst hier nicht übernachten.
8. Er kann an der Uni vorbeigehen.
9. Wir können die Tür zumachen.

F. Machen Sie jede indirekte Aussage und Frage direkt!

z.B. Sie sagt, daß er bald zurückkommt.
Er kommt bald zurück.

1. Er sagt, daß sie um neun ankommt.
2. Sie fragen, ob ihr die Kinder mitbringt.
3. Sie fragt, wann der Bus abfährt.
4. Er fragt, wieviel Geld sie umwechseln.
5. Sie sagen, daß sie morgen anrufen.

G. Geben Sie alle drei Imperative!

z.B. aufstehen
Stehen Sie auf!
Steht auf!
Steh auf!

1. anrufen
2. aufpassen
3. aufmachen
4. mitkommen
5. zuhören
6. zurückkommen

ZUSAMMENFASSUNG

H. Machen Sie ganze Sätze!

z.B. dies- / Bus / abfahren / in fünf Minuten
Dieser Bus fährt in fünf Minuten ab.

1. anrufen / dein- / Eltern / morgen?
2. in / dies- / Verkehr / man / müssen / aufpassen
3. wann / ihr / aufstehen / am Sonntag?
4. Eva / ausgehen / morgen / mit Willi
5. welch- / Koffer (*sg.*) / ihr / mitnehmen?
6. ich / mitbringen / dir / mein- / Stadtplan
7. einkaufen / ihr / gern / in / euer- / Supermarkt?
8. zuhören / Ihr- / Professor / immer / gut! (*formal imperative*)

I. Auf deutsch, bitte!

1. Good grief, every inn and all (the) hotels are full (**voll**). 2. Maybe we'll have to spend the night in the youth hostel or on the campground. 3. Look, there's a hotel. Let's ask.—Do you (still) have a room available? 4. Yes, we still have two rooms available: a single room without bath on the first floor and a double room with shower on the second floor. 5. Terrific! Which room would you like? 6. Give me the room on the first floor. 7. Where can I leave these suitcases? 8. Over there. But don't go yet. You have to sign here. 9. May I see your I.D., please? 10. Gladly. Do you cash traveler's checks?—Of course.

Übernachten in Deutschland | EINBLICKE

Was ist das?

der Jugendherbergsausweis; das Städtchen; die Adresse, Gruppe, Möglichkeit, Touristinformation, Übernachtung, Übernachtungsmöglichkeit; diskutieren, reservieren; extra, international, luxuriös, privat, supermodern

Wo kann man in Deutschland gut übernachten? Nun°, *das kommt darauf an*, ob das Hotel elegant oder einfach, international oder typisch deutsch sein soll, ob es zentral liegen muß oder ob es weiter draußen° sein darf. *Am besten*, Sie fragen in einem *Reisebüro*. Wenn Sie zur Hauptsaison°
5 *reisen*, dann reservieren Sie besser *vorher*.

In Amerika gibt es viele Hotels mit dem gleichen° *Namen*, z.B. „Holiday Inn" oder „Hilton". Diese Hotels sind innen° oft gleich, und Sie wissen

well

further out

main season

same

inside

immer, *wie* es im Hotel *aussieht*. In Deutschland gibt es auch Hotels mit dem gleichen Namen, z.B. „Hotel zur Sonne" oder „Gasthof Post". Aber das *bedeutet* nicht, daß die Hotels innen gleich sind. Im Gegenteil, sie sind oft sehr verschieden°. Wie kommt das? Nun, diese Hotels sind privat. different

5 Sie gehören zu keiner Hotelkette°. Ihre Namen gehen oft bis ins Mittel- hotel chain
alter° zurück. Oft sagen sie auch etwas über° ihre Lage° oder ihre Spezia- as far as the Middle Ages about / location
lität aus: „Hotel am See", „Berghotel", „Gasthof Löwenbräu".

Manche Hotels sind sehr luxuriös und teuer, besonders die° im amerika- those
nischen Stil°, andere sind einfach und billig. Sprechen wir vom Durch- style
10 schnittshotel°, einem Gasthof oder Gasthaus.[1] Wenn Sie ankommen, emp- average . . .
fängt° Sie oft ein Portier an der Anmeldung°. Er gibt Ihnen Ihr Zimmer receives / reception desk
(Einzelzimmer oder Doppelzimmer, Zimmer mit oder ohne Bad, mit oder
ohne Balkon). Für Zimmer ohne Bad gibt es auf dem Flur eine Toilette
und oft auch eine Dusche°. (Sie kostet manchmal extra.) Das Frühstück shower
15 gehört gewöhnlich dazu°. Wenn Sie Fragen haben, gehen Sie zum Portier. comes with it
Er weiß fast alles: Er empfiehlt Geschäfte und Sehenswürdigkeiten° und attractions
wechselt auch Geld um. Manchmal tut° ein kleines Trinkgeld° Wunder°. does / tip / wonders
Das Übernachten in einem Gasthof kann sehr bequem sein. Aber passen
Sie auf, daß er nicht an einer Hauptstraße liegt oder der Hauptgasthof
20 im Städtchen ist, weil es dort oft Lärm° vom Verkehr und Lärm vom Tan- noise
zen° und von Hochzeiten° gibt. Noch etwas. Jeder Gasthof hat seinen dancing / weddings
Ruhetag°. Dann ist das Restaurant geschlossen°, und man nimmt keine day off / closed
neuen Gäste an°. accepts

Hotel Benz
53 Bonn · Maarflach 17a · Telefon 33217

Zimmer-Nr. _____
Pers.-Zahl _____
Ankunft _____
Abreise _____

HOTELRECHNUNG

Monat_____19__										Buchung
Logis										
Frühstück - ohne										
Beilagen zum Frühstück										
Speisen										
Getränke										
Telefon - Telegramm										
Garage										

DM ▨▨▨▨▨

Tagesbetrag

Total

In dem Endbetrag sind ____% Mehrwertsteuer · DM _____ enthalten.

—Im Hotel kostet vieles extra.

Wenn Sie nicht vorher reservieren können, dann finden Sie auch gute
Übernachtungs*möglichkeiten* durch die Touristinformation am Bahnhof.
Hier gibt es *Adressen* von Familien und kleinen Pensionen. Diese sind
gewöhnlich nicht sehr teuer, aber trotzdem *sauber* und nett.

5　Junge Leute können billig in Jugendherbergen² übernachten. Fast jede
Stadt hat eine Jugendherberge. Manchmal ist sie in einem supermodernen
Gebäude, manchmal in einer Burg° oder in einem Schloß. Aber dort　　castle
braucht man einen Jugendherbergsausweis (auch in Amerika leicht zu be-
kommen°). Jugendherbergen sind *meistens* schnell voll. Ganze Gruppen　to get
10　reservieren schon Wochen vorher. Hier können Sie interessante Leute
kennenlernen. Abends sitzt man gern gemütlich zusammen und diskutiert,
macht Musik oder spielt Karten. Eine Jugendherberge macht abends ge-
gen° zehn Uhr zu. Wenn Sie später zurückkommen, *haben* Sie *Pech.* Sie　toward
ist also° nichts für „Nachteulen"°.　　therefore / night owls

15　Natürlich kann man in Deutschland auch auf einem Campingplatz übernachten. Auch hier lernt man interessante Leute kennen. Aber dafür°　for that
brauchen Sie ein Zelt°.　　tent

Es gibt viele Übernachtungsmöglichkeiten. Ob im Hotel, im Gasthof oder
in der Pension, ob in der Jugendherberge oder auf dem Campingplatz,
20　überall brauchen Sie etwas Glück. Und das *wünschen* wir Ihnen auf Ihrer
Reise durch Deutschland.

VOKABELN

der	**Name,-n**	name
das	**Reisebüro,-s**	travel agency
die	**Adrésse,-n**	addréss
	Gruppe,-n	group
	Möglichkeit,-en	possibility
	Reise,-n	trip

am besten	it's best
aus·sehen (wie + *nom.*)	to look (like)
bedeuten	to mean, signify
Das kommt darauf an.	That depends.
kennen·lernen[1]	to get to know, meet
meistens	mostly
Pech haben	to be unlucky
reisen	to travel
sauber / schmutzig	clean / dirty
vorher	ahead of time, in advance
wünschen	to wish

ÜBRIGENS

1. Names of small hotels (**Gasthöfe** or **Gasthäuser**), which began to be established around monasteries toward the end of the Middle Ages, were often symbols taken from the bible. For example, the names **Gasthof zum Löwen, zum Adler, zum Bären**, and **zum Stier** stand for the symbols of the four evangelists: lion, eagle, bear, and bull. In the 1400s, when a postal system was developing, names like **Gasthof Goldenes Posthorn** and **Gasthof Alte Post** appeared.

2. **Jugendherbergen** can be found in almost every German city and many small towns. Only people up to the age of twenty-eight may stay in these low-price, plain "hotels." They are particularly popular with both native and foreign students, who can stretch their travel budgets for many miles because of the low rates and large numbers of these hostels.

FRAGEN

A. 1. Warum reserviert man zur Hauptsaison am besten vorher? Wo kann man Hotels reservieren?

2. Warum sind Hotels mit dem gleichen Namen in Deutschland oft nicht gleich?

3. Was tut der Portier?

4. Was für Zimmer gibt es in einem Gasthof? Wo kann man duschen und baden, wenn man ein Zimmer ohne Bad hat? Was bezahlt man gewöhnlich mit dem Zimmer?

[1]The verb **kennen** is a separable prefix in this combination: **Er lernt sie kennen** (He is getting to know her).

5. Welches Problem hat man manchmal in einem Gasthof?

6. Wie kann man auch Übernachtungsmöglichkeiten finden?

7. Wo können junge Leute billig übernachten? Was braucht man, wenn man dort übernachten will? Warum kann es dort interessant sein? Warum ist eine Jugendherberge nichts für „Nachteulen"?

B. 1. Was macht (does) man hier in Amerika, wenn man ein Hotelzimmer braucht?

2. Welche Hotels in Amerika sind besonders elegant? billig?

3. Was kostet ein typisches Hotelzimmer hier? Was gibt es in diesem Zimmer? Bezahlt man auch das Frühstück mit dem Zimmer?

4. Wie können Sie hier auf einer Reise bezahlen?

5. Was für Übernachtungsmöglichkeiten gibt es in Amerika?

6. Wo übernachten Sie gern? Was ist Ihnen wichtig?

7. Wohin geht Ihre nächste Reise? Wo übernachten Sie dann?

AUFSATZ

You are traveling in Germany, Switzerland, or Austria. Write a short letter or a postcard to a German-speaking friend. Tell about your trip: what you like particularly, how the weather is, where you are spending the night, what is good or bad about your accommodations, whether they are cheap or expensive, how you like the food, etc.

[handwritten annotations: numbers 1–6 above words; "what you visited 7 / when you arrived 8 / when you'll return 9 / you saw someone 10."]

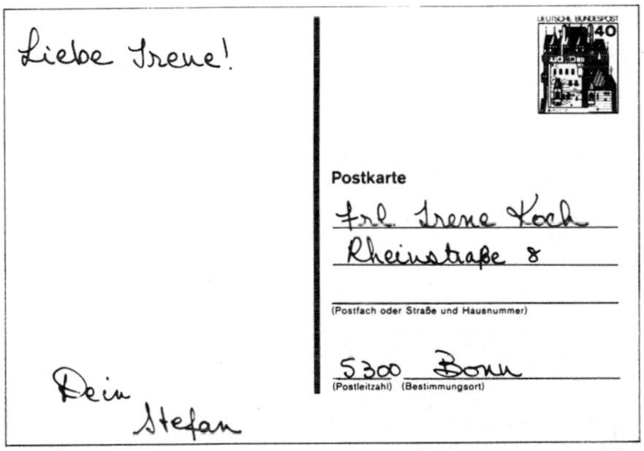

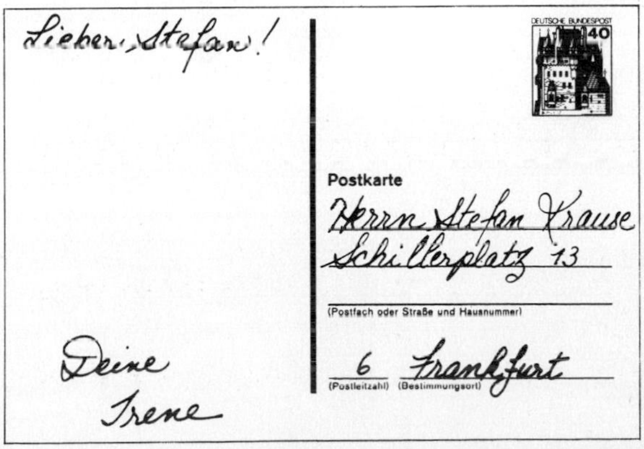

Liebe Irene!

Dein Stefan

Postkarte

Frl. Irene Koch
Rheinstraße 8
(Postfach oder Straße und Hausnummer)

5300 Bonn
(Postleitzahl) (Bestimmungsort)

Lieber Stefan!

Deine Irene

Postkarte

Herrn Stefan Krause
Schillerplatz 13
(Postfach oder Straße und Hausnummer)

6 Frankfurt
(Postleitzahl) (Bestimmungsort)

KAPITEL

Auf der Bahnhofspost

ILSE KLEIN:	Ich möchte dieses Paket nach Amerika schicken.
POSTBEAMTER:	**Normal** oder **mit Luftpost**?
ILSE KLEIN:	Mit Luftpost. **Wie lange dauert das?**
POSTBEAMTER:	Ungefähr fünf Tage. Füllen Sie bitte diese Paketkarte aus!
ILSE KLEIN:	Gut. Und wieviel Porto brauche ich für diesen Brief?
POSTBEAMTER:	1,50 DM.
ILSE KLEIN:	Dann geben Sie mir bitte zwei Fünfziger, eine Zwanziger und drei Zehner!
POSTBEAMTER:	**Moment.** Hier fehlt noch Ihr Absender.
ILSE KLEIN:	Ach ja!

Auf dem Bahnhof

Am Fahrkartenschalter

ILSE KLEIN: Wann fährt **der nächste Zug nach Köln?**[1]

BEAMTER: **In einer Viertelstunde.** Abfahrt zwölf Uhr dreiundfünfzig, Gleis zwei.

ILSE KLEIN: Und wann kommt er an?

BEAMTER: Ankunft in Köln um fünfzehn Uhr vierunddreißig.

ILSE KLEIN: Muß ich umsteigen?

BEAMTER: Ja, in Rüdesheim. Aber Sie **haben** direkt **Anschluß.**

ILSE KLEIN: Gut, dann geben Sie mir eine Rückfahrkarte nach Köln!

BEAMTER: Erste oder zweite Klasse?

ILSE KLEIN: Zweite Klasse.

BEAMTER: 95,00 DM bitte!

ÜBRIGENS

1. Train travel in Germany is a pleasant experience. The **Deutsche Bundesbahn** (German Federal Railroad) operates a tight net of rail lines serving commuters as well as long-distance travelers. Trains are comfortable, clean, punctual, and fast. **IC** (Inter-City) and **TEE** (Trans-Europe-Express) trains connect major German and European cities. Non-European travelers can buy a **Eurail-Pass** that permits unlimited train travel, and some bus and boat travel, in thirteen European countries.

Frankfurt—Wiesbaden— Köln

	Zug Nr	7016	7018	D 506				E2024
Wiesbaden Hbf.........ab		...	11.48	12.27	12.53	...	...	X13.03
Wiesbaden-Biebrich		...	11.53			...	...	
Wiesbaden-Schierstein		...	11.56			...	...	
Niederwalluf		...	12.00			...	...	
Eltville		...	12.03	13.04		...	...	
Erbach (Rheingau)		...	12.06			...	...	
Hattenheim		...	12.10			...	...	
Oestrich-Winkel		...	12.18	13.14		...	...	
Geisenheim ....an		...	12.21	13.18		...	...	
Rüdesheim (Rh) ....ab	11.13	12.22			...	...	13.19	
Aßmannshausen	11.17	12.26			...	...	13.24	
Lorch (Rh)	11.24	12.32			...	...		
Lorchhausen	11.27	12.35			...	...	13.31	
Kaub	11.31	12.39			...	...	13.45	
St Goarshausen	X11.44	12.48			...	...		
Kestert	11.48	12.54			...	...		
Kamp-Bornhofen	11.54	12.59			...	...		
Filsen	11.57	13.02			...	...		
Osterspal ....BD Köln	12.01	13.06			...	...		
Braubach	12.07	13.10			...	...	14.00	
Oberlahnstein	12.12	13.14			...	...		
Niederlahnstein .....an	12.16	13.16			...	...	14.05	
Niederlahnstein . 605 ab	12.17	13.17			...	...	14.06	
Koblenz Hbf..........an	12.25	13.25	13.27		...	...	X13.57	14.12
Niederlahnstein ......ab	12.43	13.27			...	...		14.25
Bad Ems..... 540 an	13.00	13.44			...	...		14.49
Limburg (Lahn) ......an	13.40	14.24			...	...		15.28
Limburg (Lahn) ......ab	...	X12.21			...	...		
Bad Ems..... 540 ab	...	13.03			...	...		
Niederlahnstein	...	X13.21			...	...		
Koblenz Hbf....... 605 ab	X12.38	13.15	13.31		13.20	X13.58	14.22	
Niederlahnstein	...		13.26					
	Zug Nr	6132	6136		6824		6140	
Niederlahnstein .....ab	...	13.28			X13.48			
Koblenz-Ehrenbreitstein .	X12.46	13.32			13.53			
Vallendar	12.50	13.36			13.57			
Bendorf (Rhein)	12.53	13.39			14.00			
Engers 421 ....an	12.57	13.42			14.03			
Neuwied ....ab	X13.02	13.43		X13.59	14.04			
					X14.05			
Koblenz Hbf ....ab	X12.50	...			13.54			
Neuwied } 604 an	X13.08	...			14.09			
Neuwied ....ab	13.15	...			14.14			
Fahr-Irlich.............	13.18	...			14.17			
Leutesdorf.............	13.21	...			14.21			
Rheinbrohl.............	13.27	...			14.26			
Bad Hönningen........	13.31	...			14.30			
Leubsdorf (Rhein)......	13.34	...			14.34			
		13.37	...			14.37		
Linz (Rhein).........an	13.39	...			14.38			
Erpel (Rhein)	13.42	...			14.41			
Unkel	13.46	...			14.44			
Bad Honnef (Rhein)....	13.51	...			14.50			
Rhöndorf.............	13.54	...			14.52			
Königswinter..........	13.56	...			14.56			
Niederdollendorf......	13.59	...			15.01			
Bonn-Oberkassel......	14.02	...			15.04			
Bonn-Beuel 499 ......an	14.07				15.05			
Menden (Rhein)......	14.11				15.10			
Friedrich-Wilhelmshütte .	14.14				15.13			
Troisdorf 420 ....an	14.18				15.16			
Spich	14.21							
Porz-Wahn	14.25				15.23			
Porz (Rhein)	14.30							
Porz-Gremberghoven..	14.33				15.29			
Köln-Kalk...........	14.36				15.32			
Köln-Deutz					15.32		15.43	
Köln Hbf ....an	14.45		14.33		15.36	14.52	15.38	

At the railway-station post office

ILSE KLEIN: I'd like to send this package to America.

CLERK: **By regular mail** or **by airmail**?

ILSE KLEIN: By airmail. **How long does that take?**

CLERK: About five days. Please fill out this parcel form.

ILSE KLEIN: Fine. And how much postage do I need for this letter?

CLERK: 1 mark 50.

ILSE KLEIN: Then please give me two fifties, one twenty, and three tens.

CLERK: **Just a minute.** Your return address is missing here.

ILSE KLEIN: Oh, of course.

At the ticket counter

ILSE KLEIN: When does **the next train** leave **for** Cologne?

CLERK: **In fifteen minutes.** Departure at 12:53 p.m., track two.

ILSE KLEIN: And when will it arrive?

CLERK: Arrival in Cologne at 3:34 p.m.

ILSE KLEIN: Do I have to change trains?

CLERK: Yes, in Rüdesheim. But you **have a** direct **connection.**

ILSE KLEIN: All right, then give me a round-trip ticket to Cologne.

CLERK: First or second class?

ILSE KLEIN: Second class.

CLERK: 95 marks, please.

MÜNDLICHE ÜBUNG

1. dieses Paket: **Ich möchte** dieses Paket **nach Amerika schicken.**
   diese Postkarte, diesen Brief, diese Bücher

2. Ihr Absender: **Hier fehlt noch** Ihr Absender.
   die Adresse, Ihr Name, die Hausnummer, eine Briefmarke

3. in einer Viertelstunde: **Der Zug fährt** in einer Viertelstunde **ab.**
   in einer halben Stunde, in einer Stunde, um 12.46 Uhr, um 1.17 Uhr

4. 1: **Er fährt auf Gleis** eins **ab.**
   2, 12, 16, 23

5. 15.36 Uhr: **Er kommt um** fünfzehn Uhr sechsunddreißig **in Köln** an.
   17.22 Uhr; 9.25 Uhr; 22.45 Uhr; 12.00 Uhr; 1.00 Uhr

6. eine Rückfahrkarte: **Geben Sie mir** eine Rückfahrkarte **nach Köln!**
   zwei Rückfahrkarten, eine Fahrkarte, eine Flugkarte (plane ticket)

7. 5 Minuten: **Der Bus hat** fünf Minuten **Verspätung.**
   10 Minuten, ein paar Minuten, eine Viertelstunde, eine halbe Stunde, eine Stunde

Postleitzahl

die Post post office

der	**Absender,-**	return address	**aus·füllen**	to fill out
	Brief,-e	letter	**fehlen**	to be missing, lacking
	Briefkasten,-̈	mailbox	**normal**	regular (mail)
das	**Paket,-e**	package, parcel	**mit Luftpost**	by airmail
die	**Briefmarke,-n**	stamp	**schicken**	to send
	Postkarte,-n	postcard		

mit dem Zug fahren to go by train

der	**Bahnsteig,-e**	platform	die	**Fahrt,-en**	trip
	Fahrplan,-̈e	schedule		**Abfahrt**	departure
	Schaffner,-	conductor		**Ankunft**	arrival
	Wagen,-	railroad coach; car		**Fahrkarte,-n**	ticket
	Zug,-̈e	train		**Rückfahrkarte,-n**	round-trip ticket
das	**Gleis,-e**	track			

mit dem Flugzeug fliegen to go by plane

der	**Flug,-̈e**	plane trip; flight	das	**Flugzeug,-e**	plane
	Flughafen,-̈	airport	die	**Flugkarte,-n**	plane ticket
	Pilot,-en	pilot		**Stewardeß,-ssen**	stewardess

Flug flight		nach to	Zeit time	Bemerkung remarks	Flugsteig gate	Abruf call
LH	736	FRANKFURT	10.55		↑B·2	
LH	789	HAMBURG	11.25		↑B·4	
LH	058	LONDON	12.15		↑B·5	
LH	988	MÜNCHEN	12.35		↑B·1	
BE	1538	BERLIN	13.05		←C·1	
SR	581	ZÜRICH	13.20		↑B·2	
LH	408	NEW YORK	13.45		↑B·3	
AF	767	PARIS	13.50		↑B·5	
PA	672	BERLIN	14.35		←C·2	

—Mit dem Flugzeug geht es schnell.

POSTSPARBUCH

DEUTSCHE BUNDESPOST

Mit dem Postsparbuch überall bei Kasse: bei uns im Lande, in der Schweiz, in Liechtenstein, in den Niederlanden, in Österreich, Spanien* und Italien.* Bei der Post.

—Die Post ist auch eine Bank.

der nächste (letzte) Zug nach	the next (last) train to
Der Zug hat Anschluß.	The train has a connection.
Der Zug hat Verspätung.	The train is late.
in einer Viertelstunde	in fifteen minutes, in a quarter of an hour
in einer halben Stunde	in thirty minutes, in half an hour
Moment.	One moment. Just a minute.
Wie lange dauert das?	How long does that take?
ab·fliegen (von) / an·kommen	to take off (from) / to arrive (in)
(in + *dat.*)	
ein·steigen / aus·steigen	to get on / to get off
um·steigen	to change (trains, etc.)

ZUM THEMA

A. Was paßt?

1. Ich möchte dieses Paket nach Amerika schicken.
2. Wie lange dauert das?
3. Sie haben direkt Anschluß.
4. Wann kommt der Zug an?
5. Hier fehlt noch eine Briefmarke.

Das kommt darauf an.

Prima!

Fünf bis sieben Tage.

Moment, bitte!

Mit Luftpost oder normal?

Wunderbar!

Ach ja.

Ungefähr eine Woche.

Wirklich?

Richtig!

Ankunft 15.43 Uhr.

In einer Viertelstunde.

B. Fragen

1. Was kostet es, wenn man einen Brief innerhalb (within) Amerikas schicken will? Wieviel kostet ein Brief von hier nach Europa?
2. Wie lange ist ein Brief innerhalb der Stadt unterwegs? Wie lange braucht ein Brief nach Europa?
3. Was muß man auf alle Briefe, Postkarten und Pakete schreiben?
4. Wie kann man reisen? Wie kann man billig reisen? Wie ist es teuer? Wie geht es schnell? Wie geht es langsam?

5. Reisen Sie gern? Wie reisen Sie gewöhnlich?

6. Wer kontrolliert (checks) im Zug die Fahrkarten? Wer bringt im Flugzeug das Essen? Wer fliegt das Flugzeug?

7. Wie heißt der Platz, wo Züge abfahren und ankommen? wo Flugzeuge abfliegen und landen?

8. Was ist das Gegenteil von abfahren? abfliegen? einsteigen? Abfahrt?

9. Warum reisen in Amerika nicht viele Leute mit dem Zug? Wie reisen die Amerikaner gewöhnlich? Warum?

C. Interview

Fragen Sie Ihren Partner (Ihre Partnerin),

1. was seine (ihre) Adresse ist,

2. ob er (sie) viele Briefe schreibt,

3. ob er (sie) gern reist,

4. wohin er (sie) einmal reisen möchte,

5. was für Gepäck er (sie) mitnimmt!

D. Schriftliche Übung *for 3-10-81*

Schreiben Sie ein Gespräch!

1. Auf der Post

2. Am Flugschalter

3. Im Flugzeug

STRUKTUR

I. The Genitive Case

1. The English phrases *my brother's apartment* and *the door of the apart-ment* express possession and correspond to German phrases in the GENI-TIVE.

Das ist die Wohnung **meines Bruders**.	That's my brother's apartment.
Wessen Wohnung ist das?—Die Wohnung **meines Bruders**!	Whose apartment is it?—My brother's apartment.
Die Tür **der Wohnung** ist zu.	The door of the apartment is closed.
Welche Tür ist zu? Die Tür **der Wohnung**!	Which door is closed?—The door of the apartment.

2. The genitive form of the INTERROGATIVE PRONOUN is **wessen** (whose).
The chart of this pronoun is now complete.

	PERSONS	THINGS AND IDEAS
nom.	wer?	
		was?
acc.	wen?	
dat.	wem?	—
gen.	wessen?	—

3. The genitive forms of the DEFINITE and INDEFINITE ARTICLE are:

	SG.			PL.
	MASC.	NEUT.	FEM.	
nom.	der ein kein	das ein kein	die eine keine	die — keine
acc.	den einen keinen	das ein kein	die eine keine	die — keine
dat.	dem einem keinem	dem einem keinem	der einer keiner	den — keinen
gen.	des eines keines	des eines keines	der einer keiner	der — keiner

4. Feminine nouns and nouns in the plural have no special genitive ending. Masculine and neuter nouns, however, do have genitive endings in the singular.

a. **-es**: Most masculine and neuter nouns of just *one syllable*, and nouns ending in **-s, -ß, -z, -tz,** and **-zt,** add **-es**.

der Zug / des Zuges   der Paß / des Passes
das Gleis / des Gleises   der Satz / des Satzes

b. -s: Most masculine and neuter nouns of *more than one syllable*, and *proper names*, add **-s.**

der Bahnhof / des Bahnhofs
das Reisebüro / des Reisebüros
Frau Loths
Axels
Münchens
Note that there is *no apostrophe!*

c. For important exceptions, see Section II below.

5. Nouns in the genitive *follow* the nouns they modify.

Er trägt **den Koffer der Dame.**	He's carrying the lady's suitcase.

Only proper names come *before* the noun they modify:

Er trägt **Frau Loths Koffer.**	He's carrying Mrs. Loth's suitcase.

Don't confuse the use of the possessive **ein**-word with that of the genitive case:

Da ist mein Vater. Da ist sein Koffer.	There is my father. There is his suitcase.
Da ist **der Koffer meines Vaters.**	There is my father's suitcase (the suitcase of my father).

6. These PREPOSITIONS are followed by the genitive case:

anstatt	*instead of*
trotz	*in spite of*
während	*during*
wegen	*because of*

Ich nehme meistens den Bus **anstatt der Straßenbahn** oder **eines Taxis. Trotz des Wetters** bummele ich gern durch die Stadt. **Während der Mittagspause** gehe ich manchmal in den Park. Aber heute bleibe ich **wegen des Regens** (the rain) und **des Windes** hier.

ÜBUNGEN

A. Antworten Sie auf deutsch!

z.B. Wer ist der Bruder Ihres Vaters?
Das ist mein Onkel.

1. Wer ist der Vater Ihres Vaters?
2. Wer ist der Sohn Ihrer Mutter?
3. Wer ist die Mutter Ihres Vaters?
4. Wer ist die Tochter Ihrer Tante?
5. Wer ist die Frau Ihres Vaters?
6. Wer ist die Tochter Ihres Vaters?
7. Wer ist der Vater Ihrer Kusine?
8. Wer ist der Sohn Ihres Onkels?
9. Wer ist die Schwester Ihrer Mutter?
10. Wer sind die Eltern Ihres Vaters?

B. Geben Sie den Genitiv!

z.B. das Buch
des Buches

1. der Stuhl, das Reisebüro, der Paß, die Reise, der Scheck, der Gast, das Gäste-zimmer, der Koffer, die Tasche, der Ausweis, die Nacht

2. welche Bank, dieses Hotel, jeder Portier, alle Ausländer, manche Touristen, solche Leute

3. mein Großvater, dein Onkel, ihre Tante, unser Auto, euer Haus, ihre Namen, Ihr Zug

C. Ersetzen Sie den Genitiv!

z.B. die Farbe des Busses (Auto, Taxi, Straßenbahn)
die Farbe des Autos
die Farbe des Taxis
die Farbe der Straßenbahn

1. die Größe (size) der Jacke (Rock, Hemd, Bluse, Schuhe)

2. der Name des Freundes (Freundin, Gast, Gasthof, Pension)

3. die Adresse der Stewardeß (Nachbarin, Reisebüro, Hotel, Uni)

4. die Ankunft des Busses (Zug, Flugzeug, Familie, Leute)

5. das Ende (end) der Reise (Semester, Kurs, Fahrt, Flug)

D. Sagen Sie es noch einmal!

Replace the nouns following the prepositions with the words suggested.

z.B. während der Woche (Tag, Abend, Nacht)
während des Tages
während des Abends
während der Nacht

1. wegen des Briefes (Geld, Postkarte, Fahrkarten)

2. trotz des Portiers (Gäste, Verspätung / *fem.*, Wetter)

3. während dieser Reise (Fahrt, Zeit, Tage)

4. anstatt unsres Vaters (Sohn, Tochter, Kinder)

5. wegen der Pakete (Gepäck, Schlüssel, Flug)

E. Antworten Sie mit ja!

Use a genitive construction.

z.B. Gehört das Buch dem Professor?
Ja, das ist das Buch des Professors.

1. Gehört der Paß dem Ausländer?

2. Gehört das Gepäck der Dame?

3. Gehört die Tasche dem Gast?

4. Gehört das Geld der Familie?

5. Gehören die Reiseschecks den Leuten?

F. Auf deutsch, bitte!

1. Where is Eva's package? 2. He's a neighbor of my parents. 3. Do you know the address of the hotel? 4. Do you have Axel's ticket? 5. These are the childrens' coats. 6. There is Miss Antesberger's house. 7. Do you have the student's (*fem.*) room number? 8. The students' parents are arriving today.

II. n-Nouns

German has a group of masculine nouns which have an **-n** or **-en** ending *in all cases* (singular and plural), except in the nominative singular. These nouns are called **n-nouns**. You are already familiar with a few of them. Note how they are listed in vocabularies and dictionaries: the first ending refers to the genitive singular, and the second one to the plural.

	SG.	PL.
nom.	der Student	die Studenten
acc.	den Studenten	die Studenten
dat.	dem Studenten	den Studenten
gen.	des Studenten	der Studenten

der **Herr,-n,-en**	gentleman
Junge,-n,-n	boy
Mensch,-en,-en	human being, person
Nachbar,-n,-n	neighbor
Pilot,-en,-en	pilot
Student,-en,-en	student
Tourist,-en,-en	tourist

Der Student heißt Stoll. Kennen Sie den Studenten? Können Sie dem Studenten etwas sagen? Was ist die Adresse des Studenten? Ich kann nicht die Adressen aller Studenten wissen.

ÜBUNGEN

G. Ersetzen Sie die N-Wörter!

z.B. Ich frage den Herrn. (Student, Junge)
Ich frage den Studenten.
Ich frage den Jungen.

1. Gib es dem Nachbarn! (Tourist, Pilot)
2. Ich habe die Adresse dieses Studenten. (Herr, Junge)
3. Wo ist der Junge? (Herr, Student)
4. Er kann den Touristen nicht finden. (Pilot, Nachbar)
5. Dort steigen viele Studenten aus. (Mensch, Junge)

for 3-10-81

H. *Auf deutsch, bitte!*

1. Let's write a postcard to Mr. Fiedler. 2. Would you like to get to know our neighbor (*masc.*)? 3. There are always people (**der Mensch**) at the station. 4. The boy's mother travels a lot. 5. Ask the pilot. 6. Go with the tourist to the travel agency. 7. Do you have the student's (*masc.*) ticket? 8. Do you have the gentlemen's telephone numbers? 9. Tourists always like this building.

III. *Time Expressions*

3-9-81

1. Adverbs of time

a. To state time expressions like *yesterday evening* and *Monday morning*, combine one word from group A with one from group B: **gestern abend, Montag früh.** The words in group A can be used alone; those in group B must be used in combination.

A.		
vorgestern		*the day before yesterday*
gestern		*yesterday*
heute		*today*
morgen		*tomorrow*
übermorgen		*the day after tomorrow*
Montag		
Dienstag		
Mittwoch		
Donnerstag		
Freitag		
Samstag		
Sonntag		

B.		
früh,[1] morgen	*early morning*
vormittag	*midmorning (9–12 a.m.)*
mittag	*noon*
nachmittag	*afternoon*
abend	*evening (6–10 p.m.)*
nacht	*night (after 10 p.m.)*

[1]*Tomorrow morning* is always **morgen früh.**

Heute abend fliege ich von New York ab. Dann bin ich **morgen früh** in Frankfurt. **Montag abend** übernachte ich bei Königs. Dann fahre ich **Dienstag mittag** mit dem Zug nach Köln.

b. Adverbs expressing repeated time end in **-s:**

montags	On mondays	morgens	in the morning, every morning, etc.
dienstags	etc.	vormittags	
mittwochs		mittags	
donnerstags		nachmittags	
freitags		abends	
samstags		nachts	
sonntags			

Sonntags bin ich faul, aber **montags** muß ich wieder zur Arbeit. **Morgens** gehe ich zur Uni, aber **nachmittags** spiele ich Tennis.

2. The accusative of time

To specify a definite point in time (*when?*) or length of time (*how long?*), German often uses time phrases in the accusative. Here are some of the most common expressions:

wann?

jeden Tag	every day
diese Woche	this week
nächstes Jahr	next year

wie lange?

den ganzen Tag	all day (long)
die ganze Woche	all week (long)
das ganze Jahr	all year (long)

die ganzen Ferien (handwritten)

morgen abend next evening (handwritten)

ÜBUNGEN

I. Was fehlt?

z.B. Fährst du _____ (this evening) noch zum Flughafen?
Fährst du heute abend noch zum Flughafen?

1. Nein, das Flugzeug soll erst _____ *morgen früh* (tomorrow morning) ankommen.
2. _____ *Wie lange* (How long) bleibt denn dein Freund?
3. Er bleibt _____ (a whole day) bei uns. *ein ganze Tag*
4. Und _____ *Übermorgen* (the day after tomorrow) muß er _____ *mittags* (at noon) wieder weiterfliegen.
5. Dann können wir _____ (Saturday morning) einkaufen.
6. Denn _____ (on Sundays) sind alle Geschäfte zu.
7. _____ (This week) ist furchtbar. _____ (Every day) etwas. *Diese Woche   jeden Tag*
8. _____ (On the weekend) möchte ich einmal lange schlafen. *Am Wochenende*
9. Dann tue ich _____ (all day long) nichts. *den ganzen Tag*
10. _____ (Next year) habe ich mehr Zeit. *Nächstes Jahr*

J. Antworten Sie auf deutsch!

1. Wann stehen Sie sonntags auf? montags?
2. Wann studieren Sie besser (better): morgens, abends oder nachts?
3. Können Sie nachmittags schlafen?
4. Haben Sie jeden Tag Stunden (classes)?
5. Was für Stunden haben Sie morgen früh? morgen nachmittag?
6. Wieviele Stunden haben Sie mittwochs? donnerstags? freitags?
7. Haben Sie diese Woche viele Prüfungen?
8. Arbeiten Sie manchmal die ganze Nacht?
9. Was tun Sie heute abend?

IV. Word Order

1. Adverbs

You have already encountered various adverbs and adverbial expressions.
They are usually divided into three major groups:

a.) *adverbs of time*, answering the questions **wann, wie lange?**

heute morgen, sonntags, am Montag, im Dezember, um 12.00 Uhr, in einer Stunde,
den ganzen Tag

b) *adverbs of manner,* answering the question **wie?**

faul, fleißig, langsam, schnell, lustig, zu Fuß, mit dem Auto, mit Luftpost, ohne
Geld

c.) *adverbs of place,* answering the questions **wo, wohin, woher?**

hier, zu Hause, auf der Post, bei uns; nach Hause, nach Berlin, zur Uni; aus der
Bibliothek, aus Amerika

If two or more adverbs or adverbial expressions occur in one sentence,
they usually follow the sequence *time, manner, place.*

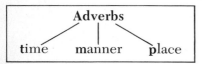

TIME- MANNER - PLACE

Er kann das Paket **morgen schnell zur Post** bringen.
  t   m   p

Like other sentence elements, adverbs and adverbial phrases may precede
the verb.

> **Morgen** kann er das Paket mit dem Auto zur Post bringen.
> **Mit dem Auto** kann er das Paket morgen zur Post bringen.
> **Zur Post** kann er das Paket morgen mit dem Auto bringen.

2. The negative **nicht** comes after adverbs of time, but before adverbs of manner.

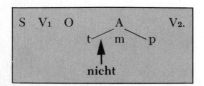

Er bringt das Paket ▲.
Er bringt das Paket ▲ mit.
Er kann das Paket ▲ mitbringen.

Er kann das Paket morgen ▲ mitbringen.
Er kann das Paket morgen ▲ mit dem Auto mitbringen.
Er kann das Paket morgen ▲ mit dem Auto zur Post bringen.

3. Subordinate clauses

Basically, a subordinate clause is a sentence element like other elements, such as objects, adverbs, etc. If the subordinate clause is the first sentence element, then the inflected verb of the main clause—the second element—comes right after the comma.

Ich | weiß | , **daß er das Paket bringt.**

Daß er das Paket bringt, | weiß | ich.

4. When listening or reading, pay special attention to the end of the sentence, which often contains crucial sentence elements. Do not make up your mind about the meaning of a sentence until you have heard the last word. As Mark Twain said in *A Connecticut Yankee in King Arthur's Court*, "Whenever the literary German dives into a sentence, that is the last we are going to see of him till he emerges on the other side of his Atlantic with his verb in his mouth."

ÜBUNGEN

K. Sagen Sie es noch einmal!

Use the adverbial expressions in proper order.

z.B. Ich kaufe die Briefmarken. (auf der Post, morgen)
Ich kaufe die Briefmarken morgen auf der Post.

1. Er kommt an. (heute abend, in Wien, mit dem Bus)
2. Sie reist. (nach Ostdeutschland, allein)
3. Dein Pulli liegt auf dem Sofa. (seit drei Tagen)
4. Wir fahren. (zu den Großeltern, am Sonntag, mit dem Zug)
5. Gehst du? (zu Fuß, in die Stadt, heute nachmittag)
6. Ich kaufe die Eier. (samstags, auf dem Markt, billig)

[handwritten: Ich kaufe die Eier samstags billig auf dem Markt]

L. Beginnen Sie den Satz anders! Was bedeutet der neue Satz auf englisch?

Start each sentence with the italicized sentence element.

z.B. Der Absender fehlt *auf dem Brief.*
Auf dem Brief fehlt der Absender.
On the letter the return address is missing.

1. Wir fahren *gewöhnlich* mit dem Bus.
2. Sie fliegen *im Sommer* nach Hause.
3. Der Zug fährt *in einer Viertelstunde* ab.
4. Er trägt mir den Koffer *zum Zug.*
5. Der Schaffner geht *langsam* durch den Zug.
6. Das Flugzeug kommt *um zwei* Uhr an.

After time before manner (handwritten)

M. Verneinen Sie mit nicht!

z.B. Sie wollen heute abend ins Kino gehen.
Sie wollen heute abend nicht ins Kino gehen.

1. Sie zeigt uns die Postkarte.
2. Möchtest du zu Fuß nach Hause gehen?
3. Er kann euch besuchen.
4. Kommt ihr mit?
5. Wir gehen am Sonntag zur Uni.
6. Axel fährt gern schnell.
7. Bitte kommen Sie morgen ohne Ihre Bücher!
8. Seht ihr die Kinder?
9. Ich kann im Herbst nach Deutschland fliegen.
10. Möchtest du mit uns ins Restaurant gehen?

N. Beginnen Sie mit dem Nebensatz (subordinate clause)!

z.B. Er will wissen, wo man gut übernachten kann.
Wo man gut übernachten kann, will er wissen.

1. Man weiß immer, wie es in einem Holiday Inn aussieht.
2. Gehen Sie zum Portier, wenn Sie Fragen haben!
3. Man braucht in so einer Stadt kein Auto, weil alles in der Nähe liegt.
4. Viele müssen fleißig sparen, bis sie ein Haus kaufen können.
5. Ihr dürft nicht denken, daß man in Wien nur Walzer hört.
6. Für uns ist wichtig, was wir essen.

1. Wie es in einem Holiday Inn aussieht, weiß man immer. (handwritten)

ZUSAMMENFASSUNG

O. Machen Sie ganze Sätze!

z.B. morgens
Ich stehe morgens nicht gern auf.
Or: **Morgens stehe ich nicht gern auf.**

1. am Wochenende
2. übermorgen
3. in einer Viertelstunde
4. mit Luftpost
5. am Bahnhof
6. im Sommer
7. jeden Tag
8. mittags
9. den ganzen Abend
10. montags
11. nächstes Semester
12. morgen früh
13. heute abend
14. nach Wien
15. nachts
16. mit dem Zug

P. Machen Sie ganze Sätze!

z.B. ich / möchten / kennenlernen / euer / Nachbar
Ich möchte euren Nachbarn kennenlernen.

1. trotz / Stadtplan / er / nicht / finden / Rathaus
2. spielen / du / Tennis / während / Sommer?
3. ich / können / lesen / nicht / Schild / wegen / Sonne
4. er / nicht / wollen / helfen / sein / Bruder
5. sie / aufmachen / Tür / für / Herr Gnom
6. wo / sein / Eltern / dies- / Junge?
7. dein / Buch / liegen / auf / Kommode / mein Bruder

Q. Auf deutsch, bitte!

1. Mr. and Mrs. Fischer are flying with the neighbor's (masc.) son to Switzerland. 2. They are flying from New York to Zürich. 3. They want to visit Mr. Fischer's brother. 4. The grandparents of the boy are also living in Switzerland. 5. Today they are spending the night with Mrs. Fischer's aunt. 6. Tomorrow morning they want to go by train to Bern, where Mr. Fischer's brother lives. 7. Because of the weather their plane is late. 8. We're arriving in half an hour. 9. Does anybody (**jemand**) still have to go to the bathroom? 10. I don't know where my shoes are. 11. Walter, do you have your friend's address? 12. No, but I have the neighbors' telephone number.

Was tun während der Ferien? | EINBLICKE

Was ist das?

der Bikini, Plan, Reisekatalog, Reporter, Rucksack; das Sonnenöl; die Foto-Safari, Freundin, Gruppenreise, Kamera, Mundharmonika, Sprachschule; die Jeans (*pl.*); interviewen, Skilaufen gehen; aktiv, flexibel, organisiert

Ein Reporter interviewt zwei Studenten über° ihre *Ferien*.   about

Reporter:	Entschuldigen Sie! Ich bin Reporter für eine deutsch-amerikanische Wochenzeitung°. Darf ich Ihnen ein paar *Fragen stellen?*

weekly newspaper

5   Bernd: Warum nicht?
Reporter: Reisen Sie gern?
Bernd: Ja, furchtbar gern°.   very much
Lilo: Ich auch, aber leider kostet das Geld. Und das muß man erst haben. Ich arbeite oft einen Teil der Ferien, und danach
10   *mache* ich *eine* kurze *Reise.*

Reporter:	Wann reisen Sie gewöhnlich?
Bernd:	Wenn immer° ich kann.
Lilo:	Eigentlich nur während der Semesterferien. Während des Semesters habe ich keine Zeit.
5 Reporter:	Das glaube° ich. Und wohin reisen Sie während der Ferien?
Lilo:	Ach, einmal in den Norden, einmal in den Süden. Das kommt darauf an.
Bernd:	Für mich ist das „Wohin in den Ferien" nicht so wichtig wie das „Was *tun* in den Ferien". Ich *suche* nicht nur „Tapeten-
10	wechsel"°, sondern auch aktive Erholung°.
Reporter:	Und was verstehen Sie unter° aktiver Erholung?
Bernd:	Aktive Erholung bedeutet, daß ich nicht nur faul in der Sonne liege, sondern daß ich einmal *etwas anderes* tue.
Reporter:	Was zum Beispiel?
15 Bernd:	Nun° . . .
Lilo:	Du, Bernd, *schau mal*, hier habe ich einen neuen Reiseka- talog[1] für dich. Da *bekommst* du Ideen. *Hör mal zu*: Segel- ferien° an der Nordsee oder Reiterferien° in den Alpen. Mensch, *das klingt gut!*
20 Bernd:	Ja, da *hast du recht*. *Zeig mal!* Kletterferien° in Österreich, Ferien auf dem Bauernhof° oder—aha! Foto-Safari nach Ost- afrika. Toll! Sehen Sie, das verstehe ich unter aktiver Erho- lung.
Reporter:	Ja, das muß Spaß machen. Und Sie, brauchen Sie auch aktive
25	Erholung?
Lilo:	Ja und nein. Ich liebe Sprachen. Ich möchte während der Fe- rien gern meine Sprachkenntnisse° verbessern°. Nächsten Sommer besuche° ich vielleicht eine Sprachschule in Frank- reich oder gehe als° Au-Pair-Mädchen[2] nach England.
30 Bernd:	Warum *Geld* für eine Sprachschule *ausgeben?* Ich *treffe* un- terwegs Leute von überall. So kann man auch Sprachen ler- nen.
Lilo:	Ja, aber wie! Wirklich gut sprechen lernst du so nicht.
Reporter:	Wie ich sehe, haben Sie beide° sehr interessante Ideen für
35	Ihre Ferien. Sagen Sie, man hört immer wieder, daß die Deutschen besonders reiselustig° sind. Stimmt das?
Lilo:	Das stimmt. Man trifft sie überall. Einfach furchtbar. Manch- mal ist der Verkehr auf den *Autobahnen*[3] in Richtung° Süden so schlimm°, daß man stundenlang nur im Schritt-Tempo°
40	fahren kann. Da *habe ich keine Lust* mehr zu reisen. Da bleibe ich lieber° zu Hause, oder ich fliege mit dem Flugzeug.
Bernd:	Ja, ja. Neckermann° macht's° möglich!
Reporter:	Sie fliegen also° gern mit dem Flugzeug?

Right margin glosses:

whenever

believe

„change of wallpaper"
(surroundings)/
relaxation
by

well

sailing . . . / riding . . .

mountain-climbing . . .
farm

. . . skills / improve
attend
as

both

travel-happy

in the direction
bad / walking pace

rather
a big travel organizer /
=macht es
so

Lilo:	Ja, das ist schnell und bequem.	
Bernd:	Aber mit dem Auto ist man flexibler. Ich fahre lieber mit dem Auto oder mit dem Zug.	
Reporter:	Reisen Sie *allein* oder mit einer Gruppe?	
Bernd:	Meistens allein, *ab und zu* vielleicht mit einem Freund oder mit einer Freundin.	
Lilo:	Weil ich nur *wenig* Ferien habe, nehme ich oft an organisier-ten Gruppenreisen teil°. Da sieht man vieles in kurzer Zeit.	participate in
Reporter:	Und was nehmen Sie gewöhnlich mit?	
Bernd:	So wenig wie möglich. Nur was in meinen Rucksack paßt: Jeans, ein paar Pullis, ein Hemd, einen Schlips°, ein paar Strümpfe°, eine Badehose°, meine Kamera und meine Mund-harmonika. Natürlich kommt es darauf an, wohin ich reise und wie das Wetter ist.	tie / socks / swimming trunks
Lilo:	Weil ich meinen Koffer *nie* weit tragen muß, nehme ich lieber etwas mehr mit als° zu wenig: Also Kleider, Röcke, Blusen, Pullis, Hosen, extra Schuhe, eine Jacke oder einen Mantel, vielleicht einen Regenschirm°. Das hängt wirklich von der Jahreszeit und vom Wetter ab. Wenn es heiß ist, nehme ich natürlich meinen Bikini und viel Sonnenöl mit.	than / umbrella
Reporter:	Haben Sie schon Pläne für die Semesterferien?	
Lilo:	Ich fliege vierzehn Tage nach Mallorca°. Aber vorher arbeite ich einen Monat an der Uni.	Majorca (an island off Spain)
Bernd:	Ich weiß noch nicht. Entweder° gehe ich Skilaufen, oder ich arbeite als° Ober im Gasthof meines Onkels. Da lernt man viele Leute kennen.	either / as
Reporter:	Nun, dann *viel Spaß*! Ich wünsche Ihnen schöne Ferien und eine gute Reise. Vielen Dank.	
Lilo:	Nichts zu danken°!	You're welcome.

VOKABELN

die	**Autobahn,-en**	freeway
	Ferien (*pl.*)	vacation

ab und zu	once in a while, now and then
allein	alone
bekommen	to receive, get
Das klingt gut.	That sounds good.
Du hast recht.	You're right.
eine Reise machen	to take a trip
etwas anderes	something else, something different
Fragen stellen	to ask questions
Geld aus·geben (gibt)	to spend money
Hör mal zu!	Listen.
Schau mal!	Look.
Zeig mal!	Show me (us, etc.)
Ich habe (keine) Lust.	I (don't) feel like it.
nie	never
suchen	to look for, seek
treffen (trifft)	to meet
tun (tut)	to do
wenig	little (not much)
Viel Spaß!	Have fun!

HABE HEUTE NACHT EINEN GANZEN TAG GEWONNEN.

IM SCHLAFWAGEN.

—Im Zug gewinnen Sie Zeit.

ÜUBRIGENS

1. Germans really enjoy travel. Every year a large percentage of the population travels outside Germany, and in recent years more Germans visited North America than Americans visited Germany. To make this travel urge readily affordable and more attractive, large travel organizations offer relatively inexpensive vacations, cruises, and trips all over the world that are advertised in richly illustrated **Reisekataloge**. The large influx of tourists has made German a language that is widely spoken and understood, especially in the Mediterranean countries of Europe.

2. As an **Au-Pair-Mädchen** (untranslatable in English), a teen-age girl or young woman lives in a foreign country with a host family. In return for household help and care of younger children, she is given room and board free, and usually some spending money. This arrangement permits students to improve second-language skills and get to know firsthand a national culture different from their own.

3. A close network of freeways (**Autobahnen**) criss-crosses West Germany. This heavily traveled road network was first started in the 1930s by the Nazis, at least in part for military reasons, but also to stimulate the then sluggish German economy.

FRAGEN

A. 1. Was ist das Thema des Interviews? Wer stellt die Fragen?

    2. Warum kann Lilo nicht immer reisen, wann sie will?

    3. Wann hat Lilo Zeit zum Reisen?

    4. Was sucht Bernd während der Ferien? Was ist für ihn aktive Erholung? Geben Sie ein paar Beispiele! Was möchte Lilo einmal tun?

    5. Was sagt man über die Deutschen? Finden Bernd und Lilo das auch?

    6. Wie reisen Bernd und Lilo gern? Warum?

    7. Warum reist Lilo gern mit einer Gruppe?

    8. Was nehmen Bernd und Lilo mit?

    9. Was sind Bernds und Lilos Pläne für die Semesterferien?

B. 1. Wann haben Sie Zeit zum Reisen?

    2. Suchen Sie auch aktive Erholung während der Ferien? Was suchen Sie? Was möchten Sie einmal tun?

    3. Sind die Amerikaner reiselustig? Wo findet man sie?

    4. Wie reisen die Amerikaner gern? Wie reisen Sie gern? Warum?

    5. Was nehmen Sie mit?

    6. Was sind Ihre Pläne für die Semesterferien? für die Sommerferien?

AUFSATZ

You are interviewed by a reporter. "Was tun während der Ferien?" is the topic. The reporter's questions can be similar to those in the **Einblicke**, but your answers should express your own point of view.

—Ferien für den Arzt (doctor). Fliegen Sie einmal um die Welt! Sie fliegen um 7 Uhr ab und kommen eine Stunde früher wieder an.

RÜCKBLICK

I. The Four Cases

1. Noun forms

a. The genitive
Masculine and neuter nouns have endings in the genitive singular: **-es** for one-syllable words, and words ending in **-s, -ß, -z, -tz,** and **-zt**; **-s** for nouns of more than one syllable, and proper names.

des Plan**es**, des Glas**es**, des Kloß**es**, des Tanz**es**, des Platz**es**; des Semester**s**, Axel**s**

b. n-nouns
Some masculine nouns have an **-n** or **-en** ending in *all* cases (singular and plural), except in the nominative singular: **der Herr, der Junge, der Mensch, der Nachbar, der Pilot, der Student, der Tourist**, etc.

2. **der**-words and **ein**-words

a. der-words have the same endings as the definite article **der** (see chart on p. 161)

dies-	all- *(pl.)*
welch-	manch- *(pl.)*
jed- *(sg. only)*	solch- *(pl.)*

b. ein-words or possessives have the same endings as **ein** and **kein** (see chart on p. 162).

mein	unser
dein	euer
sein, ihr	ihr
	Ihr

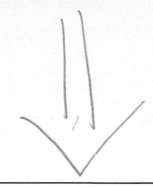

3. Two-way prepositions

an	über
auf	unter
hinter	vor
in	zwischen
neben	

p 147

These nine prepositions take sometimes the dative, sometimes the accusative.

wo?	activity within a place, location	*dative*
wohin?	motion to a place, destination	*accusative*

—Die nächste Leerung (collection) ist um 18 Uhr.

Nächste Leerung 18 VERGISS MEIN NICHT: die Postleitzahl in Anschrift und Absenderangabe

Montag - Freitag   13 16 18 19

Samstag   12½

Nächster Briefkasten mit Sonntag- und Nachtleerung   Sternenburgstr. 61

Sonntag   10½ 19½

Montag - Freitag   21½

ARTICLES, DER- AND- EIN-WORDS

	USE	FOLLOWS . . .	MASC. (SG.)	NEUT. (SG.)	FEM. (SG.)	PL.	PERSONAL PRONOUNS AND INTERROGATIVE PRONOUNS
nom.	Subject, Predicate noun	heißen sein werden	der dieser ein mein	das dieses ein mein	die diese eine meine	die diese keine meine	ich du er es sie Sie wir ihr sie wer? was?
acc.	Dir. Obj.	durch, für, gegen, ohne, um an, auf, hinter, in, neben, über, unter, vor, zwischen	den diesen einen meinen	das dieses ein mein	die diese eine meine	die diese keine meine	mich dich ihn es sie Sie uns euch sie wen? was?
dat.	Indir. Obj.	aus, bei, mit, nach, seit, von, zu antworten danken gefallen gehören helfen	dem diesem einem meinem	dem diesem einem meinem	der dieser einer meiner	den diesen keinen meinen	mir dir ihm ihm ihr Ihnen uns euch ihnen wem? —
gen.	Possessive	anstatt, trotz, während, wegen	des dieses eines meines	des dieses eines meines	der dieser einer meiner	der dieser keiner meiner	wessen? —

II. Verbs

1. MODALS are irregular in the singular of the present tense:

	KÖNNEN	MÜSSEN	DÜRFEN	SOLLEN	WOLLEN	MÖGEN
ich	kann	muß	darf	soll	will	möchte
du	kannst	mußt	darfst	sollst	willst	möchtest
er	kann	muß	darf	soll	will	möchte

The modal is the second sentence element; the infinitive stands at the end of the sentence.

Sie **sollen** ihr jetzt den Kaffee **bringen**.   You're supposed to bring her the
_____ V₁ _____ V₂.   coffee now.

2. The imperative

The forms of the familiar imperative have no pronouns; the singular familiar imperative has no **-st** ending.

Schreiben Sie!	Schreibt!	Schreib!
Antworten Sie!	Antwortet!	Antworte!
Nehmen Sie!	Nehmt!	Nimm!
Fahren Sie!	Fahrt!	Fahr!

3. Separable-prefix verbs

Separable-prefix verbs are separated in statements, questions, and imperatives.

Du **rufst** mich morgen früh **an**.
Rufst du mich morgen früh **an**?
Wann **rufst** du mich morgen **an**?
Ruf mich doch morgen früh **an**!

They are not separated when used with modals and in subordinate clauses.

Du mußt mich morgen früh **anrufen**.
Weißt du, wann du mich morgen **anrufst**?

III. Word Order

1. Verb position

Whenever the verb has more than one part, the inflected part of the verb is the second element, and the other part appears at the very end of the clause.

Ich **kann** jetzt nicht mit dir **sprechen**.
Ruf mich doch morgen früh wieder **an**!
Er **ist** jetzt **Journalist**.
Er **ist** recht **interessant**.

2. Sequence of objects

The indirect object usually precedes the direct object, unless the direct object is a pronoun:

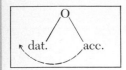

Der Tourist gibt   dem Portier den Reisescheck.
Der Tourist gibt   ihm den Reisescheck.
Der Tourist gibt   ihn dem Portier.
Der Tourist gibt   ihn ihm.

3. Sequence of adverbs

If two or more adverbs or adverbial expressions occur in one sentence, they usually follow the sequence: time, manner, place. The negative **nicht** usually comes after adverbs of time, but before adverbs of manner:

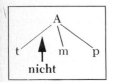

Er fährt morgens gern mit dem Auto zur Arbeit.
Er fährt morgens nicht gern mit dem Auto zur Arbeit.

4. Summary chart

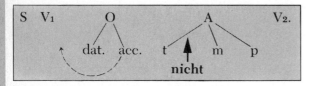

5. Subordinate clauses

a. In subordinate clauses the inflected verb stands at the very end.

Ilse **muß** in Rüdesheim umsteigen.
Der Schaffner sagt, daß Ilse in Rüdesheim umsteigen **muß**.

Separable verbs are not separated in subordinate clauses.

Ilse **steigt** in Rüdesheim **um**.
Ilse sagt, daß sie in Rüdesheim **umsteigt**.

b. If a subordinate clause is the first sentence element, then the inflected part of the main clause comes right after the comma.

Ich weiß, daß sie in Rüdesheim umsteigen muß.
Daß sie in Rüdesheim umsteigen muß, **weiß** ich.

WORTSCHATZWIEDERHOLUNG

A. Fragen

1. Wieviele Hauptwörter und Verben kennen Sie zum Thema „Im Haus"? Sie haben neunzig Sekunden.

2. Welches Wort kommt Ihnen in den Kopf?
Bank, Brief, Autobahn, am Wochenende, aufs Land, schwimmen, bauen, lieben, phantastisch, Bahnhof, Flugzeug, Hotel, mieten, besuchen

3. Was ist der Artikel und der Plural von . . .?

Haus, Eingang, Schlüssel, Zimmer, Vorhang, Nacht, Lampe, Platz, Garten, Kühlschrank, Adresse, Absender, Name, Nummer, Briefkasten, Fußgänger, Fahrrad, Wagen, Zug, Arbeit, Kino, Dollar

4. Wieviele Sätze können Sie machen?

  a. Die Post ist . . . (z.B. **Die Post ist gegenüber von der Bank.**)
  b. Fahren Sie mit . . .! (z.B. **Fahren Sie mit dem Fahrrad!**)

5. Wieviele Fragewörter (z.B. **was? wo?**) kennen Sie? Sie haben eine halbe Minute.

B. Machen Sie wenigstens (at least) zehn Sätze zum Thema „In der Stadt"!

  1. Wo ist . . . ? (z.B. **Wo ist der Park?**)
  2. Wie weit ist es zum (zur) . . . ? (z.B. **Wie weit ist es zur Post?**)

C. Geben Sie das Gegenteil von . . . !

fahren, finden, Glück haben, abfliegen, einsteigen, antworten, oben, viel, zusammen, Vormittag, morgens, weit

STRUKTURWIEDERHOLUNG

D. Verben

1. Variieren Sie die deutschen Sätze nach dem englischen Beispiel!

a. Ihr *durft* das Paket *aufmachen.*
May we open the package? We want to open it. I can't open it. He has to open it. Why am I supposed to open it? You don't have to open it. Don't you want to open it?

b. Wir *kommen* morgen abend *an.*
I'm arriving tomorrow night. When are they arriving? Are they arriving tomorrow, too? I know that they aren't arriving tomorrow. But they are supposed to arrive the day after tomorrow.

2. Geben Sie alle Imperative!

150, 151, 164

z.B. Schicken wir eine Postkarte!
Schicken Sie eine Postkarte!
Schickt eine Postkarte!
Schick eine Postkarte!

Gehen wir zu Fuß! Mieten wir die Wohnung! Steigen wir aus! Fahren wir mit dem Taxi! Nehmen wir den Jungen mit! Lesen wir die Post!

E. Personalpronomen (personal pronouns)

Variieren Sie die Sätze!

1. Ich suche *sie*.

He's looking for you (*formal*). She's looking for him. Are they looking for me? Yes, they're looking for you (*sg. fam.*). We're looking for you (*pl. fam.*). Don't look for us!

2. Es tut *mir* leid.

He's sorry. Are you (*sg. fam.*) sorry? They're sorry. Why is she sorry? We're not sorry. They say that you (*formal*) are sorry. He says you (*pl. fam.*) are sorry.

F. Der- und Ein-Wörter

Variieren Sie die Sätze!

p 161

1. *Der* Zug hat Verspätung.

Which train is late? Our train is late. Is this train late? Some trains are late. Such trains are never late. His train is late. Why is their train late? No train is late.

2. *Dieses* Museum gefällt ihm gut.

He likes our museum. Do you (*formal*) like this museum? She doesn't like every museum. They don't like their museum. Which museum do you (*sg. fam.*) like? I like such a museum. Don't you (*pl. fam.*) like any museum (Do you like no museum)?

G. Der Genitiv

for 3-12

pp177-179

Verbinden Sie die zwei Wörter wie in den Beispielen!

z.B. die Zimmer / das Hotel
die Zimmer des Hotels
das Fahrrad / Axel
Axels Fahrrad

der Dom / diese Stadt; der Flur / unsre Wohnung; der Paß / der Tourist; das Geld / mein Nachbar; die Reise / Ilse Klein; die Möbel / das Studentenheim; der Eingang / unser Haus; die Musik / Beethoven; das Gepäck / der Herr; die Taschen / manche Damen; der Brief / Michael; der Name / der Pilot

H. Präpositionen

for 3-12

Machen Sie Sätze wie in den Beispielen!

1. Wo ist der Koffer? Der Koffer steht *an der Tür.*
Wohin soll ich den Koffer stellen? Stellen Sie ihn *an die Tür!*

vor / Haus; in / Gästezimmer; neben / Sofa; hinter / Sessel; unter / Treppe; zwischen / Stuhl / und / Bett

2. Wohin soll ich das Messer legen? Legen Sie es *auf den Tisch!*
   Wo liegt das Messer? Es liegt *auf dem Tisch.*
   neben / Gabel; auf / Teller; zwischen / Butter / und / Käse; in / Küche;
   in / Eßzimmer

I. Wortstellung (word order)

Machen Sie ganze Sätze!

1. er / wollen / machen / Reise
2. du / wollen / mitfahren / aufs Land / morgen?
3. ich / können / mitkommen / leider / nicht / morgen // weil / ich / gehen / ins Theater / am Abend
4. wir / müssen / aussteigen / in München / in einer halben Stunde
5. ich / einlösen / Scheck / auf der Bank / heute
6. was / dieses Hotel / kosten / pro Nacht // ich / wissen / nicht
7. wenn / Sie / wollen / mieten / Wohnung // Sie / können / haben / sie

AUFGABE

J. Was fehlt?

_____ (On [the]) Sonntag fahren Elisabeth und Peter _____ (by [with the]) Auto _____ ([in] to the) Land. Dort wollen sie ein Picknick machen. _____ (In a) Dorf steigen sie aus und gehen dann zu Fuß _____ (on a) Feldweg _____ (into the) Wald. Sie bummeln gemütlich _____ (through the) Wald und kommen bald _____ (to a) See. Peter stellt das Essen _____ (under a) Busch (*masc.*), weil er und Elisabeth _____ (in the) See schwimmen wollen. Aber was sehen sie, als (when) sie wieder _____ (out of the) Wasser kommen? Ameisen (ants), viele Ameisen! Sie sind überall: _____ (between the) Brötchen (*pl.*), _____ (under the) Käse, _____ (on the) Butter, _____ (behind the) Kuchen und sogar _____ (in the) Limo. Aber nicht nur das! Jetzt krabbeln (crawl) sie auch noch _____ (into the) Kleidung, _____ (onto the) Bluse, _____ (between the) Hosenbeine und _____ (under the) Rock! Einfach furchtbar! Da rennt Elisabeth _____ (with the) Kleidung zurück _____ (to the) See und schüttelt (shakes) die Ameisen _____ (into the) Wasser. Pfui, weg _____ (with the) Ameisen! Und Peter fischt die Ameisen _____ (out of the) Brötchen (*pl.*), _____ (the) Butter, _____ (the) Kuchen und _____ (the) Limo. Guten Appetit!

K. Auf deutsch, bitte!

1. How do you (*pl. fam.*) like your rooms? 2. I like my room. It not only has a view of the city but also of the lake. 3. Do you (*pl. fam.*) know that my room has a TV? 4. That sounds great. Which room do you (*sg. fam.*) have? 5. Look (*pl. fam.*) over there, the room next to the stairs. 6. What are we doing tonight? 7. Nothing. I have to write a letter to our neighbor. 8. And you (*pl. fam.*) have to go to (**ins**) bed, because we'll have to get up early tomorrow. 9. During the day we sit in the car, and in the evening we aren't allowed to do anything. 10. Where do you want to go? 11. I know a hotel near the lake where one can dance (**tanzen**). 12. When are you (*pl. fam.*) coming back? 13. That depends on when we have to come back. 14. At one o'clock. Don't spend (*pl. fam.*) too much money. 15. Where are the car keys? Please give (*sg. fam.*) them to me.

KAPITEL

3/30/81

Am Telefon | **GESPRÄCHE**

Ich bin's oder Am Apparat
langlauf - cross country skiing
Schaden - damage

In der Telefonzelle[1]

FRAU SCHMIDT: **Hallo? Hier bei** Schmidt.

BÄRBEL: Guten Tag. **Ich bin's**, Bärbel. Frau Schmidt, ist Karl-Heinz da?

FRAU SCHMIDT: Nein, er ist leider gerade nicht hier. Kann ich ihm etwas ausrichten?

BÄRBEL: Ja. Sagen Sie ihm bitte, daß—

FRAU SCHMIDT: Moment, da kommt er.—Karl-Heinz, Bärbel ist am Telefon.

KARL-HEINZ: Hallo, Bärbel! **Was gibt's denn?**

BÄRBEL: Du, Karl-Heinz, wir können am Wochenende nicht Ski-laufen.

KARL-HEINZ: Warum nicht? Was ist los?

BÄRBEL: Ich habe keine Zeit. Ich muß arbeiten.

KARL-HEINZ: **Schade!**

BÄRBEL: Es tut mir leid. Also, **mach's gut!** Tschüß!

KARL-HEINZ: **Auf Wiederhören!**

Inlandsgespräche - Auslandsgespräche

1	2	3	Angezeigter Betrag kann durch Drücken der grünen Taste für weitere Gespräche genutzt werden	4
	Minimum DM 0,20			

Polizei Police	110	national 1 18 international 0 01 18	Standort - Nr.	9.10.111	Störung	117
	 112	22222	Standort	Königswieserweg 10		
			Ortsnetz	Regensburg		

Keine Telegramme, keine handvermittelten Gespräche, keine Rückgabe des Restbetrages von 1-DM- und 5-DM-Münzen

8

Am Telefon zu Hause

NIKTS

KURT: Hallo, Wolf! Wie geht's? **Was machst du Schönes?**

WOLF: Ach, **nichts Besonderes.** Ich sehe mir gerade meine Briefmarken an. Warum? Was ist los?

KURT: Hast du Lust, Tennis zu spielen oder schwimmen zu gehen? Oder vielleicht können wir zum Trimm-dich-Pfad[2] gehen?

WOLF: Zum Trimm-dich-Pfad? Mensch, ich habe noch Muskelkater von vorgestern.

KURT: Lahme Ente[3]! **Wie wär's mit** etwas Schach?

WOLF: **Jederzeit. Komm 'rüber!**

herüber

ÜBRIGENS

1. Phone booths in Central Europe are very similar to those in the United States. Long distance calls (**Ferngespräche**) can also be made at all post offices; there you don't need large amounts of change. It is not possible to make collect calls (**R-Gespräche**) within Germany, but they can be made to the States. Just say: „**Ein R-Gespräch nach U.S.A., bitte! Vorwahl** (area code) . . ."

2. The need for better health through exercise has been widely recognized in Germany and has led to so-called exercise trails (**Trimm-dich-Pfade**) in attractive surroundings near many towns and cities. Early in the morning before work, in the evening, and on weekends many Germans take the opportunity to jog and do a wide variety of prescribed exercises along these trails.

3. As in the case of **lahme Ente** (literally, lame duck), names of animals are often combined with a descriptive adjective in everyday German speech to characterize people, usually in a derogatory way: **dumme Gans** (stupid goose) for a girl or woman one dislikes; **alter Esel** (old donkey) for a boy or man who has made a mistake; **fauler Hund** (lazy dog); **fettes Schwein** (fat pig, which is very nasty); **alter Fuchs** (old fox) for a very sly person; and **Brummbär** (grumpy bear). **Du hast einen Vogel** (You've got a bird in your head) means *You're crazy.*

put downs   *Bei dir piept's!*   *Du spinnst!*   *Er hat nicht alle Tassen im Schrank.*

Ich habe eine Kater. I have a hangover

In the telephone booth

MRS. SCHMIDT: Hello? This is the Schmidt **residence**.

BÄRBEL: Hello. **It's me**, Bärbel. Mrs. Schmidt, is Karl-Heinz there?

MRS. SCHMIDT: No, unfortunately he isn't here right now. May I take a message?

BÄRBEL: Yes. Please tell him that—

MRS. SCHMIDT: Just a moment, here he comes.—Karl-Heinz, Bärbel is on the phone.

KARL-HEINZ: Hello, Bärbel. **What's new?**

BÄRBEL: Karl-Heinz, we can't go skiing this weekend.

KARL-HEINZ: Why not? What's the matter?

BÄRBEL: I don't have time. I've got to work.

KARL-HEINZ: **Too bad.**

BÄRBEL: I'm sorry. Well, **take care.** Good-bye!

KARL-HEINZ: Good-bye!

On the telephone at home

KURT: Hi, Wolf. How are you? **What are you doing?**

WOLF: Oh, **nothing special**. I'm just looking at my stamps. Why? What's the matter?

KURT: Do you feel like playing tennis or going swimming? Or maybe we can go to the exercise trail?

WOLF: The exercise trail? Man, I still have a charley horse from the day before yesterday.

KURT: Poor baby! **How about** some chess?

WOLF: **Anytime. Come on over.**

MÜNDLICHE ÜBUNG

1. Schmidt: **Hier bei** Schmidt.
   Müller, Schulz, Friedrich, Dr. Herold

2. da: **Was machst du** da **Schönes**?
   gerade, heute nachmittag, heute abend, morgen

3. Briefmarken: **Ich sehe mir gerade meine** Briefmarken **an.**
   Bilder, Postkarten, Rechnungen, Hausaufgaben

4. Musik: **Ich höre mir gerade** Musik **an.**
   Kassetten, Schallplatten (records), Lieder

5. Tennis: **Hast du Lust,** Tennis **zu spielen**?
   Tischtennis, Fußball, Schach, Karten, ein paar Spiele (games)

6. zum Trimm-dich-Pfad: **Wir möchten** zum Trimm-dich-Pfad **gehen.**
   Skilaufen (skiing), tanzen (dancing), segeln (sailing), angeln (fishing)

7. lesen: **Ich lese gern.**
   kochen, backen, malen (to paint), singen, photographieren

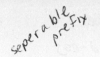
seperable prefix

8. spazieren gehen: **Ich** gehe **gern** spazieren.
   schwimmen gehen, Skilaufen gehen, Karten spielen, Klavier spielen

WORTSCHATZ: TELEFONIEREN UND HOBBYS

das Telefongespräch,-e telephone conversation, call

das	**Telefonbuch,-̈er**	telephone book	**Hallo? Hallo!**
die	**Telefonnummer,-n**	telephone number	**Hier bei _____.**
	Telefonzelle,-n	telephone booth	
	an·rufen	to call up, phone	**Auf Wiederhören!**
	telefonieren		

Hello? Hi!
This is _____'s
residence, office.
Good-bye! (on the phone)

das Hobby,-s hobby
die Freizeit leisure time

angeln		to go fishing	**rad·fahren**	to go bicycling
schwimmen		to go swimming	**spazieren·gehen**	to go for a walk
segeln	**gehen**[1]	to go sailing	**wandern**	to hike
tanzen		to go dancing		
Skilaufen		to go skiing		
			Karte,-n	to play cards
sich **an·hören** *(dat.)*		to listen to	(das)**Spiel,-e**	to play games
sich **an·sehen (sieht an)** *(dat.)*	to look at	**Schach**	to play chess
backen (bäckt)		to bake	**Tischtennis**	to play ping pong
fern·sehen (sieht fern)	to watch TV	(der)**Fußball**	to play soccer
malen		to paint	(das)**Klavier**	**spielen**[1] to play the piano
nähen		to sew	(die)**Flöte**	to play the flute
photographieren	to take pictures	**Gitarre**	to play the guitar
sammeln		to collect	**Kassette,-n**	to play cassettes
singen		to sing	**Schallplatte,-n**	to play records

[1]In each of these combinations, **gehen** and **spielen** function as V₁, while the other word
functions as V₂: **Ich gehe morgen früh angeln. Sie spielt den ganzen Tag Klavier.**

Redewendungen und Sonstiges

Ich bin's.	It's me.
Komm 'rüber (herüber)!	Come on over.
Mach's gut!	Take care.
nichts Besonderes[1]	nothing special
Schade!	Too bad!
Was gibt's (denn)?	What's new?
Was machst du Schönes?	What are you doing?
Wie wär's mit _____?	How about _____?
gerade	right now, just now
jederzeit	anytime

[1]Note that after **nichts** an adjective is capitalized.

(handwritten) Rudern – crew/rowing

ZUM THEMA

A. Was paßt?

1. Bärbel ist leider nicht hier.
2. Kommst du nicht mit?
3. Was machst du Schönes?
4. Wie wär's mit Tischtennis? *(handwritten: subjunctive · How about ping pong)*
5. Was spielst du denn?

Doch, wenn ich darf.
Klavier.
Ich höre mir Kassetten an.
Doch, gern.
Ach, nichts Besonderes.
Ich sehe gerade fern.
Das klingt gut!
Schade!
Nur Schallplatten.
Wann kommt sie denn zurück?
Ich spiele Gitarre.
Ich habe keine Zeit.
Ich spiele Fußball. Und du?
Warum nicht?
Gute Idee!
Ich habe keine Lust.

B. Fragen *(handwritten: for 3/31 answer these)*

1. Interessieren Sie sich für (are you interested in) Musik? Kunst? Literatur? Schach? Reisen? (Ich interessiere mich für . . .) *(handwritten: Art)*
2. Treiben Sie Sport (are you active in sports)? Was für Sport treiben Sie?
3. Spielen Sie oft Karten? Mit wem? Was spielen Sie nicht gern?
4. Laufen Sie viel? Wo kann man hier gut laufen?
5. Spielen Sie ein Musikinstrument? Welches Instrument? Singen Sie gern? Singen Sie gut?
6. Was für Musik finden Sie schön? (klassische, moderne, Jazz, Rockmusik, Pop . . .) Hören Sie sich gern Opern (operas) an? Volkslieder (folksongs)? Schlager (popular songs)?

7. Was machen Sie sonst noch während Ihrer Freizeit?

8. Schreiben Sie gern, oder sind Sie schreibfaul? Wem schreiben Sie ab und zu?

9. Sehen Sie oft fern? Was sehen Sie sich gern an? Was sehen Sie sich nicht gern an?

10. Telefonieren Sie stundenlang? Wer telefoniert besonders viel in Ihrer Familie?

11. Was kostet ein Telefongespräch in einer Telefonzelle? Sind Ferngespräche hier teuer? Wann sind sie billiger?

C. Interview

Fragen Sie Ihren Partner (Ihre Partnerin),

1. was für Musik ihm (ihr) gefällt,

2. was er (sie) gern während der Freizeit macht,

3. ob er (sie) etwas sammelt,

4. ob er (sie) oft zu Hause anruft,

5. welche Telefonnummer er (sie) hat!

D. Schriftliche Übung *for 3/31/81*

Schreiben Sie ein Gespräch!

1. Hast du Lust . . .?

2. Was machst du am Wochenende?

3. Am Telefon

STRUKTUR

I. Reflexive Verbs

1. If the subject and one of the objects of a sentence are the same person or thing, a reflexive pronoun must be used for the object. In the English sentence **I see myself in the mirror,** the reflexive pronoun *myself* is the accusative object. (Whom or what do I see?—Myself.) In the sentences *I am buying **myself** a record* and **I am buying a record for myself,** *myself* is the dative object. (For whom am I buying the record?—For myself.)

2. In German, only the third-person singular and plural have a special REFLEXIVE PRONOUN: **sich**. The other persons use the accusative and dative forms of the personal pronouns, which you already know.

	SG.				PL.			FORMAL YOU
nom.	ich	du	er	es sie	wir	ihr	sie	Sie
acc.	mich	dich		sich	uns	euch	sich	sich
dat.	mir	dir						

↓ ↙

a. The reflexive pronoun as the *accusative object*: DO

Ich sehe **meinen Vater** auf dem Bild. I see my father in the picture.
Ich sehe **mich** auf dem Bild. I see myself in the picture.

b. The reflexive pronoun as the *dative object*: IO

Ich kaufe **meinem Vater** eine Schallplatte. I buy my father a record.
Ich kaufe **mir** eine Schallplatte. I buy myself a record.

3. Many familiar verbs can be used reflexively. Note that the English equivalent may not include a reflexive pronoun.

a. The reflexive pronoun as the *accusative object*:

Ich **frage mich** immer wieder. I keep asking myself.
Ich **lege mich** aufs Sofa. I lie down on the sofa.
Ich **mache mich** nicht schmutzig. I don't get dirty.
Ich **dusche mich** nicht gern kalt. I don't like to take a cold shower.

b. The reflexive pronoun as the *dative object*:

Ich **nehme mir** ein Stück Kuchen. I take a piece of cake (for myself).
Ich **bestelle mir** eine Tasse Kaffee. I order (myself) a cup of coffee.
Ich **suche mir** ein Zimmer. I'm looking for a room.
Ich **koche mir** kein Ei. I'm not cooking an egg (for myself).

4. Some verbs are always reflexive, or are reflexive when they express a certain meaning. Their English counterparts are often not reflexive. Here are some of those verbs that you will need to learn before you do the exercises:

sich an·hören to listen to *dat*
sich an·sehen to look at *dat*
sich an·ziehen to put on (clothing), get dressed *acc. y there's nothing else (no D.O.)*
sich aus·ziehen to take off (clothing), get undressed *same as ↑*
sich beeilen to hurry *acc.*
sich erkälten to catch a cold *acc*
sich interessieren für to be interested in *acc.*
sich kämmen to comb oneself *acc y there's no DO*

sich rasieren	to shave (oneself)	*acc.*
sich setzen	to sit down	*acc*
sich die Zähne putzen	to brush one's teeth	*acc*
sich waschen (wäscht)	to wash (oneself)	*no DO acc*

Ich **erkälte mich** oft.	I often catch a cold.
Setz dich nicht aufs Sofa!	Don't sit down on the sofa.
Warum **beeilt** ihr **euch** so?	Why are you in such a hurry?
Interessieren Sie **sich** für Musik?	Are you interested in music?

With some of these verbs the reflexive pronoun may be either the accusative or the dative object. If there are two objects, then the person is in the dative and the thing in the accusative.

Ich wasche **mich**.	But: Ich wasche **mir die Hände**.
Ich kämme **mich**.	Ich kämme **mir die Haare**.
Du ziehst **dich** an.	Du ziehst **dir die Jacke** an.
Du ziehst **dich** aus.	Du ziehst **dir den Pulli** aus.
Sie sieht **sich** an.	Sie sieht **sich einen Film** an.

p 21 parts of the body

5. In English, we use personal pronouns when referring to parts of the body. In German, the definite article is used together with the reflexive pronoun in the dative.

Ich wasche **mir die** Hände.	I'm washing *my* hands.
Du putzt **dir die** Zähne.	You brush *your* teeth.
Sie kämmt **sich die** Haare.	She's combing *her* hair.

Ich putze mir die Nase.
I clean my nose

When there are *two* object pronouns, remember that the accusative precedes the dative:

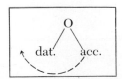

Ich wasche **mir die Hände**.
But: Ich wasche **sie mir**.

ÜBUNGEN

A. Ersetzen Sie das Subjekt!

z.B. Ich setze mich. (ihr, wir, er)
Ihr setzt euch.
Wir setzen uns.
Er setzt sich.

1. Er fragt sich das oft. (ich, sie/*pl.*, wir)
2. Ich wasche mich morgens. (sie/*sg.*, ihr, du)

3. Sie müssen sich beeilen! (du, ich, ihr) *to hurry*
4. Sie erkältet sich leicht. (er, ich, wir) *to catch cold*
5. Ich suche mir ein Zimmer. (wir, sie/*pl.*, er, du)
6. Was bestellst du dir? (ihr, Sie, er, wir)
7. Wäschst du dir die Haare? (ihr, Sie, er)
8. Ich will mir die Zähne putzen. (sie/*pl.*, sie/*sg.*, wir)

B. Antworten Sie mit ja!

z.B. Fragen Sie sich das auch? *Do you ask yourself that too?*
Ja, ich frage mich das auch.

1. Interessieren Sie sich für Musik?
2. Legen Sie sich aufs Sofa?
3. Müssen Sie sich beeilen?
4. Rasieren Sie sich morgens?
5. Erkälten Sie sich oft?
6. Waschen Sie sich die Hände?
7. Bestellen Sie sich ein Eis?
8. Suchen Sie sich eine Wohnung?
9. Wollen Sie sich die Haare kämmen?
10. Wollen Sie sich die Jacke ausziehen?

C. Antworten Sie mit ja!

First use the formal and then the familiar imperative forms.

a. Singular

z.B. Soll ich mir die Hände waschen?
Ja, waschen Sie sich die Hände!
Ja, wasch dir die Hände!

1. Soll ich mich warm anziehen?
2. Soll ich mich setzen?
3. Soll ich mir etwas kochen?
4. Soll ich mich beeilen?
5. Soll ich mich jetzt baden?
6. Soll ich mir die Bilder ansehen?

b. Plural

z.B. Sollen wir uns die Hände waschen?
Ja, waschen Sie sich die Hände!
Ja, wascht euch die Hände!

1. Sollen wir uns ein Zimmer mieten?
2. Sollen wir uns jetzt die Haare waschen?
3. Sollen wir uns aufs Sofa setzen?
4. Sollen wir uns etwas zu essen machen?
5. Sollen wir uns ein Auto kaufen?
6. Sollen wir uns die Schallplatten anhören?

D. Auf deutsch, bitte!

1. Don't catch a cold. (3x) 2. Please sit down. (3x) 3. She's buying herself a guitar.
4. He's interested in soccer. 5. He doesn't want to hurry. 6. I'm putting on my
sweater. 7. Brush your teeth! (*sg. and pl. fam.*) 8. Are you washing your hair? (*sg. fam.*)

II. da-Compounds

In English, pronouns following prepositions can refer to people, things,
and ideas. In German this is not the case; pronouns following prepositions
refer only to people. If you wish to refer to a thing or an idea, you must
use a **da**-compound. Most accusative and dative prepositions (except **ohne**
and **seit**) can be made into **da**-compounds. If the preposition begins with
a vowel, it is used with **dar-**:

daran	daneben
darauf	darüber
dafür	darunter
dagegen	davon
dahinter	davor
damit	dazu
danach	usw.

Ich backe einen Kuchen **für sie** (für meine Mutter).	I'm baking a cake for her.
Ich backe **dafür** (für ihren Geburtstag).	I'm baking for it.

Wir spielen **mit ihm** (mit Peter) Fußball.	We play soccer with him.
Wir spielen **damit** (mit dem Ball) Fußball.	We play soccer with it.

„Können Sie mir sagen, wo ein Briefkasten ist?" „Ja, sehen Sie die Kirche dort?
Daneben ist eine Apotheke, **dahinter** ist die Post, und **davor** ist ein Briefkasten."

ÜBUNGEN

E. Sagen Sie es noch einmal!

Replace the italicized phrases with a preposition and a pronoun, or with a da-compound.

> z.B. Das Radio steht *neben dem Klavier.*
> **Das Radio steht daneben.**

1. Was machst du *nach dem Fußballspiel*?
2. Fährst du auch *mit dem Bus*?
3. Er kauft die Gitarre *für seine Tochter.*
4. Was hast du *gegen diese Musik*?
5. Das Paket ist *von meinen Eltern.*

6. Die Karten liegen *auf dem Tisch.*

7. Die Studenten interessieren sich *für Politik.*

8. Anja sitzt *neben Herrn Fiedler.*

9. Was sagen Sie *zu dem Haus?*

F. Auf deutsch, bitte!

1. They are interested in him. 2. They aren't interested in it. 3. This present is for them. 4. What do you do with it? 5. Don't sit down on it! 6. What do you want for it?

III. The Infinitive with zu

1. English and German use infinitives in much the same way:

Es macht Spaß **zu reisen.**	It's fun to travel.
Ich habe keine Zeit **zu reisen.**	I have no time to travel.
Ich habe viel **zu tun.**	I have much to do.

2. If the infinitive is combined with other sentence elements, a comma separates the infinitive clause from the main clause.

Haben Sie Zeit, eine Reise **zu machen?**   Do you have time to take a trip?

Note that in German the infinitive stands at the end of the clause.

3. If a separable-prefix verb is used, the **zu** is inserted between the prefix and the verb:

> prefix + **zu** + verb

Es ist Zeit **abzufahren.**   It's time to leave.

A word of caution: After modals, use infinitives *without* **zu.**

Wir **müssen** jetzt **abfahren.**   We must leave now.

ÜBUNGEN

G. Wie geht's weiter?

Complete the sentences with infinitives with **zu.**

z.B. Es macht Spaß . . . (reisen, ins Kino gehen, ins Grüne fahren)
   Es macht Spaß zu reisen.
   Es macht Spaß, ins Kino zu gehen.
   Es macht Spaß, ins Grüne zu fahren.

1. Dort gibt es viel . . . (sehen, tun, photographieren, malen, erzählen)

2. Hast du Lust . . .? (mitkommen, spazierengehen, tanzen gehen, Karten spielen, dir Kassetten anhören)

3. Habt ihr Zeit . . .? (vorbeikommen, uns besuchen, ein paar Bilder ansehen, ein Glas Wein trinken)

4. Es ist wichtig . . . (aufpassen, Sprachen lernen, mal etwas anderes tun, Freunde haben)

5. Es ist interessant . . . (sie kennenlernen, ihm zuhören, eine Reise machen, mit dem Flugzeug fliegen)

H. Machen Sie ganze Sätze!

1. Flugzeug / sollen / ankommen / in einer halben Stunde
2. sie (sg.) / wollen / machen / eine Reise / in den Süden
3. er / haben / keine Lust // Schach / spielen
4. möchten / du / fernsehen?
5. haben / Sie / Möglichkeit // billig / reisen?
6. ich / haben / heute / keine Zeit // zur Bank / gehen
7. sie (sg.) / müssen / einlösen / Scheck
8. heute / wir / haben / nicht viel / tun

ZUSAMMENFASSUNG

I. Antworten Sie auf deutsch!

1. Müssen Sie sich oft beeilen?
2. Erkälten Sie sich leicht?
3. Bestellen Sie sich manchmal ein Glas Wein im Restaurant?
4. Was möchten Sie sich gern einmal kaufen?
5. Kochen Sie sich gern etwas? Was?
6. Baden Sie sich morgens oder abends?
7. Was für Musik hören Sie sich gern an?
8. Was für Zeitschriften (magazines) sehen Sie sich gern an?

J. Auf deutsch, bitte!

1. Hello, Max. It's me. What are you doing right now? 2. Oh, nothing special. I'm watching TV. 3. How awful. Don't you ever (do you never) go swimming or fishing? 4. Fishing? You know that I don't eat fish. 5. Excuse me. How about some soccer?—No thanks. 6. Ping pong?—No, that's too much work. 7. Boy (**Mensch**), are you lazy! Good-bye. 8. Wait (**warten**). I'd like to buy myself a guitar. 9. Why don't we do that together? 10. There's a lot to see in a music store. 11. You can also listen to some records. 12. No thanks, I don't feel like going shopping. 13. Do you feel like going dancing? 14. Perhaps, if you bring your sister along. 15. Good, then hurry up. 16. Put on a shirt and (a) tie (**der Schlips**).—All right.

Mach mit, mach's nach, mach's besser!° | **EINBLICKE**

Participate, imitate, and do it better.

Was ist das?

der Amateur, Fotozirkel, Malzirkel, Nähzirkel, Schwimmer, Staat, Titel, Zoo; das Orchester, Sportfest, Training; die Eingangsprüfung, Fernsehserie, Kleinstadt, Masse, Medaille, Olympiade, Probezeit, Sportkleidung, Sportschule, Tanzschule; finanzieren; enorm, finanziell, hart, national, persönlich, staatlich, sechsjährig, zehnjährig, zwölfmonatig

Der Titel dieses Aufsatzes ist auch der Titel einer ostdeutschen Fernsehserie. Er ist _typisch_ für die DDR, _denn_ alle Bürger° sollen „_mit-machen_". Sie sollen Hobbys haben und sportlich° aktiv sein. Auf diese Weise sollen sie sich geistig° und körperlich° _fit halten_. Möglichkeiten
5 zum Hobby finden nicht nur in Großstädten finanzielle Unterstützung°, sondern überall.

Nehmen wir zum Beispiel die Kleinstadt Senftenberg, in der Nähe von Dresden: Senftenberg hat ihren ungefähr 24.000 Bürgern eigentlich viel zu bieten°. Sie hat nicht nur einen Zoo, ein Schwimmbad° und eine mo-
10 derne Kegelbahn°, sondern auch Malzirkel, Fotozirkel, Nähzirkel, Amateurcombos°, Orchester und Chöre°. Für jeden° gibt es etwas.

Possibility

citizens
in sports
mentally / physically
support

offer / public swimming pool
bowling alley
. . . bands / choirs / everyb▯

—Kunsteislauf bei der Olympiade

—Spartakiade in Leipzig

Es ist auch enorm, was man in der DDR für die *Kunst* und die Förderung° encouragement
junger Talente tut. Nehmen wir ein zweites Beispiel: die Staatliche Tanzschule[1] in Dresden. Ihre Lehrer reisen quer durch° die DDR und suchen all across
junge Talente. Nach einer zweitägigen° Eingangsprüfung und einer zwölf- . . . day
5 monatigen Probezeit beginnen die zehnjährigen Schüler° eine harte, pupils
sechsjährige Ausbildung°. Es ist nicht genug, daß sie sich für *Musik* und training
Tanz interessieren und daß sie *Talent* zeigen. Sie müssen schwer arbeiten, denn die Schule verlangt° viel von ihnen. Aber sie wissen, daß *am* demands
Ende dieser freien Ausbildung viel Ehre° und eine gesicherte Zukunft° auf honor / secure future
10 sie wartet.

Wie bei der Kunst, so ist es auch beim *Sport*. Es ist immer wieder erstaun-
lich°, wieviele Medaillen ein kleines Land wie die DDR von den Olym- amazing
piaden nach Hause bringt. Aber wenn man sieht, wie sehr der Staat den
Sport fördert° und finanziell unterstützt°, dann kann man verstehen, daß encourages / supports
15 die westlichen Sportler° einen großen Nachteil° haben, denn sie müssen athletes / disadvantage
gewöhnlich ihre Hobbys und Talente aus eigener Tasche° finanzieren. their own pocket

In der DDR ist fast jeder dritte Bürger sportlich aktiv. *Es ist* eigentlich actually
egal, für welchen Sport man sich interessiert, denn überall gibt es Sport-
möglichkeiten. Und wenn *jemand* nicht nur *Interesse*, sondern auch Talent
20 zeigt, dann bekommt er freie Sportartikel°, freie Sportkleidung, freies . . . equipment
Sporttraining, und viele Wege stehen ihm offen. Nehmen wir ein drittes
Beispiel: Klaus Hoffmann wohnt in Weimar. Er ist zehn Jahre alt und ein

sehr guter Schwimmer. In den Kreismeisterschaften° ist er unter° den zehn   county championships /among

besten seiner Klasse. Seit dem Herbst geht er zur Sportschule in Erfurt.

Das bedeutet jeden Tag Training, nicht nur im Schwimmen, sondern auch

in anderen Sportarten°. Das bedeutet auch, daß Klaus seine Familie nur   other kinds of . . .

5 am Wochenende und während der Ferien sieht. Klaus hat große Hoff-

nungen°. _Eines Tages_ möchte er in der Olympiade gegen die Amerikaner   hopes

schwimmen und wenigstens° eine Medaille für sich und die DDR _ge-_   at least

winnen.

Übrigens sind Sport und Kunst Pflichtfächer° in der DDR. Man möchte,   required subjects

10 daß sich die Leute körperlich und geistig fit halten. Immer wieder gibt

es Sportfeste und Musikwettbewerbe°, zum Beispiel das Jahn²-Sportfest in   . . . contests

Freyburg-an-der-Unstrut oder die Massen-Spartakiade° in Leipzig, den in-   a kind of Olympics

ternationalen Bach³-Wettbewerb in Leipzig oder den internationalen

Liszt⁴-Wettbewerb in Weimar.

15 Sport und Kunst dienen° in der DDR nicht nur dem nationalen Stolz° und   serve / pride

der persönlichen Ehre. Sie sind ein Zeichen° der Lebensfreude°, ein Teil   sign / joy of living

des Lebens, sogar im hohen Alter°. „Mach mit, mach's nach, mach's bes-   late in life

ser" bedeutet _in anderen_ Worten: Sei° aktiv, und setz dich nicht nur faul   Be . . .!

vor den Fernseher! _Versuch_ es auch einmal! Versuch dein Bestes°!   best

[handwritten note:] Participate, imitate, do better

VOKABELN

der	**Sport**	sport(s)
das	**Interesse,-n** (an + _dat._)	interest (in)
	Talent,-e	talent
die	**Kunst**	art
	Musik	music
	am Ende	in the end
	denn	because, for (_coord. conj._)
	eines Tages	one day, someday
	Es ist egal.	It doesn't matter.
	sich fit halten (hält)	to keep in shape
	gewinnen	to win
	in anderen Worten	in other words, i.e.
	jemand	somebody, someone
	mit·machen	to participate
	typisch	typical(ly)
	versuchen	to try

1. The state-supported **Tanzschule** is for especially gifted students ten to sixteen years of age. Besides professional training in dance, it offers a regular academic program.

2. **Friedrich Ludwig Jahn** (1778–1852) organized the first gymnastic clubs (**Turnvereine**) early in the nineteenth century. Today these clubs are still popular throughout Germany. In the second half of the nineteenth century, German immigrants also organized them in the United States.

3. **Johann Sebastian Bach** (1685–1750) was one of two composers whose work was the culmination of the Baroque era (the other being Georg Friedrich Händel). From 1723 until his death, Bach was music director of the Church of St. Thomas in Leipzig. Most of his immense output of choral music was written during this period.

4. **Franz Liszt** (1811–1886), a virtuoso pianist, was one of the late romantic composers whose work led to musical innovations of the twentieth century. He spent most of his productive life in Weimar, where his house can still be visited today.

FRAGEN

A. 1. Wie heißt eine ostdeutsche Fernsehserie?
    2. Wofür (for what) tut man viel in der DDR? Warum?   *does — tut*
    3. Was gibt es für die Bürger der Stadt Senftenberg?
    4. Wie alt sind die Schüler, wenn sie zur Tanzschule in Dresden gehen? Wie lange gehen sie dorthin?
    5. Warum gewinnen die DDR-Sportler so viele Medaillen in den Olympiaden?
    6. Was tut man in der DDR für Leute mit sportlichem Talent? Geben Sie ein Beispiel! Wie ist Klaus Hofmanns Leben?
    7. Wie kann man noch sehen, daß Sport und Kunst in der DDR wichtig sind?

B. 1. Finden Sie Hobbys wichtig? Haben Sie ein Hobby? Was für ein Hobby?
    2. Halten Sie sich fit? Wenn ja, was tun Sie? Wenn nein, warum nicht? Sind Sie faul? Was tun Sie lieber (rather)?
    3. Was können die Bürger hier während ihrer Freizeit tun?
    4. Tut man in Amerika viel für die Kunst? Geben Sie Beispiele!
    5. Unterstützt der Staat in den USA den Sport?

AUFSATZ

Write a brief essay about what your town does or doesn't have to offer its citizens in the way of opportunities to develop interests and talent. Or (Describe what you do in your spare time.) *for 4/2*

KAPITEL

In these minidialogues Heinz always reacts to what the others say.

Begrüßung   *Greetings*

HEIDI:	Guten Tag!	Hello.
HEINZ:	Grüß Gott!	Hello (used in southeast Germany).
HEIDI:	**Darf ich vorstellen?** Das ist Anita.	**May I introduce** (a friend)? This is Anita.
HEINZ:	**Freut mich sehr.**	I'm glad to meet you.

Abschied   *Farewell*

HEIDI:	Auf Wiedersehen!	Good-bye.
HEINZ:	Mach's gut! Tschüß!	Take care. So long.
HEIDI:	Bis später! Komm gut nach Hause!	See you later. Get home safely.
HEINZ:	Danke, du auch. **Gute Nacht!**	Thanks, you too. **Good night.**

Beim Essen   *At the Table*

HEIDI:	Guten Appetit!	Enjoy your meal.
HEINZ:	Danke, gleichfalls!	Thanks, the same to you.
HEIDI:	**Prost!**	**Cheers!**
HEINZ:	Prost!	Cheers!

Vor der Prüfung   *Before the Exam*

HEIDI:	**Toi, toi, toi!**	Good luck!
KLAUS:	Wir drücken dir die Daumen.	We'll keep our fingers crossed.
ELISABETH:	Viel Glück!	Good luck.
HEINZ:	Danke!	Thanks.

Hals und Beinbruch

Bei Gefahr   *In Case of Danger*

HEIDI:	**Vorsicht!**	Careful!
KLAUS:	**Achtung!**	Watch out!
ELISABETH:	Paß auf!	Pay attention!
HEINZ:	Ja, ja. **Regt euch nicht auf!—Hilfe!**	Okay, okay. **Don't get excited.—**Help!
HEIDI:	Was ist los?	What's the matter?
KLAUS:	Ach du liebes bißchen!	Good grief!
ELISABETH:	**Ach du Schreck!**	Good grief!
HEINZ:	Verflixt!	Darn it!
HEIDI:	Mensch, **du Dummkopf!**	Boy, **you dummy!**
KLAUS:	**Du Idiot!**	You idiot!
ELISABETH:	**Du spinnst!**	You're crazy!
HEINZ:	Ach, **laßt mich in Ruhe!**	Oh, leave me alone.

Zum Geburtstag   For a Birthday

HEIDI: **Herzlichen Glück-**   Happy birthday.
           wunsch zum Geburts-
           tag!

KLAUS: Wir gratulieren!   Congratulations.

ELISABETH: **Alles Gute!**   **All the best.**

HEINZ: Das ist aber nett.   That's nice. Thanks.
           Danke!

MÜNDLICHE ÜBUNG

1. Gabi und Axel treffen sich zufällig (by chance) abends auf der Straße. Was sagen die beiden zur Begrüßung?

2. Axel weiß, daß Gabi heute Geburtstag hat. Was kann er ihr sagen? Wie kann sie darauf antworten?

3. Axel fragt, ob Gabi Lust hat, mit ihm im „Gasthof Post" etwas zu essen. Was sagt Gabi dazu?

4. Im Gasthof sitzen viele Leute, aber an einem Tisch sind noch Plätze frei. Was fragt Axel die Leute an dem Tisch? Was sagen die Leute?

5. Der Ober kommt mit den Speisekarten. Was fragt Axel ihn?

6. Axel und Gabi bestellen sich eine Kalte Platte (cold cuts). Der Ober bringt das Essen. Was sagt Gabi, bevor (before) sie ißt, und was ist Axels Antwort?

7. Axel und Gabi trinken dazu ein Glas Bier. Was sagen sie vor dem Trinken?

8. Gabi erzählt Axel, daß sie am nächsten Morgen eine Prüfung hat. Wie reagiert (reacts) Axel darauf? Was wünscht er ihr?

9. Nach dem Essen bringt Axel Gabi nach Hause. Gabi denkt nur an ihre Prüfung. Sie will über die Straße gehen, obwohl die Ampel (traffic light) rot ist. Was ruft Axel? Wie reagiert Gabi?

10. Bald kommen sie zu Hause an. Wie dankt Gabi für das Abendessen? Was sagen die beiden zum Abschied?

WORTSCHATZ: FESTE UND FEIERN

der Feiertag,-e holiday
das Fest,-e celebration

	ein·laden (lädt ein) (zu)	to invite (to)
	feiern	to celebrate
	schenken	to give (as a present)
	(zu) Weihnachten	(at / for) Christmas
	Fröhliche Weihnachten!	Merry Christmas! *oder Frohe Weihnachten*
die	Party,-s	party
	Kerze,-n	candle
der	Weihnachtsbaum,-̈e	Christmas tree *der Christbaum*
	Weihnachtsmann	Santa Claus
das	Weihnachtslied,-er	Christmas carol
	Geschenk,-e	present
	(zu) Silvester	(at) New Year's Eve
	Alles Gute im Neuen Jahr!	All the best for the New Year.
der	Sekt	champagne
	Karneval (Fasching)	carnival *die Fas(t)nacht (SW Germany)*
	Geburtstag,-e	birthday
das	Volksfest,-e	fair

Redewendungen und Sonstiges

Darf ich vorstellen _____?	May I introduce _____?
Freut mich sehr.	I'm glad to meet you.
Gute Nacht!	Good night.
Herzlichen Glückwunsch zum Geburtstag!	Happy birthday.
Prost!	Cheers! *Prosit!*
Toi, toi, toi!	Good luck!
Vorsicht!	Careful!
Achtung!	Watch out!
Ach du Schreck!	Good grief!
Du Dummkopf!	You dummy!
Du Idiot!	You idiot!
Du spinnst!	You're crazy.
Laßt mich in Ruhe!	Leave me alone. Leave me in peace.
Reg dich nicht auf!	Don't get excited. *sich aufregen: to get excited*
Hilfe!	Help!

A. Was paßt?

1. Darf ich vorstellen?
2. Anita hat heute Geburtstag.
3. Jetzt muß ich aber gehen.
4. Der Schlüssel ist im Auto, aber das Auto ist zu.
5. In einer Stunde beginnt die Prüfung.

Wir drücken dir die Daumen.

Schade!

Tschüß!

Grüß Gott, Anita!

Verflixt!

Gute Nacht!

Freut mich sehr.

Herzlichen Glückwunsch!

Ich kenne Anita schon.

Hilfe!

Viel Glück!

Mach's gut!

Ich gratuliere.

Das tut mir leid.

Reg dich nicht auf!

Alles Gute!

Du Idiot!

B. Fragen 4-3-91

1. Was für Feste feiern wir hier in Amerika?
2. Wann sind diese Feste?
3. Was gibt es zu diesen Festen zu essen und zu trinken?
4. Wann schenkt man anderen Leuten etwas? Was kann man der Mutter zum Muttertag, dem Vater zum Geburtstag oder den Kindern zu Weihnachten schenken?
5. Was für Traditionen hat Ihre Familie?

C. Interview ✓

Fragen Sie Ihren Partner (Ihre Partnerin),
1. wann er (sie) Geburtstag hat,
2. wie er (sie) Geburtstag feiert,
3. ob er (sie) oft zu Partys geht,
4. was er (sie) zu einer Party anzieht,
5. welche Feste ihm (ihr) besonders gefallen!

D. Schriftliche Übung 4-3-91

Schreiben Sie ein Gespräch!
1. Am Geburtstag
2. Beim Essen
3. Vor der Prüfung
4. Zur Hauptverkehrszeit

choose 1

I. Verbs with Prepositional Objects

In both English and German, a number of verbs are used together with certain prepositions. These combinations have special idiomatic meanings.

I'm *thinking of* my trip.
I'm *waiting for* the train.

The combinations of verbs and prepositions must be memorized. (Two-way prepositions usually take the accusative.)

denken an (+ *acc.*)	to think of	**schreiben an** (+ *acc.*)	to write to
erzählen von *+dat*	to tell about	**sprechen über** (+ *acc.*)	to talk about
sich interessieren für *+ acc.*	to be interested in	**warten auf** (+ *acc.*)	to wait for

Ich denke an[1] meine Reise.	I'm thinking of my trip.
Ich warte auf den Zug.	I'm waiting for the train.
Wir sprechen über unsre Hobbys.	We're talking about our hobbies.
Erzählt von eurem Flug!	Tell about your flight.
Sie schreibt an ihre Familie.	She's writing to her family.
Ich interessiere mich nicht für Sport.	I'm not interested in sports.

ÜBUNGEN

A. Sagen Sie es noch einmal!

Replace the nouns following the prepositions with the words suggested.

z.B. Sie warten auf den Zug. (Brief, Telefongespräch)
Sie warten auf den Brief.
Sie warten auf das Telefongespräch.

1. Wir interessieren uns für Sport. (Musik, Schach, Kartenspiele)
2. Er spricht über seine Schallplatten. (Briefmarken, Party, Ferien)
3. Sie erzählt von ihrem Flug. (Fahrt, Hobbys, Freizeit)
4. Ich denke an seinen Brief. (Postkarte, Paket, Geburtstag)
5. Wartest du auf deine Familie? (Nachbar, Gäste, Freund)

---

[1]Watch out! These words are prepositions (**an, auf,** etc.) followed by nouns in the appropriate cases. They are *not* separable prefixes! Notice also these two different uses of **auf**:

Ich warte **auf dem** Bahnsteig.	I wait on the platform.
Ich warte **auf den** Zug.	I wait for the train.

II. wo-Compounds

The interrogative pronouns **wen** and **wem** refer to people. If you wish to ask about things or ideas, you must use a WO-COMPOUND. If the preposition begins with a vowel, it is combined with **wor-**.

woran	wofür	worüber	wozu	*usw.*
worauf	womit	wovon		

An wen denken Sie?	{	Who are you thinking of?
		Of whom are you thinking?
Woran denken Sie?		What are you thinking of?
Auf wen wartest du?	{	Who are you waiting for?
		For whom are you waiting?
Worauf wartest du?		What are you waiting for?
Über wen sprecht ihr?	{	Who are you talking about?
		About whom are you talking?
Worüber sprecht ihr?		What are you talking about?

ÜBUNGEN

B. Stellen Sie Fragen!

Ask about the italicized phrase with a preposition and wen or wem, or with a wo-compound.

> z.B. Horst interessiert sich *für Sport*.
> **Wofür interessiert sich Horst?**

1. Barbara wartet *auf die Straßenbahn*.
2. Jutta erzählt *von ihrem Freund*.
3. Studenten interessieren sich besonders *für Politik*.
4. Sie sprechen *über ihre Hobbys*.
5. Kurt ist *mit Wolf* auf dem Trimm-dich-Pfad.
6. Herr Gnom denkt nie *an den Geburtstag seiner Frau*.
7. Sie schreibt *an ihre Eltern*.

C. Auf deutsch, bitte!

1. Who is he coming with? (With whom is he coming?) 2. What are they talking about? 3. What are you thinking of? 4. Who is he waiting for? 5. Don't wait for that. 6. What is she interested in? 7. Who are you writing to?

III. The Present Perfect

1. The PRESENT PERFECT corresponds closely in form to the English present perfect. In both languages, it consists of an inflected auxiliary verb and an unchanging past participle.

Wir **haben** das gut **gelernt**.[1]   We *have learned* that well.

[1]English uses only *to have* as the auxiliary in the present perfect. Most German verbs use **haben**, but some important ones use **sein**. This will be discussed in Chapter 10.

2. In the use of this tense, however, there is a considerable difference between German and English. In everyday conversation English makes much use of the simple past, whereas German uses the present perfect.

Wir **haben** das gestern **gelernt**.	We *learned* that yesterday.

In fact, the German present perfect corresponds to several past tense forms in English.

Er hat gelernt.	He has learned. He learned. He was learning. He did learn.

3. German has three groups of verbs that form their PAST PARTICIPLES in different ways: T-VERBS (also called "weak"), N-VERBS (also called "strong"), and MIXED VERBS (with characteristics of both t- and n-verbs).

a. The majority of German verbs are T-VERBS. They form their past participles with the prefix **ge-** and the ending **-t**. They correspond to such English verbs as *learn, learned,* and *work, worked.* *(regular or weak verbs)*

lernen **I**	**ge + stem + t**	gelernt
spielen		gespielt
schenken **a.**		geschenkt
feiern		gefeiert

Those verbs whose stems end in **-d, -t,** or certain consonant combinations make the final **-t** audible by inserting an **-e-**.

arbeiten	**ge + stem + et**	gearbeitet
baden		gebadet
öffnen **b.**		geöffnet

Also: antworten, bedeuten, kosten, mieten, übernachten, warten, etc. Any verbs which are not specifically listed as n-verbs or mixed verbs can be assumed to be t-verbs.

b. A smaller but extremely important group of verbs, the N-VERBS, form their past participles with the prefix **ge-** and the ending **-en**. They correspond to the English verb *write, written*. The n-verbs frequently have a stem change in the past participle; their forms are not predictable. (Many of them also have a stem change in the second and third-person singular of the present tense: **du sprichst, er spricht.**)

schreiben	**ge + stem (change) + en**	geschrieben
sprechen **II.**		gesprochen
essen		gegessen
sitzen		gesessen

You will need to memorize the past participles of these **n-verbs** before doing the exercises.

224
WIE GEHT'S?

backen	gebacken	to bake	rufen	gerufen	to call
beginnen[1]	begonnen	to begin	schlafen	geschlafen	to sleep
essen	gegessen	to eat	schreiben	geschrieben	to write
finden	gefunden	to find	sehen	gesehen	to see
geben	gegeben	to give	singen	gesungen	to sing
gefallen[1]	gefallen	to please	sitzen	gesessen	to sit
gewinnen[1]	gewonnen	to win	sprechen	gesprochen	to speak
halten	gehalten	to stop	stehen	gestanden	to stand
helfen	geholfen	to help	tragen	getragen	to carry
(laden)[2]	(geladen)	to load	treffen	getroffen	to meet
lassen	gelassen	to leave	trinken	getrunken	to drink
lesen	gelesen	to read	tun	getan	to do
liegen	gelegen	to lie	waschen	gewaschen	to wash
nehmen	genommen	to take	(ziehen)[2]	(gezogen)	to pull

c. The very few MIXED VERBS have both a stem change (like the **n**-verbs) and a **-t** ending (like the **t**-verbs). They can be compared to the English verb *bring, brought*.

(The modals, which belong to this group, will be discussed in Chapter 11.)

These are the familiar mixed verbs:

bringen	**ge** + stem (change) + **t**	gebracht	to bring
denken		gedacht	to think
haben		gehabt	to have
kennen		gekannt	to know (be acquainted with)
wissen		gewußt	to know (a fact)

4. Separable-prefix verbs belong to all three groups discussed above and follow their respective patterns. However, the stressed separable prefix is separated from the verb by **-ge-**.

auf·passen	aufgepaßt
an·ziehen	angezogen
ein·laden	eingeladen
mit·bringen	mitgebracht

[1]See section 5.

[2]Though uncommon in their simple form, these verbs occur in compounds (**einladen, anzie-hen**). Therefore, they should also be memorized.

5. Two groups of verbs have no **ge-** prefix.

a. Inseparable-prefix verbs—verbs with the unstressed prefixes **be-, emp-, ent-, er-, ge-, ver-,** and **zer-:**

beeilen	beeilt
erzählen	erzählt
gefallen	gefallen

b. Verbs ending in **-ieren:**

interessieren	interessiert
rasieren	rasiert
studieren	studiert

6. Sentences in the perfect tense follow familiar word-order rules. Statements have the ___ V1 _____ V2 pattern. In subordinate clauses, the inflected part of the verb (the auxiliary) comes at the very end of the clause.

Er **hat** Geburtstag **gehabt**.	He had a birthday.
Ich weiß, daß er Geburstag **gehabt hat**.	I know that he had a birthday.

ÜBUNGEN

9/17/80

D. Geben Sie das Partizip (participle)!

z.B. fragen
gefragt

1. spielen, kaufen, danken, legen, schicken, schenken, feiern, tanzen, setzen, holen
2. antworten, kosten, baden, warten, bedeuten
3. zuhören, aufpassen, mitmachen, abschicken, anhören
4. entschuldigen, verkaufen, bezahlen, vermieten, erkälten
5. studieren, telefonieren, interessieren, photographieren
6. lesen, geben, finden, essen, schlafen, backen
7. aussehen, anrufen, mitnehmen, ausziehen, einladen
8. beschreiben, gefallen, bekommen, beginnen
9. bringen, wissen, denken, haben, kennen

for 9/19

E. Ersetzen Sie das Subjekt!

z.B. Er hat den Weihnachtsbaum gekauft. (du, ich)
Du hast den Weihnachtsbaum gekauft.
Ich habe den Weihnachtsbaum gekauft.

1. Hast du auf der Party getanzt? (ihr, Sie, sie/sg.)
2. Die Kinder haben die Geschenke gesucht. (wir, ich, er, du)
3. Wir haben Weihnachtsplätzchen gebacken. (ich, du, meine Mutter)
4. Hat er die Kerzen gefunden? (du, ihr, Sie)
5. Wir haben den Weihnachtsbaum gesehen. (Ilse, ich, Ilse und ich, ihr)

F. Ersetzen Sie das Partizip!

z.B. Wir haben Weihnachtslieder gespielt. (lernen, sich anhören, singen)
Wir haben Weihnachtslieder gelernt.
Wir haben uns Weihnachtslieder angehört.
Wir haben Weihnachtslieder gesungen.

1. Ich habe die Bananen gekauft. (bezahlen, nehmen, mitbringen, essen)
2. Hast du dem Professor geantwortet? (zuhören, schreiben, danken, helfen)
3. Wann hat sie das Geschenk geschickt? (bekommen, bringen, sehen, öffnen)
4. Er hat auf dem Sofa übernachtet. (schlafen, liegen, sitzen, lesen)
5. Wir haben ihn nicht photographiert. (sehen, finden, verstehen, mitbringen)
6. Er hat sich rasiert. (sich waschen, sich anziehen, sich beeilen, sich entschuldigen)
7. Sie haben das Paket geschickt. (abholen, bekommen, mitbringen, aufmachen)

G. Auf deutsch, bitte!

1. She slept well. 2. They helped us. 3. Was he playing? 4. Did you call? (*sg. fam.*)
5. I was shopping. 6. They visited us. 7. Have you eaten? (*3x*) 8. He was studying there. 9. Did you (*formal*) know that? 10. I didn't think of it.

H. Sagen Sie die Sätze im Perfekt (present perfect)!

z.B. Ilse sucht eine neue Wohnung.
Ilse hat eine neue Wohnung gesucht.

1. Er schenkt seiner Mutter ein Radio zum Geburtstag.
2. Wir beeilen uns sehr.
3. Ich warte schon zwei Wochen auf diesen Brief.
4. Sie erkältet sich wieder.
5. Kaufen Sie sich eine Gitarre?
6. Er photographiert uns.
7. Auf der Party tanzen wir die ganze Nacht.
8. Übernachtest du in einem Hotel oder auf dem Campingplatz?
9. Er gratuliert seiner Frau zum Geburtstag.
10. Er sagt, daß sie zur Weihnachtszeit Weihnachtslieder singen.
11. Sie fragt, ob ihr euch warm anzieht.
12. Ich möchte wissen, worüber sie sprechen.

I. Antworten Sie auf deutsch!

1. Haben Sie vor kurzem (recently) in einem Restaurant gegessen? Wo? Was haben Sie bestellt? Haben Sie etwas Neues versucht? Was hat besonders gut geschmeckt?
2. Was haben Sie gestern abend gegessen? Haben Sie es sich selbst (you yourself) gekocht? Was haben Sie dazu getrunken?

3. Wie haben Sie gestern nacht geschlafen? Bis wann haben Sie heute früh geschlafen?

4. Womit haben Sie sich die Haare gewaschen? Wie heißt das Shampoo?

5. Womit haben Sie sich die Zähne geputzt? Wie heißt die Zahnpaste?

6. Haben Sie sich vor kurzem etwas Besonderes gekauft? Was?

7. Haben Sie etwas Interessantes gelesen? Was?

8. Was haben Sie heute in die Klasse mitgebracht?

9. Haben Sie sich heute warm oder leicht angezogen? Was haben Sie sich angezogen?

10. Haben Sie gestern ferngesehen? Was haben Sie sich angesehen? Hat es Ihnen gefallen?

11. Haben Sie sich gestern Schallplatten angehört? Was haben Sie sich angehört? Hat es Ihnen gefallen?

12. Haben Sie gestern mit einem anderen Studenten oder mit einer anderen Studentin über etwas Interessantes gesprochen? Worüber?

ZUSAMMENFASSUNG

J. Machen Sie ganze Sätze im Perfekt!

z.B. wünschen / du / ihm / viel Glück?
Hast du ihm viel Glück gewünscht?

1. gefallen / ihm / Geschenke?   *Haben ihm die Geschenke gefallen?*

2. sie (*sg.*) / unterschreiben / Scheck / nicht

3. sie (*pl.*) / sich mieten / eine Wohnung

4. waschen / du / (*reflexive pronoun*) / Hände?

5. er / erzählen / von / Feiertage?   *m. verbs in the dative plural*

6. ich / mitbringen / Sekt

7. helfen / Sie / Ihr / Nachbar?

8. wieviel / kosten / Flöte?

9. wohin / Sie / schicken / Paket?

10. er / machen / etwas / für / seine Eltern / zu Weihnachten

11. gestern / ich / treffen / dein / Vater

12. wie lange / warten / du / auf / mich?

K. Auf deutsch, bitte!

1. The day before yesterday I had a birthday party. 2. Did you (*sg. fam.*) also invite Volker and his girlfriend? 3. Yes, she brought along a birthday cake with twenty-one candles. 4. They brought me presents. 5. My father even gave us a bottle of champagne. 6. Later I opened all (the) presents. 7. Did you (*pl. fam.*) celebrate all night? 8. Of course. We danced, listened to music, played games, and ate well. 9. Volker didn't only eat well, he also drank too much. 10. He sang carnival songs and told jokes (**Witze**). 11. The next morning our neighbor's wife called my parents. 12. But that doesn't matter now. We had fun.

Was ist das?

der Maskenball, Prinz; das Karussell, Kostüm, Musikinstrument, Straßentheater; die Form, Menschenmasse, Prinzessin; fallen; authentisch, elektrisch, klassisch, mittelalterlich, religiös

Gisela ist aus Regensburg, aber jetzt lebt sie schon seit sechs Jahren in Amerika. Heute stellt ihr Fred ein paar Fragen über° deutsche Feste. Fred lernt Deutsch an der Universität und will nächstes Jahr in Regensburg studieren.

about

5	FRED:	Tag, Gisela. Woran denkst du denn?
	GISELA:	Ach, ich habe gerade an „die Dult" gedacht.
	FRED:	Was ist denn das?
	GISELA:	Das ist ein typisches Volksfest, das° man in Regensburg um

FRED: Tag, Gisela. Woran denkst du denn?

GISELA: Ach, ich habe gerade an „die Dult" gedacht.

FRED: Was ist denn das?

GISELA: Das ist ein typisches Volksfest, das° man in Regensburg um diese Jahreszeit feiert. Es gibt Wurstbuden°, Schießbuden°, Karussells, Bier, Brezeln und laute Musik. Da haben wir immer viel Spaß gehabt. Überall hat man Freunde getroffen. Im Sommer gibt es auch noch ein „Bürgerfest". Da ist die *ganze* Stadt auf den Beinen°. Es gibt Umzüge°, Straßentheater und wieder viel Musik (bayrische°, mittelalterliche°, klassische und *moderne*). Dann sind in der Altstadt alle Autos *verboten*, und die Innenstadt ist voll mit Menschen.

FRED: Pfui! Ich mag keine Menschenmassen.

GISELA: Ach, ab und zu ist das doch *ganz* schön.

FRED: Was für Feste hat man denn noch bei euch gefeiert?

GISELA: Zum Beispiel die „Landshuter Fürstenhochzeit°".[1] Landshut liegt übrigens ganz in der Nähe von Regensburg. Es ist auch eine sehr alte Stadt. Die „Fürstenhochzeit" ist alle drei Jahre im Juli, also nächstes Jahr auch wieder. Das ist wirklich eindrucksvoll°. Man denkt, man ist im Mittelalter°. Viele Landshuter *tragen* dann mittelalterliche Kleidung. Alles ist authentisch: die Kostüme der Ritter°, Prinzen und Prinzessinnen, die Musikinstrumente und die Tourniere°. Man ist historisch so genau°, daß Leute mit Brillen° an den Umzügen und Spielen nicht *teilnehmen* dürfen, weil es im Mittelalter noch keine Brillen gegeben hat.

Margin glosses:
which
. . . booths / shooting galleries
on the go / parades
Bavarian
medieval
royal wedding
impressive / Middle Ages
knights
tournaments
exact / eyeglasses

—Landshuter Fürstenhochzeit

FRED: Das klingt wirklich interessant. Ich habe mich schon immer fürs Mittelalter interessiert, aber ich kann es mir nicht so richtig vorstellen°.

imagine

GISELA: Dann mußt du nächstes Jahr nach Landshut fahren! In einem Jahr kannst du natürlich *bestimmt* nicht an allen Festen teilnehmen. Da gibt es einfach zu viele. Aber vielleicht kannst du im Herbst kurz zum „Winzerfest°" nach Rüdesheim am Rhein oder zum „Oktoberfest" nach München fahren. Bei beiden° Festen singt und trinkt man viel. Beim „Winzerfest" gibt's guten Wein und beim „Oktoberfest" viel Bier. Mir hat es in Rüdesheim und in München immer sehr gut gefallen.

vintage festival

both

FRED: Mensch, so viele Feste! Ihr habt viel gefeiert.

GISELA: Ja. Die Deutschen sagen sich „Man muß die Feste feiern, wie sie fallen."°

as they come

FRED: Gibt es in Deutschland auch „Halloween"?

GISELA: Nein, aber im Februar den „Fasching." Das heißt°, bei uns *nennt* man ihn „Fasching"[2] und am Rhein „Karneval".[2] Andere Städte haben noch andere Namen dafür. Es ist so etwas wie euer „Mardi Gras" in New Orleans, genauso *verrückt*, mit Kostümen, Umzügen und Maskenbällen. Dann gibt es natürlich auch noch *verschiedene* religiöse Feste und Feiertage, wie zum Beispiel Ostern° und Weihnachten.

that is (to say)

Easter

FRED: Ja, erzähl mal! Wie habt ihr Weihnachten gefeiert?

GISELA: Vier Wochen vor Weihnachten haben bei uns immer die Vorbereitungen° *angefangen.* Jeden Sonntag haben wir am Ad-

preparations

ventskranz° eine neue Kerze angezündet°. Den Weihnachtsbaum haben wir *erst* am Heiligabend°3 gesehen, aber dafür
haben wir ihn bis zum° 6. Januar im Zimmer gelassen. Wir
haben keine elektrischen Kerzen, sondern Wachskerzen darauf gehabt. Am Heiligabend haben wir gewöhnlich erst°
Weihnachtslieder gesungen und dann unsre Geschenke bekommen.

FRED: Ja? Ich *freue mich auf* die Weihnachtszeit in Deutschland.
Ich habe auch vom Christkindlmarkt⁴ in Nürnberg gehört.
Da möchte ich gern hin.

GISELA: Das kannst du ja auch leicht. Es ist ja nur ein Katzensprung°
von Regensburg nach Nürnberg.

FRED: Stimmt. Und wie habt ihr Silvester gefeiert?

GISELA: Mit viel Bowle°, Tanz und Bleigießen°. Beim Bleigießen
bringt man über einer Kerze etwas Blei° in einem Löffel zum
Schmelzen°. Dann gießt° man es schnell in kaltes Wasser.
Dabei gibt es oft komische° Formen. Die Form soll etwas
über die Zukunft° sagen. Es macht viel Spaß. Um Mitter-
nacht° haben wir dann mit Sekt auf das neue Jahr getrunken.

FRED: Nicht schlecht. Du, Gisela, jetzt muß ich aber leider gehen.
Vielleicht kannst du mir später noch mehr erzählen.

GISELA: Natürlich, gern. Vielleicht kann ich dir dann auch zeigen,
wie man eine schöne Feuerzangenbowle° macht.

FRED: Jetzt bin ich aber neugierig°. Also, bis später!

GISELA: Tschüß!

Advent wreath / lit

Christmas Eve

until

first

stone's throw (lit., cat's jump)

alcoholic punch / lead-pouring

lead

and lets it melt / pours

strange

future

at midnight

flaming alcoholic punch

curious

—Heiße Kastanien
(*chestnuts*)!

VOKABELN

an·fangen (fängt), angefangen	to start, begin
bestimmt	no doubt, certainly; certain
erst	not before (time), only
sich freuen (auf + *acc.*)	to look forward (to)
Ich freue mich auf den Karneval.	I'm looking forward to the carnival.
ganz	whole, entire(ly); very
modern	modern
nennen, genannt	to name, call
teil·nehmen (an + *dat.*) **(nimmt),** teilgenommen	to participate (in), take part (in)
tragen (trägt), getragen	to wear
verboten	forbidden
verrückt	crazy
verschieden	various, different

1. In 1475 Duke Ludwig the Rich of Landshut ordered a lavish feast prepared for his son's wedding to a Polish princess. Its splendor became part of folk legend. Today the **Fürstenhochzeit** is reenacted every three years with authentic costumes, instruments, games, parades, and other observances.

2. **Fasching,** or **Karneval**, is a time of dancing and fun that comes between Christmas and Lent. The celebrations in Munich, Mainz, and Cologne are particularly famous. From mid-January until the night before Ash Wednesday, dances and costume parties are held almost every night. In Mainz and Cologne the **Karneval** culminates in three days of public celebrations and parades.

3. For many Germans, Christmas includes a late afternoon or midnight church service on Christmas Eve (**Heiligabend**). Presents, usually unwrapped and displayed on tables, are exchanged on the evening of the 24th. Most Germans enjoy two Christmas holidays, December 25 and 26.

4. Nürnberg's outdoor **Christkindlmarkt** is the largest German Christmas market. Over two million people visit it during the four weeks before Christmas. Booths offer Christmas decorations, candy, toys, etc. The smell of hot punch, burnt almonds, and roasted chestnuts is in the air, and there are performances by choirs and instrumentalists. Nürnberg is also the source of the delicious **Nürnberger Lebkuchen**, a high-class cousin of gingerbread.

FRAGEN

A. 1. Wie heißen zwei Regensburger Volksfeste? Was gibt es da alles?

2. Was ist die „Landshuter Fürstenhochzeit"? Beschreiben Sie sie! Warum dürfen Leute mit Brillen nicht daran teilnehmen?

3. Was für deutsche Feste kann man im Herbst besuchen?

4. Was für ein Fest gibt es im Februar?

5. Wie hat Giselas Familie Weihnachten gefeiert?

6. Was hat ihre Familie zu Silvester gemacht? *after a pope*

B. 1. Gibt es hier auch typische Volksfeste? Wie heißen sie? Wann sind sie? Was kann man auf so einem Volksfest sehen und tun?

2. Welches amerikanische Fest ist so wie der deutsche Fasching? Haben Sie einmal daran teilgenommen? Können Sie es beschreiben?

3. Wie feiert man in Amerika Silvester?

4. Wie feiert Ihre Familie Weihnachten? Haben Sie einen Adventskranz? Wann machen Sie die Geschenke auf?

AUFSATZ *due Mon 9/22*   *aufsatz*   *for 4-7*

Describe one American holiday and the traditions associated with it.

KAPITEL

Was gibt's im Theater? | **GESPRÄCHE**

Ein Blick in die Zeitung

RENATE: Sag mal, Heiner, **was gibt's denn** heute abend **im Fernsehen**?

HEINER: Ach, nichts Besonderes: Einen Dokumentarfilm über die Presse, einen Krimi und eine dumme Show.

RENATE: Und im Kino?

HEINER: „Frankenstein"!

RENATE: Nein, danke. Den Film habe ich schon gesehen. Was gibt's im Theater[1]?

HEINER: Den „Besuch der alten Dame".[2]

RENATE: Prima! Hast du Lust?

HEINER: Ja, das klingt gut. Gehen wir!

An der Theaterkasse

HEINER: Haben Sie noch Karten für heute abend?

FRÄULEIN: Es tut mir leid. Für heute abend ist alles ausverkauft.

RENATE: Schade! Und für morgen?

FRÄULEIN: Ja, fünfte Reihe im Parkett rechts und Rang Mitte.

HEINER: Zwei Plätze im Parkett! Hier sind unsere Studentenausweise.

FRÄULEIN: 16 DM, bitte!

RENATE: Wann fängt die Vorstellung an?

FRÄULEIN: Um 20.15 Uhr.

10

In der Pause

HEINER: Darf ich dich zu einer Cola einladen?

RENATE: **Laß mich bezahlen!** Du hast schon die Programme gekauft.

HEINER: Na gut. Wie hat dir der erste Akt gefallen?

RENATE: Ausgezeichnet. Ich habe das Stück schon **vor drei Jahren** einmal gesehen. Aber **meiner Meinung nach** ist diese Vorstellung besser.

HEINER: Du, wir müssen zurück auf unsre Plätze. Es geht weiter.

ÜBRIGENS

1. The many theaters in all German-speaking countries still attract audiences primarily from the middle and upper classes of society. In East Germany a special effort is made to entice the working classes to theaters, concert halls, and museums. In German-speaking countries, students with valid I.D.'s usually are able to purchase tickets at a considerable discount. This is true also for museums and galleries, so be sure to take your student I.D. along when you go to Europe.

2. **Der Besuch der alten Dame** (1956), recounting the vengeful return of a wealthy old woman to her hometown that once did her wrong, is considered by many to be the finest work of Friedrich Dürrenmatt (1921–   ). This Swiss author is one of the leading dramatists writing in German today. Many of his plays have become standard theatrical fare in English-speaking countries as well.

A glance at the newspaper

RENATE: Say, Heiner, **what's on TV** tonight?

HEINER: Oh, not much: a documentary about the press, a detective story, and a silly (variety) show.

RENATE: And at the movies?

HEINER: "Frankenstein!"

RENATE: No, thanks. I've seen that film already. What's playing in the theater?

HEINER: "The Visit."

RENATE: Wonderful! Do you feel like going?

HEINER: Yes, that sounds good. Let's go.

At the ticket window

HEINER: Do you have any tickets for tonight?

YOUNG LADY: I'm sorry. Tonight is all sold out.

RENATE: Too bad. How about tomorrow?

YOUNG LADY: Yes, fifth row orchestra on the right, and middle balcony.

HEINER: Two seats in the orchestra. Here are our student I.D.'s.

YOUNG LADY: Sixteen marks, please.

RENATE: When does the performance start?

YOUNG LADY: At 8:15.

During the intermission

HEINER: May I treat you to a coke?

RENATE: **Let me pay** for it. You've already bought the programs.

HEINER: Okay. How did you like the first act?

RENATE: Excellent. I saw the play **three years ago**. But **in my opinion** this performance is better.

HEINER: We have to get back to our seats. The curtain's going up (it's continuing).

MÜNDLICHE ÜBUNG

1. im Fernsehen: **Was gibt's heute abend** im Fernsehen?
   im Kino, im Theater, in der Oper, im Konzert

2. den Film: Den Film **habe ich schon gesehen.**
   das Stück, die Oper, den Bericht (report), das Programm

3. ins Theater: **Hast du Lust**, ins Theater **zu gehen?**
   in ein Konzert, ins Museum, ins Kino

4. vor drei Jahren: **Ich habe das Stück** vor drei Jahren **gesehen.**
   vor vier Monaten, vor drei Wochen, vor zwei Tagen, vor einem Jahr, vor einer Woche

5. ausgezeichnet: **Das ist wirklich** ausgezeichnet.
   lustig, komisch (strange), spannend (suspenseful), dumm, furchtbar

6. heute abend: **Haben Sie noch Karten für** heute abend?
   morgen, übermorgen, diese Vorstellung, dieses Stück

7. zu einer Cola: **Darf ich Sie** zu einer Cola **einladen?**
   zu einem Glas Sekt, zu einer Party, zum Essen, ins Kino

8. bezahlen: **Laß mich** bezahlen!
   mitkommen, hier bleiben, fernsehen, die Zeitung lesen

WORTSCHATZ: UNTERHALTUNG

die Unterhaltung entertainment

| der | **Plattenspieler,-** | record player | die | **Zeitschrift,-en** | magazine |
| | | | | **Zeitung,-en** | newspaper |

das Programm,-e program; channel

der	**Anfang**	beginning, start	das	**Stück,-e**	play
	Autor,-en[1] *Autóren*	author	die	**Geschichte,-n**	story
	Bericht,-e	report		**Oper,-n**	opera
	Chor,-e	choir		**Pause,-n**	intermission, break
	Film,-e	movie, film		**Reihe,-n**	row
	Komponist,-en,-en[1]	composer		**Reklame,-n**	advertisement, advertising
	Krimi,-s	detective story		**Vorstellung,-en**	performance
	Roman,-e	novel			
	Schauspieler,-[1]	actor		**an·machen**	to turn on
das	**Ende**	end		**aus·machen**	to turn off (a radio, TV, etc.)
	Konzert,-e	concert		**klatschen**	to clap, applaud
	Orchester,-	orchestra		**lachen**	to laugh
	Publikum	audience			

[1]The feminine equivalents end in **-in** (*pl.* **-innen**): **die Autorin, die Autorinnen.**

—Am Zeitungs-
stand.

Laß mich bezahlen!	Let me pay.
meiner Meinung nach	in my opinion
vor drei Jahren[1]	three years ago
Was gibt's im Fernsehen (im Theater)?	What's on TV? (What's playing in the theater?)
ausgezeichnet	excellent
ausverkauft	sold out
dumm	stupid, silly
komisch	strange; comical, funny
spannend	suspenseful, exciting

[1]Note the difference between these two sentences:

Vor drei Jahren hat er in Berlin gewohnt.

Three years ago he lived in Berlin (but no longer does).

Seit zwei Jahren wohnt er in Bonn.

For two years he has been living in Bonn (and still does).

ZUM THEMA

A. Was paßt?

1. Was gibt's heute abend im Fernsehen?
2. Hast du Lust, ins Kino zu gehen?
3. Gibt es noch Karten für heute abend?
4. Wie gefällt es Ihnen?
5. Darf ich Sie zu einem Glas Wein einladen?

Jederzeit!

Leider nicht.

Ach, nichts Besonderes.

Natürlich!

Ausgezeichnet!

Das klingt gut.

Ja, im Rang.

Ein paar alte Filme.

Alles ausverkauft.

Es ist wirklich spannend!

Ich habe leider keine Zeit.

Laß mich in Ruhe!

Vielen Dank.

Gern.

B. Fragen   *for 4-8* ⟍

1. Was kann man hier tun, wenn man Unterhaltung sucht?
2. Gehen Sie ab und zu in eine Diskothek oder eine Pub? Was können Sie empfehlen? Was für Musik spielt man dort? Kann man da gut tanzen?
3. Wo kann man hier Theaterstücke sehen? Haben Sie dieses Jahr ein interessantes Stück gesehen? Wie heißen ein paar Autoren von guten Theaterstücken?
4. Welche Filme laufen hier gerade? Können Sie uns einen Film empfehlen? Haben Sie in letzter Zeit einen Film gesehen? Wie hat er Ihnen gefallen?

5. Gehen Sie oft ins Konzert? Wohin? Welche Komponisten hören Sie gern?

6. Kann man hier Opern sehen? Kann man hier Opern hören? Welche Opern kennen Sie?

7. Wer von Ihnen singt gern? Wer singt im Chor? Wer spielt im Orchester? Wer spielt eine Rolle in einem Theaterstück?

8. Wie heißen ein paar gute amerikanische Zeitungen? Nennen Sie ein paar interessante Zeitschriften! Wer kann einen guten Roman empfehlen? Welche Autoren finden Sie besonders gut? Lesen Sie Krimis? Welche Krimis lesen Sie gern?

C. Interview

Fragen Sie Ihren Partner (Ihre Partnerin),

1. ob er (sie) viel fernsieht,
2. welche Programme ihm (ihr) gefallen,
3. ob er (sie) in den letzten Wochen einen guten Film gesehen hat,
4. ob er (sie) eine Leseratte (book worm) ist,
5. welche Zeitschrift oder Zeitung er (sie) interessant findet!

D. Schriftliche Übung

Schreiben Sie ein Gespräch!

1. An der Kinokasse
2. In der Opernpause
3. Vor dem Fernseher

STRUKTUR

I. The Present Perfect with sein

1. As you know, German uses two auxiliaries in the perfect tenses, **haben** and **sein**. Most verbs take **haben**, but some very common ones use **sein**. You will probably find it easiest to memorize **sein** together with the past participles of those verbs requiring it. However, you can also determine which verbs take **sein** by remembering that they must fulfill *two conditions*:

a. They are intransitive—that is, they do not take an object.

b. They express a change of place or condition.[1]

Wir **sind** nach Europa **gereist**.	We traveled to Europe.
Er **ist** wieder **zurückgekommen**.	He came back again.

[1]Only two familiar verbs fail to fulfill the second condition: **bleiben** and **sein**.

2. These are the familar verbs that take **sein** as the auxiliary in the perfect
tenses.

a. **t-verbs**

| bummeln | ist gebummelt | *to stroll* | reisen | ist gereist | *to travel* |
| landen | ist gelandet | *to land* | wandern | ist gewandert | *to hike* |

b. **n-verbs**

bleiben	ist geblieben	*to remain*	laufen	ist gelaufen	*to run, walk*
fahren	ist gefahren	*to drive, go*	sein	ist gewesen	*to be*
fliegen	ist geflogen	*to fly*	steigen	ist gestiegen	*to climb*
gehen	ist gegangen	*to go, walk*	werden	ist geworden	*to become*
kommen	ist gekommen	*to come*			

Also these compound verbs:

ab·fahren	an·kommen
ab·fliegen	mit·kommen
auf·stehen	zurück·kommen
aus·gehen	aus·steigen
spazieren·gehen	ein·steigen
vorbei·gehen	um·steigen

Ich **bin** um neun **abgefahren.**
Ilse **ist** auch **mitgekommen.**
Wir **sind** in Köln **umgestiegen.**
Bist du lange **spazierengegangen?**
Warum **seid** ihr nicht dort **geblieben?**
Sind Sie im Sommer nach Amerika **geflogen?**

ÜBUNGEN

A. Geben Sie das Partizip!

z.B. steigen
ist gestiegen

1. landen, reisen, wandern, bummeln

2. bleiben, werden, sein, fliegen, laufen

3. abfahren, spazierengehen, zurückkommen, umsteigen, aufstehen

B. Ersetzen Sie das Subjekt!

z.B. Sie ist nach Berlin geflogen. (ich, sie/*pl.*, ihr)
Ich bin nach Berlin geflogen.
Sie sind nach Berlin geflogen.
Ihr seid nach Berlin geflogen.

1. Ich bin um sechs aufgestanden. (er, sie/*pl.*, ihr)

2. Sie sind gestern abend ausgegangen. (wir, ich, er)

3. Seid ihr heute früh gelaufen? (du, Sie, sie/*sg.*)

4. Er ist zu Hause geblieben. (ich, sie/*pl.*, wir)

C. Sagen Sie die Sätze im Perfekt!

z.B. Die Kinder werden müde.
Die Kinder sind müde geworden.

1. Das Flugzeug landet um 9.25 Uhr.
2. In München steigen wir um.
3. Sonntags gehen sie immer im Park spazieren.
4. Am Wochenende laufe ich auf dem Trimm-dich-Pfad.
5. Wann fahrt ihr ab?
6. Er kommt schon um acht.
7. Bleibst du lange auf der Party?
8. Der Komponist ist sehr bekannt.
9. Ich weiß, daß er in der Schweiz ist.
10. Er fragt, wohin sie reisen.
11. Sie sagt, daß Paul um acht zurückkommt.
12. Er kommt nicht, weil er zu müde ist.

D. Auf deutsch, bitte!

1. We went skiing. 2. The plane left (took off) at 5:05 p.m. 3. On the weekend we went fishing. 4. Yesterday we went to a movie. 5. We came back from the theater. 6. Axel just came out of the store. 7. They drove to Vienna. 8. I strolled through the museum. 9. He has been very lazy (**stinkfaul**). 10. It got (**werden**) very cold.

II. The Past Perfect

1. Like the present perfect, the PAST PERFECT in both English and German is a compound form consisting of an auxiliary and a past participle. However, the auxiliary is in the simple past.

The simple past forms of the auxiliaries **haben** and **sein**:

	HABEN	SEIN
ich	hatte	war
du	hattest	warst
er, es, sie	hatte	war
wir	hatten	waren
ihr	hattet	wart
sie	hatten	waren
Sie	hatten	waren

Wir **hatten** das gut **gelernt.**   We *had learned* that well.
Wir **waren** viel **gereist.**   We *had traveled* a lot.

2. The past perfect is used to refer to events *preceding* events in the past.

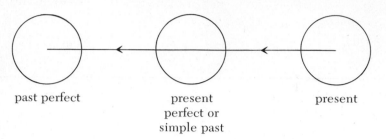

past perfect   present   present
                     perfect or
                     simple past

Er hat mich gestern angerufen. Ich **hatte** gerade einen Brief an ihn **geschrieben**.	He called me yesterday. I *had* just *written* him a letter.
Wir sind zu spät am Bahnhof angekommen. Der Zug **war** schon **abgefahren**.	We arrived too late at the station. The train *had* already *left*.

ÜBUNGEN

E. Ersetzen Sie das Subjekt!

   z.B. Sie hatten uns besucht. (er, du)
      Er hatte uns besucht.
      Du hattest uns besucht.

1. Ich hatte den Film schon gesehen. (er, wir, du)
2. Wann war er angekommen? (ihr, Sie, sie/*sg.*)
3. Sie hatten das nicht gewußt. (wir, ihr, sie/*sg.*)
4. Ich war nach Hamburg gereist. (sie/*pl.*, du, wir)
5. Die Leute hatten geklatscht. (er, du, ich)

F. Sagen Sie die Sätze im Plusquamperfekt (past perfect)!

   z.B. Er hat das Programm auf seinen Platz gelegt.
      Er hatte das Programm auf seinen Platz gelegt.

1. Das Publikum hat über das Stück gelacht.
2. Manche Leute sind nach der Pause nicht zurückgekommen.
3. Wann hat die Oper angefangen?
4. Der Autor ist zur Vorstellung gekommen.
5. Wir sind gestern ins Kino gegangen.

G. Sagen Sie die Sätze im Perfekt und im Plusquamperfekt!

Be sure to use the correct auxiliary.

4-8

z.B. Sie stehen vor dem Ende des Stückes auf.
   Sie sind vor dem Ende des Stückes aufgestanden.
   Sie waren vor dem Ende des Stückes aufgestanden.

1. Ich freue mich auf den Krimi. *looked forward to*
2. Kommst du mit zur Kasse?
3. Er interessiert sich sehr fürs Theater.
4. Sie ziehen sich elegant an.
5. Heiner und ich gehen am Sonntag ins Konzert.
6. Wir setzen uns wieder auf unsre Plätze.
7. Wann kauft ihr euch die Karten?
8. Worüber sprechen sie in der Pause?
9. Er wartet auf seine Freundin.
10. Wir gehen nach dem Theater in eine Weinstube.

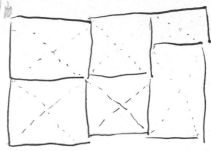

III. Endings of Preceded Adjectives

Adverbs and predicate adjectives do not have endings. However, adjectives modifying a noun do have an ending which varies with the noun's case, gender, and number, and the PRECEDING article. As in English, they always precede the noun they modify.

Willi fährt schnell.	Willi drives fast.
Er ist schnell.	He is fast.
Er ist ein schnell**er** Fahrer (*masc.*).	He's a fast driver.
Er hat ein schnell**es** Auto (*neut.*).	He has a fast car.

1. Adjectives preceded by the definite article or any <u>der</u>-word have one of two endings:

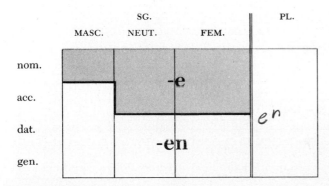

Der amerikanische Autor ist bekannt.
Kennst du dieses neue Stück?
Wir sitzen in der fünften Reihe.
Solche guten Vorstellungen sind oft ausverkauft.

2. Adjectives preceded by the indefinite article or any **ein**-word have two additional endings:

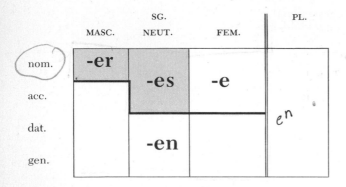

Das ist ein spannend**er** Krimi.
Hast du noch ein ander**es** Buch?
Nein, aber du kannst meine alt**e** Zeitschrift lesen.
Die Geschichten in deiner komisch**en** Zeitschrift kenne ich.

3. Summary of preceded adjective endings

a. In the nominative and accusative singular:

after **der, das, die,** and **eine**:   **-e**

after **ein** { with masc. nouns: **-er**
{ with neut. nouns: **-es**

b. In all other cases (accusative masculine singular, and all datives, genitives, and plurals):   **-en**

	SG.			PL.
	MASC.	NEUT.	FEM.	
nom.	-e *der* / - er *ein*	-e *der* / - es *ein*	-e	
acc.				
dat.		-en		
gen.				

	SG. MASC.			SG. NEUT.			SG. FEM.		
nom.	der	neue	Fernseher	das	neue	Radio	die	neue	Zeitung
	ein	neuer	Fernseher	ein	neues	Radio	eine	neue	Zeitung
acc.	den	neuen	Fernseher	das	neue	Radio	die	neue	Zeitung
	einen	neuen	Fernseher	ein	neues	Radio	eine	neue	Zeitung
dat.	dem	neuen	Fernseher	dem	neuen	Radio	der	neuen	Zeitung
	einem	neuen	Fernseher	einem	neuen	Radio	einer	neuen	Zeitung
gen.	des	neuen	Fernsehers	des	neuen	Radios	der	neuen	Zeitung
	eines	neuen	Fernsehers	eines	neuen	Radios	einer	neuen	Zeitung

PL.

nom.	die	neu**en**	Programme
	keine	neu**en**	Programme
acc.	die	neu**en**	Programme
	keine	neu**en**	Programme
dat.	den	neu**en**	Programmen
	keinen	neu**en**	Programmen
gen.	der	neu**en**	Programme
	keiner	neu**en**	Programme

If a noun is modified by more than one adjective, all the adjectives have the same ending.

Wir gehen in den bekannt**en**, neu**en**, französisch**en** Film.

ÜBUNGEN

H. Kombinieren Sie (combine)!

Make noun phrases in the cases indicated, using first a form of **der**, then a form of **ein**.

z.B. nom. sg. masc.: Kuli / schwarz
der schwarze Kuli
ein schwarzer Kuli

1. nom. sg. masc.:   Student / hungrig, Freund / gut; Autor / bekannt; Fernseher / neu; Film / spannend
2. nom. sg. neut.:   Stück / lustig; Programm / interessant; Bier / kalt; Restaurant / ausgezeichnet; Konzert / wunderbar
3. nom. sg. fem.:   Zeitschrift / alt; Geschichte / verrückt; Vorstellung / toll; Oper / lang
4. acc. sg.:   Schauspieler / komisch; Haus / hübsch; Komponist / modern; Reklame / dumm
5. dat. sg.:   Roman / dick; Geschenk / klein; Party / laut
6. gen. sg.:   Autorin / jung; Pause / kurz; Film / langweilig
7. pl. (use **kein**)   Leute / alt (*nom., dat.*); Studenten / fleißig (*acc., gen.*)

u-9

I. Sagen Sie die Sätze noch einmal mit den Adjektiven!

z.B. Wir sehen ein Theaterstück. (neu, bekannt)
Wir sehen ein neues Theaterstück.
Wir sehen ein bekanntes Theaterstück.

1. Wo ist mein Kuli? (schwarz, blau) *er*
2. Er liegt unter dem Heft. (grün, rot) *en*
3. Ich möchte ein Zimmer. (ander-, groß) *es* *for 9/29*
4. Das Zimmer gefällt mir. (klein, neu) *e*
5. Ich kann den Brief nicht finden. (letzt-, alt) *en*
6. Sie kommen mit ihren Freunden. (toll, verrückt) *en*
7. Renate liest gern Krimis. (englisch, spannend) *e*
8. Er reist mit seinem Onkel. (lustig, gemütlich) *en*

what is the
1. gender
2. article
3. case
a. number of

u-9

J. Was fehlt?

1. Wir wohnen jetzt in ein*er* nett*en* Stadt.
2. Dies*es* blau*en* Auto gefällt ihm so gut wie unser*m* gelb*es* (Auto).
3. Ich muß dies*en* ganz*en* Roman bis morgen lesen.
4. Gehen Sie rechts um d*ie* nächst*e* Ecke! *(acc)*
5. D*er* achtzigst*e* Geburtstag ihres Großvaters ist am dritt*en* Mai.
6. Klaus ist ein*m* ausgezeichnet*er* Schwimmer. *(nom)*
7. Wir haben heute leider kein*en* frisch*en* Fisch.
8. Wann fährt d*er* nächst*e* Zug nach Frankfurt?
9. Mein alt*er* Onkel hat mir dies*e* interessant*en* deutsch*en* Briefmarken geschickt.

for
4-13

10. Mein*e* Großmutter wohnt in ein*er* schick___ klein___ Wohnung.
11. Das ist wirklich ein*m* toll*es* Programm.
12. D*as* ander*e* Programm gefällt mir nicht so gut.
13. Bei dies*em* furchtbar*er* Wetter gehen wir nicht spazieren.
14. D*as* Ende dies*es* französisch*en* Filmes soll sehr komisch sein.
15. Unser*+* neu*er* Plattenspieler ist schon kaputt (broken).
16. Sie singen jedes Jahr di*e* schön*en* alt*en* Weihnachtslieder.
17. Du bist wirklich ein___ groß*en* Dummkopf!
18. Er hat kein___ besonder*es* Interesse am Theater.

for 4-14 ✓

liest unter dem kleinen Tisch
einen schönen
for 9/29

K. Auf deutsch, bitte!
grosses

1. She sent a large package. 2. They bought a beautiful Christmas tree. 3. The red pen is under the little table. 4. I went to a crazy party. 5. He's thinking of his new girl friend. 6. This is a very elegant restaurant. 7. I really like this cool weather. 8. He got an excellent seat.

ZUSAMMENFASSUNG

L. Machen Sie ganze Sätze!

Use the tenses suggested.

1. Am Ende / neue- Stück- / Leute / klatschen / nicht (*pres. perf.*)
2. anmachen / Fernseher! (3x) *not in past*
3. Renate / lesen / Krimi / schon (*past perf.*)
4. wir / sich ansehen / interessant / Programm (*pres. perf.*)
5. Müllers / zurückkommen / von / Oper / todmüde (*past perf.*)
6. während / Pause / ich / trinken / Glas Sekt (*pres. perf.*)
7. in / Museum / wir / sehen / kein / modern / Bilder (*past perf.*)
8. wollen / sich kaufen / wir / dies / amerikanisch / Zeitschriften (*present*)
9. wo / du / sich kaufen / so ein / schön / Plattenspieler? (*pres. perf.*)
10. wohin / ihr / gehen / während / erst- / Pause? (*pres. perf.*)

M. Auf deutsch, bitte!

1. Last night we went to the new movie theater. 2. My brother's friend invited me to it. 3. Franz B. played a well-known composer. 4. I had read about (**über**) it in a magazine. 5. I didn't like the movie. 6. It was a stupid story. 7. Some people laughed. 8. After one hour we got up and left (**weg·gehen**). 9. In a nice little restaurant we drank a glass of wine. 10. Afterward we strolled home. 11. We walked through the park. 12. In spite of the silly movie, the evening was wonderful.

Ich lerne jeden Tag dazu | EINBLICKE

Was ist das?

der Bücherfreund, Farbfernseher, Gastarbeiter, Kanal, Zimmernachbar; das Element, Farbsystem, Radiohören, Regionalprogramm, Stadttheater, Zeitunglesen; die Information, Interessengruppe, Sesamstraße, Wild-West-Serie; 100 Prozent; ausländisch, informativ, konzentriert, kulturell, manipuliert, monatlich, politisch, praktisch

Göttingen, den 4. März

Liebe Freunde vom deutschen Club!

Jetzt habe ich schon ein Semester in Göttingen[1] studiert, und ich muß sagen, mein Deutsch ist schon viel besser geworden. Es hat sehr geholfen, daß ich praktisch nur Deutsch höre und spreche. Außer° von den Vor-   besides

5 lesungen und den deutschen Studenten habe ich auch viel vom Fernsehen,[2] Zeitunglesen und Radiohören gelernt. Ich lerne jeden Tag dazu.

In unsrem Studentenheim gibt es einen Farbfernseher. Das Farbfernsehen in der BRD nennt sich PAL-System. Das Bild ist sehr gut. Leider hat man in der DDR ein anderes Farbsystem, das französische SECAM-System. Das bedeutet, daß man das DDR-Programm im Westen und das BRD-
5 Programm im Osten nur in Schwarz-Weiß sehen kann. Trotzdem sieht man in *beiden* Teilen Deutschlands oft das Programm der anderen Seite, und so ist das Fernsehen ein wichtiges, verbindendes° Element zwischen beiden deutschen Staaten. Es bietet° nicht nur einen kulturellen Austausch°, sondern erlaubt° auch einen Einblick in die politischen Meinun-
10 gen auf beiden Seiten. Beim „Schwarzen Kanal" in der DDR und beim „ZDF-Magazin" in der BRD muß man gut aufpassen, denn ihre politische Information ist sehr geschickt° manipuliert und oft Schwarz-Weiß-Malerei°. Nun°, man muß ja nicht immer alles *glauben*, was man hört. Ich finde diese Meinungsunterschiede° sehr interessant, und ich habe mir
15 beide Programme schon oft angesehen.

   linking
   offers
   exchange / allows

   cleverly

   biased / well
   . . . differences

Während man in Amerika das Fernsehen *hauptsächlich* durch Reklame finanziert, muß man in Deutschland eine monatliche Gebühr° bezahlen. Das heißt aber nicht, daß es im deutschen Fernsehen keine Reklame gibt. Natürlich gibt es sie auch; aber sie kommt konzentriert und kurz, nie
20 länger als° fünf Minuten, und nur abends zwischen sechs und acht. Weil das deutsche Fernsehen finanziell nicht von der Reklame *abhängig* ist, ist es relativ *unabhängig* in der Wahl° seiner Programme. Das Fernsehen ist *weder* privat *noch* staatlich kontrolliert.

   fee

   longer than

   selection

Wie Ihr auf dem Donnerstagprogramm sehen könnt, hat die BRD drei
25 Programme und die DDR zwei. Dazu kommen noch verschiedene Regionalprogramme, die° hauptsächlich abends nach sechs im dritten Programm erscheinen°. Es ist erstaunlich°, wieviele amerikanische Filme, besonders Krimis und Wild-West-Serien, man hier zeigt. Ich habe oft gelacht, wenn ich bekannte amerikanische Schauspieler in Filmen, die° ich schon
30 in Kalifornien gesehen hatte, Deutsch sprechen hörte°. Natürlich haben sie nicht Deutsch gelernt, sondern die Filme sind synchronisiert°. Die *Nachrichten* im ersten und zweiten Programm („Tagesschau" und „Heute") sind sehr informativ.

   which
   appear / amazing

   which
   heard
   dubbed

Besonders gut finde ich das dritte Programm. Es hat etwas für jeden: „Se-
35 samstraße" für Kinder, Deutschunterricht° für Gastarbeiter, Sprachunterricht für die Deutschen (sogar Nachrichten auf englisch und französisch), Unterricht in Mathematik und *Wissenschaften*, praktische Tips für ausländische Studenten, für Bücherfreunde und für Verbraucher°, etwas über Geschichte°, Geographie, Sport, Kunst und Musik.

   . . . lessons

   consumers
   about history

40 Ihr dürft aber nicht denken, daß ich nur fernsehe. Ich gehe auch oft ins Theater[3]. Letzte Woche habe ich Dürrenmatts **Besuch der alten Dame** gesehen. Auf der Bühne° hat mir das Stück noch besser gefallen als beim

   on stage

Donnerstag

1.Programm	2.Programm	3.Programm

3.Programm

BAYERN

18.45 Religionen der Welt
19.15 Tele-Skigymnastik (8)
19.45 Bayern heute
20.15 **Bonaparte und die Revolution (1)**
     Französischer Spielfilm
22.45 Erinnern Sie sich?
     Der Dezember vor zehn Jahren

1.Programm

16.15 **Tagesschau**
16.20 **Weltcup-Skirennen**
17.05 **Kinder-Verkehrs-Club**
17.55 **Tagesschau**

Regionalprogramme

Bayerisch. Rdf.:
Hessisch. Rdf.:
NDR u. Bremen:
Saarländ. Rdf.:
SFB:
Südd. Rdf. u. SWF:
WDR:

20.00 **Tagesschau, Wetterkarte**
20.15 **Es wird immer wieder Tag**
     Amerikanischer Spielfilm von 1954
     Mit John Wayne
22.30 **Tagesschau, Kommentar,**
     Wetterkarte
23.05 **Sport extra** Nachrichten
                       Sport . . .
0.00 **Tagesschau**

2.Programm

16.30 **Mosaik** - Für die ältere Generation
17.00 **Heute**
17.10 **Pinocchio**
17.45 **Zwischenspiel**
     Wolfgang Amadeus Mozart
     Sinfonie C-Dur KV 551
     (Jupiter-Sinfonie)
18.20 **Alt Frankfurt**
19.00 **Heute**
19.30 **Musik kennt keine Grenzen**
     Große internationale Folklore-Show
20.15 **ZDF Magazin** – Informationen
     und Meinungen zu Themen der Zeit
21.00 **Heute**
21.15 **Der Spion, der aus der**
     Kälte kam
     Englischer Spielfilm von 1965
     Mit Richard Burton, Claire Bloom,
     Oskar Werner, Peter van Eyck,
     Rupert Davies u. a. Regie: M. Ritt
23.45 **Heute**

Nachbarländer

DDR
19.30 Aktuelle Kamera 20.00 Polizeiruf 110
21.15 Fernsehgalerie 21.20 Medaillen vom
Don. Sport **2. Progr.:** 20.00 Iwan der
Schreckliche. Ballettfilm 21.30 Sibirien

Österreich
20.00 Geschichten aus Österreich 21.45
Zwei Banditen. Film **2. Progr.:** 20.00 Das
war Spotlight" 21.10 Zeit im Bild 21.55
High Chaparral

Schweiz
20.00 Tagesschau 20.20 In den Straßen
von San Francisco 21.50 Tagesschau 22.00 Sport 22.45 Der Chef. Krimi
£0.00 Tagesschau

Luxemburg
19.30 Nachrichten 20.00 Here come the
brides 21.00 L'affaire Dominici. Spielfilm

SÜDWEST

18.00 Sesamstraße
18.30 Telekolleg: Englisch
19.00 Sandmännchen international
19.05 Für Gastarbeiter aus Spanien
19.15 Physik-Zirkus (11)
19.45 Tele-Skigymnastik (11)
20.15 **Nach Ladenschluß**
     Verbraucher-Fragen, Verbrau-
     cher-Sorgen, Verbraucher-Kritik
21.15 Gidon Kremer spielt
     Max Reger: Sonate c-Moll
21.50 Pop

HESSEN

18.00 Sesamstraße (416)
18.30 Stop dem Streß (6)
     . . . in der Schule
19.15 Wohin wächst unsere Stadt? (2)
     Haus im Grünen oder neue Hei-
     mat in Beton
19.45 Praktische Tips
     Für Büchertreunde
20.15 **Standpunkte**
     Ein sozialpolitisches Magazin
21.00 Nachrichten
21.15 Deutschlandreise
22.00 **Folklore international**
     Burgenland

WDR

18.00 Sesamstraße
18.30 Telekolleg: Mathematik
19.00 Sandmännchen international
19.05 Für Gastarbeiter aus Jugoslawien
19.15 Skigymnastik (5)
19.45 Das Neueste
20.15 Tagesthema
20.30 **Wochenend in Düsseldorf**
     Regionalschau
21.45 **Documenta**
     Marek – Zwischen Leben und
     Tod
22.35 Chicago 1930
     Amerikanische Krimi-Serie

NDR, BREMEN, SFB

18.00 Sesamstraße (413)
18.30 Tanzstunde
18.45 Actualités Françaises
19.00 Wir versuchen zu helfen
     Beratungsstelle für ausländische
     Studenten
19.30 Prisma
     Aus Wissenschaft und Technik
20.15 **Berliner Jazztage**
20.45 **Bücherjournal**
     Heinrich Heine
21.15 **Der Barbier von Sevilla**
     Komische Oper in zwei Akten
     Musik von Gioacchino Rossini

Lesen°. Das Göttinger Stadttheater ist relativ klein, aber doch sehr gut. when I read it
Neben modernen Stücken, wie zum Beispiel von Bertolt Brecht[4] oder Tennessee Williams, ist auch meistens eins von Shakespeare auf dem Spiel-

plan. Wißt Ihr übrigens, daß in Deutschland fast jede mittelgroße° Stadt ein Theater hat, das° zum großen Teil von der Stadt finanziert wird°?

°average
°which / is being financed

Ich habe auch eine Wochenzeitung, **Die Zeit**, abonniert°. Darin lese ich viel. In der Bibliothek lese ich ab und zu auch im **Spiegel**, einer Zeitschrift
5 wie unsre **Time**. Mein Zimmernachbar bekommt *täglich* die **Göttinger Allgemeine Zeitung**, aber leider habe ich bis jetzt nur wenig Zeit für diese Zeitung gehabt. Lieber mache ich abends etwas das Radio an. Das Radio bringt nämlich auch interessante Programme: spannende Hörspiele° und sehr gute Musik.

°subscribed to

°radio plays

10 Jetzt ist mein Brief länger geworden, als ich es *vorgehabt habe*. Ich hoffe aber, daß Euch mein Bericht interessiert hat. *Viele Grüße an* Euch alle.

Eure

Janet

VOKABELN

die	**Nachricht,-en**	news
	Vorlesung,-en	lecture, class (university)
	Wissenschaft,-en	science
	beide	both (*pl.*)
	glauben (+ *dat.*)	to believe, think
	hauptsächlich	mainly
	täglich	daily
	abhängig von / **unabhängig (von)**	dependent (on) / independent (of)
	Viele Grüße (an + *acc.*)!	Greetings (to . . .)!
	vor·haben, vorgehabt	to plan, intend to, have in mind
	weder _____ noch _____	neither _____ nor _____

ÜBRIGENS

1. **Göttingen**, a city of medium size (approximately 120,000 inhabitants), has a very old university especially famous for natural sciences and law. Since it is located less than twenty miles from the East German border, DDR television programs get good reception there.

2. West Germany has three TV channels, one of which emphasizes educational and cultural programs, and ten broadcasting corporations, one in each of the **Länder** (*states*). Financing is provided mainly by monthly viewer and listener fees. Advertising on TV is limited to a total of twenty minutes between 6:00 and 8:00 p.m. German television and radio are supervised by boards made up of representatives of the public and private sectors, whose purpose is to keep the broadcast media free from interference by the government or by economic interests.

3. West Germany has nearly three hundred theaters, the majority of them heavily subsidized by public funds. Most are repertory theaters with resident actors who present a number of different plays each season. East Germany, with over one hundred and thirty theaters, has an even larger number of theaters per capita. Most municipal theaters in medium-sized cities also present ballets, musicals, and operas as part of their regular repertoire.

4. **Bertolt Brecht** (1898–1956) is one of the most important German playwrights of the twentieth century. His theory of "epic theater" has had a considerable impact on German as well as non-German drama.

FRAGEN

A. 1. Wodurch ist Janets Deutsch viel besser geworden?

2. Wie verbindet das Fernsehen die beiden Teile Deutschlands? Warum muß man bei manchen Programmen gut aufpassen?

3. Wie finanziert man in Deutschland das Fernsehen? Gibt es im deutschen Fernsehen Reklame? Wann läuft die Reklame?

4. Zeigt man im westdeutschen Fernsehen nur deutsche Programme? Was ist dabei oft komisch?

5. Was kann man im dritten Programm sehen?

6. Was für Stücke zeigt das Göttinger Stadttheater? Wer finanziert das Theater zum großen Teil?

7. Welche deutsche Zeitung und welche Zeitschrift liest Janet?

8. Was hört sie gern im Radio?

B. 1. Wie finanziert man das Fernsehen in Amerika? Wann läuft die Reklame hier?

2. Wieviele verschiedene Programme hat das Fernsehen hier? Sieht man hier oft Programme aus anderen Ländern?

3. Wer finanziert unser ‚educational television'? Was für Programme kann man da sehen?

4. Welche Fernsehprogramme finden Sie besonders interessant? Wie oft sehen Sie fern? Was tun Sie während der Reklamepause?

5. Welche Radiostationen hören Sie gern? Bringen die Radiostationen hier auch Hörspiele?

6. Finanzieren viele Städte in Amerika Theater? Wovon leben die Theater hier?

AUFSATZ

For one day, keep track of the way you spend your time. Write a diary in the present perfect tense.

Or: Write a brief essay about American television. Tell how many channels you have, how American television is financed, and when there are ads. When is the news? Is it only in English, or in other languages also? Tell about programs you like and don't like, giving reasons. What kinds of programs are there on educational television?

KAPITEL

| Liebe macht blind | **GESPRÄCHE** |

4-14-81

Beim Spaziergang

MARION: Na, Eva, woran denkst du?

EVA: Ach, an nichts Besonderes.

MARION: Na, na! Wie ist denn dein neuer Freund?

EVA: Groß, schlank, dunkle Haare, braune Augen, sympathisch, musikalisch, sportlich, intelligent . . . Willst du noch mehr wissen?

MARION: Du, der klingt ja ideal! *id-ay-ah.l*

EVA: Ist er auch.

MARION: Aber?

EVA: Er wechselt Freundinnen wie sein Hemd.

Zu Hause

WILLI: Mensch, Rolf, laß meine Schwester in Ruhe! **Sie hat** momentan **schlechte Laune.** *mo-ment-tahn*

ROLF: **Wieso denn?**

WILLI: Sie ist wieder einmal verliebt.

ROLF: In wen denn?

WILLI: In unsren neuen Nachbarn.

ROLF: Was? **Was findet sie an** dem?

WILLI: Was weiß ich? Versteckte Talente!

ROLF: Das verstehe ich nicht.

WILLI: Ich auch nicht. Aber laß sie in Ruhe!

ROLF: Ja, ja. Liebe macht blind.

Love Is Blind

On a walk

MARION: Well, Eva, what are you thinking of?

EVA: Oh, nothing special.

MARION: Come on! What's your new friend like?

EVA: Tall, slim, dark hair, brown eyes, likable, musical, athletic, intelligent . . . Do you want to know more?

MARION: Wow, he sounds ideal.

EVA: He is.

MARION: But . . .?

EVA: He changes girl friends like his shirt.

At home

WILLIE: Hey, Rolf, you'd better leave my sister alone. **She's in a bad mood** right now.

ROLF: **How come?**

WILLI: She's in love again.

ROLF: With whom?

WILLI: With our new neighbor.

ROLF: What? **What does she see in** him?

WILLI: How do I know? Hidden talents.

ROLF: I don't get it.

WILLI: Me neither. But leave her alone.

ROLF: Sure, sure. Love is blind.

MÜNDLICHE ÜBUNG

1. Wor*an* denkst du? **Ach, an nichts Besonderes.**
   Wo*für* interessierst du dich? Wor*auf* wartest du? Wor*über* sprecht ihr?

2. der neue Freund: **Na, wie ist denn der neue Freund?**
   dein neuer Freund, die neue Freundin, deine neue Freundin

3. hübsch: **Seine neue Freundin ist** hübsch.
   lustig, schick, talentiert, langweilig (boring), dumm

4. groß / schlank: **Ihr neuer Freund ist nicht nur** groß, **sondern auch** schlank.
   sportlich / musikalisch; charmant / intelligent; brummig / geizig (stingy)

5. ideal: **Der klingt ja** ideal!
   wunderbar, toll, prima, furchtbar

6. klein: **Laß deine** kleine **Schwester in Ruhe!**
   arm, komisch, brummig, dumm

7. schlecht: **Sie hat heute** schlechte **Laune.**
   furchtbar, gut, wunderbar

8. einen bekannten Schauspieler: **Sie ist in** einen bekannten Schauspieler **verliebt.**
   meinen großen Bruder, deinen schicken Freund, unsren neuen Nachbarn

9. unsrem neuen Nachbarn: **Was findest du an** unsrem neuen Nachbarn?
   diesem langweiligen Menschen, so einem unsympathischen Studenten, solchen komischen Leuten

die Freundschaft,-en friendship
die Liebe love

die	**Verlobung,-en**	engagement
	Hochzeit,-en	wedding
	Ehe,-n	marriage

sich **verlieben (in** + *acc.*)	to fall in love (with)
Ich habe mich in ihn (sie) verliebt.	I've fallen in love with him (her).
sich **verloben (mit)**	to get engaged (to)
Ich verlobe mich mit ihm (ihr).	I'm getting engaged to him (her).
heiraten	to marry, get married
verliebt (in + *acc.*)	in love (with)
verlobt	engaged
(un)verheiratet ✓	(un)married

Lampenfieber

das Ideal,-e ideal

großzügig

sanft

charmant / furchtbar	charming / awful
friedlich / brummig	peaceful / grouchy
generös / geizig	generous / stingy
intelligent / dumm	intelligent ✓ / stupid
reich / arm	rich / poor
ruhig / wild	quiet / wild
schlank / dick	slim, slender / fat, thick
unternehmungslustig / langweilig	enterprising / boring, dull
verständnisvoll / verständnislos	understanding / lacking in understanding
zärtlich / kalt	affectionate / cold
(un)attraktiv	(un)attractive
(un)freundlich	(un)friendly
(un)gebildet ✓	(un)educated
(un)geduldig	(im)patient
(un)glücklich	(un)happy
(un)musikalisch	(un)musical
(un)sportlich	(un)athletic
(un)sympathisch	(un)congenial, (un)likable
(un)talentiert ✓	(un)talented
(un)treu	(un)faithful

Redewendungen und Sonstiges

Sie hat schlechte Laune.	She's in a bad mood.
Was findet Sie an (+ *dat.*) _____ ?	What does she see in _____?
Wieso (denn)?	How come? Why?
momentan	at the moment, right now

A. Was paßt?

1. Na, woran denkst du denn?
2. Wie ist denn deine neue Freundin?
3. Wieso hat sie heute so schlechte Laune?
4. Er ist wieder einmal verliebt.
5. Was findet sie nur an ihm?

Ist sie nett?
Das weiß ich auch nicht.
Wie bitte?
Das kann ich auch nicht verstehen.
Schon wieder?
Sie ist verliebt!
Warum?
Was weiß ich?
Er ist doch sehr sympathisch.
Wunderbar!
An nichts Besonderes.
Sie ist klein, intelligent, charmant . . .
Furchtbar nett.
In wen denn?

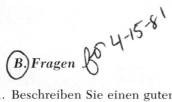

B. Fragen

1. Beschreiben Sie einen guten Freund oder eine gute Freundin!
2. Was machen Sie und Ihre Freunde in Ihrer Freizeit? Worüber sprechen Sie mit ihnen?
3. Was für Qualitäten finden Sie in Ihren Freunden wichtig? Wie dürfen sie nicht sein?
4. Waren Sie schon einmal in einen Schauspieler oder in eine Schauspielerin verliebt? In wen denn?
5. Wie alt sollen Leute wenigstens (at least) sein, wenn sie heiraten? Was denken Sie?
6. Finden Sie eine lange Verlobung gut? Warum? Warum nicht?
7. Finden Sie die Ehe gut? (Marriage)

C. Interview

Fragen Sie Ihren Partner (Ihre Partnerin),

1. ob er (sie) heute gute oder schlechte Laune hat,
2. ob er (sie) geduldig oder ungeduldig ist,
3. ob er (sie) musikalisch oder unmusikalisch ist,
4. ob er (sie) verheiratet oder unverheiratet ist,
5. wie sein (ihr) Ideal aussieht!

① 10 Sätze mit Verben

② do one for a man, one for a woman

③ read stories

Sie sucht Ihn—Er sucht Sie

Heiratswünsche [1]

Institut Prestele

Wir inform. Sie kostenlos!

Täglich von 9 bis 19 Uhr
89 Augsburg 11
Konrad-Adenauer-Allee 63
Telefon (08 21) 3 07 06

☿

Es gibt, was ich suche! Aber wie finden? Akademikerin, Mitte 20/153,°[2]   mid-20s, 1 meter 53 (5′)
schlank, musikalisch, sportlich, sucht charmanten, gebildeten ADAM. . . .

Die 22 jährige Edith, eine hübsche Verkäuferin, möchte gern ihr Herz°   heart
verschenken°. Wo ist der junge Mann, den° sie mit Liebe verwöhnen°   give away / whom / spoil
kann? . . .

Bist DU der einfache, treue Lebenspartner, der° mich für immer in seine   who
Arme nehmen will? Wenn DU ein sympathisches, verständnisvolles, lu-
stiges Mädchen zur Frau haben willst, so schreibe mir bald! . . .

♂

Architekt, 31/176°, blond, unternehmungslustig, mit schönem Haus und   1 meter 76 (5′9″)
Auto, möchte von einer glücklichen Ehe nicht nur träumen. Hallo, hübsche
Dame mit Charme und guter Figur, haben auch Sie das große Glück noch
nicht gefunden? Haben Sie Interesse für Sport, Reisen, Sprachen, Theater,
Tanz und Romantik? Dann schreiben Sie mir noch heute (mit Bild) . . .!

Millionär bin ich nicht! Will mir ja auch kein Glück kaufen, sondern ver-   earn / 1 meter 70 (5′7″) /
dienen°. Ich 28/170° suche keine Modepuppe° oder Disco-Queen, sondern   fashion doll
ein nettes, schlankes, natürliches Mädchen, das° auch hübsch sein darf. . . .   who

Gesucht wird°: attraktive, lustige, zärtliche EVA. Belohnung° : gutausse-   wanted / reward
hender°, generöser Junggeselle°, Ende 40, mit allen männlichen Schwä-   good-looking / bachelor
chen°.   male weaknesses

Partner per Computer:
Probieren Sie es mal, es macht
Sie nicht arm—aber vielleicht
sehr glücklich.

Postfach 646/6
6000 Frankfurt am Main 60

ÜBRIGENS

1. Advertising for marriage partners is generally accepted and not at all unusual in the German-speaking countries. Many newspapers and magazines carry such ads.

2. In Europe the metric system is standard. Is someone who has a height of 180 centimeters short or tall? Figure it out for yourself. Since 1 inch = 2.54 cm, divide the height by 2.54 to get the number of inches. How tall are you in metric terms? Multiply your height in inches by 2.54.

E. Beantworten Sie die Fragen schriftlich (in writing)!

1. Was für einen Mann sucht die Akademikerin?
2. Was ist Edith? Wie alt ist sie? ·
3. Was für eine Frau sucht der Architekt? Was hat er zu bieten (to offer)?
4. Welche Qualitäten suchen die Männer in den Frauen?
5. Welche Qualitäten suchen die Frauen in den Männern?
6. Wie groß sind die Akademikerin, der Architekt, der 28-jährige? Wie groß sind Sie?

F. Schreiben Sie auch einen Heiratswunsch wie da oben!

STRUKTUR

I. The Simple Past

The past tense is often referred to as the SIMPLE PAST because it is a single verb form, in contrast to the perfect tenses (also called compound past tenses), which consist of two parts: an auxiliary and a past participle.

In the spoken language the present perfect is the preferred tense. Only the simple past of the modals, **haben**, and **sein** is common in conversation.

The simple past is primarily used in continuous written narratives such as novels, short stories, newspaper reports, and letters relating a sequence of events. The **du-**, **ihr-** and **Sie**-forms are rarely used, therefore they will appear here in parentheses and will not be practiced.

Again, one German verb form corresponds to several in English.

er lernte { he learned
he was learning
he did learn
he used to learn

1. The simple past of t-verbs

T-VERBS can be compared to such English verbs as *learn, learned*, and *work, worked*. They follow this pattern:

ich	lernte
(du	lerntest)
er, es, sie	lernte

ich, er, es, sie	**-te**
wir, sie	**-ten**

wir	lernten
(ihr	lerntet)
sie	lernten
(Sie	lernten)

Those verbs whose stems end in **-d, -t,** or certain consonant combinations make the **-te** audible by inserting -e-:

ich	arbei**te**te
(du	arbei**te**test)
er, es, sie	arbei**te**te

ich, er, es, sie	**-ete**
wir, sie	**-eten**

wir	arbei**te**ten
(ihr	arbei**te**tet)
sie	arbei**te**ten
(Sie	arbei**te**ten)

2. The simple past of n-verbs

N-VERBS correspond to such English verbs as *write, wrote*, and *sit, sat*. They frequently have a stem change, which again is not predictable and must be memorized.

a. The **n**-verbs follow this pattern:

ich	schrieb
(du	schriebst)
er, es, sie	schrieb

ich, er, es, sie	
wir, sie	**-en**

wir	schrieben
(ihr	schriebt)
sie	schrieben
(Sie	schrieben)

b. The principal parts of **n-verbs**

If you know the PRINCIPAL PARTS of a verb, you can derive all the verb forms you need. Below is a list of all **n-verbs** which you have used up to now. Irregular present-tense forms and the auxiliary **sein** are specially noted. You should already know almost all forms except the simple past. Verbs with prefixes have the same forms as the corresponding simple verbs.

INFINITIVE	PRESENT	SIMPLE PAST		PAST PARTICIPLE	
an·fangen	fängt an	fing an		angefangen	to begin, start
an·ziehen		zog an		angezogen	to put on, dress
beginnen		begann		begonnen	to begin, start
bleiben		blieb	ist	geblieben	to stay, remain
ein·laden	lädt ein	lud ein		eingeladen	to invite
empfehlen	empfiehlt	empfahl		empfohlen	to recommend
essen	ißt	**aß**		gegessen	to eat
fahren	fährt	fuhr	ist	gefahren	to drive, go
finden		fand		gefunden	to find
fliegen		flog	ist	geflogen	to fly
geben	gibt	gab		gegeben	to give
gefallen	gefällt	gefiel		gefallen	to please, like
gehen		**ging**	ist	gegangen	to go, walk
gewinnen		gewann		gewonnen	to win
halten	hält	hielt		gehalten	to hold, stop
heißen		hieß		geheißen	to be called
helfen	hilft	half		geholfen	to help
kommen		kam	ist	gekommen	to come
lassen	läßt	ließ		gelassen	to let, leave
laufen	läuft	lief	ist	gelaufen	to run, walk
lesen	liest	las		gelesen	to read
liegen		lag		gelegen	to lie
nehmen	nimmt	nahm		genommen	to take
rufen		rief		gerufen	to call
schlafen	schläft	schlief		geschlafen	to sleep
schreiben		schrieb		geschrieben	to write
sehen	sieht	sah		gesehen	to see
sein	ist	**war**	ist	gewesen	to be
sitzen		**saß**		gesessen	to sit
sprechen	spricht	sprach		gesprochen	to speak
stehen		**stand**		gestanden	to stand
steigen		stieg	ist	gestiegen	to climb
tragen	trägt	trug		getragen	to carry, wear
treffen	trifft	traf		getroffen	to meet
trinken		trank		getrunken	to drink
tun		**tat**		getan	to do
waschen	wäscht	wusch		gewaschen	to wash
werden	wird	**wurde**	ist	geworden	to become

3. The simple past of mixed verbs

MIXED VERBS have both a stem change (like the **n**-verbs) and a **-te** ending (like the **t**-verbs). They can be compared to such English verbs as *bring, brought*, and *think, thought*.

a. These are familiar mixed verbs:

INFINITIVE	PRESENT	SIMPLE PAST	PAST PARTICIPLE	
bringen		brachte	gebracht	*to bring*
denken		dachte	gedacht	*to think*
haben	hat	hatte	gehabt	*to have*
kennen		kannte	gekannt	*to know*
nennen		nannte	genannt	*to name*
wissen	weiß	wußte	gewußt	*to know*

b. The modals also belong to his group:

	KÖNNEN
ich	konnte
du	konntest
er, es, sie	konnte
wir	konnten
ihr	konntet
sie	konnten
Sie	konnten

INFINITIVE	PRESENT	SIMPLE PAST	PAST PARTICIPLE
können	kann	konnte	(gekonnt)
müssen	muß	mußte	(gemußt)
dürfen	darf	durfte	(gedurft)
wollen	will	wollte	(gewollt)
sollen	soll	sollte	(gesollt)

4. Sentence structure

Sentences in the simple past follow familiar word-order patterns.

> Der Zug **kam** um acht.
> Der Zug **kam** um acht **an**.
> Der Zug **sollte** um acht **ankommen**.

Er wußte, daß der Zug um acht **kam**.
Er wußte, daß der Zug um acht **ankam**.
Er wußte, daß der Zug um acht **ankommen sollte**.

ÜBUNGEN

A. *Geben Sie die Vergangenheit* (simple past)*!*

z.B. feiern
feierte

1. tanzen, lachen, klatschen, sich kämmen, sich setzen
2. arbeiten, bedeuten, kosten, antworten, übernachten, öffnen
3. geben, nehmen, sehen; finden, singen, sitzen
4. schreiben, heißen, aussteigen; schlafen, fallen, lassen
5. fahren, tragen, waschen, einladen
6. müssen, denken, haben, wissen, können, kennen
7. kommen, tun, haben, sein, werden

B. *Sagen Sie die Sätze in der Vergangenheit!*

z.B. Sie kommen am Montag an.
Sie kamen am Montag an.

1. Brigitte und Heiner verloben sich im Oktober.
2. Ich kaufe mir neue Möbel.
3. Sie interessieren sich sehr für das Leben in Deutschland.
4. Wir ziehen unsre warmen Jacken an.
5. Die Gäste setzen sich an den Tisch.
6. Er arbeitet bei einer bekannten Firma (company). *arbeitete*
7. In Heidelberg habe ich viele nette Freunde.
8. Die Zeitung liegt auf dem Stuhl.
9. Er bringt das Gepäck aufs Zimmer.
10. Wir müssen uns beeilen.
11. Sie schreibt ihm einen langen Brief.
12. Wir rufen zu Hause an.
13. Er will noch schnell die Zeitung lesen.
14. Sie nennen das Schwarz-Weiß-Malerei.

C. *Sagen Sie die Sätze in der Vergangenheit!*

z.B. Wir haben dort einen Onkel besucht.
Wir besuchten dort einen Onkel.

1. Meine Freunde haben fünf Jahre in Köln gewohnt.
2. Seine Eltern sind viel gereist.
3. Ihr Bruder hat bis elf geschlafen.
4. Die alte Dame ist in München ausgestiegen.
5. Ich habe das Geschenk abgeschickt.
6. Auf der Bank hat er den Scheck eingelöst.
7. Diese Stadt hat uns sehr gut gefallen.
8. Der Tourist hat das Formular unterschrieben.
9. Auf dieser Reise haben wir uns alle erkältet.
10. Er hat seinen Nachbarn immer geholfen.

for 4-15-81

D. Ersetzen Sie die Verben! Geben Sie die Vergangenheit!

z.B. Sie schickte das Paket. (aufmachen, annehmen, mitbringen)
Sie machte das Paket auf.
Sie nahm das Paket an.
Sie brachte das Paket mit.

1. Sie fragten den Professor. (suchen, sehen, finden, anrufen)
2. Alex brachte eine Flasche Sekt. (kaufen, holen, bestellen, aufmachen)
3. Er dankte seiner Mutter. (antworten, zuhören, helfen, schreiben)
4. Sie spielten im Garten. (tanzen, sitzen, essen, arbeiten) 4
5. Er empfahl den Sauerbraten. (versuchen, nehmen, wollen, bringen) 4
6. Wir mieteten eine hübsche Wohnung. (vermieten, finden, bekommen, haben) 4

E. Auf deutsch, bitte! *for 4-15-81*

1. They were sitting at the table. 2. I paid the bill. 3. My grandparents used to spend the night in that hotel. 4. He always spoke German. 5. I wasn't thinking of that. 6. They stayed very slim. 7. She became impatient. 8. We weren't allowed to drive. 9. He wasn't always friendly. 10. You were supposed to help. 11. He was funny. 12. They didn't have time.

II. The Conjunctions als, wenn, wann *4-15-81*

Care must be taken to distinguish between **als**, **wenn**, and **wann**, all of which correspond to the English *when*:

when		
at the time when (single event in the past)		**als**
whenever		**wenn**
at what time?		**wann**

The English If (conditional) in German is wenn

Als ich nach Hause kam, war er noch nicht zurück.
When I came home, he wasn't back yet.

Ich rufe dich an, **wenn** er zurückkommt.
I'll call you when he comes back.

Ich weiß nicht, **wann** er nach Hause kommt.
I don't know when he comes home.

ÜBUNGEN

F. Was fehlt? Als, wenn oder wann?

1. *Wenn* ihr kommt, zeigen wir euch die Bilder von unsrer Reise.
2. *als* wir in Wien waren, war die U-Bahn noch nicht fertig.
3. Können Sie mir sagen, *wann* der Zug aus Köln ankommt?
4. *Wenn* Onkel Max uns besuchte, erzählte er uns immer von seinen Ferien.

↗ could put "ob" here

5. Ich weiß nicht, __wann__ der Film anfängt.
6. __als__ sie jung war, lebte sie in Wien.
7. __als__ wir letzte Woche im Theater waren, trafen wir Brigitte und Heiner.
8. Wißt ihr noch nicht, __wann__ ihr eure neue Wohnung bekommt?

**G. Machen Sie aus zwei Sätzen einen Satz! Verbinden Sie (link) sie
mit als, wenn oder wann!**

Watch the position of the verbs.

z.B. Sie riefen an. Ich duschte mich. (when)
Sie riefen an, als ich mich duschte.

1. Wir trafen Frau Loth. Wir gingen einkaufen. (when) *als*
2. (when) Sie spricht von Liebe. Er hört nicht zu. *wenn*
3. Sie möchte (es) wissen. Das Semester fängt an. (when) *wann*
4. (when) Ich stand auf. Es regnete. ~~wenn~~ *als*
5. (when) Das Wetter war schön. Die Kinder spielten im Park. *wenn*
6. Er hat mir nicht geschrieben. Sie kommt. (when) *wer* ~~als~~ *wann or als*
7. (when) Du bist da. Ich lade dich zur Hochzeit ein. ~~wann~~ *Wenn*
8. Weißt du (es)? Ihr heiratet. (when) *wann*

ZUSAMMENFASSUNG

H. Machen Sie ganze Sätze!

Use the tenses suggested.

z.B. er / wiederholen / Frage (simple past)
Er wiederholte die Frage.

1. Ilse und Axel / heiraten / schon? (pres. perf.)
2. er / laufen / um / nächst- / Ecke (simple past)
3. mein / alt / Onkel / ankommen / gestern abend (pres. perf.)
4. sie (pl.) / sich waschen / Hände / vor / Essen (simple past)·
5. während / Sommer / ich / lesen / ein / lang / Roman (simple past)
6. heiraten / noch nicht! (3×)
7. sie / sich verloben / August (past perf.)
8. mein / Eltern / sich ansehen / ein / interessant / Film (simple past)

I. Auf deutsch, bitte!

1. Arthur was in a very bad mood yesterday. 2. He was thinking of his daughter's
wedding. 3. When we saw her in December, she was in love with a charming and
well-to-do man. 4. They were supposed to get married in April. 5. I had already
bought a beautiful present. 6. Two weeks ago she got engaged to another man.
7. He's a poor student at (**auf**) her university. 8. They didn't say when they wanted
to get married. 9. The day before yesterday she called her parents. 10. She and the
student were getting married. 11. They didn't invite their parents to (**zu**) the wedding. 12. Arthur gets wild when he thinks of it.

for 4-16

Was ist das?

der Ton; das Unglück; die Arroganz, Ware; eine Weile; aufessen, verdammen; arrogant, betrunken, delikat, golden, miserabel, ~~nobel~~ → *adlig*

Ein König° hatte eine schöne, aber sehr *stolze* und arrogante Tochter.   king
Eines Tages gab er ein großes Fest, wozu er alle heiratslustigen° ~~noblen~~ *adligen*   eager to marry
Männer von nah und fern° einlud. *Doch niemand* war der Tochter gut ge-   far
nug. Der eine war zu dick, der andere zu dünn, der dritte zu lang, der
5 vierte zu kurz und so weiter. Besonders aber *machte* sie *sich über* einen
guten König mit einem krummen° Kinn° *lustig.* „O", rief sie und lachte,   crooked / chin
„er hat ein Kinn wie ein Drosselschnabel°!" Seit dieser Zeit hieß er nur   a thrush's beak
noch Drosselbart°. *"Thrushes beard"*   . . . beard

Als der König sah, daß seine Tochter sich über alle Leute nur lustig
10 machte, wurde er *böse. Nun* sollte sie den ersten besten Bettler° heiraten.   the first beggar who comes along
Als ein paar Tage später ein Bettler kam, mußte sie ihn heiraten. Betteln°   begging
und Weinen° halfen ihr nicht. Der Bettler nahm sie bei der Hand, und sie   crying
mußte mit ihm zu Fuß das Schloß verlassen°.   leave

finish for 10/3

Als sie in einen großen Wald kamen, fragte sie: „Wem gehört der schöne
15 Wald?" „Dem König Drosselbart," antwortete er. Danach kamen sie über
ein Feld. Da fragte sie wieder: „Wem gehört das schöne Feld?" „Dem
König Drosselbart," war wieder seine Antwort. Dann kamen sie durch eine
große Stadt, und sie fragte: „Wem gehört diese schöne große Stadt?"
„Dem König Drosselbart," hörte sie *zum* dritten *Mal. Endlich* kamen sie
20 zu einem kleinen Häuschen, da sprach sie: „Ach, wem gehört das miserable kleine Häuschen?" „Das gehört mir und dir," antwortete der Bettler.
Sie mußte sich bücken°, um° durch die Tür zu kommen. „Und wo sind   bend down / in order to
die Diener°?" fragte die Königstochter. „Was für Diener? Hier mußt du   servants
alles tun. Koch mir nun mein Essen, ich bin müde."

25 Die Königstochter konnte aber nicht kochen, und der Bettler mußte ihr
dabei helfen. Als sie das bißchen° Essen gegessen hatten, gingen sie zu   little bit of
Bett. Am nächsten Morgen mußte sie schon früh aufstehen und arbeiten.
Nach ein paar Tagen sagte der Mann: „So geht's nicht weiter, daß wir
alles aufessen und nichts verdienen°. Du sollst Körbe flechten°. Er ging   earn / weave baskets
30 hinaus, schnitt Weiden° und brachte sie nach Hause. Da machte sie Körbe,   cut willow twigs
aber die harten Weiden *taten* ihren zarten° Händen *weh.*   tender

—Schloß
Mespelbrunn

„Ich sehe, das geht nicht," sprach der Mann. „Spinne° lieber. Vielleicht
kannst du das besser." So setzte sie sich hin° und spann°, aber der harte
Faden° tat ihren zarten Fingern weh. „Siehst du," sprach der Mann,
„nichts kannst du. Vielleicht kannst du Töpfe° auf dem Markt verkaufen."
5 Ach, dachte sie, wenn mich da die Leute aus dem Reich° meines Vaters
sehen, machen sie sich bestimmt über mich lustig. Aber es half alles
nichts°. Sie mußte es tun, wenn sie nicht verhungern° wollte.

Das erste Mal ging's gut. Weil die Frau so schön war, kauften die Leute
gern ihre Ware. Manche schenkten ihr sogar Geld. Davon lebten sie eine
10 Weile. Das zweite Mal setzte sie sich an die Ecke des Marktes. Da kam
plötzlich ein betrunkener Husar° und ritt° mitten durch° ihre Töpfe. Alles
ging kaputt. Sie weinte° sehr, lief nach Hause und erzählte alles ihrem
Mann. „Wer setzt sich auch an eine Ecke des Marktes!"sprach der Mann.
„*Hör auf* zu weinen! Ich sehe, du kannst wirklich nichts. Ich bin inzwi-
15 schen° auf dem Schloß unsres Königs gewesen. Dort wollen sie dich als
Küchenmagd° nehmen. Dafür bekommst du freies Essen."

So wurde die Königstochter Küchenmagd und mußte alle schmutzige Arbeit tun. Sie machte sich in beiden Taschen ein Töpfchen fest°. Darin
brachte sie täglich Überreste° nach Hause, wovon sie lebten.

20 Eines Tages war auf dem Schloß ein großes Fest, die Hochzeit des äl-
testen° Königssohnes. Da ging die arme Frau hinauf°, stellte sich an die
Tür und wollte alles sehen. Als nun alles so herrlich war, da dachte sie
mit traurigem Herzen° an ihr Leben und verdammte ihren Stolz° und ihre

spin (yarn)	
down / spun	
thread	
pots	
kingdom	
But she had no choice. / starve	
hussar (cavalryman) / rode / right through	
cried	
in the meantime	
. . . maid	
fastened	
leftovers	
oldest / up	
heart / pride	

Arroganz, die° ihr so viel Unglück gebracht hatten. Von den delikaten Speisen° warfen° ihr die Diener manchmal etwas zu. Sie tat sie in ihr Töpfchen und wollte sie nach Hause tragen. Plötzlich *kam* der Königssohn *herein*. Er war ganz in Samt° und Seide° und hatte goldene Ketten° um den Hals. 5 Als er die schöne Frau an der Tür stehen sah, nahm er sie bei der Hand und wollte mit ihr tanzen. Aber sie weigerte sich° und erschrak°, denn sie sah, daß es König Drosselbart war. Aber es half alles nichts, er *zog* sie in den Saal°. Plötzlich fielen die Töpfchen auf den Boden°: Suppe, Überreste, alles lag da. Als die Leute das sahen, machten sie sich über sie lustig. Die 10 arme Königstochter *rannte*, so schnell sie konnte, aber auf der Treppe war ein Mann. Er brachte sie zurück. Und als sie ihn ansah, war es wieder König Drosselbart. „*Hab* keine *Angst*!" sagte er in freundlichem Ton. „Ich und der Bettler sind eins. Und der Husar, das bin ich auch gewesen. Das alles *ist* aus Liebe zu dir *geschehen*, weil du so stolz warst." Da weinte 15 sie sehr und sagte: „Ich habe großes Unrecht° getan und bin es nicht wert°, deine Frau zu sein."

Er aber sprach: „Deine schlechten Tage sind vorbei°. Jetzt wollen wir unsre Hochzeit feiern." Da kamen die Kammerfrauen° und zogen ihr die schönsten Kleider an. Und ihr Vater, der ganze Hof°, alle wünschten ihr 20 Glück mit König Drosselbart.

Märchen° der Brüder Grimm[1]
(nacherzählt°)

which
food / threw her

velvet / silk / chains

refused / was frightened

ballroom / to the floor

wrong
worth

over
ladies in waiting
court

fairy tale
(adapted)

VOKABELN

auf·hören (zu + *infinitive*)	to stop (doing something) *Hör auf!*
böse	angry, mad
doch	yet, however, but
endlich	finally
Angst haben (vor + *dat.*)	to fear, be afraid (of)
geschehen (geschieht), geschah, ist geschehen	to happen
herein·kommen, kam herein, ist hereingekommen	to enter, come in
kaputt gehen, ging kaputt, ist kaputt gegangen	to get broken, break
sich **lustig machen über** (+ *acc.*)	to make fun of
Ich mache mich lustig über ihn (sie).	I make fun of him (her).
niemand	nobody, no one
nun	now
plötzlich	sudden(ly)
rennen, rannte, ist gerannt	to run
stolz	proud
weh·tun, tat weh, wehgetan	to hurt
ziehen, zog, gezogen	to pull
das erste (zweite) Mal	the first (second) time
zum ersten (zweiten) Mal	for the first (second) time

ÜBRIGENS

1. **Jakob Grimm** (1785–1863) and **Wilhelm Grimm** (1786–1859) are well remembered for their collection of fairy tales, including **Rapunzel, Rumpelstilzchen, Hänsel und Gretel, Schneewittchen**, and **Rotkäppchen**. Few realize that they were also scholars of the German language and the older literature. Jakob wrote the first historical grammar of German and a history of the language. In addition, the brothers began the monumental **Deutsches Wörterbuch**, a task completed only recently.

FRAGEN

1. Wie war die Königstochter?
2. Wen lud der König ein?
3. Warum wurde der König böse?
4. Wen mußte seine stolze Tochter heiraten?
5. Wem gehörten der Wald, das Feld und die große Stadt auf dem Weg zu ihrem Häuschen?
6. Was für Arbeit mußte die Königstochter tun?
7. Warum wurde sie Küchenmädchen? Was brachte sie jeden Tag nach Hause?
8. Woran dachte die arme Königstochter, als sie bei dem Hochzeitsfest zusah?
9. Wer war der Prinz? Warum zog er sie in den Saal?
10. Warum rannte sie weg?

11. Wer war der Bettler gewesen?

12. Wie endet das Märchen?

13. Was will dieses Märchen sagen? Was ist die Moral (moral) dieses Märchens? In den Augen des Prinzen, wie soll eine Frau sein? Wie nicht?

14. Ist die Moral dieses Märchens modern oder traditionell (traditionalist)?

15. Wie finden Sie dieses Märchen und seine Moral? Sind Sie dafür oder dagegen?

AUFSATZ

1. Group the verbs in this fairy tale into **t**-verbs, **n**-verbs, and mixed verbs. Do you know their principal parts?

2. Briefly retell the story in your own words in German.

3. Rewrite the story in your own words in the present tense.

—Ende gut, alles gut.

arrogance - der Hochmut

for monday, 4-20-81
write a fairy tale or Rumpel
or rewrite K D from
different perspective

RÜCKBLICK

I. da- and wo-Compounds

Pronouns following prepositions refer to people. **da-** and **wo-**compounds refer to objects and ideas. Most accusative and dative prepositions, and all two-way prepositions, can be part of such compounds. Prepositions beginning with a vowel are preceded by **dar-** and **wor-**.

Er wartet auf einen Brief. **Worauf** wartet er? Er wartet **darauf.**

II. Endings of Preceded Adjectives

Predicate adjectives and adverbs have no endings. However, adjectives followed by nouns *do* have endings.

1. In the nominative and accusative singular:

    after **der, das, die**, and **eine**:
        with masc. nouns:
    after **ein**
        with neut. nouns:

2. In all other cases (accusative masculine and all datives, genitives, and plurals):

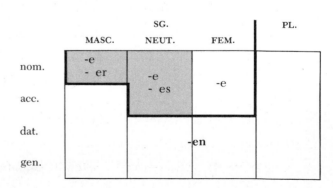

Der alte Fernseher und **das** alte Radio sind kaputt.
Mein alter Fernseher und **mein** altes Radio sind kaputt.

pp 205 - 207

III. Verbs

1. Reflexive verbs

If the subject and an object of a sentence are the same person or thing, the object will be a reflexive pronoun. The following forms serve as reflexive pronouns:

nom.	ich	du	er	es	sie	wir	ihr	sie	Sie
acc.	mich	dich				uns	euch	sich	sich
				sich					
dat.	mir	dir							

a. Many verbs can be used reflexively.

Ich habe (**mir**) ein neues Auto gekauft.   I bought (myself) a new car.

b. Other verbs *must* be used reflexively, although their English counterparts are often not reflexive.

Ich habe **mich** erkältet.   I caught a cold.

Ich habe eine Erkältung.

Ich bin erkältet —
I have a cold.

c. With parts of the body, German normally uses the definite article together with a reflexive pronoun in the dative.

Ich habe **mir die Haare** gewaschen.   I washed my hair.

In addition to the reflexive verbs listed in Chapter 8, you have learned

sich anhören
sich ansehen
sich fit halten

2. Verbs with prepositional objects

Combinations of verbs and prepositions often have a special idiomatic meaning. These patterns cannot be translated literally, but must be learned.

Er **denkt an** das Theaterstück. He's thinking of the play.

In addition to those idioms listed in Chapter 9, you have learned

sich freuen (auf + *acc.*)	**sich verloben (mit** + *dat.*)
sich lustig machen (über + *acc.*)	**Angst haben (vor** + *dat.*)
sich verlieben (in + *acc.*)	**teilnehmen (an** + *dat.*)

3. Summary of past tenses[1]

a. The perfect tenses

• Past participles:

t-VERBS	n-VERBS	MIXED VERBS
ge + stem + **(e)t**	**ge** + stem (change) + **en**	**ge** + stem (change) + **t**
gekauft	geschrieben	gebracht
gearbeitet		
eingekauft	mitgeschrieben	mitgebracht
verkauft	beschrieben	verbracht
studiert		

• Most verbs use **haben** as the auxiliary. Those which use **sein** are intransitive (take no object) and imply a change of place or condition.

• In the present perfect, **haben** and **sein** are in the present tense. In the past perfect, **haben** and **sein** are in the past tense.

Er **hat** eine Flugkarte **gekauft**.
Er **hatte** eine Flugkarte **gekauft**.

Er **ist** nach Amerika **geflogen**.
Er **war** nach Amerika **geflogen**.

[1]Know the principal parts of verbs! If you know that a verb is a **t**-verb, all its forms can be predicted; but the principal parts of **n**-verbs and mixed verbs must be memorized. You must also memorize those verbs that take **sein** as the perfect auxiliary.

- In conversation, past events are usually reported in the present perfect. (The modals, **haben**, and **sein** may be used in the simple past.) The past perfect is used to refer to events happening *before* other past events.

b. The simple past

- Forms:

	t-VERBS	n-VERBS	MIXED VERBS
ich, er, es, sie wir, sie	stem + { (e)te / (e)ten }	stem (change) + { — / en }	stem (change) + { te / ten }
	kaufte arbeitete	schrieb	brachte
	kaufte ein verkaufte studierte	schrieb mit beschrieb	brachte mit verbrachte

- In writing, the simple past is used to describe past events. (However, in dialogues within narrations, the present perfect is correct.)

4. Sentence structure in the past tenses

———— V₁ ———————— V₂.

Er **brachte** einen Freund.
Er **brachte** einen Freund **mit**.
Er **wollte** einen Freund **mitbringen**.
        Er **hat** einen Freund **mitgebracht**.
    Er **hatte** einen Freund **mitgebracht**.

. . ., weil er einen Freund **brachte**.
. . ., weil er einen Freund **mitbrachte**.
. . ., weil er einen Freund **mitbringen wollte**.
. . ., weil er einen Freund **mitgebracht hat**.
. . ., weil er einen Freund **mitgebracht hatte**.

IV. *The Conjunctions als, wenn, and wann*

when	{	at the time when whenever at what time?	als wenn wann

WORTSCHATZWIEDERHOLUNG

A. Fragen

1. Wieviele Aktivitäten (activities) kennen Sie zum Thema „Freizeit"?
   Sie haben zwei Minuten.

2. Welche Hauptwörter kennen Sie dazu?

   sich verloben, telefonieren, sich interessieren, fernsehen, radfahren, schenken, spielen, anfangen

3. Was ist ein Synonym dazu? (z.B. anrufen = telefonieren)

beginnen	jetzt
laufen	Toi, toi, toi!
mitmachen	Du Dummkopf!
ungebildet	Das ist egal.

B. Was sagen Sie . . .?

1. wenn Sie hören, daß jemand Geburtstag hat?
2. wenn Sie sehen, daß ein Kind bei Rot über die Straße rennen will?
3. wenn ich Ihnen jemand vorstelle?
4. wenn Sie hören, daß Ihr Freund seine Schlüssel verloren hat?
5. wenn Sie ein Telefongespräch beenden?
6. wenn ein Freund fragt, ob Sie Lust haben, ins Kino zu gehen?
7. wenn Sie hören, daß alle Karten für ein Rockkonzert ausverkauft sind?
8. wenn ein Freund Ihnen erzählt, daß er sich verlobt hat?
9. wenn Sie ins Wasser gefallen sind und nicht schwimmen können?
10. wenn ein Mann mit einem Revolver zu Ihnen sagt: „ Ihr Geld oder Ihr Leben!"

C. Geben Sie das Gegenteil dazu!

Anfang	*Ende*	freundlich	*unfreundlich*
sich anziehen	*sich ausziehen*	verständnislos	*verständnisvoll*
ausmachen	*anmachen*	unternehmungslustig	*langweilig*
jemand	*niemand*	glücklich	*unglücklich*
dick	*schlank*	jederzeit	*nie*

D. Welches Wort paßt nicht dazu?

z.B. Krimi, Roman, Zeitschrift, **Publikum**

1. wandern, gewinnen, spazierengehen, laufen
2. schade, leider, Prost!, verflixt
3. Dummkopf! Idiot! Du spinnst! Vorsicht!
4. geizig, gemütlich, sympathisch, generös
5. Autorin, Komponist, Schauspieler, Plattenspieler

STRUKTURWIEDERHOLUNG

E. Adjektive

Machen Sie ganze Sätze!

1. Nominativ

   Das ist _____.
      das Telefonbuch / neu;   meine Gitarre / teuer;   der Chor / bekannt;
   sein Stück / letzt-;   ein Sessel / bequem

   Hier sind _____.
      die Mädchen / charmant;   unsre Kinder / ungeduldig;   die Nachrichten /
   erst-

2. Akkusativ

   Ich habe _____.
      eine Uhr / gut;   kein Talent / groß;   ein Krimi / spannend;   die Tele-
   fonnummer / richtig;   der Fernseher / alt;   ihr Roman / lang

3. Dativ

   Wir feiern mit _____.
      dieser Musik / toll;   eine Party / lustig;   unsre Freunden / verrückt;   ein
   Essen / elegant;   die Gäste / amerikanisch;   mein Nachbar / unternehmungslustig

4. Genitiv

   Das ist ein Bild _____.
      mein Vetter / generös;   ihre Schwester / dumm;   dein Bruders / klein;
   das Haus / neu;   die Leute / alt;   seine Freundin / französisch

F. Reflexivverben

1. Variieren Sie nach dem englischen Beispiel!

a.   Willi **hält sich fit.**

Do you (*formal*) keep fit? They're not keeping fit. How did she keep fit? Keep fit.
(*3x*) I'd like to keep fit. We must keep fit.

b.   Sie **erkälten sich** wieder.
We'll get a cold again. Don't catch a cold. They've caught a cold. She doesn't want
to get a cold. He had caught a cold. Why do you (*sg. fam.*) always get a cold?

2. Auf deutsch, bitte!

a. We've got to get dressed. b. He was shaving. c. I want to wash my hair. d. Listen
to that! (*pl. fam.*) e. Why didn't you (*formal*) hurry? f. Brush your (*sg. fam.*) teeth!
g. Let's sit down. h. She got engaged.

G. da-Wörter, wo-Wörter und Präpositionen

1. Kombinieren Sie!

   z.B.   mit
      womit?   **damit!**

durch	für	an
in	von	auf
vor	über	bei
zu		

2. *Geben Sie die passende Präposition!*

z.B. schreiben
schreiben an

Für (dat) über (akk)   in (akk) mit (dat) für (akk)
Angst haben; sich lustig machen; sich verlieben; sich verloben; sich interessieren;
sich freuen; teilnehmen; warten; denken; sprechen; erzählen
auf (akk) an   auf   an   über   von
(oder über (akk) (dat) (akk   (akk) (akk) (dat.)
                           von (dat)

3. *Was fehlt?*

a. _Woran_ (of what) denkst du? _An meine_ (of my) Reise. _Über der einen_
b. _Worüber_ (about what) spricht Professor Schulz heute? _Über_ _____ (about a) span-
nenden Roman.
              Über wem
c. _Worüber_ (of whom) macht er sich jetzt lustig? _Über_ _____ (of) uns.
d. _Mit wem_ (with whom) hast du dich verliebt? _In_ _____ (with) Paul. _In wem_
e. _Worauf_ (for what) wartest du? _Auf einen_ (for a) Anruf von Paul. Warte nicht
darauf (for that)!
f. Jutta erzählt immer gern _von ihren_ (about her) Partys. _Davon_ (about that) hat
sie gerade erzählt.
g. Hast du schon _an deine_ (to your) Eltern geschrieben? Ja, ich habe am Wochenende _an sie_ (to them) geschrieben.
h. Nehmt ihr _an der_ (in the) Fahrt teil? Nein, wir haben keine Lust, _daran_
(in it) teilzunehmen.
i. _Wofür_ (of what) habt ihr denn Angst? _Für der_ (of the) Prüfung.
j. Interessiert Jürgen sich _für_ (in) Sport? Nein, _dafür_ (in that) interessiert
er sich gar nicht.

H. Sagen Sie es ...! _Perfec_

1. *Im Perfekt*

a. „Wohin geht ihr?"—„Wir besuchen Onkel Erich."
b. „Was machst du heute?"—„Ich gehe schwimmen."
c. „Wie gefällt Ihnen der Film?"—„Er ist wirklich ausgezeichnet."
d. „Warum beeilt sie sich so?"—„Die Oper fängt um 8 Uhr an."
e. „Weißt du, daß er ein sehr guter Schwimmer ist?"—„Nein, er spricht nicht
viel über sich."
                    who
f. „Wen ladet ihr ein?"—„Alle Leute, die an der Fahrt teilnehmen."

2. *Im Plusquamperfect* _Past Perfect_

a. wir / nicht / denken / daran
b. Kurt und Wolf / gehen / zum Trimm-dich-Pfad
c. er / sich lustig machen / über seine Schwester
d. Auto / kaputt gehen / unterwegs
e. ihr / studieren / fleißig
f. du / nicht / sich anziehen / warm genug

Simple past (handwritten)

3. In der Vergangenheit

At first (handwritten)

Renate und Heiner gehen am Samstag abend aus. Zuerst versuchen sie, Opern-
karten zu bekommen, aber alle Karten sind schon ausverkauft. Dann wollen sie mit
einem Taxi zum Stadttheater fahren, aber sie können kein Taxi finden. Als sie zum
Theater kommen, gibt es auch keine Karten mehr. Aber in der Nähe des Theaters
ist ein Kino. Dort läuft ein neuer Film. Der Film gefällt ihnen prima, weil er sehr
komisch ist. Das Publikum lacht oft so laut, daß man nichts hören kann. Als sie
aus dem Kino kommen, treffen sie Jürgen und Christine. In einem kleinen Restaurant essen sie ein paar Würstchen und trinken dazu ein Glas Bier. Dann bummeln sie durch die Stadt nach Hause.

genitive for / anything pl. (handwritten)

(11) Wann gehen wir? – Am ersten Tag der Ferien. (handwritten)
(12) Womit fahren wir? Mit dem Zug. (13) Wo übernachten (handwritten)
wir? (#) In einer billigung Juger (handwritten)

AUFGABE

I. Was fehlt?

Gestern haben wir fast den ganz**en** Abend vor unsrem neu**en** Fernseher gesessen.
Um 18.20 gab es einen interessant**en** Bericht über das alt**e** Frankfurt mit seinen
viel**en** eng**er** Straßen und hübsch**en** Häusern, so wie es vor fünfzig Jahren aussah,
und was man in den letzt**en** Jahren damit gemacht hat. Es ist eine typisch**e**
modern**e** Großstadt geworden. Nach den kurz**en** Nachrichten um 19.00 sahen
wir eine international**e** Folklore-Show mit Musikgruppen aus den verschieden**en**
Nachbarländern Deutschlands. Dazu gehörte auch ein toll**es** Orchester und ein
groß**er** Chor. Nach diesem nett**en** Unterhaltungsprogramm kam im erst**en** Programm ein amerikanisch**er** Film. Leider hatte ich diesen alt**en** Film schon einmal
gesehen. Da haben wir zum dritt**en** Programm gewechselt. Nach einer klein**en**
Pause haben wir uns eine komisch**e** Oper von dem italienisch**en** Komponisten
Rossini angesehen. Eine ausgezeichnet**e** Vorstellung! Am Ende ist das ganz**e**
Publikum aufgestanden und hat geklatscht. Ein gut**er** Fernseher ist etwas Schönes,
denn man kann sich manches gut**e** Programm gemütlich zu Hause ansehen.

adv. (handwritten)

J. Auf deutsch, bitte!

1. Kurt, what are you thinking of?—Of our vacation. 2. I plan to hike in the mountains with Karl. 3. I've written to my friend, and now I'm waiting for his answer.
4. For that you can wait a long time. 5. And when he says "yes," it doesn't mean
much. 6. Two years ago it was the same (**genauso**). (*pres. perf.*) 7. When you had
bought the tickets, suddenly he was ill. 8. He had caught a cold. 9. If you want, I'll
come along. 10. Do you feel like hiking in the mountains?—Any time. 11. When
are we going?—On the first day of the vacation. 12. How (with what) are we
going?—By train. 13. Where will we spend the night?—In an inexpensive youth
hostel.

(1) Woran denkst du? – An unsere Ferien. (2) Ich habe (handwritten)
vor, ~~Berg~~ mit Karl Berg zusteigen. (3) Ich habe (handwritten)
an meinen Freund geschieben und jetzt warte (handwritten)
ich auf seine Antwort. (4) Darauf ~~du~~ kannst du (handwritten)
langem warten. (5) Und wenn er sagt, „Ja" ~~ist es~~ bedeutet (handwritten)
das (es) nicht viel (6) Vor zwei Jahren ~~war ist~~ es genauso. (handwritten)
gewesen (7) Als du die Karten gekauft hattest, war er (handwritten)
plötzlich krank (8) Er hatte sich erkältet (9) Wenn du willst, komme (handwritten)
ich mit (10) Hast du Lust in den Bergen zu wandern. Jederzeit. (handwritten)

KAPITEL

Im Auto

EGON: Mensch, paß doch auf! Typisch! Das war bestimmt eine Frau am Steuer!

ANKE: **Wie kommst du** eigentlich **darauf?** Du und deine Vorurteile!

EGON: Na, so wie **die** fuhr!

ANKE: Du meinst, so wie **der** fuhr! Es war nämlich ein Mann.
(*Er sagt nichts mehr. Eine Viertelstunde später.*)

ANKE: Du, schau mal da drüben, die Frau mit dem Dirndl und der Mann mit der Lederhose[1]! Das sieht nett aus, nicht wahr?

EGON: Na, ich finde das schrecklich altmodisch.

ANKE: **Das habe ich mir gedacht!** Du hast nichts als Vorurteile und negative Meinungen.

Im Kaufhaus

JUTTA: Schau mal, die alte Dame da mit den gefärbten Haaren, dem vielen Make-up und der bunten Kleidung! Einfach unmöglich!

SABINE: Na und? Sie **fühlt sich** einfach noch nicht alt.

JUTTA: Aber sie ist **wenigstens** 70. Meine Oma siehst du nie so.

SABINE: **Laß mal!** Diese Dame fühlt sich noch jung und unternehmungslustig. Was tut deine Oma schon? Sie reist nie, sondern bleibt immer zu Hause.

JUTTA: Das stimmt. Aber jung sein wollen, **egal wie**, das finde ich lächerlich.

12

SABINE: Na, also mir gefällt es, wenn alte Leute unabhängig und unternehmungslustig bleiben. Wenn ihnen ein bißchen Farbe hier und da hilft, warum nicht?

JUTTA: Ach, mit dir kann man ja nicht reden. Du hast einfach keinen Geschmack.

ÜBRIGENS

1. Over the centuries, the rural population in all German-speaking areas developed regional costumes that distinguished one community from another. In each community, however, it was the same for rich and poor. Today the **Dirndl** and **Lederhose** (leather shorts or knickers) worn in southern Germany, Austria, and Switzerland are known throughout the world.

In the car

EGON: Hey, watch out! Typical! That must have been a woman behind the wheel.

ANKE: **What makes you think that?** You and your prejudices!

EGON: Well, the way she was driving.

ANKE: You mean how **he** was driving. Because it happened to be a man.
(*He says nothing more. Fifteen minutes later.*)

ANKE: Look over there, the woman with the Bavarian dress and the man with leather pants. That looks nice, doesn't it?

EGON: Well, I think it's awfully old-fashioned.

ANKE: **That's what I thought.** You have nothing but prejudices and negative opinions.

In the department store

JUTTA: Look at the old lady there with the dyed hair, all that make-up, and the garish clothes. Simply impossible!

SABINE: So what? She just doesn't **feel** old yet.

JUTTA: But she's at least seventy. You'll never see my grandma like that.

SABINE: **Never mind.** This lady still feels young and enterprising. What does your grandma ever do? She never travels, but always stays at home.

JUTTA: That's true. But wanting to be young, **no matter how**, I think that's ridiculous.

SABINE: Well, I like it when old people stay independent and enterprising. If a little color here and there helps, why not?

JUTTA: Oh, there's no talking to you. You simply have no taste.

MÜNDLICHE ÜBUNG

1. da drüben: **Schau mal** da drüben.
   hierher, dorthin, rechts, links

2. nett: **Das sieht** nett **aus**.
   prima, interessant, anders (different), häßlich, schrecklich

3. unmöglich: **Ich finde das** unmöglich.
   altmodisch, komisch, verrückt, typisch, lächerlich

4. alt: **Sie fühlt sich nicht** alt.
   müde, arm, unglücklich, schlecht

5. mir: Mir **gefällt es auch**.
   uns, dir, euch, ihm, ihr, ihnen

6. ich / mir: **Das** habe ich mir **gedacht**.
   er / sich; wir / uns; ihr / euch; Sie / sich

7. du: **Wie** kommst du **darauf?**
   ihr, Sie, er

der Eindruck,-̈e impression

der	**Geschmack**	taste
	Grund,-̈e	reason
das	**Vorurteil,-e**	prejudice
die	**Meinung,-en**	opinion

sich	**fühlen**	to feel (a certain way)
	meinen	to mean, suppose, think
	reden	to talk

anders / gleich	different / equal, same
bunt	multicolored; garish
(in)tolerant	(in)tolerant
lächerlich	ridiculous
modisch / altmodisch	fashionable / old-fashioned
schrecklich	terrible, terribly
unmöglich	impossible

Redewendungen und Sonstiges

Das habe ich mir gedacht.	That's what I thought.
egal wie	no matter how
Laß mal!	Never mind.
Wie kommst du darauf?	What makes you think (say) that?
ein bißchen	a little bit
nämlich	namely
selten	seldom
wenigstens	at least

A. Was paßt?

1. Das war bestimmt eine Frau am Steuer!	Ach, so so.
2. Wie gefällt dir die Frau mit dem Dirndl und der Mann mit der Lederhose?	Du hast nichts als Vorurteile.
3. Ich finde so etwas furchtbar!	Reg dich nicht auf!
4. Schau mal, die alte Dame da mit der bunten Kleidung!	Das stimmt, aber . . .
5. Deine Oma tut nie etwas, sondern bleibt immer nur zu Hause.	Du hast keinen Geschmack!

1. Das war bestimmt eine Frau am Steuer!
2. Wie gefällt dir die Frau mit dem Dirndl und der Mann mit der Lederhose?
3. Ich finde so etwas furchtbar!
4. Schau mal, die alte Dame da mit der bunten Kleidung!
5. Deine Oma tut nie etwas, sondern bleibt immer nur zu Hause.

Ach, so so.
Du hast nichts als Vorurteile.
Reg dich nicht auf!
Das stimmt, aber . . .
Du hast keinen Geschmack!
Das sieht nett aus.
Wie kommst du darauf?
Na, und?
Es tut mir leid, aber es war ein Mann.
Also, mir gefällt so etwas.
Furchtbar altmodisch!
Verrückt!
Warum nicht?
Ich nicht.
Ich auch.
Schrecklich, nicht wahr?

B. Fragen

1. Fahren Männer anders als Frauen? besser? schlechter? schneller?
2. Finden Sie, daß alte Leute sich die Haare färben sollen? daß sie Make-up tragen sollen? daß sie bunte Kleidung tragen sollen? Geben Sie Gründe für Ihre Meinung!
3. Wie sind Großeltern heute? Wie alt werden Menschen heute? Was für Kleidung tragen sie? Was tun sie? Wie war das früher (formerly)?
4. Wie sind die Deutschen Ihrer Meinung nach? die Franzosen? die Italiener? die Spanier? die Engländer?
5. Haben Amerikaner Vorurteile? Was für Vorurteile?

C. Interview

Fragen Sie Ihren Partner (Ihre Partnerin),

1. ob er (sie) gern Auto fährt,
2. was für ein Auto er (sie) sich einmal kaufen möchte,
3. ob er (sie) schon einmal eine Lederhose (ein Dirndl) getragen hat und wie er (sie) das findet,
4. was er (sie) besonders gern trägt,
5. ob er (sie) Vorurteile hat!

D. Schriftliche Übung

Schreiben Sie ein Gespräch!

1. Auf dem Campus
2. Auf dem Flugplatz
3. Im Auto

STRUKTUR

I. Relative Clauses

1. **RELATIVE CLAUSES** are clauses which supply additional information about a noun or pronoun in a sentence.

There is the man	who wrote the play.
He wrote a play	(that) I enjoyed very much.
He's an author	in whom I'm very interested
	(. . . I'm very interested in).
He's the author	whose play I liked so much.

English relative clauses may be introduced by the relative pronouns *who, whom, whose, which,* or *that.* The noun to which the relative pronoun "relates" is called the **ANTECEDENT**. The choice of the relative pronoun depends on the antecedent (is it a person or a thing?) and on its function in the relative clause. The relative pronoun may be the subject (*who, which*), an object or an object of a preposition (*whom, which, that*) or it may indicate possession (*whose*).

German relative clauses work essentially the same way. However, while in English the relative pronouns are frequently omitted (especially in conversation), in German *they must always be used.*

2. The German **RELATIVE PRONOUNS** have the same forms as the definite article, except for the genitives and the dative plural.

		SG.		PL.
	MASC.	NEUT.	FEM.	
nom.	der	das	die	die
acc.	den	das	die	die
dat.	dem	dem	der	denen
gen.	dessen	dessen	deren	deren

prepositions (of verbs) go before relative clause: Ex: Hier ist die Party, zu der sie mich eingeladen haben.

The form of the relative pronoun is determined by two factors:

4-21-81

a. the *antecedent*: Look back and determine whether it is singular or plural, and masculine, neuter, or feminine.

b. the *function* of the relative pronoun in the relative clause: Determine whether it is the subject, an accusative or dative object, an object of a preposition, or if it indicates possession.

```
. . . antecedent, (preposition) (RP) _____ V₁, . . .
      gender? number?                    function?
```

The word order in the relative clause is like that of all subordinate clauses: the inflected part of the verb comes last.

```
. . ., RP _____ V₁.
```

Always remember to separate the main clause from the subordinate clause by a comma.

- Hier ist ein Bild des Autors.   **Er** hat das Stück geschrieben.
  Hier ist ein Bild des Autors,   **der** das Stück geschrieben hat.
  Here's a picture of the author *who* wrote the play.

antecedent: **des Autors**; sg./masc.
  function: subject, nom.

- Wie heißt der Autor?   Du findest **ihn** so interessant.
  Wie heißt der Autor,   **den** du so interessant findest?
  What's the name of the author (*whom*) you find so interesting?

antecedent: **der Autor**; sg./masc.
  function: object of **finden**, acc.

- Er ist ein Autor.   **Ihm** glaube ich.
  Er ist ein Autor,   **dem** ich glaube.
  He's an author (*whom*) I believe.

antecedent: **ein Autor**; sg./masc.
  function: object of **glauben**, dat.

● Kennen Sie den Autor?   Wir haben **sein** Stück gesehen.
  Kennen Sie den Autor,   **dessen** Stück wir gesehen haben?
  Do you know the author *whose* play we saw?

antecedent: **den Autor**; sg./masc.
  function: related possessively to **Stück**, gen.

● Das Stück ist von einem Autor.   Ich interessiere mich **für ihn.**
  Das Stück ist von einem Autor,   **für den** ich mich interessiere.
  The play is by an author *in whom* I'm interested (I'm interested in).

antecedent: **von einem Autor**; sg./masc.
  function: object of **für**, acc.

● Die Autoren sind aus der Schweiz.   Er hat **von ihnen** gesprochen.
  Die Autoren, **von denen** er gesprochen hat, sind aus der Schweiz.
  The authors *of whom* he spoke (he spoke of) are from Switzerland.

antecedent: **die Autoren**; pl.
  function: object of **von**, dat.

A word of caution: Don't use the interrogative pronoun in place of the relative pronoun.

    Wer hat das Stück geschrieben?
But: Hier ist ein Bild des Autors, **der** das Stück geschrieben hat.

ÜBUNGEN

A. Analysieren Sie die Sätze!

Find the **antecedent** *and state the* **function** *of the relative pronoun in each relative clause.*

    z.B. Der König hatte eine Tochter, der niemand gut genug war.
        antecedent: eine Tochter; sg./fem.
        function: object, dat.

1. Sie machte sich über einen König lustig, dessen Kinn krumm war.
2. Der König sagte, sie sollte den ersten Bettler heiraten, der aufs Schloß kam. *subject, nom*
3. Sie wohnten in dem kleinen Häuschen, das dem Bettler gehörte. *n,s* *subject, nom.*
4. Die Weiden, aus denen sie Körbe machen sollte, taten ihren Händen weh. *o of p, dat*
5. Sie lebten eine Weile von dem Geld, das ihr die Leute geschenkt hatten. ~~subject, nom.~~ *ob, akk*
6. In den Taschen hatte sie Töpfchen, in denen sie etwas zu essen nach Hause brachte. *ob. of dat prep.*
7. Die Königstochter verdammte ihre Arroganz, die ihr so viel Unglück gebracht hatte. *sub, nom.*

8. König Drosselbart zog sie in den Saal, in dem die Leute tanzten. *obj of prep (dat)*

9. Die Töpfchen, die sie in den Taschen hatte, fielen auf den Boden. *ab*

10. Ich bin der Bettler, den du geheiratet hast. *ab*

for 10/22

B. Was fehlt?

1. Der junge Mann, _____ da kommt, ist der Freund meiner Schwester.
2. Der junge Mann, in _____ sie verliebt ist, heißt Rolf.
3. Die Freunde, mit _____ wir im Theater waren, sind wirklich nett.
4. Kennst du das Mädchen, mit _____ er sich verlobt hat?
5. Das Programm, _____ wir gestern gesehen haben, hat mir gut gefallen.
6. Die Gründe, _____ sie uns gegeben haben, waren lächerlich.
7. Wie schmeckt denn der Braten, _____ du dir bestellt hast?
8. Wie heißt der Student, _____ Bücher hier liegen?
9. Ist das die Dame, bei _____ Brigitte wohnt?
10. Der Film, _____ gerade läuft, soll sehr gut sein.

C. Machen Sie aus zwei Sätzen einen Satz! Verbinden Sie sie mit einem Relativpronomen!

z.B. Deutschland ist ein kleines Land. *Es* liegt in Mitteleuropa.
Deutschland ist ein kleines Land, *das* in Mitteleuropa liegt.

for 10/22

1. Carolyn ist eine amerikanische Studentin. *Sie* studiert Deutsch.
2. Wie heißt der Wein? Wir haben *ihn* gestern abend getrunken.
3. Das Gebäude ist das Rathaus. Sie sehen *es* dort drüben.
4. Was ist die Nummer der Straßenbahn? *Sie* fährt zur Fußgängerzone.
5. Wo ist das Haus? Sigmund Freud hat *in dem Haus* gewohnt.
6. Kennst du die Leute gut? Du mietest *ihre Wohnung.*
7. Da kommen unsre Freunde. Wir fahren *mit ihnen* ins Grüne.
8. Ist das die junge Dame? Du hast *mit ihr* getanzt.

for 10/22

D. Auf deutsch, bitte!

1. I'm a woman who is very tolerant. 2. But old ladies who wear a lot of make-up are ridiculous. 3. And people whose clothes are garish have no taste. 4. Look, Ute—there's the student who always talks so much. 5. The stories he tells are terribly boring. 6. I've seen the house in which his family lives. 7. I don't like the furniture they have. 8. The records they listen to are awful. 9. At the moment the record player they bought is broken. 10. Do the people you live with like music like that (such music)? 11. Ute, say something. What's your opinion? 12. My opinion? You're a woman whose prejudices I find stupid.

II. Endings of Unpreceded Adjectives

for 10/22

You already know how to deal with adjectives preceded by either **der-** or **ein-**words. But occasionally adjectives are preceded by neither; these are called UNPRECEDED ADJECTIVES. The equivalent in English would be adjectives preceded by neither *the* nor *a(n)*:

We bought fresh fish, fresh fruit, fresh sausage, and fresh eggs.

1. Unpreceded adjectives have the endings which the definite article would have, if it were used.

der frische Fisch   frischer Fisch
das frische Obst   frisches Obst
die frischen Eier   frische Eier

	SG.			PL.
	MASC.	NEUT.	FEM.	
nom.	frisch**er** Fisch	frisch**es** Obst	frisch**e** Wurst	frisch**e** Eier
acc.	frisch**en** Fisch			
dat.	frisch**em** Fisch	frisch**em** Obst	frisch**er** Wurst	frisch**en** Eiern
gen.[1]	—	—	—	—

Ist das frischer Fisch, frisches Obst, frische Wurst, und sind das frische Eier? Wir kaufen nämlich nur frischen Fisch, frisches Obst, frische Wurst und frische Eier. Sie kommt gerade mit frischem Fisch, frischem Obst, frischer Wurst und frischen Eiern.

Lieber Onkel Max, liebe Tante Paula! Liebe Eltern!

* If there are several unpreceded adjectives, all have the same ending.

Jetzt möchte ich ein Glas frisches, kaltes, klares Wasser.

2. Five important words are often used as unpreceded adjectives:

ander-	other
einig-	some, a few
mehrer-	several	(pl. only)
viel-	many
wenig-	few

Wir haben uns **mehrere** Programme angesehen. **Einigen** Leuten haben sie gefallen. **Andere** Leute fanden sie langweilig.

[1]The genitive forms are irregular and relatively rare.

3. Some words are used without endings, for instance numerals and **ein** 286
paar. Neither **viel** (much) nor **wenig** (little) has endings in the singular. Any   WIE GEHT'S?
of these words may come first in a chain of unpreceded adjectives.

Wir haben **zwei** wunderbare Tage bei meinem Onkel verbracht. Er hat **viel** Geld, aber **wenig** Zeit. Er hatte auch **ein paar** andere junge Leute eingeladen.

ÜBUNGEN   _fr 10/24_

E. Ersetzen Sie die Adjektive!

z.B. Das sind sympathische Leute. (geizig, unternehmungslustig, ungebildet)
Das sind geizige Leute.
Das sind unternehmungslustige Leute.
Das sind ungebildete Leute.

1. Gesucht wird: charmanter Junggeselle. (zärtlich, talentiert, treu)
2. Belohnung: lustige Eva. (verständnisvoll, schlank, intelligent)
3. Akademikerin sucht sportlichen Adam. (geduldig, reich, generös)
4. Er kommt oft mit ausgezeichneten Ideen. (komisch, lächerlich, dumm)
5. Schönes Wetter heute, nicht wahr? (schrecklich, heiß, kühl)

F. Sagen Sie es noch einmal!

Omit the der- or ein-word preceding the adjective.

z.B. Der holländische Käse ist ausgezeichnet.
Holländischer Käse ist ausgezeichnet.

1. Die politischen Nachrichten sind sehr interessant. _e_
2. Er wollte mit dem falschen Geld bezahlen. _em_
3. Sie hat das frische Brot gekauft. _es_
4. Er hat den schwarzen Kaffee getrunken. _en_
5. Wir haben die braunen Eier genommen. _e_
6. Er ist mit seinen alten Tennisschuhen auf die Party gegangen. _en_
7. Er brachte das schwere Gepäck mit. _es_
8. Auf der Party haben sie diese wilde Musik gespielt. _e_
9. Du hattest schon immer einen guten Geschmack. _en_
10. Er hat uns die hübschen Bilder gezeigt. _e_

G. Was fehlt? _all_

1. Geben Sie mir bitte ein paar ~~X~~ rot_e_ Äpfel!
2. Wir haben einig_e_ nett_e_ Leute eingeladen.
3. Ich habe nur wenig ~~X~~ amerikanisch_es_ Geld.
4. Viel_e_ neu_e_ Studenten sind heute gekommen.
5. Trinkst du gern warm_e_ Milch?
6. Wir wünschen Ihnen schön_e_ und interessant_e_ Ferien.
7. Sie saßen mit mehrer_en_ ander_en_ Ausländern an einem Tisch.

8. Regensburg und Landshut sind zwei ~~X~~ hübsch*e* alt*e* Städte.
9. In der Prüfung habe ich ein paar ~~X~~ dumm*e* Fehler gemacht.
10. Trink nicht so viel ~~X~~ kalt*es* Bier!
11. Lieb*e* Bettina, lieb*er* Hans, lieb*e* Freunde!

4-21-81 Tuesday

ZUSAMMENFASSUNG

optional

H. Schreiben Sie Relativsätze!

Make up a relative clause for each of the nouns below.

> z.B. die Reklame, . . .
> **die Reklame, die du siehst, . . .**

1. die Party, . . .
2. der Grund, . . . *(reason)*
3. die Hochzeit, . . . *(wedding)*
4. das Taxi, . . .
5. meine Telefonnummer, . . .
6. der Film, . . .
7. unser Studentenheim, . . .
8. seine Hobbys, . . .

I. Machen Sie ganze Sätze!

Use the tenses suggested. *(optional)*

> z.B. Hotel // in ____ / ich / wohnen // sein / in / Bahnhofstraße. *(simple past)*
> **Das Hotel, in dem ich wohnte, war in der Bahnhofstraße.**

1. da drüben / Sie / sehen / Schloß // ____ / wir / besuchen / heute
   (pres.) Da drüben sehen Sie das Schloß, das wir heute besuchen
2. Leute // mit *denen* er / reisen // sein / nett *(simple past)* reiste waren sehr nett
3. hier / sein / Brief // auf *den* / ich / warten / seit Wochen *(pres.)* ist *der (ein)*
4. wo / sein / Dame // von *der* / du / sprechen? *(1st clause pres., 2nd clause pres. perf.)* ist die gesprochen hast
5. ich / kennenlernen / viel*e* sympathische*e* Menschen *(pres. perf.)* kennengelernt habe
6. er / kaufen / mehrer-*e* neue*e* Bücher *(pres. perf.)* gekauft hat
7. wir / bleiben / einig*e* Nächte / in Wien *(pres. perf.)* geblieben sind
8. er / sehen / viel*e* schöne*e* moderne*e* Möbel *(past perf.)*

J. Auf deutsch, bitte! *all for 4-22-81 Wed.* Sag mal

1. They are bringing several friends to the party. 2. I'd like a glass of fresh cold lemonade now. 3. How do you like the shirts I bought? 4. Crazy! Say where's the girl whose car broke down? 5. She's standing next to the guy you came with. 6. Isn't she the girl you talk so much about? 7. Yes. She's also the girl I'd like to marry. 8. She looks nice. 9. You have good taste. 10. Thank you, dear friend! 11. You've drunk a lot of champagne. How do you feel?—Very happy! 12. That's what I thought.

12. Das habe ich mir gedacht

11. Du hast vielam Sekt getrunken. Wie geht's dir? Ich bin sehr glücklich

Was ist das?

der Fahrradweg, Hauptgrund, Stadtteil; das Mineralwasser, Natürliche, Problem, Reklameschild, Schweden, Würstchenessen; die Bürokratie, Gartenhütte, Massage, Natur, Persönlichkeit, Schönheit, Stadtplanung, Tour, Zirkulation; sich distanzieren, hinausschauen, hineinschauen, renovieren; ästhetisch, barfuß, harmonisch, individuell, inner-, psychologisch, spezifisch; auf natürliche Weise, kurz vor

Liebe Freunde!

Wie ihr wißt, habe ich gerade ein Jahr in Göttingen studiert. Ich bin erst vor drei Wochen zurückgekommen, weil das Semester dort bis Ende Juli ging. Ihr habt mich *gebeten*, euch heute zu erzählen, was ich in Deutsch-
5 land typisch fand. Nun, ich will's versuchen. Hier sind einige meiner Eindrücke.

Ich hatte immer gedacht, daß die Deutschen viel arbeiten, aber ich glaube sie arbeiten weniger als° die Amerikaner. Immer wieder gibt es Feiertage,   less than
und dazu kommen wenigstens drei Wochen Ferien, meistens sogar vier
10 bis fünf Wochen. Während der Ferien reisen die Deutschen dann. Das tun sie nämlich gern und viel. Als ich während der Semesterferien mit dem Eurail-Paß quer durch° Europa gereist bin, habe ich fast überall—von   all across
Schweden bis Italien, von Frankreich bis Griechenland°—Deutsche ge-   Greece
troffen. Es war ein *Vorteil*, daß ich Deutsch sprechen konnte, denn man
15 versteht es fast überall. Sogar in Ungarn°, wo die Leute kaum° Englisch   Hungary / hardly
verstehen, sprechen viele Deutsch. Das hat richtig Spaß gemacht. Weil die Deutschen so reiselustig sind, gibt es auch viele billige Touren in die ganze *Welt*. Mit diesen Touren kann man zum Beispiel billiger von Deutschland nach Hongkong fliegen als von Amerika.

20 Was mir in Deutschland besonders gefallen hat, waren die Städte. Sie sind mehr dem Menschen angepaßt° und nicht so sehr für das Auto gebaut wie   geared to

hier. Die Autobahnen führen° oft nur an die Städte heran° oder um die Städte herum°, aber selten in die Städte hinein°. Das hat natürlich oft historische Gründe, denn in den alten Stadtteilen gab es einfach keinen Platz für Autobahnen. Der Hauptgrund ist aber bestimmt, daß man den

5 *Schmutz* und den *Lärm* der Autobahn nicht in der Stadt haben will. Durch gute Stadtplanung kann man auch fast alles zu Fuß oder mit öffentlichen Verkehrsmitteln erreichen°: Geschäfte, Schulen, Bibliotheken, *Krankenhäuser* und Parks. Überall gibt es *Bürgersteige*, oft auch Fahrradwege.

Die Deutschen haben ein starkes° ästhetisches *Gefühl*, was vielleicht mit
10 den vielen Menschen auf kleinem Raum° zu tun hat. Zum Beispiel darf man nicht einfach bauen, wo und wie man will. Die Baugesetze° sind sehr *streng*. Für alles braucht man eine Erlaubnis°, sogar wenn man nur etwas am Haus ändern° will. Alles muß ins Stadtbild° oder in die Landschaft° passen. Das mag° nach Bürokratie klingen und ist es auch, aber dafür kann
15 man in den meisten deutschen Städten gut leben. Reklameschilder dürfen nur eine bestimmte *Größe* haben, und alle elektrischen Leitungen° und Telefonleitungen sind in den Städten unter der Erde°. Es ist erstaunlich°, wie schön es ist, wenn man abends ungestört° von häßlichen Telefonleitungen den Sonnenuntergang° beobachten° kann.

20 Die Deutschen tun nicht nur viel, *um* ein harmonisches Stadtbild und eine ästhetische *Umgebung zu* schaffen°, sie tun auch viel, um sie zu erhalten°. Alles ist sauber und gepflegt.° Man bemüht sich sehr°, alte Häuser und Kirchen zu renovieren. Um Denkmäler° pflanzt° man Blumen. Natürlich kommen mit dem *Wunsch* nach Schönheit auch viele Verbote°. Nicht sel-
25 ten findet man Schilder wie „Rasen nicht betreten!°" oder „Hunde° an die Leine° nehmen!"

Was ich noch typisch fand, war der Wunsch nach Natur und Natürlichem. Man versucht, mit der Natur verbunden° zu bleiben, um sich auf natürliche Weise *gesund* zu erhalten. Zum Beispiel findet man am Stadtrand° Gärten,
30 sogenannte° Schrebergärten[1], wohin sich viele Leute—hauptsächlich die, die nur in einer Mietwohnung wohnen—am Wochenende zurückziehen°, wo sie ihr *eigenes* Obst, Gemüse und eine Gartenhütte haben. Man geht auch viel spazieren oder wandert gern. Oft gehen ganze Familien zum Trimm-dich-Pfad, der meistens irgendwo° im Wald oder am Waldrand
35 liegt, um sich dort fit zu halten.

Man versucht nicht nur, auf natürliche Weise gesund zu bleiben, sondern auch gesund zu werden. Es gibt viele Kurorte°—sie beginnen alle mit „Bad", zum Beispiel Bad Füssing oder Bad Reichenhall—, wo die Leute sich zwei bis vier Wochen erholen°, *das heißt* eine Kur machen. Oft schickt
40 sie der Arzt°, und die Krankenkasse° bezahlt dafür, denn man glaubt, daß Vorbeugung° gegen Krankheit° genauso wichtig ist wie ihre Behandlung°. Dort trinken sie zum Beispiel Mineralwasser, nehmen Moorbäder° und

	lead / up to
	around / into
	reach
	strong
	space
	building codes
	permit
	change / character of the town / landscape
	may
	cables
	underground / amazing
	unhindered
	sunset / watch
	create / preserve
	taken care of / makes big efforts
	monuments / plants
	restrictions
	keep off the grass! / dogs
	leash
	in touch
	edge of . . .
	so-called
	withdraw
	somewhere
	health spas
	relax
	doctor / health insurance
	prevention / sickness / treatment
	mud baths

Massagen, schwimmen viel, gehen spazieren, hören sich Kurkonzerte im
Kurpark an; dort haben sie gute Luft° und keine Arbeit. Manchmal empfiehlt man ihnen auch, barfuß in kaltem Wasser zu waten°, das soll der
Zirkulation helfen. Viele Leute glauben, daß eine Kur ihnen wirklich
5 hilft. Vielleicht tut sie das, wenn auch nur psychologisch.

Nun noch ein paar Eindrücke über die Deutschen. Natürlich ist es schwer
zu verallgemeinern°. Dort wie hier gibt es große individuelle *Unter-*
schiede. Aber vielleicht kann man allgemein° sagen, daß sie ein starkes
Privatgefühl° haben. Man hat gern ein Plätzchen für sich allein. *Deswegen*
10 sieht man um ihre Häuser Hecken° und Zäune°. In ihren Fenstern hängen
Vorhänge, durch die sie hinausschauen können, aber durch die niemand
hineinschauen kann.

Dieses Privatgefühl sieht man auch in ihrer Persönlichkeit. Sie machen
einen Unterschied zwischen *Bekannten* und Freunden. Man redet nicht°
15 sofort° jeden mit „du" oder mit dem Vornamen° an. Der Durchschnitts-
deutsche° macht nicht leicht Freunde. Wenn er aber ein Freund ist, dann
ist er ein richtiger Freund, *auf den man sich verlassen* kann.* Vielleicht
kann man das so beschreiben: Der Deutsche versteckt sich° hinter einer
äußeren Schale°, vielleicht zum Selbstschutz°, die man nicht so leicht
20 durchbrechen° kann. Deswegen wirkt° er oft distanziert. Wenn aber diese
äußere Schale einmal durchbrochen ist, dann hat man einen Freund fürs
Leben. Bei uns Amerikanern ist das anders. Wir machen leicht und viele
Freunde, aber unsren inneren Kern° verstecken wir. Ich glaube, wir distanzieren uns auf diese Weise. Was meint ihr?

25 Nun, meine Zeit ist um°. Das sollten ja nur ein paar Eindrücke sein. Vielleicht habt ihr noch spezifische Fragen?

Margin glosses:
air
wade

generalize
in general
. . . for privacy
hedges / fences

doesn't address
right away / first name
average . . .

hides
outer shell / selfprotection
break through / appears

core

up

—Auch Geschäfte machen Ferien.

paid vacation (handwritten)

VOKABELN

der	Bekannte (ein Bekannter)[1]	acquaintance
	Bürgersteig,-e	sidewalk
	Lärm	noise
	Schmutz	dirt
	Unterschied,-e	difference
	Vorteil,-e	advantage
	Wunsch,-̈e	wish
das	Gefühl,-e	feeling
	Krankenhaus,-̈er	hospital
die	Größe,-n	size
	Umgebung	surroundings
	Welt	world

[1]This noun (and also **der Deutsche**) works just like an adjective:
der Bekannte (Deutsche)   But: **ein** Bekannter (Deutscher)
die Bekannte (Deutsche)   **eine** Bekannte (Deutsche)

bitten (um + *acc.*), bat, gebeten	to request, ask (for)	291 KAPITEL 12
das heißt (*abbrev.* d.h.)	that is, i.e.	
deswegen	therefore	
eigen	own (*adj.*)	
gesund / krank	healthy / sick	
streng	strict(ly)	
sich **verlassen auf** (+ *acc.*), verließ, verlassen	to depend on, rely on	
Ich verlasse mich auf dich.	I depend on you.	
um . . . zu	in order to	

ÜBRIGENS

1. Usually leased from the city over a long period of time, **Schrebergärten** are small gardens often located on the city's edge, at some distance from the gardeners' living quarters. Named for Dr. Daniel G. M. Schreber, a nineteenth-century physician who created the first playgrounds for children, they not only supplement the family menu with fresh fruit and vegetables, but also provide recreation for apartment-dwellers.

FRAGEN

A. 1. Wieso kann man sagen, daß die Deutschen weniger arbeiten als die Amerikaner?

2. Was hat der Sprecher auf seinen Ferienreisen durch Europa beobachtet? *to watch observe*

3. Warum haben die deutschen Städte dem Sprecher so gut gefallen?

4. Was tun die Deutschen, um ihre Städte schön zu erhalten?

5. Wie zeigt es sich, daß die Deutschen sich für die Natur interessieren?

6. Warum fahren viele Leute in einen Kurort?

7. Wie zeigt sich das starke Privatgefühl der Deutschen? *feeling for privacy*

8. Welchen Unterschied machen die Deutschen zwischen Freunden und Bekannten?

B. *for 4-22-81*

1. Wieviele Stunden arbeiten die Amerikaner pro Woche? Wie lange hat der Durchschnittsamerikaner im Jahr Ferien?

2. Reisen die Amerikaner auch gern und viel? Wohin?

3. Welche amerikanische Stadt gefällt Ihnen besonders gut? Warum? *include typically American things into Ex B.*

4. Interessieren sich die Amerikaner für die Natur? Wie zeigt sich das?

5. Gibt es in Amerika Kurorte? Wo? Welche Kurorte kennen Sie?

6. Machen Sie einen Unterschied zwischen Freunden und Bekannten? Wie bald sprechen Sie Bekannte mit dem Vornamen (first name) an?

7. Haben Sie viele Freunde, oder wenige Freunde und viele Bekannte? Wie lange kennen Sie Ihren besten Freund oder Ihre beste Freundin schon?

AUFSATZ *for 10/27   for 4-22-81*

Write a short essay about **typisch amerikanisch**. Write about the cities you know, your aesthetic feelings, your feelings for privacy.

KAPITEL

Gleichberechtigung | **GESPRÄCHE**

10/27 4-22-81

Eine wichtige Frage

MUTTER: Sag mal, Katrin, **was willst du** einmal **werden**?

KATRIN: Ach, Mutti, ich weiß noch nicht. Vielleicht Astronautin.

RAINER: Hast du das gehört? Die spinnt doch!

KATRIN: Ach, **sei ruhig!** Ich rede nicht mit dir.

MUTTER: **Spaß beiseite**, Katrin. Was willst du einmal werden?

KATRIN: Astronautin, Mutti. Warum nicht?

RAINER: **Hör dir das an!**

MUTTER: Ach, laß sie in Ruhe!

KATRIN: „Kinder, Küche und Kirche" sind mir nicht genug. Aber mit euch kann man ja nicht reden. Ihr seid beide altmodisch.

Eine moderne Ehe

KATRIN: Vati, hast du gehört, was Herr Ziegler jetzt macht?

VATER: Nein, was denn?

RAINER: Er bleibt zu Hause und macht den Haushalt.

VATER: Wie bitte? Und Frau Ziegler, was macht sie?

KATRIN: Sie arbeitet wieder in ihrem Beruf. Du weißt doch, sie ist Architektin.

VATER: Nein, das habe ich nicht gewußt. Da verdient sie bestimmt ganz gut.

13

293

KATRIN: Das kannst du aber glauben. Er ist **sowieso** lieber zu Hause. Jetzt paßt er auf die Kinder auf, wäscht, kocht, putzt und geht einkaufen. Nicht schlecht, was?

✳RAINER: Ich finde das verrückt.

KATRIN: Wieso? Das nenne ich eine moderne Ehe, Gleichberechtigung.

VATER: Das schon, aber etwas komisch finde ich es doch. Ihr nicht auch?

✳RAINER: Doch!

KATRIN: **Gar nicht!** Jeder soll tun, was ihm am meisten Spaß macht.

An important question

MOTHER: Say, Katrin, **what do you want to be** one day?

KATRIN: Oh, Mom, I don't know yet. Perhaps an astronaut.

RAINER: Did you hear that? She's crazy.

KATRIN: **Be quiet!** I'm not talking to you.

MOTHER: **Seriously**, Katrin. What do you want to be?

KATRIN: An astronaut, Mom. Why not?

RAINER: Just **listen to that!**

MOTHER: Oh, leave her alone.

KATRIN: "Children, kitchen, and church" aren't enough for me. But there's no talking to you. You're both old-fashioned.

A modern marriage

KATRIN: Dad, did you hear what Mr. Ziegler is doing now?

FATHER: No, what?

RAINER: He's staying home and taking care of the house.

FATHER: What? And Mrs. Ziegler, what's she doing?

KATRIN: She's working again in her profession. She's an architect, you know.

FATHER: No, I didn't know that. She must be making money.

KATRIN: You better believe it. And he prefers being home anyway. Now he watches the kids, does the washing, cooking, cleaning, and goes shopping. Not bad, eh?

RAINER: I think it's crazy.

KATRIN: Why? That's what I call a modern marriage, equality.

FATHER: That's true, but I still think it's a bit strange. Don't you?

RAINER: I sure do!

KATRIN: **Not at all!** Everyone should do what he likes best.

MÜNDLICHE ÜBUNG   10\27

1. du: **Was** willst du **einmal werden?**
    Sie, ihr, er

2. Journalist: **Ich will** Journalist **werden.**[1]
    Polizist, Lehrer, Ingenieur, Arzt (doctor) Zahnarzt (dentist), Rechtsanwalt (lawyer)

3. Journalistin: **Du weißt doch, sie ist** Journalistin.[1]
    Polizistin, Lehrerin, Ingenieurin, Ärztin, Zahnärztin, Rechtsanwältin

4. du: Hör dir **das an!**
    ihr, Sie

---

[1]When used as predicate nouns, nouns of profession and nationality do not take the indefinite article unless preceded by an adjective:

Er ist Journalist.   He's a journalist.
Er ist ein guter Journalist.   He's a good journalist.

5. sie: **Sei ruhig!**
   seid, Seien Sie

6. laut: **Sei nicht so laut! Seid nicht so laut! Seien Sie nicht so laut!**
   langsam, ungeduldig, brummig, altmodisch, abhängig

7. ganz gut: **Sie verdient bestimmt** ganz gut.
   nicht schlecht, viel Geld, nicht viel

8. zu Hause: **Er ist sowieso lieber** zu Hause.
   in der Küche, im Büro, im Geschäft, bei seinen Eltern

9. den Haushalt machen: **Jetzt macht er** den Haushalt.
   auf die Kinder aufpassen, das/Essen kochen, die Wohnung putzen, einkaufen gehen

10. modern: **Das nenne ich eine** moderne **Ehe.**
    richtig, gut, interessant, gleichberechtigt (with equal rights)

WORTSCHATZ: BERUF UND GLEICHBERECHTIGUNG

der Beruf,-e   profession
die Stelle,-n   position, job

der	**Angestellte (ein Angestellter)**	employee, clerk
	Apotheker,-[1]	pharmacist
	Arzt,-̈e	doctor
	Bäcker,-	baker
	Beamte (ein Beamter) *Beamtin*	civil servant, clerk
	Dolmetscher,-	interpreter
	Elektriker,-	electrician
	Geschäftsmann,-leute	businessman
	Ingenieur,-e	engineer
	Journalist,-en,-en	journalist, reporter
	Pfarrer,-	minister
	Polizist,-en,-en	policeman
	Rechtsanwalt,-̈e	lawyer
	Verkäufer,-	salesman, sales clerk
	Wissenschaftler,-	scientist
	Zahnarzt,-̈e	dentist
die	**Angestellte (eine Angestellte)**	employee, clerk
	Ärztin,-nen	doctor
	Beamtin,-nen	civil servant, clerk
	Geschäftsfrau,-en	businesswoman
	Hausfrau,-en	housewife
	Krankenschwester,-n	nurse
	Rechtsanwältin,-nen	lawyer
	Sekretärin,-nen	secretary
	Zahnärztin,-nen	dentist

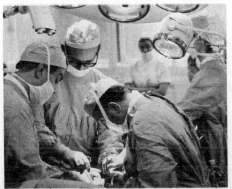

[1]Where no special feminine form is given, one derives the feminine equivalent by adding **-in** to the masculine form: **der Apotheker, die Apothekerin.**

das Recht,-e right
die Gleichberechtigung equality, equal rights

der	Haushalt	household
das	Büro,-s	office
	Geschäft,-e	business
die	Bezahlung	pay
	Firma, Firmen	firm, company
	Freiheit	freedom
	(Un)abhängigkeit	(in)dependence

verdienen	to earn; deserve
putzen	to clean
gleichberechtigt	with equal rights

Redewendungen und Sonstiges

Hör dir das an!	Listen to that (to this)!
Sei / Seid / Seien Sie ruhig!	Be quiet.
Spaß beiseite!	Seriously, . . . Be serious!
Was willst du werden?	What do you want to be?
Ich will _____ werden.	I want to be a(n) _____.
gar nicht	not at all
sowieso	anyway, anyhow

ZUM THEMA

A. Was paßt?

1. Was willst du einmal werden?
2. Ich möchte Astronautin werden.
3. Hast du gehört, daß Herr Ziegler jetzt den Haushalt macht?
4. Frau Ziegler arbeitet wieder in ihrem Beruf.
5. Das nenne ich eine moderne Ehe.

4-22-81

Meiner Meinung nach braucht ihre Familie sie zu Hause. 4

Viel Glück! 2 3

Ich werde Rechtsanwalt. 1

Da hast du recht. 5

Das weiß ich noch nicht. 1

Das kann ich gar nicht glauben. 2 3

Ich auch. 2 4

Ärztin! 1

Wie bitte? 3

Verrückt! 2

Das freut mich sehr. 4 3

Das kann ich einfach nicht verstehen. 2 4

Also, ich finde das komisch. 2 3

Bist du sicher? 3 2

Wie kommst du nur darauf? 2

B. Was bin ich?

[handwritten: 4-22-81]

1. Ich finde meinen Beruf wunderbar! Ich komme durch die ganze Welt, aber ich reise weder mit dem Auto, noch mit dem Zug, noch mit dem Schiff (ship). Ich bringe den Touristen das Essen und die Getränke. Ich trage eine schicke Uniform. Was bin ich? *[handwritten: eine Stewardess]*

[handwritten: waitress – das Fräulein]

2. In meinem <u>Beruf</u> habe ich es mit vielen jungen Menschen zu tun. Viele denken, daß mein Beruf leicht ist, weil ich so viele Ferien habe. Aber mein Beruf kann sehr anstrengend (strenuous) sein. Zu Hause muß ich viel korrigieren (correct) und <u>mich</u> gut <u>vorbereiten</u> (prepare). Was bin ich? *[handwritten: ein Lehrer]*

3. Viele Leute kommen zu mir nur, wenn ihnen etwas weh tut. Die meisten fürchten sich vor mir, weil sie denken, daß ich ihnen noch mehr weh tue. Aber das stimmt nicht. Sie kommen mit Schmerzen (pain), setzen sich in meinen gemütlichen Stuhl und öffnen den Mund; bald sind die Schmerzen weg. *[handwritten: weck]* Was bin ich? *[handwritten: Zahnarzt]*

4. Mein Beruf bedeutet früh aufstehen, oft schon um vier. Es ist schwer, Hilfe in meinem Beruf zu bekommen. Was ich tue, tue ich mit Liebe. Ich freue mich, wenn ich dann zufriedene (content) Gesichter im Geschäft sehe. Bei uns im Geschäft riecht (smells) es immer gut. Was wir verkaufen, ist immer frisch. Wer bin ich? *[handwritten: Bäcker]*

[handwritten: reinigen – clean(teeth, as a dentist)]

5. Ich bin viel unterwegs. Wenn es eine Katastrophe oder etwas Besonderes gibt, bin ich dort. Ich spreche mit Politikern, Wissenschaftlern, Ärzten, Leuten auf der Straße, Studenten und so weiter. Ich hoffe (hope), daß Sie dann meine Artikel in der Zeitung oder in einer Zeitschrift lesen. Was bin ich? *[handwritten: Journalist]*

C. Fragen

[handwritten: for 4-23-81]

[handwritten: minister] *[handwritten: die Praxis / doctor's practice / wo ein Arzt arbeitet.]*

1. Wo arbeitet der Bäcker? der Apotheker? der Pfarrer? der Polizist? der Verkäufer? die Stewardeß? die Lehrerin? die Professorin? die Krankenschwester? die Beamtin? die Ärztin?

2. Was macht der Bäcker? der Apotheker? die Krankenschwester? die Journalistin? die Zahnärztin? die Hausfrau? der Architekt?

3. In welchen Berufen verdient man viel Geld? Machen Sie eine Liste! Beginnen Sie mit den Berufen, die am besten bezahlt sind!

4. Was waren bis vor kurzem (until recently) in Amerika typische Frauenberufe und typische Männerberufe? Wie ist das jetzt? In welchen Berufen gibt es noch wenige Frauen? In welchen gibt es keine Frauen? In welchen gibt es fast nur Frauen? Warum?

5. Welche Berufe finden Sie besonders interessant?

6. Was möchten Sie einmal werden? Warum?

D. Schriftliche Übung

[handwritten: for 10/29 7-8 sentences] *[handwritten: for 4-23-81 2 or 3 ex of B]*

Schreiben Sie auch ein **Was bin ich?** wie oben in Übung B! Die anderen raten (guess), *was Sie sind.*

I. *The Future* 10/27 4-23-81 Thursday

As you know, future events are often referred to in the present tense in both English and German, particularly when a time expression points to the future.

Wir **gehen** heute abend ins Kino.
present

In German conversation, this is the preferred form. However, German does have a future tense. It is used when there is no time expression, and under somewhat formal circumstances.

1. The future consists of **werden** as the auxiliary plus the infinitive of the verb: **werden + infinitive** *I*

ich	**werde**	. . . **gehen.**	*I*	*will go . . .*
du	**wirst**	. . . **gehen.**	*you*	*will go . . .*
er, es, sie	**wird**	. . . **gehen.**	*he, it, she*	*will go . . .*
wir	**werden**	. . . **gehen.**	*we*	*will go . . .*
ihr	**werdet**	. . . **gehen.**	*you*	*will go . . .*
sie	**werden**	. . . **gehen.**	*they*	*will go . . .*
Sie	**werden**	. . . **gehen.**	*you*	*will go . . .*

Ich **werde** ins Büro **gehen.**

2. If the future sentence also contains a modal, then the modal appears as an infinitive at the very end:

werden + verb infinitive + modal infinitive *II*

werden
ich werde   wir werden
du wirst   ihr werdet
er, sie wird   sie werden

Ich **werde** ins Büro **gehen müssen.**

3. Sentences in the future follow familiar word-order rules.

Sie **werden** auch **kommen.**
Sie **werden** auch **mitkommen.**
Sie **werden** auch **mitkommen wollen.**
Ich bin sicher, daß sie auch **kommen werden.**

4. The future form can also express *present probability.*

Er **wird** wohl krank **sein.**   He's probably sick.
Ihr **werdet** das wohl nicht **wissen.**   You probably don't know that.

Remember that **werden** is also in itself a full verb, meaning *to get, to become*.

Ich **werde** müde.	I'm getting tired.
Er **wird** Journalist.[1]	He's becoming a journalist.

ÜBUNGEN

A. *Sagen Sie die Sätze in der Zukunft* (future)!

[handwritten: 10/27 for 10/29   pp 356-357]

z.B. Sie bleibt zu Hause.
Sie wird zu Hause bleiben.

1. Er paßt auf die Kinder auf.
2. Sie verdienen beide gut.
3. Was meinen die Leute?
4. Wir fahren in die Schweiz.
5. Wann haben Frauen volle Gleichberechtigung?

6. Sie müssen zum Zahnarzt gehen. *[handwritten: Sie werden zum Zahnarzt gehen müssen]*
7. Wir können euch nicht helfen. *[handwritten: werden, werd]*
8. Er darf mitkommen. *[handwritten: dürfen]*
9. Sie will uns besuchen. *[handwritten: wollen]*
10. Ihr müßt darum bitten. *[handwritten: müssen]*

B. *Beginnen Sie jeden Satz mit Wissen Sie, ob . . .?*

[handwritten: for 10/29]

z.B. Er wird bald zurückkommen.
Wissen Sie, ob er bald zurückkommen wird?

1. Sie werden in Frankfurt umsteigen. *[handwritten: Wissen Sie, ob sie in Frankfurt umsteigen werden]*
2. Sie wird sich das Programm ansehen.
3. Sie wird die Wohnung vermieten.
4. Willi und Eva werden bald heiraten.
5. Müllers werden längere Zeit in Berlin bleiben.
6. Wir werden fahren oder fliegen.

[handwritten: wohl - probably]

C. *Was bedeutet das auf englisch?*

[handwritten: for 10/29]

z.B. Martina wird Zahnärztin.
Martina is becoming a dentist.

1. Er wird wohl schlafen.
2. Die Kinder werden zu laut. *[handwritten: The children are becoming too loud.]*
3. Ich werde am Bahnhof auf Sie warten. *[handwritten: I will wait for you at the train station]*
4. Sie werden wohl mit dem Auto fahren. *[handwritten: They will probably come by car.]*
5. Die alte Dame wird sich wohl noch nicht alt fühlen. *[handwritten: to feel — The old lady]*
6. Wir werden Sie gern mitnehmen.
7. Er will Dolmetscher werden.
8. Wann wird der Verkäufer zurückkommen?

[1]Be sure not to use the modal **wollen** instead of the future auxiliary **werden**:

Er will Journalist werden.	He wants to become a journalist.
Er wird Journalist werden.	He will become a journalist.

D. Auf deutsch, bitte! *for 10/29 for 4-24* ✓

1. Children, you'll have to listen to this. 2. Your mother is becoming an architect. 3. She will build houses. 4. I'll have to stay at home. 5. I'll do the cooking. 6. Helga, you will do the washing. 7. Karl and Maria, you will do the cleaning. 8. We'll do the shopping together. 9. We'll have to work hard. 10. Already your mother is getting well known. 11. She will earn a lot. 12. But I'm getting awfully tired!

II. The Comparison of Adjectives and Adverbs *4-22-81*

In English and in German, adjectives have three forms:

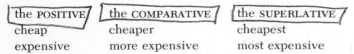

the POSITIVE	the COMPARATIVE	the SUPERLATIVE
cheap	cheaper	cheapest
expensive	more expensive	most expensive

While English can form the comparative and the superlative in two ways, German can form them in only *one* way, like *cheap* above.

1. In the comparative, adjectives add **-er**; in the superlative, they add **-(e)st**.

billig	billiger	billigst-

a. Most one-syllable adjectives with the stem vowel **a, o,** or **u** have an umlaut in the comparative and superlative.

warm   wärmer   wärmst-   *a o u = ••*

Similarly: arm, dumm, jung, krank, lang, warm, etc.

b. Adjectives ending in **-d, -t, s**-sounds, and vowels add **-est** in the superlative.

alt	älter	ältest-
heiß	heißer	heißest-
neu	neuer	neuest-

-d, -t, s = -est

Similarly: gesund, wild; interessant, kalt, laut, leicht, nett, oft, schlecht; hübsch, kurz, weiß; frei, treu; etc.

c. A few adjectives and adverbs have irregular forms in the comparative and superlative.

gern	lieber	liebst-
groß	größer	größt-
gut	besser	best-
nah	näher	nächst-
viel	mehr	meist-

2. Adjectives in the comparative and superlative <u>have the same endings</u> as   301
preceded and unpreceded adjectives in the positive form (see Chapters 10   KAPITEL 13
and 12).

der billige Wein	der billig **er** e Wein	der billig **st** e Wein
Ihr billig**er** Wein	Ihr billig **er** er Wein	Ihr billig **st** er Wein
billig**er** Wein	billig **er** er Wein	billig **st** er Wein

toy rer

Haben Sie keinen besseren Wein? Doch, aber der bessere Wein ist teuerer.
Don't you have any better wine.   better   more expensive

3. The comparative of PREDICATE ADJECTIVES (after **sein, werden,** and **bleiben**) and of ADVERBS is formed as described above, but the superlative is
preceded by **am** and ends in **-sten.**

G p 302

billig	billig**er**	**am** billig**sten**

Die Wurst ist billig.
Der Käse   ist billig**er.**
Das Brot   ist **am** billig**sten.**

Ich fahre gern mit dem Bus.	I like to go by bus.
Ich fahre **lieber** mit dem Fahrrad.	I prefer to go by bicycle (rather . . .)
Ich gehe **am liebsten** zu Fuß.	I like best to walk. (Best of all . . .)

4. When you want to say that <u>one thing is like another,</u> use **so . . . wie . . .**

Ich bin **so alt wie** du.	I'm as old as you are.

If you want <u>to bring out a difference,</u> use   comparative + **als** .

Helga ist **älter als** wir.	Helga is older than we are.

Up with
is safer
teuer, teuerer,
am teuersten

sitzgurt
seat belt

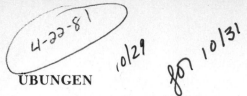
E. Ersetzen Sie die Adjektive!

z.B. Dieses Programm ist so langweilig wie das andere Programm. (interessant, lustig)
Dieses Programm ist so interessant wie das andere Programm.
Dieses Programm ist so lustig wie das andere Programm.

1. Axel ist so groß wie Horst. (alt, charmant, schreibfaul)
2. Frau Loth ist so reiselustig wie meine Oma. (sympathisch, dick, altmodisch)
3. Hier ist es kälter als bei euch. (schön, heiß, kühl)
4. Auf dem Markt ist das Gemüse frischer als im Geschäft. (gut, schön, billig)

F. Antworten Sie mit nein!

Use the new adjective in your response, as shown in the example.

z.B. Ist euer Großvater auch so unternehmungslustig? (bequem)
Nein, er ist bequemer.

1. Waren eure Schuhe auch so schmutzig? (sauber)
2. Ist dein Bruder auch so verständnislos? (verständnisvoll)
3. Redet Jutta auch so wenig? (viel)
4. Finden Sie die Nachrichten auch so langweilig? (interessant)
5. Fährt Otto auch so früh? (spät)
6. Sind die Geschäftsleute dort auch so unfreundlich? (freundlich)
7. Ist Ihre Bezahlung auch so schlecht? (gut)
8. Ist es bei Ihnen auch so laut? (ruhig)
9. Ist die Schule auch so weit weg? (nah)
10. Sind Ihre Nachbarn auch so brummig? (nett)

G. Wiederholen Sie die Sätze mit dem Adjektiv im Superlativ!

z.B. Inge schwimmt schnell.
Inge schwimmt am schnellsten.

1. Gisela studierte fleißig.
2. Willi hat lang geschlafen.
3. Dort ist das Wetter gut.
4. Unsre Prüfung war schwer.
5. Der Stuhl ist bequem.
6. Der erste Film war spannend.
7. Ich gehe gern einkaufen.
8. Diese Bushaltestelle ist nah.
9. Sie spielt gut Klavier.
10. Sie arbeiten viel.

H. Wiederholen Sie die Sätze mit dem Adjektiv im Komparativ und im Superlativ!

z.B. Wir gehen heute in das neue Restaurant.
Wir gehen heute in das neuere Restaurant.
Wir gehen heute in das neueste Restaurant.

1. Mein kleiner Bruder bleibt zu Hause.
2. Das bekannte Geschäft ist da drüben.
3. Zieh deinen warmen Pulli an!
4. Wo ist das nahe Krankenhaus?
5. Das ist der dumme Professor.
6. Kennen Sie die hübsche Studentin?
7. Er fährt mit dem alten Auto.
8. Gute Wagen sind teuer.
9. Wo sind die großen Unterschiede?

I. Auf deutsch, bitte!

1. His office is closer than my office. 2. The oldest salesman sold the most cars. 3. She would rather become a lawyer. 4. Do engineers earn more than businessmen? 5. The nurse is not as friendly as the doctor. 6. Is the minister younger than his wife? 7. She likes best being a housewife. 8. Do you know a better dentist? 9. She's the best dentist I know. 10. Did you know that women still (**immer noch**) earn less?

ZUSAMMENFASSUNG

J. Antworten Sie mit ganzen deutschen Sätzen!

1. Sind Sie größer als Ihre Eltern? als Ihre Geschwister? als Ihre Großeltern? Wer ist am größten in Ihrer Familie?

2. Haben Sie jüngere Geschwister, oder sind Ihre Geschwister alle älter? Wer ist am ältesten? Wer ist am jüngsten?

3. Was trinken Sie gern? Trinken Sie lieber Tee oder Kaffee? Was trinken Sie am liebsten? Was trinken Sie meistens zum Abendessen?

4. Was essen Sie gern? Essen Sie lieber Fisch oder Fleisch? Was essen Sie am liebsten? Essen Sie abends meistens kalt oder warm?

5. Welches Fernsehprogramm gefällt Ihnen am besten? Was sehen Sie am meisten?

6. Wie lange schlafen Sie meistens? Wann schlafen Sie am längsten?

7. Wie heißt der lustigste (beste, traurigste, schrecklichste) Film, den Sie gesehen haben?

8. Wie heißt das interessanteste (spannendste, langweiligste, längste) Buch, das Sie gelesen haben? Was lesen Sie am liebsten?

9. Was machen Sie am liebsten in Ihrer Freizeit?

10. Welchen Feiertag haben Sie am liebsten?

11. Welches Restaurant gefällt Ihnen am besten? Wo kann man hier am besten (schnellsten, billigsten) essen?

12. Wo kauft man hier Lebensmittel am billigsten? Wie heißt das größte Kaufhaus hier?

13. Was haben Sie am nächsten Wochenende vor?

14. Wie reist man am schnellsten von hier nach Europa?

15. Welche amerikanische Stadt finden Sie am schönsten (interessantesten, häßlichsten)? Welche europäische Stadt möchten Sie am liebsten sehen?

16. Was finden Sie interessanter, Politik oder Kultur? Sport oder Kunst?

17. Wann sind die Tage am längsten und die Nächte am kürzesten?

18. Wann ist es hier am kältesten? Wann regnet es am meisten? Wann ist es am schönsten?

K. Auf deutsch, bitte!

1. Did you know that Katrin wants to become an astronaut? 2. She doesn't want to be a housewife. 3. I think that's terrific. 4. Her brother finds this very silly. 5. He's not as tolerant as the rest (**der Rest**) of her family. 6. She's more enterprising than many boys. 7. She says that she'll work hard. 8. We'll see how far she gets (**kommen**). 9. She's the most industrious girl I know. 10. She's smarter, more understanding, and more patient than my sister. 11. She's my best friend. 12. I'd rather talk with her than with her brother.

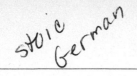

Was verstehen Sie unter Gleichberechtigung? | **EINBLICKE**

Was ist das?

der Arbeitstag, Kindergarten, Psychologe, Trend; das Allein-sein-wollen, Kleinkind; die Emanzipation, Individualität, Logik, Putzfrau, Rolle, Statistik; enden; absolut, emanzipiert, emotional, fair, indirekt, logisch, permanent, ungemütlich, physisch

Zweites Interview unsres Reporters mit Lilo und Bernd.

REPORTER:	Entschuldigen Sie! Darf ich Ihnen wieder ein paar Fragen stellen?	
BERND:	Ja, natürlich.	
5 REPORTER:	Was *verstehen* Sie *unter* der Gleichberechtigung der Frau?[1]	
BERND:	Ich verstehe darunter, daß sie das Recht hat, das zu werden, was sie will. Für das, was sie wird, soll sie die gleichen Möglichkeiten haben und auch die gleiche Anerkennung° und Bezahlung bekommen wie der Mann.	recognition
10 REPORTER:	Wollen Sie damit sagen, daß sie dem Mann *völlig* gleich ist?	
BERND:	Vielleicht ist sie physisch nicht so stark° wie er, aber sie kann genauso logisch denken wie er.	strong
LILO:	Danke, Bernd.	
15 BERND:	Ich habe gesagt, sie **kann** genauso logisch sein. Viele Frauen sind natürlich auch sehr emotional, was ich sehr schön finde. Mit Charme kommen sie manchmal weiter als mit Logik.	
LILO:	Ihr auch°.	You, too.
20 BERND:	Logik oder nicht Logik, Charme oder nicht Charme, gleiche Arbeit verdient gleiche Bezahlung.	
LILO:	Richtig!	
REPORTER:	Wie steht es mit dem Beruf der Hausfrau?	
LILO:	Schlecht! Viele nehmen die Arbeit der Hausfrau als selbstverständlich°. *Während* die Arbeit des Mannes abends zu Ende ist, geht ihr Arbeitstag abends weiter°.	for granted continues
BERND:	Wie bei uns. Vater sagt: „Nun setz dich doch einen Moment hin, und sei nicht so ungemütlich!" Aber eine halbe Stunde später sagt er: „Was ist los? Gibt es hier heute abend nichts zu essen?"	

| | LILO: | Meine Mutter ist Hausfrau. Trotzdem hilft mein Vater ab und zu im Haushalt. Das ist auch fair. Wenn der Mann in seiner Frau nicht nur ein Kindermädchen°, eine Köchin° und eine Putzfrau haben will, dann muß er auch seinen Teil der Arbeit tun. | babysitter / cook |

LILO: Meine Mutter ist Hausfrau. Trotzdem hilft mein Vater ab und zu im Haushalt. Das ist auch fair. Wenn der Mann in seiner Frau nicht nur ein Kindermädchen°, eine Köchin° und eine Putzfrau haben will, dann muß er auch seinen Teil der Arbeit tun. — babysitter / cook

5 BERND: Es ist bestimmt nicht leicht, den ganzen Tag mit Kindern zu Hause zu sein. *Früher* gab es hilfreiche° Omas und Tanten, aber heute ist das nicht mehr so. So haben Hausfrauen oft wenig Zeit für eigene Interessen. — helpful

10 REPORTER: Vielleicht kann man die Kinder am Tag in einem Kindergarten oder in einem Kinderhort°² lassen. Dann hat die Frau Zeit für ihre Interessen oder ihren Beruf. — day-care center

LILO: Vielleicht. Für geschiedene° Frauen und Witwen° ist das oft die einzige Lösung°. — divorced / widows / only solution

15 BERND: Ja, aber Psychologen betonen° immer wieder, wie wichtig, besonders bei Kleinkindern, die Rolle der Mutter ist. Sie brauchen eine permanente Bezugsperson°. — stress / a person to relate to

LILO: Ob das stimmt, weiß ich nicht. *Auf jeden Fall* bringen Kindergärten und Kinderhorte allein auch keine Emanzipation.
20 Es ist eine Frage der Einstellung°. Ich glaube, man kann als Frau nur wirklich emanzipiert sein, wenn man nicht heiratet. Nur unverheiratete Frauen sind wirklich frei. Die Ehe bedeutet immer einen direkten oder indirekten Verlust° der Individualität und Freiheit. — attitude / loss

25 REPORTER: Diese Einstellung findet man aber nicht nur bei Frauen. Die Statistiken der letzten Jahre zeigen, daß das Alleinsein-wollen immer mehr ein Trend in der BRD ist. Viele

sich leisten (dat.)

more often

junge Leute wollen nicht heiraten, und immer mehr Ehen
enden in Scheidung°. Wie *erklären* Sie das?

LILO: Ganz einfach. Die arbeitende° Frau kann sich mehr leisten°,
wenn sie unverheiratet ist und keine Familie hat. Man ist
flexibler. Man kann öfter Urlaub° machen und kann hinfah-
ren, wohin man will. Auch kommt man *beruflich* besser
voran°. Man muß nicht auf die Stelle des Mannes Rücksicht nehmen°, sondern kann die Stelle nehmen, die einem°
am besten gefällt. Ich liebe meine Freiheit zu sehr, um
mich zu binden°.

REPORTER: Moment. Möchten Sie nicht eines Tages Kinder haben?

LILO: Ich weiß nicht. Momentan auf jeden Fall nicht.

REPORTER: Nun, auch hier stehen Sie mit Ihrer Einstellung nicht allein, denn die deutsche Bevölkerung°3 geht, wie ich höre,
sehr zurück°. Auch viele Ehepaare denken wie Sie. Jetzt
noch eine persönliche Frage. *Was halten Sie von* gemein-
samen° Ferien mit einem Freund oder einer Freundin?

BERND: Ich finde das eine gute Idee. Für reife° Menschen kann ich
das wirklich empfehlen, denn auf diese Weise kann man
sich richtig kennenlernen.

LILO: Das stimmt.

REPORTER: Könnte° das aber nicht zur Ehe führen°?

BERND: Na und?

LILO: Doch! Die Möglichkeit ist immer da. Das macht es ja auch
so interessant.

REPORTER: Sie sind also nicht absolut gegen die Ehe?

LILO: Nein. Für den richtigen Mann tut man vieles.

REPORTER: Ich danke Ihnen für das Interview.

divorce

working / afford *to.*

paid vacation

ahead — *dative of man*

consider / one

to tie myself down

syn. der Augenblick (the blink of an eye)

population
is decreasing

shared

mature

* to recommend

could / lead

zurück. decrease gehen: decrease

VOKABELN

das	**(Ehe)paar,-e**	(married) couple
	auf jeden Fall	in any case
	beruflich	professional(ly)
	erklären	to explain
	früher	earlier, once, formerly
	verstehen (unter + *dat.*), **verstand, verstanden**	to understand (by)
	völlig	fully, complete(ly), total(ly)
	während[1]	while (*subord. conj.*)[1]
	Was halten Sie von (+ *dat.*) _____?	What do you think of _____?

[1]As a preposition, **während** precedes a noun in the genitive: **während des Tages.** As a conjunction, **während** stands at the beginning of a clause, and the verb comes at the end:
Während die Arbeit des Mannes abends zu Ende ist, ...

1. The women's rights movement has not been as strong in the German-speaking countries as in the United States. Although there is equality before the law, women have yet to attain managerial positions on a large scale in industry, government, and the university.

2. **Kinderhorte** (day-care centers) are available all over East Germany, since (due to a labor shortage and economic necessity) almost all women there work. The Kinderhorte, however, have not fully solved the problems of working mothers, since in the evening and on weekends the mothers still have to cope with the household. This may be one reason for the high divorce rate in East Germany.

3. The German population has remained more or less constant. The demographic trend has been downward in spite of numerous financial enticements for larger families, such as monthly payments by the government for each child. While the United States is still trying to attain zero population growth, the Germans want to avoid a decrease in population that would make it harder to finance pensions at the turn of the century.

FRAGEN

A. 1. Was versteht Bernd unter der Gleichberechtigung der Frau? Findet er, daß die Frau dem Mann gleich ist?
    2. Warum steht es mit dem Beruf der Hausfrau schlecht?
    3. Warum haben manche Frauen wenig Zeit für sich selbst (for themselves)?
    4. Können Frauen mit Mann und Familie emanzipiert sein? Was denkt Lilo?
    5. Was ist ein starker Trend in der BRD? Wie erklärt Lilo das?
    6. Was halten Bernd und Lilo von Ferien mit einer Freundin oder mit einem Freund? Warum?

B. 1. Was verstehen Sie unter Gleichberechtigung? Finden Sie, daß die Frau dem Mann gleich ist?
    2. Was halten Sie von dem Beruf der Hausfrau? Wer macht in Ihrer Familie den Haushalt?
    3. Finden Sie es richtig, wenn Frauen mit kleinen Kindern arbeiten?
    4. Ist das Allein-sein-wollen auch ein Trend in Amerika?
    5. Sind Sie für oder gegen die Ehe? Wieviele Kinder möchten Sie einmal haben?
    6. Geht die amerikanische Bevölkerung zurück?

AUFSATZ

Prepare an interview between a reporter and yourself. Once more the topic is **Gleichberechtigung**. Have the reporter ask you questions similar to those in **Einblicke**.

KAPITEL

| Was machen wir heute? | **GESPRÄCHE** |

10/31/80
11/3
4-28-81

Auf dem Rhein

Zoll: customs, toll

TRUDY: (*Sie summt das Lied von der ,,Lorelei"*[1].)

JACK: Trudy, was ist los? Woran denkst du?

TRUDY: Ach, an **so einiges.**

JACK: Schau mal da oben, noch eine Burg[2] und so viele Weinberge!

TRUDY: Ja, diese Gegend ist wirklich romantisch.

JACK: Dort kommt eine Burg mitten auf einer Insel. Wenn wir jetzt **im Mittelalter** wären, müßten wir bestimmt Zoll bezahlen.

TRUDY: Ach, das wäre nicht so schlimm. Aber wer weiß, was sonst noch passieren würde.

JACK: Du und deine Phantasie! Aber ich muß sagen, **je** länger ich hier bin, **desto** besser gefällt es mir.

—Burg Stahleck.

14

In der Jugendherberge Burg Stahleck

MARK: Na, Fräulein Kunigunde[3], haben Sie gut geschlafen?

ELLEN: Ja, wunderbar! So schön habe ich **schon lange nicht mehr** geträumt.

MARK: Wirklich? Erzähl mal!

ELLEN: Sei nicht so neugierig!

MARK: Na gut. Und was machen wir heute?

ELLEN: **Ich würde gern** mit dem Sessellift zum Niederwald-Denkmal[4] hinauffahren. Von dort hätten wir einen herrlichen Blick auf den Rhein und Burg Rheinstein.

MARK: **Ich würde lieber** Burg Rheinstein besichtigen. Aber wenn wir uns beeilen, können wir **beides** machen.

ELLEN: **Mal sehen.** Heute abend könnten wir in Rüdesheim tanzen gehen und gemütlich ein Glas Wein trinken.

MARK: **Abgemacht.** Und wann fahren wir weiter nach Köln[5]?

ELLEN: Vielleicht morgen oder übermorgen. **Wir haben es** ja **nicht eilig.**

ÜBRIGENS

1. A steep cliff 132 meters (about 500 feet) high, the **Lorelei** is one of the most famous landmarks along the Rhine. According to legend, a beautiful maiden tempted fishermen into treacherous waters there by her singing. This legend is recounted in a famous poem by Heine that has been set to music; the song is played on tourist boats as they pass the cliff.

2. During the Middle Ages just as today, the Rhine was one of the most important waterways in Europe. The stretch between Bingen and Koblenz is especially picturesque with its many castles, most of which once demanded tolls from passing merchants. Associated with these fortresses are numerous legends about robber barons, rival brothers who destroyed each other's castles (like **Burg Katz** and **Burg Maus**), and tales of chivalry.

3. In medieval German folk literature, ladies of nobility often bear this name.

4. Located on the plateau above **Rüdesheim**, this monument was built to commemorate the Franco-Prussian War of 1870–71, after which Bismarck, the "Iron Chancellor," unified the thirty-two German states and principalities into one nation headed by the Prussian king as emperor.

5. The city of Cologne (**Köln**) dates back to pre-Roman days and was one of the most important Roman settlements on German soil. Artifacts from that period are still being found today and can be seen in the Roman-Germanic museum there. Cologne cathedral, a vast structure begun in the thirteenth century but not completed until 1880, is the most important Gothic church in Germany.

What Shall We Do Today?

On the Rhine

TRUDY: (*She's humming the song of the "Lorelei."*)

JACK: Trudy, what's the matter? What are you thinking about?

TRUDY: Oh, about **all sorts of things**.

JACK: Look up there—another castle and so many vineyards!

TRUDY: Yes, this region is really romantic.

JACK: There's a castle in the middle of an island. If we were **in the Middle Ages** now, we'd probably have to pay toll.

TRUDY: Well, that wouldn't be so bad. But who knows what else would happen.

JACK: You and your imagination. But I must say, **the** longer I'm here, **the** more I like it.

In the youth hostel at Castle Stahleck

MARK: Well, Miss Kunigunde, did you sleep well?

ELLEN: Yes, marvelously. I haven't had such good dreams (dreamed so nicely) **for a long time**.

MARK: Really? Tell me (all about it).

ELLEN: Don't be so curious.

MARK: All right. And what shall we do today?

ELLEN: **I'd love to** go up to the Niederwald-Denkmal by chair lift. From there we'd have a magnificent view of the Rhine and Rheinstein Castle.

MARK: **I'd rather** visit Rheinstein Castle. But if we hurry, we'll be able to do **both**.

ELLEN: **Let's see**. Tonight we could go dancing in Rüdesheim and have a nice glass of wine.

MARK: **That's a deal**. And when do we drive on to Cologne?

ELLEN: Perhaps tomorrow or the day after (tomorrow). After all, **we aren't in a hurry**.

—Kölner Dom und Museum.

MÜNDLICHE ÜBUNG

11/3/80

1. ein Schloß: **Da ist noch ein** Schloß.
   ein Denkmal, ein Schiff, eine Burg, eine Insel, eine Brücke

2. romantisch: **Diese Gegend ist** romantisch.
   herrlich, wunderschön, langweilig, häßlich, schrecklich

3. länger / mehr: **Je länger ich hier bin, desto** mehr **gefällt's mir.**
   kürzer / besser; öfter / weniger

4. geträumt: **Das habe ich schon lange nicht mehr** geträumt.
   gesehen, gehört, besichtigt, versucht, gemacht

   versuchen to try
   besichtigen - to visit a place, monument

5. neugierig: **Sei nicht so** neugierig!
   brummig, unfreundlich, ungeduldig, böse, streng

   Seid, seien, Sein
   impatient

6. mit dem Sessellift fahren: **Ich würde gern** mit dem Sessellift fahren.
   mit dem Schiff fahren, mit dem Fahrrad fahren, mit dem Flugzeug fliegen, zu Fuß gehen, zu Hause bleiben

7. die Burg: **Ich würde lieber** die Burg **besichtigen.**
   das Burgmuseum, die Schloßkirche, den Domgarten, die Universitätsbibliothek, das Rathaus

8. besichtigen: **Ich würde lieber die Burg** besichtigen.
   photographieren, malen, kaufen

9. den Rhein: **Wir hätten einen herrlichen Blick auf** den Rhein.
   den See, die Umgebung, die Landschaft (landscape), die Hügel (hills), die Weinberge

WORTSCHATZ: GESCHICHTE UND LANDSCHAFT

die Geschichte history *(story)*

das **Denkmal,-̈er**	monument	die **Phantasie**	fantasy, imagination
Jahrhundert,-e	century	**Vergangenheit**	past
die **Burg,-en**	castle	**Zukunft**	future
Gegenwart	present		

besichtigen	to visit, view	**weiter-fahren (fährt),**	to drive on
passieren (ist)	to happen	**fuhr weiter, ist**	
träumen (von)	to dream (of)	**weitergefahren**	

die **Landschaft** landscape, scenery *die Landschafen*

der	**Baum,**-̈e	tree	das	**Schiff,**-e	ship, boat
	Himmel	sky	die	**Gegend**	area, region
	Hügel,-	hill		**Insel,**-n	island
	Ozean,-e	ocean		**Wolke,**-n	cloud
	Weinberg,-e	vineyard			

Redewendungen und Sonstiges

Abgemacht.	That's a deal.
im Mittelalter	in the Middle Ages
Mal sehen.	Let's see.
schon lange nicht mehr	not for a long time
so einiges	all sorts of things
Wir haben es (nicht) eilig.	We are (not) in a hurry.
beides (*sg.*)	both (things)
je + *comp.* . . . **desto** + *comp.*	the . . . the . . .
neugierig	curious
oben / unten	up / down
schlimm	bad, awful

ZUM THEMA

A. Was paßt?

1. Woran denkst du?
2. Hast du gut geschlafen?
3. Was machen wir jetzt?
4. Ich würde lieber die Burg be-sichtigen.
5. Heute abend könnten wir tanzen gehen.

Typisch! **4, 5**
Keine schlechte Idee! **4 5**
Mal sehen. *we'll see* **3 4**
Und wie! **2**
Gar nichts. **1**
Sei nicht so neugierig. **3**
Abgemacht. **4 5**
So schön habe ich schon lange nicht mehr geträumt. **2**
An so einiges. **1**
Ich weiß nicht. **1 3**
Wie romantisch! **5**
Ach, ich habe die ganze Nacht die Augen nicht zugemacht. **2**
Das habe ich mir gedacht. **5**
An nichts Besonderes. **1**

B. Fragen

1. Was wollen Touristen in Deutschland sehen? Was gibt es am Rhein zu sehen?
2. Kennen Sie das Lied von der „Lorelei"? Können Sie es summen?
3. Was können Touristen hier in Amerika sehen? Wo gibt es interessante Denk-mäler? hübsche Städte? schöne Seen? große Parks?

4. Nennen Sie ein paar berühmte Museen! Welches Museum haben Sie besichtigt? Wo ist es? Was kann man dort sehen?

5. Wo gibt es in Amerika Weinberge? Wo hat man einen herrlichen Blick? Worauf? Gibt es hier auch Burgen, Schlösser oder Dome? Wo?

6. Wo kann man in Amerika mit dem Schiff auf einem Fluß fahren? Sind Sie schon einmal mit einem Schiff gefahren? mit einem Segelboot (sailboat) gesegelt? mit einem Paddelboot (canoe) gepaddelt? Wo? Wann?

C. Interview

Fragen Sie Ihren Partner (Ihre Partnerin),

1. woran er (sie) gerade denkt,

2. wovon er (sie) oft träumt,

3. welche Gegend ihm (ihr) in Amerika besonders gut gefällt,

4. warum ihm (ihr) diese Umgebung besonders gefällt,

5. wann er (sie) das letzte Mal dort war,

6. wie er (sie) dorthin gekommen ist!

D. Schriftliche Übung

Schreiben Sie ein Gespräch!

1. Fensterplatz im Flugzeug

2. Am Frühstückstisch

3. Unterwegs auf einer Reise

STRUKTUR

for 11/3   4-27-81

I. The Subjunctive Mood

Until now, almost all sentences in this book have been in the **INDICATIVE** mood; they were assumed to be based on reality. Sometimes, however, we want to speculate on matters which are unreal, uncertain, or unlikely, to wish for something that cannot come true, or to approach other people less directly, more discreetly and politely. These things are done in the SUBJUNCTIVE mood.

The subjunctive is not an exotic way of expressing yourself, but part of everyday speech. Its most common uses are as follows:

1. Polite requests or questions

Would you pass me the butter?
Could you help me for a moment?
Would you like a cup of coffee?

2. Wishes

If only she were here!
I wish I could go, too!
I wish I had known that!

3. Hypothetical statements and questions

He should be coming any moment.
What would you do (if you could)?
What would you have done?

4. Unreal conditions[1]

If I had time, I'd come along.

(But I don't have time, so I won't come along.)

If he were rich, she'd marry him.

(But he isn't rich, so she won't marry him.)

If you had told me, I could have helped you.

(But you didn't tell me, so I couldn't help you.)

ÜBUNGEN

11/3 **A. Indikativ oder Konjunktiv?**

Read these sentences and decide whether they are in the indicative or the subjunctive.

z.B. I could go shopping with you.
Subjunctive.

1. If he can, he'll come. **I**
2. If he'd only be more patient! **S(2)**
3. They could be here any minute. **S (3)**
4. Come hold this. **I**
5. Could they help us for a minute? **S (1)**
6. I should really be going. **S (3)**
7. Don't walk around without shoes. **I**
8. I wish I could buy that car. **S (2)**
9. If you were a student, you could fly more cheaply. **S(4)**
10. Could you take the children along? **S (1)**
11. You really shouldn't walk barefoot in this weather. **≠ S**
12. If it starts raining, we won't go. **S (4)**
13. I couldn't come yesterday because I was ill. **I**
14. If she has the money, she'll give it to us. ~~S (4)~~ **I**

[1]Contrast these sentences with real conditions:

If I have time, I'll come along.
If he's rich, she'll marry him.

In real conditions the possibility exists that the events will take place. In unreal conditions this possibility does not exist.

II. The Present-Time Subjunctive ~~for 11/5~~

1. The **PRESENT-TIME SUBJUNCTIVE** refers to the present (*now*) or future (*later*). Its forms are based on the forms of the *simple past*. All verbs have these endings:

ich	**-e**
du	**-est**
er, es, sie	**-e**
wir	**-en**
ihr	**-et**
sie	**-en**
Sie	**-en**

a. The following verb forms are frequent in everyday speech. Master them for active use.

	HABEN	SEIN	WERDEN	WISSEN
	HATTE	WAR	WURDE	WUSSTE
ich	hätte	wäre	würde	wüßte
du	hättest	wärest	würdest	wüßtest
er	hätte	wäre	würde	wüßte
wir	hätten	wären	würden	wüßten
ihr	hättet	wäret	würdet	wüßtet
sie	hätten	wären	würden	wüßten
	had, would have	*were, would be*	*became/got, would become would get*	*knew, would know*

	KÖNNEN	MÜSSEN	DÜRFEN	WOLLEN	MÖGEN	SOLLEN
	KONNTE	MUSSTE	DURFTE	WOLLTE	MOCHTE	SOLLTE
ich	könnte	müßte	dürfte	wollte[1]	möchte	sollte[1]
du	könntest	müßtest	dürftest	wolltest	möchtest	solltest
er	könnte	müßte	dürfte	wollte	möchte	sollte
wir	könnten	müßten	dürften	wollten	möchten	sollten
ihr	könntet	müßtet	dürftet	wolltet	möchtet	solltet
sie	könnten	müßten	dürften	wollten	möchten	sollten
	could, would be able to	*had to, would have to*	*were allowed to*	*wanted to, would want to*	*would like to*	*should, ought to, were supposed to*

[1]Note that **sollen** and **wollen** have no umlaut.

b. All verbs have subjunctive forms. In this text, active practice is limited to the most frequent forms. However, you should be able to recognize subjunctive forms for reading.

	T-VERBS[1]	N-VERBS[2]		MIXED VERBS[2]
	WÜNSCHEN	SCHREIBEN	KOMMEN	BRINGEN
	WÜNSCHTE	SCHRIEB	KAM	BRACHTE
ich	wünschte	schriebe	käme	brächte
du	wünschtest	schriebest	kämest	brächtest
er	wünschte	schriebe	käme	brächte
wir	wünschten	schrieben	kämen	brächten
ihr	wünschtet	schriebet	kämet	brächtet
sie	wünschten	schrieben	kämen	brächten
	wished,	*wrote,*	*came,*	*brought,*
	would wish	*would write*	*would come*	*would bring*

2. In conversation, speakers of German commonly use the subjunctive forms of **haben, sein, werden, wissen** and the modals (see section a above). But for the subjunctive forms of other verbs (see section b above), they usually substitute a simpler verb phrase: **würde + infinitive** . This phrase closely corresponds to the English *would + infinitive.*

ich **würde** . . . schreiben (kommen, bringen)	*I would write (come, bring)* . . .

| Ich **würde** ihm **schreiben.** | I would write him. |
| Ich wünschte, er **würde** bald **kommen.** | I wish he'd come soon. |

But:

Ich **hätte** keine Zeit dafür.	I wouldn't have time for that.
Ich **wäre** nicht so geduldig.	I wouldn't be so patient.
Er **wüßte** das.	He'd know that.
Was **könnte** passieren?	What could happen?

3. Usage in German is very much like that in English.

a. Polite requests or questions

Würden Sie mir die Butter geben?	Would you pass me the butter?
Könnten Sie mir einen Moment helfen?	Could you help me for a moment?
Möchten Sie eine Tasse Kaffee?	Would you like a cup of coffee?

[1]The present-time subjunctive forms of **t**-verbs cannot be distinguished from those in the simple past indicative. Their use usually becomes clear from context.
[2]The present-time subjunctive forms of **n**-verbs and mixed verbs add the subjunctive endings to the *past stem*. If the past-stem vowel is **a, o,** or **u,** the subjunctive forms have an umlaut.

b. Wishes

Wenn sie nur hier wäre!	If only she were here!
Wenn wir euch nur[1] besuchen könnten!	If only we could visit you!
Ich wünschte, ich könnte auch gehen!	I wish I could go, too!

c. Hypothetical statements and questions

Er sollte jeden Moment kommen.	He should be coming any
oder Er mußte .. — —	moment.
Was würden Sie tun?	What would you do?

d. Unreal conditions[2]

Wenn ich Zeit hätte, würde ich mitkommen.	If I had time, I'd come along.
Wenn er reich wäre, würde sie ihn heiraten.	If he were rich, she'd marry him.

Lied   MEMORIZE

Wenn ich ein Vöglein° wär',   little bird
und auch zwei Flügel° hätt',   wings
flög' ich zu dir.
Weil's aber nicht kann sein,
weil's aber nicht kann sein,
bleib' ich allhier°.   right here

Spruch°   saying
Wenn das Wörtchen „wenn" nicht wär',
wär' mein Vater Millionär!

---

konjunktiv :
subjunctive

ÜBUNGEN

for 10/7

B. Ersetzen Sie das Subjekt!

z.B. Wir würden mitfahren. (ich, sie/*pl.*, ihr)
Ich würde mitfahren.
Sie würden mitfahren.
Ihr würdet mitfahren.

1. Ich würde vorher anrufen. (er, wir, sie/*pl.*)
2. Würden Sie dann mitkommen? (du, ihr, sie/*sg.*)
3. Wir könnten die Burg besichtigen. (du, ich, Sie)
4. Er müßte das erklären. (wir, ihr, ich)
5. Sie wäre alt genug. (du, sie/*pl.*, wir)
6. Er hätte heute Zeit. (ich, sie/*pl.*, ihr)

---

[1]Note that **nur** comes *after* the subject and pronoun objects.
[2]Contrast these with a real condition:
Wenn ich Zeit habe, komme ich mit.   *If I have time, I'll come along.*

C. Sagen Sie die Sätze im Konjunktiv! *for 10/7*

*Use the present-time subjunctive form with the modals, **haben**, and **sein**; the
würde-form with all other verbs.*

z.B. Können Sie den Brief schreiben?
Könnten Sie den Brief schreiben?

1. Kannst du mir eine Zeitung mitbringen?
2. Darf ich ein paar Minuten mit Ihnen sprechen?
3. Haben Sie jetzt Zeit?
4. Hast du etwas dagegen?
5. Kann ich Sie später anrufen?
6. Gebt mir bitte ein Glas Milch!
7. Können Sie mir den Ozean zeigen?
8. Legen Sie die Schallplatten auf den Tisch!
9. Unterschreiben Sie bitte hier!
10. Ist euch das egal?

*very polite – subjunctive
choice between:
darf ich
and
dürfte ich*

D. Wünsche. Was bedeutet das auf englisch? *for 10/7*

*1. Beginnen Sie mit **Ich wünschte . . .**, und benutzen Sie (use) dann die **würde**-
Form!*

z.B. er / anrufen
Ich wünschte, er würde anrufen.
I wish he would call.

a. sie (*sg.*) / mir / helfen
b. sie (*pl.*) / sich / beeilen
c. du / besser / aufpassen
d. ihr / jetzt / aufstehen
e. wir / mehr / Deutsch sprechen

ATOMIC

*2. Beginnen Sie mit **Wenn . . .**, und benutzen Sie dann den Konjunktiv!*

z.B. Ich kann nicht schlafen.
Wenn ich nur schlafen könnte!

watch those negations!

a. Er hat keine Zeit.
b. Wir wissen das nicht.
c. Ilse darf nicht mitkommen.
d. Wir können keine Karten bekommen.
e. Ich kann meine Schlüssel nicht finden.
f. Meine Freunde sind nicht hier.

E. Annahmen (hypothetical statements and questions) *for 10/7*

*1. Benutzen Sie die **würde**-Form!*

z.B. Ich studiere fleißiger.
Ich würde fleißiger studieren.

a. Ich heirate sie nicht.
b. Beeilt ihr euch?
c. Wir bleiben noch ein paar Tage.
d. Ich rufe die Sekretärin an.
e. Wir fahren mit dem Schiff.
f. Übernachten Sie in der Jugendherberge?
g. Sie paßt auf die Kinder auf.
h. Rolf kauft den billigeren Wein.

2. Benutzen Sie den Konjunktiv! *for 11/7*

z.B. Er kann es uns sagen.
Er könnte es uns sagen.

a. Sie sollen zum Zahnarzt gehen.
b. Kannst du im Zug schlafen?
c. Sie hat genug Phantasie.
d. Das darf natürlich nicht passieren.

e. Wird sie Ärztin?
f. Wir wissen das bestimmt.
g. Er muß bei uns bleiben.
h. Das ist nicht so schlimm.

F. Unwahrscheinlichkeit (unreal conditions) *for 11/7*

z.B. Wenn er zu Hause ist, besuchen wir ihn.
Wenn er zu Hause wäre, würden wir ihn besuchen.

1. Wenn sie neugierig ist, sagen wir nichts.
2. Wenn ich so alt bin wie sie, färbe ich mir die Haare nicht.
3. Wenn sie Zeit haben, wandern sie zur Burg hinauf.
4. Wenn ich kleine Kinder habe, arbeite ich nicht.
5. Wenn wir in Deutschland sind, machen wir eine Rheinfahrt.
6. Wenn sie wieder arbeiten will, muß er den Haushalt machen.
7. Wenn es nicht so kalt ist, gehen wir baden.

only
nur — quantity
erst — in terms of
time "at this time
I have —", I will
get more
Er ist erst drei
Jahre
He's only 3 yrs old.

G. Auf deutsch, bitte! *for 11/7* *for 3-28*

1. He should be going. 2. If only we could buy the island! 3. Give me the potato salad. 4. I wouldn't cook and clean. 5. I can't sleep if I drink coffee. 6. If only she were stricter. 7. Would you like a glass of wine? 8. If I knew her address, I'd write to her.

H. Indikativ oder Konjunktiv? Analysieren Sie die Sätze! Was bedeutet das auf englisch? *for 11/7*

an sie schreiben

z.B. Wenn Sie das Paket mit Luftpost schickten, käme es schneller an.
Subjunctive. If you sent the package by airmail, it would arrive faster.

1. Wenn du dich wärmer anzögest, würdest du dich nicht so oft erkälten. *S.*
2. Wenn er uns besuchte, brachte er immer Blumen mit. *I*
3. Können Sie mir Horsts Telefonnummer geben? *S I*
4. Wenn du nur nicht immer von der Vergangenheit träumen würdest! *S*
5. Gestern konnten sie nicht kommen, aber sie könnten uns morgen besuchen. *S*
6. Er sollte gestern anrufen. *I*
7. Er sollte nicht so geizig sein. *S*
8. Könnten Sie mir Ihren Stadtplan zeigen? *S*
9. Sie hatte nie Karten gespielt.
10. Ich wünschte, er ließe nicht immer alles auf dem Sofa liegen.
11. Er ließ immer alles herumliegen.

I. Antworten Sie mit ganzen deutschen Sätzen!

1. Was würden Sie gern einmal lernen?
2. Wohin würden Sie gern einmal reisen?

3. Wo in Amerika würden Sie gern leben?
4. Würden Sie lieber in einem Haus oder in einer Wohnung wohnen?
5. Welchen Film möchten Sie einmal sehen?
6. Was für ein Auto würden Sie sich am liebsten kaufen?
7. Was würden Sie tun, wenn Sie jetzt vier Wochen Ferien hätten?
8. Was würden Sie tun, wenn Sie eine Million Dollar hätten?
9. Was würden Sie jetzt am liebsten essen?
10. Was würden Sie jetzt am liebsten tun?

ZUSAMMENFASSUNG

J. Machen Sie ganze Sätze im Konjunktiv!

z.B. wenn / er / nur / sich / beeilen
Wenn er sich nur beeilen würde!

1. wenn / ich / nur / können / machen / beides
2. haben / ihr / ein paar / Postkarten / von / Städtchen / mit / sein- / Weinberge?
3. können / geben / Sie / mir / Buch / über / Geschichte / dies- / Gegend?
4. er / übernachten / gern / auf / Burg / oder / in / Schloß
5. wenn / wir / sein / jetzt / in / Mittelalter // wir / müssen / Zoll / bezahlen
6. wenn / du / haben / Lust // wir / machen / Fahrt / an / Ozean
7. wenn / wir / nicht so / es eilig haben // wir / können / sehen / noch / so einiges
8. wenn / sie / nicht so / viel / träumen // das / passieren / nicht

K. Auf deutsch, bitte!

1. Would you like to come along on a trip to the Rhine? 2. Gladly, if only I could find my passport. 3. We'll go by boat from Bingen to Koblenz. 4. That region is supposed to be marvelous. 5. We could spend the night in a real castle. 6. If only I could find the address of that youth hostel! 7. Would you (pl. fam.) also show me Rüdesheim? 8. Yes, we'll show you all sorts of things. 9. That would be nice. 10. I'd love to come along with you, if I could only find my passport. 11. But without it I'll have to stay (at) home. 12. Well, look for it. Don't talk so much.

Über Burgen und Schlösser | EINBLICKE

Was ist das?

der Burgherr, Feudalismus, Kommentar, Lebensstandard, Luxus, Preis, Romantiker, Transportweg; das Abendprogramm, Märchenschloß; die Attraktion, Bibel, Burgdame, Burgruine, Faszination, Funktion, Halle, Kanone, Vision, Wasserburg; die Textilien (pl.); fasziniert, glorreich, heutig, 30jährig, militärisch, spartanisch, strategisch

[handwritten notes: 18th–19th C from time of Louis XIV on — Schloss — Burg — middle ages castle]

—Schloß Rheinstein.

[handwritten: Lorelei]

Ich weiß nicht, was soll es bedeuten, daß ich so traurig bin;
ein Märchen aus alten Zeiten, das kommt mir nicht aus dem Sinn°.
Die Luft° ist kühl und es dunkelt°, und ruhig fließt° der Rhein;
der Gipfel° des Berges funkelt° im Abendsonnenschein.

mind

air / it's getting dark / flows
summit / glows

[handwritten: 11/5]

Text, Heinrich Heine (1823)
Melodie, Friedrich Silcher (1838)

Guten Abend. Hier ist der Norddeutsche Rundfunk° mit dem Abendprogramm. Unser Kommentar heute abend führt uns zurück in deutsche Vergangenheit, in die Zeit der *Ritter* und Burgen. Noch heute gibt es in
Deutschland mehrere tausend Burgen und Burgruinen, die historisch ein-
5 mal wichtig waren. Die Blütezeit° der Burgen war, wie Sie wissen, im
Mittelalter, vom 11. bis 15. Jahrhundert. Man baute sie natürlich nicht
wegen eines schönen Blickes, sondern zum *Schutz* gegen Feinde°; Hö-
henburgen° oben auf den Bergen und Wasserburgen unten in den Ebe-
nen°.

10 Wenn wir uns diese Burgen heute ansehen, fragen sich manche von uns
vielleicht, wie das Leben damals° war. Nun, meine Damen und Herren,
sicherlich würde *kaum* jemand von uns, bei unsrem heutigen Lebensstan-

radio

[handwritten: 1100–1500]

golden age

enemies
mountain castles
plains

in those days

REMEMBER:
ordinal numbers have endings

dard, mit dem Menschen im Mittelalter tauschen° wollen, *selbst wenn* man   trade places
ein Burgherr oder eine Burgdame wäre. Das Mittelalter war, richtig gesehen, bestimmt keine glorreiche Zeit, wie es die Romantiker des 19. Jahrhunderts darstellen° wollten. Es gab viel *Krieg* und Hungersnot°. Das   portray / famine
5 Leben auf den Burgen war *recht* spartanisch. Jeder, der Luthers[1] Zimmer
auf der Wartburg gesehen hat, wo er die Bibel *übersetzt* hat, wird verstehen, daß das Burgleben kein Luxus war.

Zur Zeit Karls des Großen° entwickelten sich° in Deutschland der Feu-   Charlemagne / developed
dalismus und das Rittertum°. Der *König* gab seinen *Fürsten* Land, und   knighthood
10 diese gaben einen Teil des Landes als Lehen° an ihre Ritter weiter. Dafür   as a loan (fief)
aber mußten die Ritter ihrem Fürsten Hilfe versprechen°, vor allem mili-   promise
tärische Hilfe. Die Ritterburgen waren für die Verteidigung° des Landes   defense
und gaben den *Bauern* Schutz. Für diesen Schutz mußten die Bauern
schwer arbeiten und hohe Steuern° zahlen. Sie wurden wirtschaftlich und   taxes
15 persönlich abhängig von einem Herrn. Das bedeutete Dienst° ohne Be-   service
sitz°. Im 13. Jahrhundert verließen° deswegen viele Bauern das Land und   property / left
zogen in die neuen Städte[2], wo es Freiheit gab.

Weil die *Bürger* oft unternehmungslustige und fleißige Leute waren,
blühte° der Handel°, und an den Handelsstraßen entwickelten sich neue   flourished / trade
20 Städte. Bald bauten die Bürger ihre eigenen Stadtmauern°. Je reicher die   . . . walls
Bürger wurden, desto schlechter ging es den Rittern. Sie mußten für ihre

—Blick auf
Salzburg mit Burg
und Bergen.

A

Waffen° und Textilien immer höhere Preise bezahlen, aber für landwirt-
schaftliche° Produkte bekamen sie nur wenig.

Manche Ritter zogen nun in die Städte, andere zogen sich zurück° auf ihre
Höhenburgen, die oft oberhalb von° Handelsstraßen lagen, und nahmen
5 den Kaufleuten° Zoll ab. Auch auf den Flüssen, die schon im Mittelalter
wichtige Transportwege waren, mußten die Kaufleute in kurzen Abstän-
den° Zoll zahlen. Das ist ein Grund, warum es am Rhein so viele Burgen
gibt. Manche Ritter nahmen nicht nur Zoll ab, sondern beraubten° die
Kaufleute: Sie wurden Raubritter.

10 Während die Entwicklung° des Bürgertums zum Rückgang° des Rittertums
beigetragen° hatte, bedeutete die Erfindung° des Schießpulvers°[3] den
Untergang° des Rittertums. Die Entwicklung von Kanonen, die auch dicke
Mauern *zerstören* konnten, *beendete* die strategische Bedeutung der Burgen. Die vielen Burgruinen, liebe Hörer°, zeigen die Zerstörungskraft°
15 dieser besseren Kanonen. Später wurden einige Burgen noch einmal wichtig, denn während des 30jährigen Krieges (1618–1648) hat man einige von
ihnen mit stärkeren Mauern umgeben°, die selbst den Kanonen standhiel-
ten°. Diese Burgen sind heute noch unzerstört, wie zum Beispiel die° in
Würzburg und in Salzburg.

20 Die herrlichen Schlösser, die sich die Fürsten und Adligen° im 17. und 18.
Jahrhundert bauen ließen°, haben nichts mehr mit dem Mittelalter zu tun.
Sie hatten keine Schutzfunktion mehr. Das gilt auch für° die Märchen-
schlösser von Ludwig II°. in Bayern, die er in der zweiten Hälfte° des 19.
Jahrhunderts bauen ließ. Sie zeigen in Stein° seine romantische Vision
25 des Mittelalters. Seine Burg Neuschwanstein, mit ihrer herrlichen *Lage*,
wird wohl immer eine Attraktion für Touristen bleiben.

Nun, liebe Hörer, Ludwig II.° war wohl der letzte in der Reihe von denen,
die über fast 1000 Jahre hin Burgen und Schlösser in Deutschland gebaut
haben. Heute bauen wir keine mehr, aber wir besichtigen sie gern, denn
30 in unserer nüchternen° Welt der Hochhäuser° aus Stahl° und Beton° bringen sie uns etwas Romantik. Unsre jungen Leute übernachten gern einmal
in einer Jugendherberge auf einer alten Burg, und wir fahren gern einmal
hinauf und genießen° den Blick bei Kaffee und Kuchen.

Ja, meine Damen und Herren, wenn wir in jener Zeit° lebten, würde es
35 uns bestimmt nicht so gut gehen wie heute, denn wir müßten schwer
arbeiten, hätten keinen Besitz, wären abhängig von einem Fürsten und
müßten vielleicht in einer kalten, *dunklen* Burgkammer° wohnen. Kein
verlockendes° Bild! Und trotzdem sind wir immer wieder fasziniert von
unsren Burgen und Schlössern. Vielleicht braucht der moderne Mensch
40 etwas Romantik, denn historisches Interesse allein erklärt unsre Faszination kaum. Damit, liebe Hörer, beenden wir unsren heutigen Kommentar
und wünschen Ihnen einen schönen Abend.

Margin glosses:

weapons
agricultural

withdrew
above
merchants

distances

robbed

development / decline
contributed / invention /
gun-powder
tall

listeners / destructive
power

surrounded
withstood / the ones

aristocrats
had built
applies . . . to
dem zweiten / half
stone

der zweite

sober / high-rise
buildings / steel /
concrete

enjoy

in those days

. . . chamber
tempting

VOKABELN

der	**Bauer,-n**	peasant; farmer
	Bürger,-	citizen
	Fürst,-en,-en	sovereign, prince
	König,-e / Königin,-nen	king / queen
	Krieg,-e / Frieden	war / peace
	Ritter,-	knight
	Schutz	protection
die	**Lage**	location

	beenden	to end, finish
	dunkel / hell	dark / light
	kaum	hardly
	recht	quite, rather
	selbst wenn	even if
	sicherlich	surely, certainly, undoubtedly
	übersetzen	to translate
	zerstören	to destroy
	ziehen, zog, ist gezogen	to move (to another place)

ÜBRIGENS

1. **Martin Luther** (1483–1546) initiated the Reformation in Germany by posting his ninety-five theses on the doors of the **Schloßkirche** in Wittenberg in 1517. Excommunicated by the Pope and outlawed by the Emperor, he found his life in danger. Frederick the Wise of Saxony brought him secretly to the **Wartburg**, a castle near Eisenach (in East Germany). There Luther translated the New Testament into German. This translation was a monument in the development of modern literary German. Thus Luther is considered the father of modern German as well as the father of the Reformation.

2. There are many cities in the west and south of Germany dating back to Roman times: **Köln**-Colonia Agrippina; **Koblenz**-Confluentes; **Regensburg**-Castra Regina. In medieval times communities developed around castles (**Würzburg**) and monasteries (**Münster**) that gave them protection in case of war. In the thirteenth century, after sovereigns were granted the right to print money, hold market, and have their own city walls, new towns came into existence, most of them marketplaces twenty to thirty kilometers apart (one day's journey by horse and wagon).

3. Invented by the German monk Bertold Schwarz, around 1380.

4. **Ludwig II** (1845–86), who became King of Bavaria in 1864, was a fervent admirer and patron of Richard Wagner. Shy and withdrawn, the young king occupied himself with building. Today his palaces of **Herrenchiemsee, Linderhof,** and above all **Neuschwanstein** attract millions of visitors. Situated on an all-but-inaccessible mountain top, the last-named took seventeen years to build. In 1886 the King was declared incurably ill and incompetent to rule. Confined to a castle on a lake, he was found drowned in the shallow end of the lake soon afterward. The how and why of his death remain a mystery.

—Schloß
Neuschwanstein

FRAGEN

A. 1. Wieviele Burgen und Burgruinen gibt es heute noch in Deutschland? Was
       war früher ihre Funktion?

    2. Wie war das Leben auf einer Burg?

    3. Warum zogen im 13. Jahrhundert viele Bauern in die Städte? Warum ging
       es den Rittern immer schlechter?

    4. Warum gibt es so viele Burgen am Rhein?

    5. Warum bedeutete die Erfindung des Schießpulvers das Ende der Ritter?

    6. Wer baute die letzten Burgen und Schlösser in Deutschland? Wo?

    7. Warum interessieren sich moderne Menschen für Burgen und Schlösser?

    8. Wie wäre das Leben für uns, wenn wir im Mittelalter lebten?

B. 1. Gibt es hier in Amerika Burgen? Warum nicht? Was baute man hier zum
       Schutz? Wo?

    2. Gibt es hier Schlösser? Wo gibt es hier große, elegante Häuser? Wer baute
       sie?

    3. Wie wäre unser Leben, wenn wir im 17. Jahrhundert lebten?

    4. Wo wohnten die meisten Amerikaner vor 100 Jahren, auf dem Land oder
       in der Stadt? Wo wohnen sie heute? Warum?

    5. Warum besuchen moderne Amerikaner gern alte, elegante Häuser oder
       Museumsdörfer? Kennen Sie welche (any)? Was kann man dort sehen?

AUFSATZ

Is there a period in American history during which you would like to have lived?
What would life be like, if you lived during that period? Or do you prefer life now?
If so, give your reasons.

KAPITEL

Darf ich vorstellen? | **GESPRÄCH**

Vor der Mensa

CRAIG: Tag, Petra!

PETRA: Grüß dich! Wie geht's denn? Hättest du Lust, mit essen zu gehen?

CRAIG: Ja, gern. Aber darf ich Ihnen erst meinen Freund Tom vorstellen? Tom, das ist Petra. Petra ist meine Zimmernachbarin im Studentenheim.

TOM: Guten Tag!

PETRA: Freut mich sehr!—Aber Craig, ich dachte, ich hätte dir gesagt, daß wir uns duzen können. Das ist so **üblich** unter Studenten.

CRAIG: Ach ja, richtig. Also, darf ich dir meinen Freund Tom vorstellen? Tom wohnt im Parterre unsres Studentenheims.

PETRA: Kommst du auch aus Tennessee?

TOM: Nein, aus Colorado.

—In der Mensa.

PETRA:	**Ach so.** Wie gefällt es dir hier? **Hast du dich gut eingelebt?**
TOM:	Es gefällt mir prima, aber momentan **bin ich etwas durcheinander.** Ich weiß einfach nicht, was ich belegen soll.
CRAIG:	Petra, vielleicht könntest du uns dabei ein bißchen helfen?
PETRA:	**Klar!** Aber erst möchte ich etwas essen. Ich habe nämlich großen Hunger.
TOM:	Wir auch. Wir haben seit heute morgen nichts gegessen.
PETRA:	Na gut. Gehen wir!

augenblicklick
im Augenblick
im Moment
momentan

May I Introduce . . .?

In front of the student cafeteria

CRAIG:	Hi, Petra.
PETRA:	Hello. How are you? Would you feel like eating with us?
CRAIG:	Sure. But first may I introduce my friend Tom? Tom, this is Petra. She has the room next to mine in the dorm.
TOM:	Hello.
PETRA:	I'm glad to meet you.—But Craig, I thought I told you that it's okay to say "du." It's **customary** among students.
CRAIG:	Yes, of course. So, may I introduce my friend Tom? Tom lives on the first floor of our dorm.
PETRA:	Are you from Tennessee, too?
TOM:	No, from Colorado.
PETRA:	**I see.** How do you like it here? **Have you gotten settled?**
TOM:	I like it very much, but right now **I'm a bit confused.** I have no idea what (courses) to take.
CRAIG:	Petra, maybe you could help us a little with this?
PETRA:	**Sure.** But first I'd like to eat something. I'm very hungry.
TOM:	So are we. We haven't eaten a thing since this morning.
PETRA:	Okay, let's go.

MÜNDLICHE ÜBUNG

1. essen: **Kommst du mit** essen?
   Fußball spielen, einkaufen, baden, tanzen, segeln

2. meinen Freund: **Darf ich Ihnen** meinen Freund **vorstellen**?
   unsren Nachbarn, seinen Zimmerkollegen (roommate), meine Schwester, ihre
   Zimmerkollegin

3. 5. Stock: **Tom wohnt im fünften Stock unsres Studentenheims.**
   3. Stock, 2. Stock, 1. Stock, Parterre

4. Amerika: **Kommen Sie auch aus** Amerika?
   Europa, Norddeutschland, Süddeutschland, Frankreich, England

5. du / dich: Hast du dich **gut eingelebt**?
   Sie / sich; ihr / euch; er / sich

6. Geschichte: **Ich möchte** Geschichte **belegen**.
   Psychologie, Mathematik, Kunstgeschichte, Chemie, amerikanische Literatur,
   Deutsch für Ausländer

7. großen: **Ich habe** großen **Hunger**.
   furchtbaren, keinen, gar keinen, schrecklichen

8. heute morgen: **Wir haben seit** heute morgen **nichts gegessen**.
   heute früh, heute nachmittag, gestern abend, dem Frühstück, dem Mittagessen

WORTSCHATZ: AUF DER UNIVERSITÄT

das Studium study

der	**Fachbereich,-e**	field (of study)
	Hörsaal,-säle	lecture hall
	Zimmerkollege,-n,-n	roommate
das	**Austauschprogramm,-e**	exchange program
	Fach,-̈er	subject
	Hauptfach,-̈er	major (field)
	Nebenfach,-̈er	minor (field)
	Labor,-e	lab
	Seminar,-e	seminar
	Stipendium,-ien	scholarship
die	**Note,-n**	grade

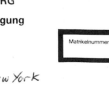

UNIVERSITÄT REGENSBURG
Immatrikulationsbescheinigung

Herr/Frau/Fräulein

Maura Lynch

geboren am 17 Dezember 1980 in New York

ist im 1980-1981 als ordentliche(r) Studierende(r) an der Universität Regensburg immatrikuliert.

Studienfachrichtung(en): Musik   Fachsemester: erste

gültig von September bis Mai
valid from

Matrikelnummer

—Damit kann man Kurse belegen.

belegen	to sign up for, take (a course)
bestehen, bestand, bestanden	to pass (an exam)
durch·fallen, fiel durch, ist durchgefallen	to flunk (an exam, a course)
eine Prüfung machen	to take an exam
verbessern	to improve, correct
sich **vor·bereiten (auf + *acc.*)**	to prepare (for)
Ich bereite mich auf die Prüfung vor.	I'm preparing for the exam.

Ach so.	I see.
Hast du dich gut eingelebt?	Have you gotten settled?
Ich bin etwas durcheinander.	I'm a bit confused.
Klar!	Sure!
ausländisch	foreign
üblich	usual, customary

ZUM THEMA

A. Was paßt?

1. Hättest du Lust, mit essen zu gehen?
2. Darf ich Ihnen meinen Freund Tom vorstellen?
3. Wie gefällt es dir hier?
4. Könnten Sie uns dabei ein bißchen helfen?
5. Erst möchte ich etwas essen.

Nicht schlecht!

Wir trinken ein Glas Bier, während du 5 ißt.

Ich habe gerade gegessen. 5

Klar!

Phantastisch!

Wir kennen uns schon.

Ich habe mir gerade Abendessen gemacht. 5

Aber natürlich.

Es freut mich sehr.

Wir haben auch Hunger. 5

Ja, gern.

Wir haben uns vor drei Tagen kennengelernt.

Wunderbar!

Ich kann leider nicht. 4

Wirklich sehr gut.

Wir auch.

Ausgezeichnet!

B. Fragen

1. Erklären Sie auf deutsch, was diese Wörter bedeuten: das Studentenheim, der Zimmerkollege, das Sprachlabor, die Bibliothek, die Mensa, die Vorlesung, der Hörsaal, das Stipendium, die Note, das Parterre.

2. Wie lange ist ein Semester (Quartal) hier? Wann beginnt das Herbstsemester (-quartal)? Wann endet es? Wann beginnt das Frühlingssemester (-quartal)? Wann endet es?

3. In welchen Fächern arbeitet man im Labor?

4. Welche Sprachen kann man hier studieren? Welche anderen Sprachen würden Sie gern lernen?

5. Wo essen Sie meistens? Können Sie im Studentenheim kochen? Haben Sie dort einen Kühlschrank und einen Herd? Gehen Sie ab und zu essen? Wohin gehen Sie am liebsten?

6. Wieviele Kurse belegt man hier normalerweise (normally)?

7. Gibt es hier viele ausländische Studenten? Woher kommen sie? Welche Fächer studieren sie?

C. Interview

Fragen Sie Ihren Partner (Ihre Partnerin),

1. woher er (sie) kommt,
2. wo er (sie) hier wohnt,
3. in welchem Stock sein (ihr) Zimmer ist,
4. wie es ihm (ihr) dort gefällt,
5. ob er (sie) einen Zimmerkollegen (eine Zimmerkollegin) hat,
6. welche Kurse er (sie) dieses Semester belegt hat,
7. was sein (ihr) Hauptfach ist,
8. wo er (sie) gewöhnlich ißt,
9. wo er (sie) gewöhnlich studiert,
10. wieviele Prüfungen er (sie) am Ende des Semesters hat!

D. Schriftliche Übung

Schreiben Sie ein Gespräch!

1. Zwischen zwei Zimmerkollegen
2. Mit einem ausländischen Studenten
3. Mit einem Professor

STRUKTUR

I. The Past-Time Subjunctive

You already know that a simple past form in English can express the present-time subjunctive:

If I had time, I would come along.

The *past perfect* forms or *would have* + *past participle* express the same thought in past time (*before now*):

If I had had time, I would have come along.

1. In German, the forms of the PAST-TIME SUBJUNCTIVE are based on the forms of the *past perfect*. The past-time subjunctive is very easy to learn, because it consists of a form of **hätte** or **wäre** plus the past participle:

$$\left.\begin{array}{l} \textbf{hätte} \\ \textbf{wäre} \end{array}\right\} + \text{past participle}$$

The **würde**-form is rather awkward and therefore hardly used.

	HABEN		SEIN	
	HATTE	GEHABT	WAR	GEWESEN
ich	hätte	. . . gehabt	wäre	. . . gewesen
du	hättest	. . . gehabt	wärest	. . . gewesen
er	hätte	. . . gehabt	wäre	. . . gewesen
wir	hätten	. . . gehabt	wären	. . . gewesen
ihr	hättet	. . . gehabt	wäret	. . . gewesen
sie	hätten	. . . gehabt	wären	. . . gewesen

had had,   *had been*
would have had   *would have been*

Wenn wir Zeit **gehabt hätten, wären**
wir auch dort **gewesen.**

If we had had time, we would have
been there, too.

2. All modals follow this pattern in the past subjunctive:

> **hätte** + verb infinitive + modal infinitive

[handwritten: always use hätte w/ modals]

But for now, avoid using these forms in dependent clauses.

Ich **hätte** ihm **schreiben sollen.**

I should have written him.

3. The past-time subjunctive is used for the same purposes as the present-
time subjunctive, except that there are no polite requests in the past.

a. Wishes

Wenn ich das nur gewußt hätte!
Wenn sie nur hier gewesen wäre!
Ich wünschte, ich hätte auch gehen
können.

If I had only known that!
If only she had been here!
I wish I could have gone, too.

b. Hypothetical statements and questions

Was hätten Sie getan?
Wären Sie zu Hause geblieben?
Hätten Sie mitkommen wollen?

What would you have done?
Would you have stayed home?
Would you have wanted to come
along?

c. Unreal conditions

Wenn ich Zeit gehabt hätte, wäre ich
mitgekommen.
Wenn ich nicht so faul gewesen wäre,
hätte ich die Prüfung bestanden.
Ich hätte eine gute Note bekommen
können.

If I had had time, I would have
come along.
If I hadn't been so lazy, I'd have
passed the exam.
I could have gotten a good grade.

A. Ersetzen Sie das Subjekt!

z.B. Wir hätten das nicht geglaubt. (ich, du, ihr)
Ich hätte das nicht geglaubt.
Du hättest das nicht geglaubt.
Ihr hättet das nicht geglaubt.

1. Hättest du lieber im Studentenheim gewohnt? (sie/*sg.*, ihr, du)
2. Wäret ihr auch in die Mensa gegangen? (du, Sie, er)
3. Ich hätte ein Stipendium bekommen. (er, ihr, wir)
4. Er wäre fast durchgefallen. (sie/*sg.*, sie/*pl.*, wir)
5. Du hättest dich darauf vorbereiten sollen. (ich, wir, ihr)
6. Sie hätte ein Seminar belegen müssen. (du, ich, Sie)
7. Ihr hättet diese Noten verbessern können. (wir, er, ich)

B. Wünsche

Restate these present-time wishes as wishes in the past time.

z.B. Wenn er nur aufpassen würde!
Wenn er nur aufgepaßt hätte!

1. Wenn du es mir nur sagen würdest!
2. Wenn ihr nur nicht so schnell fahren würdet!
3. Wenn die Ferien nur länger wären!
4. Wenn er nur früher aufstehen würde!
5. Wenn ich nur weniger essen würde!
6. Wenn Sie nur daran denken würden!

C. Annahmen

Restate the hypothetical statements and questions in the past time.

1. z.B. Würdest du das tun?
   Hättest du das getan?

a. Ich würde die Prüfung bestimmt bestehen.
b. Du würdest bestimmt weiterfahren.
c. Wir würden gern daran teilnehmen.
d. Bei diesem Wetter würdet ihr euch vielleicht erkälten.
e. Würde er den Fernseher kaufen?
f. Würden Sie noch ein paar Tage bleiben?

2. z.B. Er sollte nicht so viel Bier trinken.
   Er hätte nicht so viel Bier trinken sollen.

a. Sie sollte zum Augenarzt gehen.
b. Du könntest im Studentenheim schlafen.
c. Das sollte nicht passieren.

4-30

all modals take haben

d. Sie dürften bei uns übernachten.
e. Wir könnten noch ins Kino gehen.
f. Wir müßten mit dem Schiff fahren.

D. Unwahrscheinlichkeit   *for 11/12*   *4-30*

Restate these unreal conditions in the past time.

z.B. Wenn ich es wüßte, würde ich nicht fragen.
Wenn ich es gewußt hätte, hätte ich nicht gefragt.

1. Wenn wir ein Austauschprogramm hätten, würde ich daran teilnehmen.
2. Wenn das Auto billiger wäre, würden wir es kaufen.
3. Wenn das Wetter besser wäre, würden wir zur Burg laufen.
4. Wenn er Zeit hätte, würde er noch kurz nach München fahren.
5. Wenn ich Hunger hätte, würde ich in die Mensa gehen.
6. Wenn sie mehr studierte, würde sie nicht durchfallen.

E. Auf deutsch, bitte!   *all*   *for 11/12*

1. If only we had gone by train! 2. I'd have gone to the library. 3. Could you have come along? 4. If I had known that, I would have waited for you. 5. If only I hadn't sold my radio! 6. He should have called earlier. 7. If you had gone to bed at nine o'clock, you wouldn't be so tired. 8. They should have told us that.

II. Indirect Speech   *11/12*

When reporting what someone else has said, you can use either quotation marks and DIRECT SPEECH:

He said, "I can't call today."

or INDIRECT SPEECH without quotation marks:

He said (that) he couldn't call today.

Note that in indirect speech pronouns and possessive adjectives may change from what they would be in the corresponding direct quotation: He said, "I . . ." → He said that *he* . . .

In spoken German, such indirect reports are frequently in the INDICATIVE when the opening verb is in the present (**er sagt**). However, when the opening verb is the past (**er sagte**), usually the SUBJUNCTIVE follows. In this book we'll focus on the latter.

Er sagt: „Ich kann nicht anrufen."   Er sagt, er kann nicht anrufen.
Er **sagte**:   „Ich kann nicht anrufen."   Er sagte, er **könnte** nicht anrufen.

5-4-81

11/12

1. Statements

The tense of the indirect statement is determined by the tense of the direct statement.

- Direct statements in the present or future are reported indirectly in the present-time subjunctive or the **würde**-form:

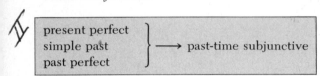

```
present tense  }
future tense   } ——→ present-time subjunctive or würde-form
```

„Ich komme später."   Er sagte, er käme später (würde
                                 später kommen.)

„Ich kann alles mitbringen."   Er sagte, er könnte alles mitbringen.

- Direct statements in any past tense are reported indirectly in the past-time subjective:

```
present perfect }
simple past     } ——→ past-time subjunctive
past perfect    }
```

„Er ist nicht gekommen."   Sie sagte, er wäre nicht gekommen.
„Er hatte keine Zeit."   Sie sagte, er hätte keine Zeit gehabt.

- The conjunction **daß** may or may not be used. If it is not used, the sentence is in the original word order. If **daß** is used, the inflected part of the verb comes last.

Er sagte, er käme später.   Sie sagte, er hätte keine Zeit gehabt.
Er sagte, daß er später käme.   Sie sagte, daß er keine Zeit gehabt hätte.

2. Questions

The above is also true of questions. Indirect *yes/no questions* are introduced by **ob**, and indirect *information questions* by the question word.

Er fragte: „Ist sie zu Hause?"   He asked, "Is she home?"
Er fragte, ob sie zu Hause wäre.   He asked if she was home.

Er fragte: „Wo warst du?"   He asked, "Where were you?"
Er fragte, wo sie gewesen wäre.   He asked where she had been.

3. Imperatives

Direct requests in the *imperative* are expressed indirectly with the auxiliary **sollen**.

Sie sagte: „Sei nicht so neugierig!"   She said, "Don't be so curious."
Sie sagte, er sollte nicht so neugierig   She said he shouldn't be so curious.
sein.

F. Wiederholen Sie die Sätze als indirekte Aussagen (statements)*!*

Don't use daß. Watch the italicized words.

1. Aussagen in der Gegenwart und in der Zukunft 5-4   *for 11/14*

z.B. Ludwig II. sagte: „*Ich* habe eine Idee."
Ludwig II. sagte, er hätte eine Idee.

a. Ludwig II. sagte: „*Ich* muß ein neues Schloß bauen."
b. Die Bürger sagten: „Er wird dafür kein Geld bekommen."
c. Der Arzt sagte: „Ludwig II. ist verrückt."
d. Der Fürst sagte: „*Ich* will König werden."
e. In den Nachrichten hörte man: „Der König ist tot (dead)."
f. Meine Mutter schrieb: „*Ich* kann das nicht glauben."
g. Die Eltern sagten: „*Wir* fahren an den See."
h. Ellen sagte: „*Ich* werde lieber die Burg besichtigen."
i. Mark sagte: „Von dort haben *wir* einen herrlichen Blick."
j. Mark und Ellen sagten: „*Wir* werden *uns* beeilen."
k. Die Eltern sagten: „Vielleicht könnt *ihr* beides tun."
l. Ellen sagte: „Das finde *ich* prima."

2. Aussagen in der Vergangenheit   *for 11/14*

z.B. Sie sagte: „*Ich* habe den Film schon gesehen."
Sie sagte, sie hätte den Film schon gesehen.

a. Heiner und Renate sagten: „*Wir* sind am Wochenende ins Theater gegangen."
b. Renate hat gesagt: „Das Stück war wirklich ausgezeichnet." *gewesen* 5-4
c. Heiner sagte: „*Ich* habe es schon lange nicht mehr gesehen."
d. Heiner und Renate sagten: „*Wir* haben nur noch teuere Karten bekommen."
e. Anke hat gesagt: „Das habe *ich mir* gedacht."
f. Ralph hat gesagt: „Die Oper war auch nicht schlecht."

3. Machen Sie die ersten drei Sätze von Übungen 1 und 2 noch einmal, aber jetzt mit daß!

z.B. Ludwig II. sagte: „*Ich* habe eine Idee."
Ludwig II. sagte, daß er eine Idee hätte.

G. Wiederholen Sie die Fragen als indirekte Fragen!   11/12   *for 11/14*   5-4

Remember to use ob when the direct question begins with the verb.

z.B. Der Journalist fragte mich: „Was wollen *Sie* einmal werden?"
Der Journalist fragte mich, was ich einmal werden wollte.

1. Der Elektriker hat gefragt: „Was ist denn kaputt?"   *Was denn kaputt wäre*
2. Der Beamte fragte: „Wie war die Reise?"   *Wie die Reise gewesen wäre*
3. Der Polizist hat uns gefragt: „Warum sind *Sie* so schnell gefahren?"

Warum wir so schnell gefahren wären

4. Die Zahnärztin hatte Fritz gefragt: „Hast *du dir* auch immer die Zähne geputzt?" †336

5. Der Dolmetscher fragte mich: „Haben *Sie* etwas zu übersetzen?" WIE GEHT'S?

6. Die Sekretärin fragte ihn: „Waren *Sie* auch in Paris?"

H. Sagen Sie es indirekt! Beginnen Sie mit Sie sagten uns . . . !

z.B. „Fahren Sie nach Köln!"

Sie sagten uns, wir sollten nach Köln fahren.

1. „Gehen Sie zu Fuß!"
2. „Kommen Sie bald wieder!"
3. „Übersetzen Sie die Sätze!"
4. „Bereiten Sie sich gut vor!"
5. „Beeilen Sie sich!"

ZUSAMMENFASSUNG

I. Wie geht's weiter?

Complete the sentences logically.

z.B. Sie sagten, wir . . .

Sie sagten, wir sollten mit dem Sessellift fahren.

1. Wenn ich Zeit gehabt hätte, . . .
2. Wenn wir Geld hätten, . . .
3. Wenn du nur . . . !
4. Ich wünschte, . . .
5. Könnten Sie . . . ?
6. Sie sollten wirklich . . .
7. Wärest du . . .
8. Er sagte, er würde . . .
9. Ich hätte . . .
10. Sie fragte, ob . . .

J. Auf deutsch, bitte!

1. May I introduce my neighbor Tom? 2. He lives on the first floor of our dorm. 3. He's from America, too. 4. I'm very happy (to meet you). 5. Have you (*formal*) got settled? 6. A little bit. If I had come earlier, I'd have had it easier. 7. I don't know what I should take. 8. Someone said we would have to take an exam. 9. You should have done that last week. 10. I wish I'd known that. 11. Could you ask whether they'd repeat it? 12. If I have time, I'll ask. 13. I'm hungry. I'd like to eat something now.

Studium in Deutschland | EINBLICKE

Was ist das?

der Austauschstudent, Grammatikkurs, Intensivkurs, Lesesaal; das Archiv, Notensystem, Prüfungssystem, Staatsexamen, Universitätsleben, Vokabular; die Fachbibliothek, Grammatik, Seminararbeit, Sprachprüfung, Zwischenprüfung; teilmöbliert

John und Susan, zwei amerikanische Studenten, sprechen mit Rudi, einem Berliner Austauschstudenten an ihrer Universität.

Universität Regensburg
Deutsch als Fremdsprache

Herrn
~~Frau/Frl.~~   Rodney T a y l o r ....

aus   den USA ....

wird hiermit bescheinigt, daß $\frac{er}{sie}$ an dem DEUTSCHKURS

.........Textwiedergabe – Mittelstufe II ....

im $\frac{Sommer}{Winter}$ Semester 19 .78....... teilgenommen hat.

$\frac{Er}{Sie}$ hat die Abschlußprüfung mit .sehr gut ....

bestanden.

Regensburg, den .29.7.1978....................
(Dr. Armin Wolff, Akad. Direktor)

Bewertung: sehr gut (1); gut (2); befriedigend (3): ausreichend (4)

—Schein (report card) mit Note für den Kurs „Deutsch als Fremdsprache"

JOHN: Susan, darf ich dir Rudi vorstellen? Rudi studiert Volkswirt-
schaft° auf der Freien Universtität Berlin[1] und ist jetzt ein Jahr economics
zum Studium hier. *sehr erfreut*

SUSAN: Freut mich sehr! Wie gefällt es dir bei uns? Ist das Universi-
5 tätsleben sehr anders als bei euch? *different from*

RUDI: Es gefällt mir sehr gut. Ich bin recht *zufrieden* mit meinen
Kursen und Professoren. Nur die vielen Prüfungen gefallen mir
weniger. Das kennt man bei uns nicht.

SUSAN: Ich würde furchtbar gern auch einmal in Deutschland studie-
10 ren. Vielleicht nächstes Jahr. Ich muß aber noch einmal mit
meinen Eltern darüber sprechen.

JOHN: Ich kann dir nur sagen: Nimm *die Gelegenheit* wahr°! *Bevor* du use
es weißt, bist du ein „Senior", und dann ist es zu spät. Ich
wünschte, ich hätte ein Jahr in Deutschland studiert. Wenn ich
15 es nur nicht so eilig gehabt hätte! Nun fange ich nächstes Jahr
mein Jurastudium° an und werde sicherlich nie drüben stu- law ...
dieren können.

SUSAN: Aber du warst doch letzten Sommer acht Wochen drüben.

JOHN: Ja, ja. Das war nicht schlecht; dabei habe ich auch mein
20 Deutsch verbessert. Und doch war es nicht lange genug. Ich
wünschte, ich hätte länger drüben bleiben können! *Gerade als*
ich mich etwas eingelebt hatte, mußte ich schon wieder abfahren. Ich wäre gern noch etwas mehr gereist. Die Zeit war einfach zu kurz. Schade!

25 RUDI: Ja, das ist schade. Man muß wirklich genug Zeit haben, um
ein Land richtig kennenzulernen. Deswegen freue ich mich,
daß mein Stipendium für ein ganzes Jahr ist.

SUSAN: Ach, wenn meine Eltern nur dafür wären! Sie haben Angst, ich hätte drüben zu viele *Probleme*. Dabei muß ich sagen, daß ich auch etwas Angst davor habe.

RUDI: Warum Angst haben? Dein Deutsch ist doch prima. Außerdem° kannst du Kurse im Fachbereich „Deutsch als Fremdsprache°" belegen. Bei uns gibt es viele ausländische Studenten, und viele können weniger Deutsch als du. `besides` `foreign language`

SUSAN: Wirklich? Ich weiß, die Grammatik kenne ich *ziemlich* gut, aber ich bin so langsam. Ich muß immer überlegen°, bis ich das richtige Wort finde. Ich habe einfach nicht genug aktives Vokabular. `ponder`

RUDI: Und genau das würde sich drüben verbessern. *Wie gesagt*, besonders die Kurse im Fachbereich „Deutsch als Fremdsprache" dürften° da viel helfen. Fast alle Unis haben solche Kurse, die mit Problemen der Grammatik und der Erweiterung° des Wortschatzes zu tun haben. `should` `expansion`

SUSAN: Das finde ich gut. Muß man als Ausländer nicht auch eine Sprachprüfung machen?

RUDI: Richtig. Deswegen haben die meisten Austauschprogramme vor Anfang des Semesters einen Intensivkurs, der die Studenten auf diese Sprachprüfung vorbereitet. Danach bestehen die meisten die Sprachprüfung. Und wenn jemand wirklich schlecht abschneidet°, dann braucht er nur bestimmte Auflagen° zu erfüllen°. Er muß zum Beispiel einen Grammatikkurs belegen und am Ende des Semesters den schlechten Teil der Prüfung noch einmal machen. `does poorly /` `requirements` `fulfill`

SUSAN: Und wie ist es mit den Noten und „credits"? Es wäre natürlich schön, wenn mir die Zeit da drüben auch hier voll anerkannt° würde. `credited`

RUDI: Da nimmst du am besten an einem der vielen Programme teil, die amerikanische Unis und Colleges in Deutschland haben. Dann ist das Problem gelöst°. Denn das Noten- und Prüfungssystem ist bei uns doch *ziemlich* anders. Bei uns gibt es sechs Noten, 1 bis 6. Eine „1" ist ein „A". Auch gibt es, wie gesagt, weniger Prüfungen. Dafür hat man nach ungefähr vier Semestern eine große Prüfung, die „Zwischenprüfung", und am Ende des Studiums das „Staatsexamen". Das „Staatsexamen" entspricht° ungefähr eurem „M.A.". `solved` `correponds to`

JOHN: Eure Semester fangen später an als bei uns, nicht wahr?

RUDI: Ja. Das Wintersemester fängt gewöhnlich Anfang November an und ist Ende Februar zu Ende. Dann gibt es ungefähr zwei Monate Semesterferien. Das Sommersemester läuft dann von Ende April bis Mitte Juli.

—Vor der
Universität.

SUSAN: Sag mal, Rudi, was für Kurse sollte ich in Deutschland belegen? Hier studiere ich Deutsch und Geschichte.

RUDI: Ich würde im ersten Semester hauptsächlich Vorlesungen belegen, noch keine Seminare. Die Vorlesungen entsprechen
5 euren „lectures", das heißt der Professor liest vor, und ihr hört
nur zu. In den Seminaren muß man aktiv teilnehmen und
meistens mit anderen Studenten zusammen auch eine Seminararbeit schreiben. Das wäre am Anfang vielleicht noch etwas
zu schwer für dich.

10 JOHN: Stimmt es, daß ihr am Ende einer Vorlesung auf die Tische
klopft° oder mit den Füßen scharrt°?   knock / shuffle

RUDI: Ja, das ist so üblich. Das ist unsre Reaktion auf die Vorlesung.
Wenn sie gut war, klopfen wir, wenn sie schlecht war, scharren
wir, was natürlich nicht zu oft geschieht.

15 SUSAN: Komisch. Sag mal, woher weiß ich, welche Kurse ich belegen
kann?

RUDI: Am Ende des Semesters kann man ein Vorlesungsverzeichnis°   . . . catalogue
kaufen, in dem alle Vorlesungen und Seminare des nächsten
Semesters aufgelistet° sind, wo auch steht°, wer was lehrt°.   listed / it also says /
                                                                         teaches
20 Dann gibt es am Anfang des neuen Semesters noch das
Schwarze Brett°, wo alle Kurse angeschlagen° sind. Oft geht   bulletin board / posted
man am Anfang eines Semesters zu vielen Kursen und *läßt*
später die Kurse *fallen*, die einem nicht gefallen. Man schreibt
sich erst drei Wochen nach Semesteranfang ein°. Auf diese   registers
25 Weise kann man genau das belegen, was man will.

SUSAN: Mensch, keine schlechte Idee!

RUDI: Ja, nicht wahr? Was mir aber bei euch besser gefällt, ist die
Bibliothek. Bei uns muß man sich alle Bücher bestellen, was
oft Tage dauert. Man kann nicht einfach in die Archive gehen.

Die Fachbibliotheken² leihen keine Bücher aus°, außer° über das Wochenende. Man muß dort alles im Lesesaal lesen.

SUSAN: Was für ein Umstand°! Und wie ist es mit Zimmern? Ich habe gehört, daß es nicht genug möblierte Zimmer gibt.

5 RUDI: Ja, aber das wird langsam besser, weil immer mehr Studentenheime gebaut werden°. Die sind wirklich schön, und ich würde sie jederzeit einem möblierten Zimmer *vorziehen*. Sie sind bequem, meistens teilmöbliert° und mit Bad. Dazu ist auf jedem Flur eine gemeinsame Küche, die man mit fünf bis sechs anderen Studenten teilt. Auf diese Weise lernt man leicht Leute kennen, was auch für Ausländer von Vorteil ist. Diese Studentenheime sind gewöhnlich ganz in der Nähe der Uni, sodaß man nicht weit laufen muß.

SUSAN: Und was kostet das alles?

15 RUDI: Eigentlich nicht mehr als hier. Das kommt natürlich darauf an, ob du mit einem Austauschprogramm gehst und mit welchem. Das Studentenheim und die Mensa sind auf jeden Fall relativ billig, weil der Staat beide finanziell unterstützt°³.

SUSAN: Mensch, wäre das nicht schön, wenn ich nächstes Jahr in
20 Deutschland wäre!

JOHN: Ich Idiot! Ich wünschte, ich wäre damals gegangen! Ich hätte gern in einem Studentenheim gewohnt, hätte bestimmt viele Leute kennengelernt und wäre viel gereist. Zu spät!

SUSAN: Danke, Rudi, für deine *Erklärungen*.

25 RUDI: *Nichts zu danken!* Tschüß!

Margin glosses:
loan / except
inconvenience
are being . . .
partly furnished
supports

VOKABELN

das	**Problem,-e**	problem
die	**Erklärung,-en**	explanation
	Gelegenheit,-en	opportunity, chance
	bevor¹	before (*subord. conj.*)
	fallen lassen, ließ fallen, fallen lassen	to drop
	gerade als	just when
	Nichts zu danken!	You're welcome.
	vor·ziehen, zog vor, vorgezogen	to prefer
	wie gesagt	as I (you, they, etc.) said
	ziemlich	quite, fairly
	zufrieden	satisfied, content

¹Note the difference between **vor** and **bevor**. The preposition **vor** precedes a noun in the dative or accusative: **vor dem Senior-Jahr**. The conjunction **bevor** stands at the beginning of a clause and the verb is at the end: **Bevor du es weißt, bist du ein „Senior".**

1. The Free University of Berlin was founded in 1948 as a counterpart to the Humboldt University (founded in 1810) in East Berlin. Today the Free University is one of the largest universities in West Germany.

2. Besides the large university library (**Universitätsbibliothek**), there is a separate library (**Fachbibliothek**) with a reading room for each of the major disciplines.

3. All German universities are state supported (there are no private universities) and tuition is free. A generous scholarship program pays the living expenses of students from families of limited means.

FRAGEN

A.　1. Womit ist der deutsche Austauschstudent zufrieden? Was gefällt ihm weniger?

　　2. Was wünscht John? Warum wäre er im Sommer gern noch länger in Deutschland geblieben?

　　3. Durch welche Kurse könnte Susan ihr Deutsch verbessern? Warum haben die meisten Austauschprogramme intensive Deutschkurse?

　　4. Wie könnte Susan vollen "credit" für ihr Studium in Deutschland bekommen?

　　5. Was sind Vorlesungen? Was sind Seminare?

　　6. Wann klopfen deutsche Studenten auf die Tische? Wann scharren sie mit den Füßen?

　　7. Warum schreiben sich die deutschen Studenten erst drei Wochen nach Semesteranfang ein?

　　8. Warum würde Rudi ein Zimmer im Studentenheim einem möblierten Zimmer vorziehen?

　　9. Warum sind Studentenheime und die Mensa relativ billig?

B.　1. Gibt es hier ein Austauschprogramm mit ausländischen Universitäten? Studieren viele Studenten von hier im Ausland (abroad)? Möchten Sie im Ausland studieren? Wo?

　　2. Vergleichen Sie (compare) den amerikanischen akademischen Kalender mit dem deutschen!

　　3. Vergleichen Sie das amerikanische und das deutsche Notensystem!

　　4. Vergleichen Sie die zwei Prüfungssysteme!

　　5. Vergleichen Sie die zwei Bibliothekssysteme!

　　6. Würden Sie lieber im Studentenheim oder in einem möblierten Zimmer wohnen? Warum?

AUFSATZ

1. Write a letter to your parents (in German, of course), asking them to let you study one year in Germany. Tell them why it would be important to you, what it would be like, and how you could go to . . . with an exchange program. Tell them that it wouldn't be too expensive, that you really wish you could go now, because later it might be too late. (Use the subjunctive as much as possible.)

2. Write a letter to a friend who might want to attend your school. Tell him or her what it is like to be a student here, what classes are like, what courses one should take, where to live and eat, what to bring, when to come for a visit, and what you would show your friend on that visit. (Use the subjunctive as much as possible.)

RÜCKBLICK

11/17/80

pp 281-283

I. Relative Clauses

Relative clauses are introduced by RELATIVE PRONOUNS:

	SG.			PL.
	MASC.	**NEUT.**	**FEM.**	
nom.	der	das	die	die
acc.	den			
dat.	dem	dem	der	de**nen**
gen.	des**sen**	des**sen**	de**ren**	de**ren**

The form of the relative pronoun depends on the number and gender of the *antecedent*, and the *function* of the relative pronoun in the relative clause:

> . . . antecedent, (preposition) (RP) —————————— V₁, . . .
>
> gender? number?   function?

The word order in the relative clause is like that of all subordinate clauses: the inflected part of the verb comes last.

> . . ., (RP) —————————— V₁.

Der König, über (den) wir gesprochen **haben**, hieß Ludwig II.
Das Schloß, (das) ihr besichtigen **werdet**, heißt Neuschwanstein.

KAPITEL 12 — 15

11/17

II. Adjectives

1. Endings of unpreceded adjectives   *pp 285*

a. **UNPRECEDED ADJECTIVES** have the endings which the definite article would have, if it were used:

	MASC.	SG. NEUT.	FEM.	PL.
nom.	-er	-es	-e	-e
acc.	-en	-es	-e	-e
dat.	-em	-em	-er	-en
gen.	—	—	—	—

look at pp 268

p 241

Kühler Wein und kalt**es** Bier schmecken bei heiß**em** Wetter prima.

b. The following words are often used as unpreceded adjectives:

> ander-, einig-, mehrer-, viel-, wenig-

viele gute, interessante Gelegenheiten

Numerals, **viel** and **wenig** (*sg.*), and **ein paar** have no endings.

ein paar komische Ideen

ein paar always w/ pl.

pp 300-301

2. Comparison

The **COMPARATIVE** is formed by adding **-er** to an adjective, and the **SUPER-LATIVE** by adding **-(e)st**. Most one-syllable adjectives with the stem vowel **a**, **o**, or **u** have an umlaut.

schön   schöner   schönst-
alt   älter   ältest-

A few adjectives and adverbs have irregular forms in the comparative and
superlative:

gern	lieber	liebst-
groß	größer	größt-
gut	besser	best-
nah	näher	nächst-
viel	mehr	meist-

a. Adjectives preceding nouns
In the comparative and superlative, adjectives preceding nouns have the
same endings under the same conditions as adjectives in the positive form.

Das ältere Auto braucht mehr Benzin (gas).
Ein älteres Auto braucht mehr Benzin.
Ältere Autos brauchen mehr Benzin.

b. Predicate adjectives and adverbs
The comparative ends in **-er**. The superlative is preceded by **am** and ends
in **-sten**.

Die Erklärung ist klarer. Sie gefällt mir besser.
Diese Erklärung ist am klarsten. Sie gefällt mir am besten.

c. When you want to say that one thing is like another, use
so . . . wie. . .

When you want to bring out a difference, use comparative + **als** .

III. Verbs

1. The future

The FUTURE consists of a present-tense form of   **werden + infinitive** .

Ich werde dich der Dame vorstellen.   I'll introduce you to the lady.

The future form can also express present probability.

Diese Burg wird[1] wohl aus dem 12.   This castle probably dates from the
Jahrhundert sein.   twelfth century.

2. Summary of the SUBJUNCTIVE

a. Present-time subjunctive
The present-time subjunctive refers to present and future time (to *now* and
later). Its forms are based on the simple past.

[1]Remember that **werden** can also be a full verb.
  Es **wird** kalt. Er **wird** Zahnarzt.

- Forms:

ich	_____	-e
du	_____	-est
er	_____	-e
wir	_____	-en
ihr	_____	-et
sie	_____	-en

	T-VERBS[1]	N-VERBS		MIXED VERBS	
ich	lernte	schriebe	wäre	könnte	hätte
du	lerntest	schriebest	wärest	könntest	hättest
er	lernte	schriebe	wäre	könnte	hätte
wir	lernten	schrieben	wären	könnten	hätten
ihr	lerntet	schriebet	wäret	könntet	hättet
sie	lernten	schrieben	wären	könnten	hätten

- In conversation, the **würde**-form is much more common. However, avoid using the **würde**-form with **haben, sein,** and the **modals.**

ich würde . . . lernen (schreiben)

330
pp 331

b. Past-time subjunctive
The past-time subjunctive refers to the past (to *earlier*). Its forms are based on the past perfect. The **würde**-form is rarely used.

- Forms:

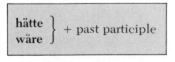

	T-VERBS	N-VERBS	MIXED VERBS
ich	hätte . . . gelernt	hätte . . . geschrieben wäre . . . gewesen	hätte . . . gehabt

- Modals in the past-time subjunctive follow this pattern:

hätte + verb infinitive + modal infinitive

Ich hätte Sie der Dame vorstellen können.

I could have introduced you to the lady.

[1]In the present-time subjunctive, these verbs look just like the simple past.

The subjunctive is used in:

- Polite requests or questions

Könnten Sie mich der Dame vorstellen?   Could you introduce me to the lady?

- Wishes

Wenn ich das nur wüßte!   If only I knew that!
Wenn ich das nur gewußt hätte!   If only I had known that!

- Hypothetical statements or questions

Er sollte bald hier sein.   He should be here soon.
Was würden Sie tun?   What would you do?
Was hättest du getan?   What would you have done?

- Unreal conditions

Wenn wir Zeit hätten, würden wir mit dem Schiff fahren.   If we had time, we'd go by ship.
Wenn wir Zeit gehabt hätten, wären wir mit dem Schiff gefahren.   If we had had time, we'd have gone by ship.

- Indirect speech

The tense of the indirect *statement* is determined by the tense of the direct statement.

DIRECT STATEMENT	INDIRECT STATEMENT
present tense future tense	present-time subjunctive or **würde**-form
present perfect simple past past perfect	past-time subjunctive

„Ich komme nicht."   Sie sagte, sie käme nicht (würde
„Ich werde nicht kommen."   nicht kommen).

„Ich bin nicht gegangen."   Sie sagte, sie wäre nicht gegangen.
„Ich hatte keine Lust."   Sie sagte, sie hätte keine Lust gehabt.

This is also true of *questions*. Remember to use **ob**, when the question begins with the verb.

| „Kommst du mit?" | } | Er fragte, ob ich mitkommen würde (mitkäme). | **347**
RÜCKBLICK
KAPITEL 12-15 |

„Kommst du mit?"
„Wirst du mitkommen?"

Er fragte, ob ich mitkommen würde (mitkäme).

„Wann seid ihr zurückgekommen?"

Sie fragte, wann wir zurückgekommen wären.

Indirect *requests* require the use of **sollen**.

„Frag nicht so viel!"

Er sagte, sie sollte nicht so viel fragen.

WORTSCHATZWIEDERHOLUNG

A. Fragen

1. Wieviele Hauptwörter und Verben kennen Sie zum Thema „Studium"? Sie haben zwei Minuten.
2. Wieviele Wörter kennen Sie zum Thema „Landschaft"? Sie haben eine Minute.
3. Wieviele Berufe kennen Sie auf deutsch? Sie haben eine Minute.
4. Woran denken Sie dabei?

   Bürgersteig, Zahnarzt, Hausfrau, Himmel, Fachbereich, Umgebung, Note, sich fühlen, besichtigen, bunt
5. Was muß der Artikel dieser Wörter sein, und was bedeuten sie auf englisch?

   Haushaltsgeld, Chemielabor, Weltkrieg, Reisebüroangestellte, Rechtsanwaltfirma, Zwischenprüfungsnote, Krankenhausparkplatz, Liebesgeschichten, Halsnasenohrenarzt

B. Was paßt dazu?

1. Nennen Sie das passende Verb!

   Traum, Bekannte, Wunsch, Erklärung, Meinung, Bezahlung, Zahl, Fahrt, Verkäuferin, Lage, Wohnung, Regen
2. Nennen Sie das passende Hauptwort!

   möglich, gesund, gleichberechtigt, beruflich, ausländisch, groß, frei, schmutzig, phantastisch

C. Geben Sie das Gegenteil davon!

anders, unten, gesund, herrlich, hell, böse, spannend, viel, Krieg, Hauptfach

STRUKTURWIEDERHOLUNG

D. Relativsätze

Machen Sie Relativsätze!

z.B. mein Freund, _____, . . .
     er wohnt im dritten Stock
     mein Freund, der im dritten Stock wohnt, . . .

1. unser Bekannter, _____, ...
   er ist so altmodisch; wir haben uns auf ihn verlassen; seine Firma ist in West-Berlin; ihm gehört das Büchergeschäft in der Goethestraße; wir haben ihn um seine Hilfe gebeten

2. die Ärztin, _____, ...
   ihre Sekretärin hat uns gerade angerufen; ich halte sehr viel von ihr; sie ist leider nach Köln gezogen; wir haben durch sie von dem Programm gehört; sie wohnt gegenüber

3. das Denkmal, _____, ...
   ihr werdet es bald sehen; seine Lage ist einfach herrlich; du bist an dem Denkmal vorbeigefahren; es steht auf der Insel; man hat von dem Denkmal so einen wunderschönen Blick

4. die Ritter, _____, ...
   sie lebten im Mittelalter; viele Touristen besichtigen heute ihre Burgen; der König gab ihnen das Land; sie hat von ihnen gesprochen; du denkst an sie

E. Adjektivendungen

Was fehlt?

1. Margrit hat mehrere Freundinnen und Freunde. Sie schreibt gern lange Briefe.

2. Fritz sammelt deutsche und amerikanische Briefmarken. Von anderen Ländern hat er nur wenige.

3. Die Hobbys vieler junger Menschen sind sehr verschieden. Einige Leute sind musikalisch und spielen gern ein besonderes Instrument. Von anderen Menschen weiß man, daß sie sportliche Interessen haben.

4. Man braucht nicht viel Hobbys. Ein paar interessante Hobbys sind genug. Zwei oder drei gute Hobbys helfen an freien Tagen. Es ist egal, ob Sie lange Briefe schreiben oder alte Briefmarken sammeln. So lange Sie sich für etwas interessieren, sind Sie aktiv. Aktive Freizeit ist wichtig.

F. Komparativ und Superlativ

1. Geben Sie den Komparativ und den Superlativ!

　　z.B. lang
　　　　länger, am längsten

sauber, schmutzig, schlecht, gut, dumm, warm, heiß, kalt, groß, hübsch, kurz, viel, gern, nah

2. Ersetzen Sie das Adjektiv!

a. Rolf ist nicht *so alt wie* Karl-Heinz.
   charmant, freundlich, groß, interessant, geduldig

b. Karl-Heinz ist *älter als* Rolf.
   sympathisch, nett, attraktiv, talentiert, ruhig

3. Was fehlt?

a. Psychologie ist _____ (her favorite) Fach.

b. Es gibt _____ (no better) Gelegenheit.

c. Diese Inseln und Hügel sind noch _____. (more beautiful)

d. Der zweite Weltkrieg war _____ (the most awful) Krieg.

e. Wir sind jetzt in _____ (a prettier) Stadt gezogen.

f. Wo findet man die _____ (largest) Bäume?

g. Peter hat immer _____ (the best) Noten.

h. Es gibt _____ (no more important) Problem.

i. Volker ist _____ (the most understanding) Freund.

G. Zukunft

Sagen Sie die Sätze in der Zukunft!

1. Ich bitte Hans, uns zu helfen.
2. Anja verläßt sich immer auf andere Leute.
3. Du mußt eine Rechtsanwältin fragen.
4. Wir machen den Haushalt zusammen.
5. Sie versucht, ihnen das zu erklären.
6. Wann können Sie den Roman übersetzen?
7. Du bestehst die Prüfung bestimmt.
8. Ihr lebt euch sicherlich bald ein.

H. Konjunktiv (subjunctive)

1. Machen Sie ganze Sätze im Konjunktiv der Gegenwart oder mit der würde-Form!

a. ich / mich / fühlen / besser // wenn / die / Arbeit / sein / fertig

b. das / sein / schrecklich

c. wir / können / bitten / Gisela / darum

d. ich wünschte // Rolf / werden / gesund

e. ich wünschte // er / nicht / reden / so viel

f. wenn / sie / nur / verdienen / mehr

g. erklären / Sie / mir / das?

h. was / du / halten / davon?

2. Machen Sie ganze Sätze im Konjunktiv der Vergangenheit!

a. wir / nicht / sollen / auf / Insel / fahren

b. ich wünschte // das / nicht / passieren

c. das / sein / schlimm

d. wenn / wir / nur / ziehen / nach Hamburg!

e. wenn / sie (sg.) / nicht / haben / so großen Hunger // sie / bleiben / in der Bibliothek

f. wenn / er / haben / bessere Noten // er / studieren / Medizin

g. ich / sollen / belegen / Geschichte

h. sie (pl.) / es / vorziehen // in der Mensa / zu essen

11/19/80

3. Variieren Sie den Satz nach dem englischen Beispiel!
    Ich *studiere* in Berlin. ~~p330~~

I will study in Berlin. I'd study in Berlin. Would you like to study in Berlin? I wish
I could study in Berlin. She could have studied in Berlin. If I study in Berlin, I
can improve my German. If I were to study in Berlin, I could visit you (*pl. fam.*).
I should have studied in Berlin.

I. Indirekte Rede (speech)

Eine Postkarte von Trudy an ihre Eltern. Sagen Sie das indirekt!
    z.B. „Jetzt bin ich schon fast eine Woche in Deutschland."
       Jetzt wäre sie schon fast eine Woche in Deutschland.

„Jetzt bin ich schon fast eine Woche in Deutschland. Das Flugzeug ist Dienstag
abend in Luxemburg angekommen. Ich habe dort übernachtet und bin dann nach
Mainz gefahren. Dort habe ich mich mit Mark und Ellen getroffen, und wir haben
uns zwei Tage Mainz angesehen. Besonders gut hat mir der Mainzer Dom gefallen.
Dann sind wir mit dem Schiff den Rhein hinunter gefahren. Das war eine wunderbare Fahrt! Wir kommen jetzt bald nach Köln. Wir wollen ein paar Tage dort
bleiben. Ich werde von Köln wieder schreiben."

11/19/80

AUFGABE

J. Was fehlt?

Sehen Sie auf das Bild unten links!

Die Straße, **die** man hier sieht, heißt die Drosselgasse. Die Stadt, in **den** sie liegt, heißt Rüdesheim. Die Leute, **die** durch diese enge Straße bummeln, müssen Zeit haben. Die Busse, mit **denen** sie gekommen sind, kommen von überall her. In den Hotels, **deßen** Namen man auf den Schildern lesen kann, kann man gut essen und Wein trinken. Der Wein, ~~dessen~~ Ernte (harvest) *dessen* man im September groß feiert, kommt aus der Umgebung von Rüdesheim. Er ist auf den Weinbergen, **die** man rechts und links des Rheins sieht, gewachsen (grown). Die Gebäude, auf ~~denen~~ **die** Sie schauen, sind alt. Das Hotel, in **dem** wir übernachten, heißt Lindenwirt. Es ist das Hotel direkt vor Ihnen, auf **dessen** Balkon Stühle stehen. Der Blick, **den** man von dort hat, ist nicht schlecht.

K. Auf deutsch, bitte! *for 11/20/80*

1. What do you (*pl. fam.*) think of Anita? 2. She's really beautiful! I like blue eyes and blond hair. 3. Silly prejudices! There are lots of pretty girls with brown eyes and brown hair. 4. This is my ideal: a girl should be smart, understanding, and gentle. 5. It would be nice if she were pretty, too. 6. But she wouldn't have to be that. 7. "Pretty" doesn't mean that she has long legs or white teeth. 8. I'm looking for inner beauty (**Schönheit**). 9. You're different from me (than I). 10. Okay, let's not talk about it. 11. Did you pass your exam? 12. Yes, but I almost flunked it. 13. If only you would study more and were less interested in pretty girls. 14. Never mind. If you weren't such a grind (**Streber**), you'd have more fun!

Test: 11/21/80 Friday

Dictation
auf Deutsch bitte
fill in blanks for
adjectives
relative clauses (like pages 347-349)

KAPITEL

Wie lange sind Sie schon in Amerika? | GESPRÄCH

Auf einer Party

KARL VOLKENBORN: Hallo, Herr Schneider! Wir haben uns ja schon lange nicht mehr gesehen! Wie geht's zu Hause?

RALPH SCHNEIDER: Danke, uns geht's gut. Und Ihnen?

KARL VOLKENBORN: Auch gut. Sagen Sie mal, wer ist denn die schicke Dame da drüben?

RALPH SCHNEIDER: Das ist Eva Winter, eine Kollegin von mir. Möchten Sie sie kennenlernen?

KARL VOLKENBORN: Ja, das wäre nett.

RALPH SCHNEIDER: Eva, **darf ich** dich mit Karl Volkenborn **bekannt machen**? Eva Winter, meine Braut.

EVA WINTER: Guten Tag, Herr Volkenborn.

KARL VOLKENBORN: Guten Tag, Fräulein Winter. **Es freut mich sehr, Sie kennenzulernen.** Fräulein Winter ist Ihre Braut? Ich wußte gar nicht, daß Sie verlobt sind. Dann darf ich Ihnen beiden wohl gratulieren.

EVA WINTER: Danke!

KARL VOLKENBORN: **Wie lange sind Sie schon** in Amerika?

EVA WINTER: **Ich bin** hier **geboren**, aber meine Eltern sind vor ungefähr dreißig Jahren hier eingewandert.

KARL VOLKENBORN: Meine Familie kommt auch aus Deutschland.

EVA WINTER: Wirklich? Woher denn?

KARL VOLKENBORN: Aus einem kleinen Dorf bei Bingen am Rhein.

EVA WINTER: **So ein Zufall!** Meine Eltern kommen aus Koblenz. Von dort sind es höchstens 65 Kilometer[1] bis Bingen. Wann ist Ihre Familie denn nach Amerika ausgewandert?

KARL VOLKENBORN: Ach, **das ist schon lange her!** So um 1850.

—Einwanderer

16

ÜBRIGENS

1. In Europe all distances are measured in kilometers. One mile corresponds to about 1.6 kilometers (**km**); one kilometer is about 0.6 mile.

12/1/80

How Long Have You Been in America?

At a party

KARL VOLKENBORN: Hello, Mr. Schneider. We haven't seen each other for a long time. How are things at home?

RALPH SCHNEIDER: Thank you, we're fine. And you?

KARL VOLKENBORN: Just fine. Say, who's the elegant lady over there?

RALPH SCHNEIDER: That's Eva Winter, a colleague of mine. Would you like to meet her?

KARL VOLKENBORN: Yes, that would be nice.

RALPH SCHNEIDER: Eva, **may I present** Karl Volkenborn? Eva Winter, my fiancée.

EVA WINTER: Hello, Mr. Volkenborn.

KARL VOLKENBORN: Hello, Miss Winter. **I'm very glad to meet you.** Miss Winter is your fiancée? I didn't know you were engaged. Then let me congratulate you both.

EVA WINTER: Thank you.

KARL VOLKENBORN: **How long have you been** in America?

EVA WINTER: **I was born** here, but my parents immigrated about thirty years ago.

KARL VOLKENBORN: My family is from Germany, too.

EVA WINTER: Really? Where from?

KARL VOLKENBORN: From a little town near Bingen on the Rhine.

EVA WINTER: **What a coincidence!** My parents are from Koblenz. From there it is at most sixty-five kilometers to Bingen. When did your family emigrate to America?

KARL VOLKENBORN: Well, **that was a long time ago.** Around 1850.

MÜNDLICHE ÜBUNG

We haven't seen each other for a long time *prepared*

1. gesehen: **Wir haben uns schon lange nicht mehr** gesehen.
   gesprochen, geschrieben, besucht, vorbereitet, verstanden

2. Fräulein Winter: **Darf ich Sie mit** Fräulein Winter **bekannt machen?**
   Herrn Volkenborn, meinem Freund, meiner Freundin, meinem Bekannten, meiner Bekannten

see p 326

3. eine Kollegin: **Das ist** eine Kollegin **von mir.**
   ein Zimmerkollege, ein Bekannter, eine Bekannte, ein Freund, eine Freundin

4. in Amerika: **Wie lange sind Sie schon** in Amerika?
   in den Staaten (USA), hier, auf der Universität, bei der Firma

5. hier: **Ich bin** hier **geboren.**
   dort, 1949, 1955, 1960, in der Schweiz

6. Bach/1685: Bach **wurde 1685 geboren.**
   Beethoven/1770; Einstein/1879; Kennedy/1917; King/1929

7. Deutschland: **Meine Familie kommt auch aus** Deutschland.
   England, Frankreich, Spanien, Europa, Amerika

8. bei Köln: **Sie kommt aus einem Dorf** bei Köln.
   in der Nähe von Hamburg, am Rhein, an der Elbe, nördlich von Zürich, südwestlich von Bern

WORTSCHATZ: WER SIND SIE, UND WOHER KOMMEN SIE?

Darf ich___bekannt machen?	May I present___?
Es freut mich (sehr), Sie kennenzulernen.	I'm (very) glad to meet you.
So ein Zufall!	What a coincidence!
Wie lange sind Sie schon hier?[1]	How long have you been here?
Das ist schon lange her.	That was long ago.
Wann sind Sie geboren?	When were you born?
Ich bin 1964 geboren.	I was born in 1964.
Wann wurde Bach geboren?	When was Bach born?
Bach wurde 1685 geboren.	Bach was born in 1685.

die Auswanderung	emigration
die Einwanderung	immigration

der **Abenteurer,-**	adventurer
Auswanderer,-	emigrant
Einwanderer,-	immigrant

[1]Events which began in the past and continue in the present are expressed in the present tense.

die	**Hoffnung,-en**	hope
	Vereinigten Staaten (USA) (*pl.*)	United States (U.S.)
	aus·wandern (ist)	to emigrate
	ein·wandern (ist)	to immigrate
	fliehen, floh, ist geflohen	to flee
	folgen (ist) (*+dat.*)	to follow
	verlassen, verließ, verlassen	to leave (behind)
	fremd	foreign, strange
	höchstens	at most
	nötig	necessary, needed
	politisch	political
	religiös	religious

ZUM THEMA

A. Was paßt?

1. Wir haben uns schon lange nicht mehr gesehen.
2. Wer ist denn die schicke Dame da drüben?
3. Darf ich bekannt machen?
4. Wie lange sind Sie schon hier?
5. Wann ist Ihre Familie denn nach Amerika ausgewandert?

Das stimmt.

Noch nicht lange. Ich bin vor drei Wochen hierher gezogen.

Das ist meine Braut, Eva Winter.

Vor ungefähr hundert Jahren.

Ja, leider.

Guten Tag, Herr Volkenborn.

1848.

Ich kenne sie auch nicht.

Wir sollten uns ab und zu zum Mittagessen treffen.

Ich bin hier geboren.

Wie nett! Karl hat mir schon viel von Ihnen erzählt.

Ich weiß nicht.

Schon über zwanzig Jahre.

Es freut mich sehr, Sie kennenzulernen.

Ach, das ist schon lange her.

B. Fragen for 5-8-81

1. Woher sind viele Einwanderer nach Amerika gekommen?
2. Was sind einige Gründe, warum sie ihr Land verlassen haben? Warum sind sie nach Amerika gekommen?
3. Warum waren Freiheit, Demokratie und Hoffnung so wichtig für viele Einwanderer?

4. Wie lange muß man in Amerika leben, bevor man Staatsbürger werden kann?

5. Haben Sie Nachbarn, Freunde oder Bekannte, die nach Amerika eingewandert sind? Woher sind sie gekommen? Sprechen sie gut Englisch? Haben sie noch einen Akzent?

6. Woher kommen momentan Einwanderer? Warum verlassen sie ihr Land?

7. Wo steht die Freiheitsstatue, die so viele Einwanderer begrüßt hat?

C. Interview

Fragen Sie Ihren Partner (Ihre Partnerin),

1. wann er (sie) geboren ist,
2. wo er (sie) geboren ist,
3. ob er (sie) weiß, woher seine (ihre) Familie ursprünglich (originally) gekommen ist,
4. ob er (sie) weiß, wann seine (ihre) Familie nach Amerika gekommen ist,
5. ob seine (ihre) Großeltern oder Eltern noch eine andere Sprache sprechen!

D. Übung

Formen Sie Gruppen von drei Personen. Üben Sie, wie man Leute auf deutsch vorstellt!

12/1/80   5-6-91

STRUKTUR

I. The Passive Voice

Only transitive verbs can be put into the passive voice

English and German sentences are in one of two voices: the ACTIVE or the PASSIVE voice. In the active voice the subject of the sentence is doing something. It is active.

The students *are asking* the professor.

In the passive voice the subject is not doing anything; rather, something is being done to it. It is passive.

The professor *is (being) asked by* the students.

1. In English, the passive is formed with the auxiliary *to be* and the *past participle*. In German, it is formed with the auxiliary **werden** and the *past participle*: **werden + past participle** .

ich	werde	. . . gefragt	*I am (being) asked*
du	wirst	. . . gefragt	*you are (being) asked*
er	wird	. . . gefragt	*he is (being) asked*
wir	werden	. . . gefragt	*we are (being) asked*
ihr	werdet	. . . gefragt	*you are (being) asked*
sie	werden	. . . gefragt	*they are (being) asked*

2. The tenses in the passive are formed with the various tenses of **werden** ⑤ 357
+ past participle.

KAPITEL 16

p. 569→

Present:	Er	wird	. . . gefragt.	*He is being asked . . .*
Simple Past:	Er	wurde	. . . gefragt.	*He was asked . . .*
Future:	Er	wird	. . . gefragt	werden.	*He'll be asked . . .*
Pres. Perf.:	Er	ist	. . . gefragt	worden ⑴	*He has been asked . . .*
Past Perf.:	Er	war	. . . gefragt	worden ⑴	*He had been asked . . .*

{conjugated w/ sein}

Die Vorlesung **wird** in Hörsaal 200 **gehalten**.	The lecture is held in Room 200.
Der Sprecher **wurde** aus England **eingeladen**.	The speaker was invited from England.
Danach **wird** eine Party **gegeben werden**.	Afterwards a party will be given.
Es **ist** viel über ihn **gesprochen worden**.	There has been much talk about him.
Er **war** uns sehr **empfohlen worden**.	He had been highly recommended to us.

3. Modals are not put into the passive voice; rather, they follow this pattern: modal + past participle + infinitive of **werden**. In this book, only the present and past tense of the modals will be used.

Present:	Er muß	. . . gefragt werden.	*He must be asked . . .*
Simple Past:	Er mußte	. . . gefragt werden.	*He had to be asked . . .*

Die Vorlesung **muß** in Hörsaal 200 **gehalten werden**.	The lecture has to be held in Room 200.
Sie **sollte** in Hörsaal 220 **gehalten werden**.	It was supposed to be held in Room 220.

4. If the agent—the person(s) by whom the act is performed—is expressed, the preposition von is used.

Er ist **von den Studenten** eingeladen worden.	He was invited by the students.

⑴Note that in the perfect tenses of the passive voice, the past participle of **worden** is **worden**. When you see or hear **worden**, you know immediately that you are dealing with a sentence in the passive.

A. Was bedeutet das auf englisch?

1. a. Die Bibel ist von Luther auf der Wartburg übersetzt worden.
   b. Die Burgen Ludwigs II. werden jedes Jahr von tausenden von Touristen besucht.
   c. Die Einwanderer wurden von dem Beamten nach ihren Auswanderungs-gründen gefragt.
   d. Diese alte Kirche wurde vor ein paar Jahren renoviert.
   e. Silvester wird bei uns mit Sekt gefeiert.
   f. Du wirst zur Hochzeit eingeladen werden.
   g. Die Prüfung ist von allen Studenten bestanden worden.

2. a. Die Fehler müssen heute noch verbessert werden.
   b. Die Möbel sollten gestern gebracht werden.
   c. Das Paket darf erst am Geburtstag aufgemacht werden.
   d. Die Studenten wollen auch informiert werden.
   e. Die Kurse müssen heute belegt werden.
   f. Im Zimmer durfte nicht gekocht werden.
   g. Jetzt kann die Geschichte erzählt werden.

B. Sagen Sie die Sätze im Aktiv (active voice)!

Retain the tense of the original.

   z.B. Das Essen wurde von dem Ober gebracht.
   Der Ober brachte das Essen.

1. Die Tür wurde von einer alten Dame geöffnet.
2. Das Bild ist von meinem Bruder gemalt worden.
3. Der Haushalt wird von Herrn Ziegler gemacht werden.
4. Der Brief ist von der Sekretärin per Luftpost geschickt worden.
5. Jutta wurde von Axel ins Kino eingeladen.
6. Am Ende wurde lange geklatscht.
7. Die Elektrizität muß von dem Mieter bezahlt werden.
8. Der Reisescheck sollte von dem Touristen unterschrieben werden.

C. Sagen Sie die Sätze noch einmal in einer anderen Zeit (tense)!

Use the tenses suggested.

   z.B. Das Seminar wird hier gehalten. (*simple past, future*)
   Das Seminar wurde hier gehalten.
   Das Seminar wird hier gehalten werden.

1. Das Schnitzel wird von dem Ober sehr empfohlen. (*past perf.*)
2. Die Fahrkarten werden vom Schaffner kontrolliert. (*future, pres. perf.*)
3. Im Fernsehen werden viele amerikanische Programme gezeigt. (*simple past, past perf.*)
4. Der Satz wird von der Studentin wiederholt. (*simple past, pres. perf.*)

Handwritten annotations at top:
5. wird gebaut werden
war gebaut worden
6. sollte gebracht werden
7. mußten reserviert werden
8. wird getrunken werden
ist getrunken worden
9. wurden gegeben
waren gegeben worden

359

KAPITEL 16

10. ist unterstützt worden
wird unterstützt

5. Neben der Uni wird ein Krankenhaus gebaut. (*future, past perf.*)
6. Das Gepäck soll aufs Zimmer gebracht werden. (*simple past*)
7. In der Hauptsaison müssen Zimmer vorher reserviert werden. (*simple past*)
8. Auf dem Oktoberfest wird viel Bier getrunken. (*future, pres. perf.*)
9. Solche Kurse werden an vielen Unis gegeben. (*simple past, past perf.*)
10. Die Mensa wird vom Staat finanziell unterstützt. (*pres. perf., simple past*)

D. Sagen Sie die Sätze noch einmal mit dem Modalverb! Was heißt das auf englisch?

Use the verb suggested.

z.B. Alle Möglichkeiten werden jetzt versucht. (müssen)
Alle Möglichkeiten müssen jetzt versucht werden.
All possibilities have to be tried out now.

1. Für gleiche Arbeit wird man gleich bezahlt. (wollen)
2. Telefongespräche werden auf der Post gemacht. (können)
3. Das wird auch ausgefüllt. (müssen)   *to fill out*   *exchange*
4. Geld wird auf der Bank umgewechselt. (können)
5. Die Milch wird in den Kühlschrank gestellt. (sollen)
6. Nach dem Hochzeitsessen wird getanzt. (dürfen)

E. Sagen Sie die Sätze im Passiv (passive voice)!   5-7-81

Do not express the agent.

1. In der Gegenwart

z.B. Suppe ißt man mit dem Löffel.
Suppe wird mit dem Löffel gegessen.

a. In Frankreich spricht man Französisch.   *In Frankreich wird Französisch gesprochen*
b. Man beginnt den Tag mit einem guten Frühstück.   *Der Tag wird mit einem guten Frühstück begonnen*
c. Auf dem Markt verkauft man schönes Obst.   *Auf dem Markt wird schönes Obst verkauft.*
d. Die Hoffnung gibt man so leicht nicht auf.   *Die Hoffnung wird so leicht nicht aufgegeben.*
e. Man hält die Gabel in der linken Hand.   *Die Gabel wird in der linken Hand gehalten.*
f. Man baut ein neues Studentenheim.   *Ein neues Studentenheim wird gebaut.*

2. In der gleichen Zeit.

z.B. Wir haben ein Zimmer bestellt.
Ein Zimmer ist bestellt worden.

a. Sie hat den Kuchen heute gebacken.   *Der Kuchen ist heute gebacken worden.*
b. Wir müssen noch das Essen bezahlen.   *present*   *Das Essen muß noch bezahlt werden*
c. Sie suchten eine neue Sekretärin.   *Eine neue Sekretärin wurde gesucht*
d. Er wird dort eine Wohnung mieten.   *Eine Wohnung wird gemietet werden*
e. Wir haben die schriftliche Übung gemacht.   *Die schriftliche Übung ist gemacht worden*
f. Ich konnte das Fenster nicht öffnen.   *Das Fenster kann nicht geöffnet werden*
Das Fenster wurde nicht g konnte nicht geöffnet werden

12/1/80

For 12/3/80 *§§ 5-7*

F. Auf deutsch, bitte!

1. The doors are being closed. 2. That has never been paid. 3. The wine will be brought by Sabine. 4. The cake was ordered yesterday. 5. He was called by his father. 6. The film will be shown tomorrow. 7. Tickets are being sold now. 8. The sentences were written on the blackboard.

II. Review of the Uses of werden *for 12/3/80*

Distinguish carefully between the various uses of **werden**

1. **werden** + *predicate noun* / *adjective* = a full verb.

Er wird Professor.   He's going to be a professor
Es wird spät.   It's getting late.

2. **werden** + *infinitive* = the auxiliary of the future.

Ich werde ihn fragen.   I'll ask him.

3. **würde** + *infinitive* = the auxiliary in the present-time subjunctive.

Ich würde ihn fragen.   I would ask him.

4. **werden** + *past participle* = the auxiliary of the passive voice.

Er wird von uns gefragt.   He's (being) asked by us.

[handwritten, right margin:]
I p 361 or ..., darf ich sie mit meiner Kousine Anneliese bekannt machen.
⑥ Herr König, darf ich Ihnen meine Kousine Anneliese vorstellen?
⑦ Es freut mich sehr.
⑧ Wie lange sind Sie schon hier?
⑨ Schon lange.
⑩ Wo sind Sie geboren?
⑪ Ich bin in Zürich geboren
⑫ So ein Zufall! (was für ein Zufall) Wir kommen auch aus Zürich.
⑬ Warum haben Sie die Schweiz verlassen?
⑭ Ach, das ist eine lange Geschichte!

ÜBUNGEN

12/3 **G. Analysieren Sie, wie werden benutzt wird! Was bedeutet das auf englisch?**

z.B. Wir sind zu einer Party eingeladen worden.
werden + past participle = passive voice
We were invited to a party.

1. Ich würde Ihnen gern helfen. ③ *present time subjunctive / I would gladly help you.*
2. Jutta möchte Krankenschwester werden. ① *predicate noun / Jutta would like to become a nurse.*
3. Er ist ganz böse geworden. ① *He became very angry*
4. Die Dame wird wohl Ralphs Braut sein. ② *(expressing probability)*
5. Das wurde uns nie gesagt. ④ *That was never said to us (We were never told that.)*
6. Ich würde nicht auswandern. ③ *I would not emigrate*
7. Er wird auch am Seminar teilnehmen. ② *He will also participate in the seminar.*
8. Diese Bücher müssen in der Bibliothek gelesen werden. ④ *(present) These books must be read in the library.*

ZUSAMMENFASSUNG

12/3 **H. Machen Sie ganze Sätze im Passiv!**

Use the tenses suggested.

1. in Deutschland / getrunken / viel Wein (*present*) *In Deutschland wird viel Wein getrunken*
2. Speisekarte / gebracht / von / Ober (*simple past*)
   Die Speisekarte wurde vom Ober gebracht

(handwritten) ③ Wien ist mir von meiner Freunde gezeigt worden
⑤ Der Absender muss auf dem Brief geschrieben werden.
⑥ Gestern abend wurde Musik gemacht.

3. Wien / gezeigt / mir / von / meine Freunde (*pres. perf.*)
4. das / werden / erklärt / von / Professor / auf deutsch (*future*)
5. Absender / müssen / geschrieben / auf / Brief (*present*)
6. gestern abend / gemacht / Musik (*simple past*)
7. Stück / gezeigt / in / Fernsehen (*past perf.*)
8. „Der Besuch der alten Dame" / gespielt / hier (*simple past*)

(handwritten) ④ Das wird von dem Professor auf deutsch erklärt werden
⑦ Das Stück war im Fernsehen gezeigt worden
⑧ „Der Besuch der alten Dame" wurde hier gespielt.

I. Auf deutsch, bitte!

(handwritten) ② Er ist ein Kollege von mir. ③ Würdest du ihn gern kennen lernen?

1. Who's the gentleman over there? 2. He's a colleague of mine. 3. Would you (*fam.*) like to meet (get to know) him? 4. Sure. How long have you known him? 5. For about five years. 6. Mr. König, may I present my cousin (*fem.*) Anneliese to you? 7. I'm glad to meet you. 8. How long have you been in this country? 9. It's been a long time. 10. Where were you born? 11. I was born in Zürich. 12. What a coincidence! We're from Zürich, too. 13. Why did you leave Switzerland? 14. Oh, that's a long story.

(handwritten) ⑤ (Schon) ungefähr fünf Jahre.
④ Klar! Wie lange kennst du ihn schon?
81/5/25
③ Möchtest du ihn kennenlernen?

Amerika, das Land der unbegrenzten° Möglichkeiten

unlimited

(handwritten) underline passives
997

Was ist das?

der Auswanderungshafen, Baron, Enthusiasmus, Freidenker, Generalinspektor, Goldrausch, Goldsucher, Holländer, Idealismus, Innenminister, Kleinbauer, Kommandeur, Mythos, Pionier, Präsident, Reichtum, Respekt, Schweizer-Deutsche, Unabhängigkeitskrieg; das Abenteuer, Gold, Handelszentrum, Industriezentrum, Klima, Kriegsende; die Armee, Disziplin, Generation, Glaubensfreiheit, Initiative, Integrierung, Kolonie, Organisation, Revolution, Sklaverei, Toleranz; (*pl.*) die Mennoniten, Quäker, Protestanten, Sekten; kolonisieren, riskieren, ruinieren

(handwritten margin) wealth
trade center
Suchen sie alle passiv Konstruktions
30jährigenkrieg 1618 - 1648

Mehr als hundert Jahre vergingen° nach Kolumbus, bevor auch der Teil der Neuen Welt kolonisiert wurde, der von den Spaniern wegen des Klimas gemieden° worden war. Die Initiative kam von den Engländern und Franzosen; Holländer und andere folgten°. Deutschland war bis zur Mitte
5 des 17. Jahrhunderts durch den 30jährigen Krieg[1] so sehr mit seinen Problemen beschäftigt°, daß damals nur wenige Deutsche, meistens im Dienst° fremder Mächte°, nach Nordamerika kamen.

In der deutschen Auswanderung nach Amerika gibt es drei große Wellen°: Die ersten Deutschen (von ungefähr 1680 bis 1850) zogen nach New York,
10 Maryland, Virginia oder Pennsylvanien, wo der Engländer William Penn

(margin glosses) passed
avoided
to follow
*occupy, to keep busy
service / powers
(handwritten) Emigration
waves

—Pennsylvania Dutch (Deutsch)

—Auf der Suche nach Gold.

to whom Penn belonged *demonstrative pronoun*

1681 eine Kolonie gegründet° hatte, in der es absolute religiöse Toleranz   founded
gab. Wer° wie die Quäker, zu denen Penn gehörte, in der Alten Welt wegen   whoever
seiner Religion verfolgt° wurde, der sollte hier Glaubensfreiheit finden.   persecuted
Gern folgten die Mitglieder° der vielen religiösen Sekten Deutschlands,   members *to follow*
5 darunter auch die Mennoniten. Der Tag, an dem ihr Schiff 1683 in Phi-
ladelphia ankam, der 6. Oktober, wird noch heute in Teilen der USA als
„German Day" gefeiert. Vor der Stadt kauften sie ein großes Stück Land
und bauten darauf ihre eigene Siedlung°: Germantown. Seit Anfang des   settlement
18. Jahrhunderts folgten verschiedene andere protestantische Sekten. Sie
followed *various*
10 zogen nach New Jersey, wohin 1733 auch der Vorfahr° einer der reichsten   ancestor
Familien der Welt, Johann Peter Rockefeller, auswanderte. So lebten am
Anfang des Unabhängigkeitskrieges ungefähr 250.000 Deutsche zwischen
Maine und Georgia. Bis zur Mitte des 19. Jahrhunderts waren es vor allem   *small farmers*
Handwerker° und Kleinbauern, die ihr Glück in Amerika versuchten. Ihre   craftsmen
15 Siedlungen hatten sich schnell zu wichtigen Industrie- und Handelszen-
tren entwickelt. Während des Unabhängigkeitskrieges kämpften° viele   fought
Deutsche aus Idealismus auf der amerikanischen Seite, unter ihnen z.B.
Baron von Steuben (1730–94), den Washington zum Generalinspektor der
ganzen Armee machte und dessen Disziplin und Organisation der ameri-
20 kanischen Armee Zusammenhalt° gab. England brachte 30.000 gekaufte   unity
hessische Soldaten° in die Neue Welt. Ein Kommandeur dieser hessischen   Hessian soldiers

Soldaten war so von Amerika beeindruckt°, daß er seinen Soldaten nach Kriegsende empfahl, in Amerika zu bleiben, was auch mehr als 12.000 taten. — impressed

In der zweiten Hälfte des 19. Jahrhunderts begann die zweite Auswanderungswelle nach Amerika (ungefähr 1850–1930). Oft waren schlechte Ernten° und Schulden° ein Grund dazu. Die mißglückte° deutsche Revolution von 1848[2] und der amerikanische Goldrausch von 1849 waren andere Gründe. Neben Le Havre und Rotterdam waren Hamburg und Bremen wichtige Auswanderungshäfen. — harvests / debts unsuccessful

Der typische „Forty-Eighter" war Anfang zwanzig, ein Freidenker, der sein Leben riskiert hatte und nun aus politischen Gründen nach Amerika kam. Sein Reformwille° und Enthusiasmus wurden auf Amerika übertragen°. Die „Forty-Eighters" waren für die Abschaffung° der Sklaverei und kämpften im Bürgerkrieg auf der Seite der Nordstaaten. Zu ihnen gehörte z.B. Carl Schurz (1829–1906), der als Kommandeur am Bürgerkrieg teilnahm, unter Präsident Hayes Innenminister wurde und den ersten Anstoß° zu einer Integrierung der Indianer in die amerikanische Gesellschaft° gab. — desire for reform / transferred / abolition / push / society

Der typische „Forty-Niner" war ein Abenteurer auf der Suche nach° Gold. Fast 100.000 Goldsucher eilten innerhalb° eines Jahres aus aller Welt in den Westen Amerikas. Neben großem Reichtum brachte das Gold auch großes Unglück, vor allem dem Mann, bei dem das erste Gold gefunden worden war, dem Schweizer-Deutschen Johann August Sutter (1803–80). Am Fuß der Sierra Nevada, dort wo heute San Franzisko und Sacramento stehen, gehörte ihm viel Land. Dort hatte er riesige Weizenfelder°, Weinberge und Rinderherden°, aber mit der Entdeckung° von Gold wurde alles ruiniert. Die Goldsucher hatten keinen Respekt vor dem Recht und zerstörten alles. Als Opfer° des Goldrausches starb° dieser so reiche Pionier in völliger Armut°. — in search of / within / wheat ... / herds of cattle / discovery / victim / died / poverty

Mit dem wirtschaftlichen° Aufschwung° der USA nach dem Ende des Bürgerkrieges° ging die zweite Auswanderungswelle weiter. Der alte Mythos von der Neuen Welt, dem Land der unbegrenzten Möglichkeiten, schien Wirklichkeit geworden zu sein. Der Höhepunkt° wurde 1882 erreicht°, als in einem Jahr mehr als 700.000 Deutsche nach Amerika auswanderten; mehr als 500.000 davon ließen sich zwischen New York, Minneapolis, St. Louis und Baltimore nieder°, wo „Little Germanies" entstanden°: Es gab deutsche Stadtteile mit eigenen Schulen, Kirchen, Krankenhäusern, Zeitungen und Clubs. Das Zusammengehörigkeitsgefühl° war hauptsächlich deswegen so groß, weil viele Einwanderer nicht Englisch sprachen. So dauerte ihre Integrierung länger, kam aber meistens in der zweiten Generation. — economic / upturn / Civil War / climax / reached / settled / developed / feeling of solidarity

—Thomas Nasts
Weihnachtsmann

—Albert Einstein

Was ist das?

der Andersdenkende, Elefant, Intellektuelle, Karikaturist, Kriegsanfang, Künstler, Philosoph, Physiker, Theologe; das Einwanderungsland, Publikationsverbot, Symbol; die Depression, Einwanderungsquote, Elite, Partei, Variation; (pl.) die Demokraten, Republikaner; übersehen; deutschsprachig, drastisch, nationalsozialistisch, naturwissenschaftlich

Im zwanzigsten Jahrhundert, Anfang der 30er Jahre, folgte die dritte Auswanderungswelle nach Amerika. Es waren politisch Andersdenkende, Intellektuelle und vor allem Juden°, die im nationalsozialistischen Deutschland unter Hitler verfolgt wurden. Über eine Million Deutsche flohen noch

5 vor Kriegsanfang, ungefähr die Hälfte davon Juden. Schriftsteller° und Wissenschaftler, die schon 1933 Publikationsverbot bekamen und deren Bücher öffentlich verbrannt° wurden, sahen schon sehr früh, daß es hoffnungslos° war, in Deutschland zu bleiben. So flohen viele von ihnen direkt nach Hitlers Machtübernahme°. Doch die USA waren inzwischen kein

10 leichtes Einwanderungsland mehr. Die wirtschaftliche Depression—15 Millionen Arbeitslose° 1932—brachte eine drastische Begrenzung° der Einwanderungsquote. In den 30er Jahren kamen viele Künstler und Wis-

Jews

writers

burned
hopeless
seizure of power

unemployed / limitation

senschaftler nach Amerika. Sie konnten die nötige Bürgschaft° leichter be-   sponsorship
kommen oder direkt an Universitäten berufen° werden. So sammelte sich°   called / gathered
die intellektuelle Elite Deutschlands in den USA, unter ihnen Komponisten wie Kurt Weill, Arnold Schoenberg und Paul Hindemith, Schrift-
5 steller wie Thomas Mann, Carl Zuckmayer und Bertolt Brecht, der Theologe Paul Tillich, der Physiker Albert Einstein und der Architekt Walter
Gropius. In den 50er Jahren ging diese Auswanderungswelle aus rein°   purely
wirtschaftlichen Gründen in kleinerem Maße° weiter. Vor allem in den   scale
Naturwissenschaften waren die Arbeitsbedingungen° in den USA viel bes-   . . . conditions
10 ser.

Einwanderer kamen nach Amerika aus vielen Ländern. Sie kamen vor
allem aus religiösen, wirtschaftlichen und politischen Gründen. Alle haben Amerika beeinflußt°. Die deutsche Einwanderung hat auch Spuren   influenced
hinterlassen°. Neben „Gesundheit" und „Kindergarten" wissen die mei-   left traces
15 sten Amerikaner, was „Sauerbraten", „Bratwurst", „Leberwurst" und
„Sauerkraut" ist. (Das letztere° ist sogar als Spitzname° für die Deutschen   latter / nickname
benutzt° worden.) Spezialitäten wie „Lebkuchen", „Pumpernickel" und   used
„Apfelstrudel" gehen auf die deutsche Küche zurück. Zentren wie Mil-
waukee, St. Louis und New York brauen° noch heute Bier nach deutschem   brew
20 Brauch°. Der Weihnachtsbaum und der Weihnachtsmann sind als Bräuche   custom
auch aus Deutschland mitgebracht worden. Der Weihnachtsmann mußte
aber erst einige Änderungen durchmachen°, bevor er als gemütlicher Santa   undergo changes
Claus durch den deutschen Karikaturisten Thomas Nast (1840–1902) die
heutige Form bekam. Nast, der 1846 aus Deutschland einwanderte, schuf°   created
25 auch das Bild des „Uncle Sam" sowie die Symbole der beiden politischen
Parteien: den Esel° der Demokraten und den Elefanten der Republikaner.   donkey
Dann natürlich findet man heute viele deutsche Namen in Amerika—*Vor-*
namen wie Hermann, Walter, Heidi und Gretchen; *Nachnamen* wie Bauer,
Meyer, Hoffman und Zimmermann; und Städtenamen wie Berlin, Frank-
30 fort und Hamburg.[3] Vielleicht kennen Sie noch andere. Schauen Sie mal
herum! Der Einfluß° von vielen Millionen deutschsprachigen Einwan-   influence
derern[4] ist nicht zu übersehen.

VOKABELN

der	**Vorname,-ns,-n**	first name
	Nachname,-ns,-n	last name
die	**Wirklichkeit**	reality
	riesig	huge
	scheinen, schien, geschienen	to seem, appear (to be)
	unter (+ *dat.*)	among

ÜBRIGENS

1. The Thirty Years' War (1618–48) devastated Central Europe. Through famine, pestilence, and battle it reduced the German population by two-thirds.

2. The Revolution of 1848 was an attempt by the liberal forces in Germany to establish a unified nation on the basis of democratic principles. Its failure is attributed to disunity among its supporters and the strong conservative sentiments of the ruling class.

3. There are eleven Berlins, nine Frankforts, and nine Hamburgs in the United States.

4. Of the 46.7 million immigrants reaching the United States between 1820 and 1974, the largest contingent (close to 25 percent) came from German-speaking countries: Germany, 6.95 million; Austria-Hungary, 4.31 million; Switzerland, 350,000.

FRAGEN

1. Warum kamen bis etwa 1680 wenige Deutsche nach Amerika?

2. Wohin zogen die ersten Deutschen, die nach Amerika kamen? Warum kamen sie?

3. Warum wird in manchen Teilen der USA der 6. Oktober als „German Day" gefeiert?

4. Ungefähr wieviele Deutsche lebten um 1776 in den USA? Warum kämpften sie im Unabhängigkeitskrieg auf beiden Seiten?

5. Wann begann die zweite Auswanderungswelle? Warum? Was für Menschen waren die „Forty-Eighters"? Was für Menschen waren die „Forty-Niners"? Wer war Carl Schurz? Johann August Sutter?

6. Was war der Höhepunkt der zweiten Welle? Wieviele Deutsche wanderten damals ein? Wohin zogen sie?

7. Wann war die dritte Welle? Welche Leute verließen Deutschland dann? Warum? Warum war es damals nicht mehr so leicht, in die USA zu kommen? Wer waren ein paar der bekanntesten Einwanderer?

8. Was für deutsche Wörter gibt es in der amerikanischen Sprache? Spricht man in den USA noch heute irgendwo Deutsch? Was für deutsche Bräuche gibt es in den USA?

9. Wer war Thomas Nast?

10. Was für deutsche Vornamen, Nachnamen und Städtenamen findet man in Amerika?

Aufsatz for 5-11-81

AUFSATZ

Write about yourself. Who are you? Tell where and when were you born; how many are there in your family; where your family came from originally; why they live where they live now; which language you speak at home; etc.

DIE AUSSPRACHE[1]

Pronunciation is a matter of learning not just to hear and pronounce isolated sounds or words, but to understand entire phrases and sentences, and to say them in such a way that a native speaker of German can understand you. You will need to practice this throughout the entire time you study German.

This section summarizes and reviews the production of individual sounds. We have tried to keep it simple and nontechnical, and to provide ample practice of those German sounds that are distinctly different from American English. Often we have used symbols of pronunciation in a simplified phonetic spelling. Upon completing this section, you should hear the difference between somewhat similar English and German words (*builder* / **Bilder**), and between somewhat similar German words (**Vetter** / **Väter**; **schon** / **schön**).

To develop a good German pronunciation—or at least one without a heavy American accent—you will have to bear three things in mind. First, you must resist the temptation of responding to German letters with American sounds. Second, at the outset you will probably feel a bit odd when speaking German with a truly German accent; however, nothing could give you a better start in your endeavor. (Imposing a German accent on your English may be hilarious, but it also is very good practice!) Third, you will have to develop new muscular skills: Germans move their jaws and lips more vigorously and articulate more precisely than Americans. After a good practice session your face should feel the strain of making unaccustomed sounds.

We will point out those cases where English sounds are close enough to German to cause no distortion. However, we purposely avoid trying to derive German sounds from English, because such derivations often do more harm than good. Listen carefully to your instructor or the tape. If you can tape your own voice in the language lab, do so and compare how you sound with the voice on the master track. With patience and practice you should be able to develop new speech habits quite rapidly. You will also find that German spelling reflects pronunciation very well.

I. Word Stress

In both English and German, one syllable of a word receives more stress than others. In English, stress can even signal the difference between two words (*ob'ject* / *object'*). In native German words, the accent is on the stem of the word, which is usually the first syllable (**Hei'rat, hei'raten**) or the syllable following an unstressed prefix (**verhei'ratet**). Words borrowed from other languages are less predictable; frequently the stress falls on the last or next-to-last syllable (**Universität'**, **Muse'um**).

[1]Die **Aussprache** = *pronunciation*

II. *Vowels*

One of the most important differences between English and German is the fact that in English most vowels are to some degree glides—that is, while they are being pronounced there occurs a shift from one vowel sound to another (*so, say*). German vowel sounds do not glide, they do not change quality. The jaw does not shift while a German vowel is being produced (**so, See**).

Three German vowels occur with two dots over them (**ä, ö, ü**). These vowels are called *umlauts*. Short and long **ä** sound like short and long **e**, but **ö** and **ü** represent distinct sounds.

Certain vowels appear in combinations (**ei, ey, ai, ay; au; äu, eu**). These combinations are called *diphthongs*. While diphthongs in American English may be drawn out or drawled, the German diphthongs are short.

Pay special attention to the length of a vowel. In many words the length of the stressed vowel is the only clue to their meaning. When spoken: **Rate!** with a long **a** [a:] means *Guess!* whereas **Ratte** with a short **a** [a] means *rat*.

A. Short vowels [i, e, a, u, o, ə, ʌ]

Keep these vowels really short!

1. [i]   **in, immer, Zimmer, Kind, Winter, Finger, bitte, dick**

2. [e]   **es, essen, Heft, Fenster, schnell, März, Länder, Sätze**

3. [a]   **alt, kalt, Klasse, Tasse, Tante, Wand, wann, man**

4. [u]   **um, und, Mund, Mutter, Butter, Stunde, Sekunde**

5. [o]   **oft, Onkel, Sonne, Sommer, Sonntag, morgen, kommen, kosten**

6. [a] and [o]   Be sure to distinguish clearly between these sounds.

Kamm / Komm!	comb / Come!	Fall / voll	fall / full
Bann / Bonn	ban / Bonn	Baß / Boss	bass / boss

7. [e]   Don't forget that **ä** doesn't sound like [a], but like [e].

Kamm	/ Kämme	/ Semmel	comb	/ combs	/ roll
Schwamm	/ Schwämme	/ Schwemme	sponge	/ sponges	/ watering place
Fall	/ Fälle	/ Felle	fall	/ falls	/ furs
Mann	/ Männer	/ Messer	man	/ men	/ knife

8. Unstressed short **e** [ə]   In unstressed syllables [a], [i], [o], and [u] retain their basic quality in German, whereas in English they become rather neutral (**Amerika′ner** / *Amer′ican;* **Aro′ma** / *aro′ma*). The German unstressed short **e** [ə], however, becomes neutral, too.

> **heute, Leute, fragen, sagen, beginnen, Gesicht, Geschenk, Geburtstag**

9. Final **er** [ʌ]   When **r** occurs after a vowel at the end of a syllable or word, and especially in the ending **-er**, it sounds like a weak **a** [ʌ]. It

requires a good deal of attention and practice for speakers of American English not to pronounce the **r**. The German sound resembles the final vowel in the word *comma*.

> **Vat**er, **Mutt**er, **Kind**er, **der**, **wir**, **vier**, **Uhr**, **Ohr**, schw**er**, **Donn**erstag, wund**er**bar, **er**zählen, v**er**stehen

10. [ə] and [ʌ] Listen carefully to the difference between these two sounds.

bitte	/	bitter	please	/	bitter	zeige	/	Zeiger	I show	/	watch hand
essen	/	Esser	I eat	/	eater	diese	/	dieser	these	/	this
leide	/	leider	I suffer	/	unfortunately

B. Long vowels (i:, a:, u:, e:, o:]

Be sure to stretch these vowels until they are really long.

11. [i:] Draw your lips far back.
prima, minus, Musik, **ihn**, **ihm**, **ihn**en, **die**, **wie**, **wie**der, **sie**ben, stud**ie**ren, Pap**ie**r, Biolog**ie**

12. [a:] **Haar**e, **Saal**, **Jahr**, **Zahl**, **Zahn**, **sag**en, **frag**en, **Name**, **Nase**

13. [u:] Round your lips well.

> **du**, **gut**, **Kuli**, **Juli**, Min**u**te, **Bluse**, **Schuh**, **Stuhl**, **Uhr**, **Tour**

14. [e:] and [o:] These two vowels need particular attention. First listen carefully for the differences between English and German.

say	/	**See**	boat	/	**Boot**	vain	/	wen	tone	/	Ton
bait	/	**Beet**	pole	/	**Pol**

15. [e:] Draw your lips back and hold the sound steady.

> **See**, **Tee**, **Idee**, **zehn**, **nehm**en, **geh**en, **seh**en, **Zähne**, **Mädchen**, **Käse**, **les**en, **spät**, Univ**er**sität, Qualität

16. [o:] Purse your lips well and don't let the sound glide off.

> **Zoo**, **Boot**, **Ohr**, **ohne**, **Bohne**, **wohn**en, **so**, **rot**, **ob**en, **Hose**, **hol**en

C. Contrasting short and long vowels

As you were practicing the short and long vowels, you probably discovered that spelling provides some clues to the length of the stressed vowel. Here are the most reliable signals. Some apply only to the dictionary forms of words, not to the inflected forms.

The stressed vowel is **short**

- when followed by a double consonant.
  immer, essen, alle, Pulli, Tennis, Lippe, Mütter

- usually, when followed by two or more consonants, including **ch** and **sch**.
  Winter, Fenster, kalt, unten, Kopf, Hände, Wünsche, Gesicht, Tisch

- in many common one-syllable words before a single consonant.

    mit, es, an, um, von

The stressed vowel is **long**

- when doubled.

    Id**ee**, H**aa**re, Z**oo**

    i and **u** cannot be doubled, but **i** followed by **e** is always long.

    d**ie**, s**ie**, w**ie**viel, v**ie**r, Phantas**ie**

- when followed by **h. h** is silent; after a vowel it is strictly a spelling device to signal length.

    i**h**n, i**h**m, se**h**en, ne**h**men, Za**h**n, Za**h**l, U**h**r, Schu**h**

- usually, when followed by a single consonant.

    Kino, lesen, Tafel, Bluse, Hose, Väter, Türen, hören

17. [i] and [i:]

| innen | / | ihnen | inside | / | to them | still | / | Stil | quiet | / | style |
| im | / | ihm | in | / | him | | | | | | |

18. [e] and [e:]

| denn | / | den | for | / | the | Wellen | / | wählen | waves | / | to dial |
| Betten | / | beten | beds | / | to pray | | | | | | |

19. [a] and [a:]

| Stadt | / | Staat | city | / | state | nasse | / | Nase | wet | / | nose |
| Kamm | / | kam | comb | / | came | | | | | | |

20. [u] and [u:]

| muß | / | Mus | must | / | mush | Sucht | / | sucht | mania | / | looks for |
| Busse | / | Buße | busses | / | repentance | | | | | | |

21. [o] and [o:]

| offen | / | Ofen | open | / | oven | Motte | / | Mode | moth | / | fashion |
| Wonne | / | wohne | delight | / | I live | | | | | | |

D. Umlauts

There is also a long and short **ü** and **ö**.

22. [i:] and [ü:]   To make the [ü:], say [í:], keep your tongue and jaw in this position, and round your lips firmly.

| diene | / | Düne | I serve | / | dune | liegen | / | lügen | to lie | / | to (tell a) lie |
| Biene | / | Bühne | bee | / | stage | diese | / | Düse | these | / | nozzle |

23. [ü:]   Note that the German letter **y** is pronounced like **ü**.

    über, übrigens, müde, Füße, kühl, Frühling, grün, natürlich, Typ, typisch

24. [u:] and [ü:]   Observe the change in tongue position as you shift from the one sound to the other.

Fuß	/	**Füße**	foot	/	feet	**Kuh**	/	**Kühe**	cow	/	cows
Stuhl	/	**Stühle**	chair	/	chairs	**Hut**	/	**Hüte**	hat	/	hats

25. [i] and [ü]   To make the [ü], begin by saying [i], then round your lips.

Kissen	/	**küssen**	pillow	/	to kiss	**Kiste**	/	**Küste**	box		/	shore
missen	/	**müssen**	to miss	/	must	**sticke**	/	**Stücke**	I embroider	/	pieces

26. [ü]   dünn, fünf, hübsch, Glück, zurück, Flüsse, Küsse, München, Nymphe

27. [u] and [ü]   Observe again the tongue as you shift from the one sound to the other.

Busch	/	**Büsche**	bush	/	bushes	**Kuß**	/	**Küsse**	kiss	/	kisses
Fluß	/	**Flüsse**	river	/	rivers	**Kunst**	/	**Künste**	art	/	arts

28. [ü:] and [ü]

Hüte	/	**Hütte**	hat	/	hut	**fühle**	/	**fülle**	I feel	/	I fill
Wüste	/	**wüßte**	desert	/	would know	**Düne**	/	**dünne**	dune	/	thin

29. [e:] and [ö:]   To make the [ö], begin by saying [e:]. Keep your tongue in this position, then round your lips firmly for [ö:].

Hefe	/	**Höfe**	yeast	/	courts	**Sehne**	/	**Söhne**	tendon	/	sons
lesen	/	**lösen**	to read	/	to solve	**Besen**	/	**bösen**	broom	/	bad

30. [ö:]   schön, Möbel, hören, möglich, Brötchen, französisch, Österreich

31. [o:] and [ö:]   Observe the tongue position as you shift from one sound to the other.

Ofen	/	**Öfen**	oven	/	ovens	**Sohn**	/	**Söhne**	son	/	sons
Ton	/	**Töne**	tone	/	tones	**Hof**	/	**Höfe**	court	/	courts

32. [e] and [ö]   Begin by saying [e], then round your lips.

kennen	/	**können**	to know	/	can	**fällig**	/	**völlig**	due	/	total
Helle	/	**Hölle**	light	/	hell	**Zelle**	/	**Zölle**	cell	/	tolls

33. [ö]   öffnen, östlich, zwölf, Wörter, Töchter

34. [o] and [ö]   Observe the tongue position as you shift from one sound to the other.

Kopf	/	**Köpfe**	head	/	heads	**Stock**	/	**Stöcke**	floor	/	floors
Rock	/	**Röcke**	skirt	/	skirts	**konnte**	/	**könnte**	was able to	/	could

35. [ö:] and [ö]

Höhle	/	**Hölle**	cave	/	hell	**Röslein**	/	**Rößlein**	little rose	/	little horse
Schöße	/	**schösse**	laps	/	I'd shoot						

36. [ü:] vs. [ö:] and [ü] vs. [ö]

Sühne	/	**Söhne**	repentance	/	sons	**Hülle**	/	**Hölle**	cover	/	hell
Güte	/	**Goethe**	grace	/	Goethe	**Stücke**	/	**Stocke**	pieces	/	sticks
blüht	/	**blöd**	blooms	/	stupid	**Rücken**	/	**Röcke**	back	/	skirts

E. Diphthongs

German diphthongs are short. They are not drawled.

37. [ai]   eins, zwei, drei, mein, dein, kein, Seite, Kreide, Meyer, Mai, Bayern, Haydn

38. [oi]   neu, neun, heute, Leute, teuer, deutsch, träumen, Häuser; Toi, toi, toi!

39. [au]   auf, Auge, Haus, Frau, grau, faul, auch, Bauch, brauchen

40. Remember that **ie** [i:] is not a diphthong.

Wien	/	Wein	Vienna	/	wine	Biene	/	Beine	bee	/	legs
Lied	/	Leid	song	/	suffering	Lieder	/	leider	songs	/	unfortunately

41. Can you pronounce these words correctly without hesitation?

schreiben, schrieb, hieß, heiß, wieder, weiter, Sei!, Sie, wie, wieso, weiß, Beispiel, wieviel

F. Glottal stop

Both English and German use a glottal stop (+) to avoid running words together. German uses it much more frequently than English, where the last consonant of one word is often linked with the first vowel of the next (**mit +einem +Eis,** *with an ice cream*). A good way to become aware of the glottal stop is to say *Oh oh!* as if in dismay.

42. Use the glottal stop where indicated:

+Am +Abend +essen wir +in +einem Restaurant.
Wir sitzen +in +einer kleinen +Ecke.
Der +Ober bringt +uns +ein +Eis.
Wir +erzählen von der +Uni.
Hans be+obachtet +andere Leute.

III. Consonants

A. Single letters

1. **f, h, k, m, n, p, t, x:**   These are pronounced alike in both languages.

fünf, haben, kaufen, müde, nein, Park, Tag, extra

2. **j:**   It is pronounced like the English *y.*

ja, Jahr, Januar, Juni, Juli, jung, jetzt

3. **b, d, g:**   They usually sound like their English counterparts (**g** as in *garden*).

bitte, danke, gut

However, when they occur at the end of a word or syllable, or before **s** or **t,** they sound like [p], [t], [k] respectively.

[p]　　ob, gelb, halb, abhängig, gibst, gebt　　　[k] Tag, täglich, weg, genug, liegst, liegt
[t]　　und, Mund, Bild, abends, Stadt

[p] vs. [b]		[t] vs. [d]		[k] vs. [g]	
habt	/ haben	Kind	/ Kinder	sagt	/ sagen
gibst	/ geben	Wand	/ Wände	fragst	/ fragen
siebzig	/ sieben	abends	/ Abende	Zug	/ Züge

4. v: It usually sounds like [f], but in words of foreign origin it is pronounced [v].

[f]　　vier, von, verstehen, Vater, Volkswagen, relativ, intensiv
[v]　　Vokabeln, Vase, Vision, Variation, November, Revolution

5. w: It is pronounced [v] in German.

was, wo, wer, wie, warum, welche, womit, wunderbar

6. s, ss, ß: The pronunciation of the letter s depends on its position in the word. If it is in front of a vowel, it is pronounced [z] as in the English *fuzz*. Otherwise it is pronounced [s] as in the English *fuss*.

[z]　　sehen, Sofa, Salat, Gemüse, Nase, lesen
[s]　　was, das, aus, Bus, Eis, Glas, Hals, als

ss and ß are also pronounced [s]. ß [əstsɛt] is used after long vowels (**Füße**), before t (**mußt**), and at the end of a word (**muß**).

[s]　　Tasse, Wasser, besser, wissen, Professor, Gruß, Grüße, heiß, heißen, groß, Größe, läßt, weißt

7. z: It is pronounced [ts] as in English *rats*.

zu, Zoo, Zahn, Zeit, zwischen, Dezember, Medizin, duzen, März, schwarz, Tanz, Toleranz, zick zack

8. s and z: Watch the contrast between these two letters.

so	/ Zoo	so	/ zoo	siegen	/ Ziegen	to win	/ goats
sauber	/ Zauber	clean	/ magic	sagen	/ zagen	to say	/ to hesitate

9. l: There is an important difference between English and German in the pronunciation of the letter l. When an American pronounces [l] his tongue forms a hump toward the back of the mouth, which makes the [l] sound "dark." For the German [l] the tongue is flat and touches just behind the front teeth, it is a very "light" sound. Listen for the difference between American and German [l]:

feel / **viel**　felt / **fällt**　built / **Bild**　light / **Leid**　leaf / **lief**

[l]　　laut, lernen, logisch, Limo, lila, Klasse, kalt, Film, hell, Hotel, April, will, kühl

10. r: If you want to avoid having a noticeable American accent in your German, you must avoid using the American [r]. In German you can either use a tongue-tip trill or a uvular trill. (The uvula is the little skin flap in

the back of your mouth which vibrates when you gargle.) Listen for the
difference between American and German [r]:

rest / Rest   fry / frei   ring / Ring   wrote / rot

[r]   **r**ot, **R**ose, **R**adio, **R**athaus, **R**eis, **Rh**ein, fah**r**en, hö**r**en, o**r**ange, Bü**r**o, F**r**age, K**r**eide, b**r**aun, g**r**au, g**r**ün

Remember that **r** after a vowel at the end of a syllable or word, especially in the ending **-er**, is usually pronounced [ʌ].

[ʌ]   Bild**er**, Kind**er**, ab**er**, Zimm**er**, Körp**er**, Lehr**er**, schw**er**, Papi**er**, di**r**, ih**r**

B. Letter combinations

11. sch: This sound [š] resembles the English *sh*, but in German the lips protrude more.

> **Sch**eck, **Sch**ach, **Sch**iff, **Sch**ule, **Sch**okolade, **sch**reiben, **sch**wer, wa**sch**en, Ti**sch**, Fi**sch**

12. st, sp: At the beginning of a word or word stem, they are pronounced [št] and [šp].

[št]   **St**ock, **St**ein, **st**ill, **St**adt, **St**atistik, Früh**st**ück, ver**st**ehen
[šp]   **Sp**ort, **sp**ät, **sp**ielen, **Sp**rache, ver**sp**rechen, Ge**sp**räch

Otherwise they sound the same as in English.

[st]   i**st**, bi**st**, O**st**en, We**st**en, Fen**st**er, Ga**st**, Po**st**, Pro**st**
[sp]   We**sp**e, Ka**sp**ar, li**sp**eln

13. ch: There are no English equivalents for the two German sounds [x] and [ç].

- [x]—the "**ach**-sound"—is produced in the same place as [k]. However, for [k] the breath stops, whereas for [x] it continues to flow through a narrow opening in the back of the throat. **ch** is pronounced [x] after **a, o, u,** and **au.**

  a**ch**, Ba**ch**, a**ch**t, Na**ch**t, ma**ch**en, la**ch**en, no**ch**, do**ch**, Wo**ch**e, su**ch**en, Ku**ch**en, Bau**ch**, au**ch**

  Be sure to distinguish clearly between [k] and [x].

Akt	/	acht	act	/	eight	**Dock**	/	**doch**	dock	/	indeed
nackt	/	Nacht	naked	/	night	buk	/	Buch	baked	/	book

- [ç]—the "**ich**-sound"—is produced much farther forward in the mouth. **ch** is pronounced [ç] after the vowels **e, i, ä, ö, ü,** the diphthongs **ei (ai)** and **eu (äu),** and the consonants **l, n,** and **r.** The diminutive suffix **-chen** is also pronounced [çən]. The ending **-ig** is always pronounced [iç]. You can learn to make this sound by whispering loudly *you* or *Hugh*.

  i**ch**, mi**ch**, ni**ch**t, schle**ch**t, spre**ch**en, lä**ch**eln, mö**ch**ten, Bü**ch**er, Zei**ch**nung, Bäu**ch**e, Mil**ch**, Mün**ch**en, fur**ch**tbar, Mäd**ch**en, ri**ch**tig, ruh**ig**, brumm**ig**

Be sure not to substitute [s] for [ç].

| mich | / | misch | me | / | to mix | Männchen | / | Menschen | dwarf | / | people |
| ficht | / | fischt | fights | / | fishes | | | | | | |

Often [x] and [ç] alternate automatically in different forms of the same word.

| Buch | / | Bücher | book | / | books | Bauch | / | Bäuche | belly | / | bellies |
| Nacht | / | Nächte | night | / | nights | | | | | | |

14. **chs:** It is pronounced [ks].

sechs, Wachs

15. **ck:** It sounds like [k].

dick, Picknick, Rock, Jacke, packen, Scheck

16. **ph:** It sounds like [f].

Philosophie, Physik, photographieren, physisch, Phantasie

17. **th:** It sounds like [t].

Thema, Theater, Theologie, Theorie, Mathematik, Bibliothek

18. **tz:** It sounds like [ts].

Satz, Platz, setzen, trotz, Hitze
also: Nation, Information, Portion, Variation

19. **qu:** It must be pronounced [kv].

Quatsch, Quäker, Qualität, Quantität, Quartier, Quote

20. **ng:** It always is [ŋ] as in English *sing*, not [ŋg] as in *finger*.

lang, englisch, singen, Finger, Hunger, Übung, Prüfung

21. **pf:** Both letters are pronounced: [pf].

pfui, Pfeffer, Pfennig, Pfefferminz, pflanzen, Kopf, Dummkopf

22. **ps:** Both letters are pronounced: [ps].

Psychologie, Psychologe, psychologisch, Psychiater, Psalm, Pseudonym

23. **kn, gn:** They sound just as they are spelled: [kn, gn].

Knic, Knoten, Knackwurst, Knirps
Gnu, Gneis, Vergnügen

UNREGELMAßIGE VERBEN (Irregular Verbs)

This list is limited to the active N-VERBS and MIXED VERBS used in this text. Verbs with separable or inseparable prefixes are included only if the simple verb does not occur in the text.

INFINITIVE	PRESENT	SIMPLE PAST		PAST PARTICIPLE	MEANING
backen	bäckt	buk		gebacken	to bake
beginnen		begann		begonnen	to begin
bitten		bat		gebeten	to ask, request
bleiben		blieb	ist	geblieben	to stay, remain
dürfen	darf	durfte		(gedurft)	to be allowed to, may
empfehlen	empfiehlt	empfahl		empfohlen	to recommend
essen	ißt	aß		gegessen	to eat
fahren	fährt	fuhr	ist	gefahren	to drive, ride, go
fallen	fällt	fiel	ist	gefallen	to fall
finden		fand		gefunden	to find
fliegen		flog	ist	geflogen	to fly
fliehen		floh	ist	geflohen	to flee
gefallen	gefällt	gefiel		gefallen	to be pleasing, like
gehen		ging	ist	gegangen	to go
geschehen	geschieht	geschah	ist	geschehen	to happen
gewinnen		gewann		gewonnen	to win
haben	hat	hatte		gehabt	to have
halten	hält	hielt		gehalten	to stop, hold
hängen		hing		gehangen	to be hanging
heißen		hieß		geheißen	to be called
helfen	hilft	half		geholfen	to help
kommen		kam	ist	gekommen	to come
können	kann	konnte		(gekonnt)	to be able to, can
laden	lädt	lud		geladen	to load
lassen	läßt	ließ		gelassen	to let
laufen	läuft	lief	ist	gelaufen	to run, jog
lesen	liest	las		gelesen	to read

INFINITIVE	PRESENT	SIMPLE PAST		PAST PARTICIPLE	MEANING
liegen		lag		gelegen	to lie, be located
mögen	mag / möchte	mochte		(gemocht)	to like / would like
müssen	muß	mußte		(gemußt)	to have to, must
nehmen	nimmt	nahm		genommen	to take
rufen		rief		gerufen	to call
scheinen		schien		geschienen	to shine; seem
schlafen	schläft	schlief		geschlafen	to sleep
schreiben		schrieb		geschrieben	to write
schwimmen		schwamm	ist	geschwommen	to swim
sehen	sieht	sah		gesehen	to see
sein	ist	war	ist	gewesen	to be
singen		sang		gesungen	to sing
sitzen		saß		gesessen	to sit, to be sitting
sollen	soll	sollte		(gesollt)	to be supposed to
sprechen	spricht	sprach		gesprochen	to speak
stehen		stand		gestanden	to stand
steigen		stieg	ist	gestiegen	to climb
tragen	trägt	trug		getragen	to carry; wear
treffen	trifft	traf		getroffen	to meet
trinken		trank		getrunken	to drink
tun		tat		getan	to do
waschen	wäscht	wusch		gewaschen	to wash
werden	wird	wurde	ist	geworden	to become, get
wollen	will	wollte		(gewollt)	to want to, wish
ziehen		zog		gezogen	to pull
ziehen		zog	ist	gezogen	to move (to a place)

Infinitives: fragen, fahren

Present

I ask, I am asking, I do ask

ich frage
du fragst
er fragt
wir fragen
ihr fragt
sie fragen

I drive, I am driving, I do drive

ich fahre
du fährst
er fährt
wir fahren
ihr fahrt
sie fahren

Simple Past

I asked, I was asking, I did ask

ich fragte
du fragtest
er fragte
wir fragten
ihr fragtet
sie fragten

I drove, I was driving, I did drive

ich fuhr
du fuhrst
er fuhr
wir fuhren
ihr fuhrt
sie fuhren

Future

I will ask

ich werde . . . fragen
du wirst . . . fragen
er wird . . . fragen
wir werden . . . fragen
ihr werdet . . . fragen
sie werden . . . fragen

I will drive

ich werde . . . fahren
du wirst . . . fahren
er wird . . . fahren
wir werden . . . fahren
ihr werdet . . . fahren
sie werden . . . fahren

Pres. Perf.

I have asked, I asked

ich habe . . . gefragt
du hast . . . gefragt
er hat . . . gefragt
wir haben . . . gefragt
ihr habt . . . gefragt
sie haben . . . gefragt

I have driven, I drove

ich bin . . . gefahren
du bist . . . gefahren
er ist . . . gefahren
wir sind . . . gefahren
ihr seid . . . gefahren
sie sind . . . gefahren

Past Perf.

I had asked

ich hatte . . . gefragt
du hattest . . . gefragt
er hatte . . . gefragt
wir hatten . . . gefragt
ihr hattet . . . gefragt
sie hatten . . . gefragt

I had driven

ich war . . . gefahren
du warst . . . gefahren
er war . . . gefahren
wir waren . . . gefahren
ihr wart . . . gefahren
sie waren . . . gefahren

Present Time

I asked, I would ask

ich fragte = würde ... fragen
du fragtest = würdest ...fragen
er fragte = würde ... fragen
wir fragten = würden ... fragen
ihr fragtet = würdet ... fragen
sie fragten = würden ... fragen

I drove, I would drive

ich führe = würde ... fahren
du führest = würdest ...fahren
er führe = würde ... fahren
wir führen = würden ... fahren
ihr führet = würdet ... fahren
sie führen = würden ... fahren

Present

I am (being) asked

ich werde ... gefragt
du wirst ... gefragt
er wird ... gefragt
wir werden ... gefragt
ihr werdet ... gefragt
sie werden ... gefragt

I am (being) driven

ich werde ... gefahren
du wirst ... gefahren
er wird ... gefahren
wir werden ... gefahren
ihr werdet ... gefahren
sie werden ... gefahren

Simple Past

I was (being) asked

ich wurde ... gefragt
du wurdest ... gefragt
er wurde ... gefragt
wir wurden ... gefragt
ihr wurdet ... gefragt
sie wurden ... gefragt

I was (being) driven

ich wurde ... gefahren
du wurdest ... gefahren
er wurde ... gefahren
wir wurden ... gefahren
ihr wurdet ... gefahren
sie wurden ... gefahren

Future

I will be asked

ich werde ... gefragt werden
du wirst ... gefragt werden
er wird ... gefragt werden
wir werden ... gefragt werden
ihr werdet ... gefragt werden
sie werden ... gefragt werden

I will be driven

ich werde ... gefahren werden
du wirst ... gefahren werden
er wird ... gefahren werden
wir werden ... gefahren werden
ihr werdet ... gefahren werden
sie werden ... gefahren werden

Past Time

I would have asked	I would have driven
ich hätte ... gefragt	ich wäre ... gefahren
du hättest ... gefragt	du wärest ... gefahren
er hätte ... gefragt	er wäre ... gefahren
wir hätten ... gefragt	wir wären ... gefahren
ihr hättet ... gefragt	ihr wäret ... gefahren
sie hätten ... gefragt	sie wären ... gefahren

Present Perfect

I have been asked	I have been driven
ich bin ... gefragt worden	ich bin ... gefahren worden
du bist ... gefragt worden	du bist ... gefahren worden
er ist ... gefragt worden	er ist ... gefahren worden
wir sind ... gefragt worden	wir sind ... gefahren worden
ihr seid ... gefragt worden	ihr seid ... gefahren worden
sie sind ... gefragt worden	sie sind ... gefahren worden

Past Perfect

I had been asked	I had been driven
ich war ... gefragt worden	ich war ... gefahren worden
du warst ... gefragt worden	du warst ... gefahren worden
er war ... gefragt worden	er war ... gefahren worden
wir waren ... gefragt worden	wir waren ... gefahren worden
ihr wart ... gefragt worden	ihr wart ... gefahren worden
sie waren ... gefragt worden	sie waren ... gefahren worden

VOCABULARY

This vocabulary includes all the active and passive words used in **Wie geht's?** The English definitions of the words are limited to their use in the text. Each item of active vocabulary is followed by a number and letter indicating the chapter and section where it first occurs (i.e.: **S7W** indicates that a word is learned in **Schritt 7, Wortschatz**; **12G**, that it is introduced in **Chapter 12, Grammatik.**—See abbreviations on next page.) The symbol ~ indicates repetition of the key word.

NOUNS. Nouns are followed by their plural endings, unless the plural is rare or nonexistent. In the case of **n**-nouns, the singular genitive ending is also given: der **Herr,-n,-en.** Nouns that require adjective endings appear with two endings: **der Bekannte (ein Bekannter).** Female forms of masculine nouns are not listed if only **-in** needs to be added: **der Apotheker (die Apothekerin).**

VERBS. For t-verbs, only the infinitive is listed. All simple **n**-verbs and simple mixed verbs are given with their principal parts. Compound **n**-verbs and compound mixed verbs are asterisked to indicate that the principal parts can be found under the listing of the simple verb: **bekommen*.** When **sein** is used as the auxiliary of the perfect tenses, the form **ist** is given: **wandern (ist); kommen, kam, ist gekommen.** Separable-prefix verbs are identified by a dot between the prefix and the verb: **vorbei·kommen.**

ADJECTIVES and ADVERBS. Adjectives and adverbs which have an umlaut in the comparative and superlative are identified by an umlauted vowel in parentheses: **arm (ä) = arm, ärmer, am ärmsten.**

ACCENTUATION. Stress marks are provided for all words that do not follow the typical stress pattern. The accent follows the stressed syllable: **Balkon', Ameri-ka'ner.** The stress is not indicated when the word begins with an unstressed prefix, such as **be-, er-, ge-.**

ABBREVIATIONS

acc.	accusative	*fam.*	familiar	*refl. pron.*	reflexive pronoun
adj.	adjective	*G*	Grammatik (grammar)		pronoun
adv.	adverb			*rel. pron.*	relative pronoun
comp.	comparative	*gen.*	genitive		pronoun
conj.	subordinate conjunction	*lit.*	literally	*S*	Schritt
		nom.	nominative	*sg.*	singular
dat.	dative	*o.s.*	oneself	*W*	Wortschatz
E	Einblick	*pl.*	plural		

A

ab und zu once in a while, now and then (7E)

der **Abend,-e: am ~** in the evening (5E); **Guten ~!** Good evening. (S1W)
— **abend** evening; **gestern ~** yesterday evening (7G); **heute ~** this evening (7G)

das **Abendessen** supper, evening meal (3W); **zum ~** for supper (3W)
abends in the evening, every evening (S8W)

das **Abenteuer,-** adventure

der **Abenteurer,-** adventurer (16W)
aber but, however (S4W)
ab·fahren* to depart, leave (6G)

die **Abfahrt** departure (7W)
ab·fliegen* (von) to take off (from) (7W)
Abgemacht! That's a deal. (14W)
abhängig (von) dependent (on) (10E)

die **Abhängigkeit** dependence (13W)
abonnie'ren to subscribe

die **Abschaffung** abolition

der **Abschied** farewell
ab·schneiden*: schlecht ~ to do poorly

der **Absender,-** return address (7W)
absolut' absolute(ly)

der **Abstand,ᵉe** distance
ach oh (S4W); **~ so.** I see. (15W)
Achtung! Watch out! (9W)
addie'ren to add

das **Adjektiv,-e** adjective

der **Adler,-** eagle

der **Adlige,-n** aristocrat

die **Adres'se,-n** address (6E)

der **Advents'kranz,ᵉe** Advent wreath
Aha'! There, you see.

der **Akade'miker,-** academic

der **Akkusativ** accusative

der **Akt,-e** act (play)

das **Aktiv** active voice
aktiv' active

der **Akzent',-e** accent
all- all (6G)
allein' alone (7E)
alles everything (1E)
allgemein: im allgemeinen in general

die **Alpen** (*pl.*) Alps

das **Alphabet'** alphabet
als as; (*conj.*) when (11G); (after *comp.*) than (13G)
also therefore, thus, so
alt (ä) old (S3W)

das **Alter** age; **im hohen ~** late in life
altmodisch old-fashioned (12W)

der **Amateur',-e** amateur

(das) **Ame'rika** America (1W)

der **Amerika'ner,-** American (1W)
amerika'nisch American (2E)

die **Ampel,-n** traffic light
an (+ *acc.* / *dat.*) to, at, on (5G)
analysie'ren to analyze
ander- other (12G)

(sich) **ändern** to change
anders different (12W); **etwas anderes** something else, something different (7E)

die **Änderung,-en** change
anerkannt recognized, credited

die **Anerkennung** recognition

der **Anfang,ᵉe** beginning, start (10W)
an·fangen* to begin, start (9E)
angeln: ~ gehen* to go fishing (8W)
angepaßt geared to
angeschlagen posted

der **Angestellte (ein Angestellter)** employee, clerk (13W)

die	**Angestellte (eine Angestellte)** employee, clerk (13W)		die	**Atmosphä′re** atmosphere
die	**Angst,⁼e** fear, anxiety; ~. **haben (vor +** *dat.*) to fear, be afraid (of) (11E)		die	**Attraktion′,-en** attraction

<table>
<tr><td>die</td><td>Angestellte (eine Angestellte) employee, clerk (13W)</td><td>die</td><td>Atmosphä′re atmosphere</td></tr>
<tr><td>die</td><td>Angst,⁼e fear, anxiety; ~. haben (vor + dat.) to fear, be afraid (of) (11E)</td><td>die</td><td>Attraktion′,-en attraction</td></tr>
<tr><td>sich</td><td>an·hören to listen to (8W); Hör dir das an! Listen to that. (13W)</td><td></td><td>attraktiv′ attractive (11W)
·auch also, too (S3W)</td></tr>
<tr><td></td><td>an·kommen* (in + dat.) to arrive (in) (6G); Das kommt darauf an. That depends. (6E)</td><td></td><td>auf (+ acc./dat.) on, on top of (5G); open (6G)</td></tr>
<tr><td>die</td><td>Ankunft arrival (7W)</td><td>die</td><td>Aufgabe,-n assignment (S3W)
aufgelistet listed</td></tr>
<tr><td></td><td>an·machen to turn on (a radio, etc.) (10W)</td><td></td><td>auf·hören (zu + infinitive) to stop (doing something) (11E)</td></tr>
<tr><td>die</td><td>Anmeldung reception desk</td><td>die</td><td>Auflage,-n additional requirement</td></tr>
<tr><td>die</td><td>Annahme hypothetical statement or question</td><td></td><td>auf·machen to open (6G)
auf·passen to pay attention, watch out (S3W)</td></tr>
<tr><td></td><td>an·nehmen* to accept
an·reden to address</td><td>(sich)</td><td>auf·regen: Reg dich nicht auf! Don't get excited. (9W)</td></tr>
<tr><td>der</td><td>Anruf,-e call (7W)
an·rufen* to call up, phone (8W)</td><td>der</td><td>Aufsatz,⁼e essay, composition</td></tr>
<tr><td>der</td><td>Anschluß,⁼sse: Der Zug hat ~. The train has a connection. (7W)</td><td>der</td><td>Aufschwung upswing, upturn
auf·stehen* to get up (6G)</td></tr>
<tr><td>(sich)</td><td>an·sehen* to look at (8W)</td><td>das</td><td>Auge,-n eye (S4W)</td></tr>
<tr><td></td><td>anstatt (+ gen.) instead of (7G)</td><td>der</td><td>August′ August (S6W); im ~ in August</td></tr>
<tr><td>der</td><td>Anstoß,⁼e push
anstrengend strenuous</td><td></td><td>aus (+ dat.) out of, from (a place) (3G); ~ Hamburg from (a native of) Hamburg (1W)</td></tr>
<tr><td>die</td><td>Antwort,-en answer (S3W)
antworten to answer (S2W)</td><td>die</td><td>Ausbildung education
aus·füllen to fill out (7W)</td></tr>
<tr><td>(sich)</td><td>an·ziehen* to put on (clothing), get dressed (8G)</td><td>der</td><td>Ausgang,⁼e exit (6W)
aus·gehen* to go out (6G)</td></tr>
<tr><td></td><td>an·zünden to light</td><td></td><td>ausgezeichnet excellent (10W)</td></tr>
<tr><td>der</td><td>Apfel,⁼ apple (2W)</td><td>das</td><td>Ausland foreign country; im ~ abroad</td></tr>
<tr><td>die</td><td>Apothe′ke,-n pharmacy (2W)</td><td>der</td><td>Ausländer,- foreigner (1W)</td></tr>
<tr><td>der</td><td>Apothe′ker,- pharmacist (13W)</td><td></td><td>·ausländisch foreign (15W)</td></tr>
<tr><td>der</td><td>Appetit′ appetite; Guten ~! Enjoy your meal (food). (3W)</td><td></td><td>aus·leihen* to loan
aus·machen to turn off (a radio, etc.)(10W)
aus·richten to leave a message</td></tr>
<tr><td>der</td><td>April′ April (S6W); im ~ in April</td><td>die</td><td>Aussage,-n statement</td></tr>
<tr><td>der</td><td>Äqua′tor equator</td><td></td><td>aus·sehen* (wie + nom.) to look (like) (6E)</td></tr>
<tr><td>das</td><td>Äquivalent′ equivalent</td><td></td><td>außer (+ dat.) besides, except for</td></tr>
<tr><td>die</td><td>Arbeit work, job (5E)
arbeiten to work (5E)
arbeitend working
arbeitslos unemployed</td><td></td><td>äußer- outer
außerdem (adv.) besides</td></tr>
<tr><td></td><td></td><td>die</td><td>Aussprache pronunciation
aus·steigen* to get off (bus, etc.) (7W)</td></tr>
<tr><td>der</td><td>Architekt′,-en,-en architect</td><td>der</td><td>Austausch: das Austauschprogramm,-e exchange program (15W)</td></tr>
<tr><td>das</td><td>Archiv′,-e archive
arm (ä) poor (11W)</td><td></td><td>ausverkauft sold out (10W)</td></tr>
<tr><td>der</td><td>Arm,-e arm (S4W)</td><td>der</td><td>Auswanderer,- emigrant (16W)</td></tr>
<tr><td>die</td><td>Armee′,-n army</td><td></td><td>aus·wandern (ist) to emigrate (16W)</td></tr>
<tr><td>die</td><td>Armut poverty
arrogant′ arrogant</td><td>die</td><td>Auswanderung emigration (16W)</td></tr>
<tr><td>die</td><td>Arroganz′ arrogance</td><td>der</td><td>Ausweis,-e I.D., identification (6W)</td></tr>
<tr><td>die</td><td>Art,-en kind, type</td><td>(sich)</td><td>aus·ziehen* to take off (clothing), get undressed (8G)</td></tr>
<tr><td>der</td><td>Arti′kel,- article; essay</td><td></td><td>authen′tisch authentic</td></tr>
<tr><td>der</td><td>Arzt,⁼e doctor (13W)</td><td>das</td><td>Auto,-s car (4W)</td></tr>
<tr><td>die</td><td>Ärztin,-nen doctor (13W)
ästhe′tisch aesthetic</td><td>die</td><td>Autobahn,-en freeway (7E)</td></tr>
<tr><td>der</td><td>Astronaut′,-en,-en astronaut</td><td>der</td><td>Autor,-en author (10W)</td></tr>
</table>

B

backen (bäckt), buk, gebacken to bake (8W)

der **Bäcker,-** baker (13W)

die **Bäckerei,-en** bakery (2W)

das **Bad,̈er** bath (5W)

der **Badeanzug,̈e** swim suit

die **Badehose,-n** swimming trunks

baden to take a bath, swim (5W)

die **Bahn** train

der **Bahnhof,̈e** train station (4W)

der **Bahnsteig,-e** platform (7W)

der **Bahnübergang,̈e** railroad crossing

bald soon (S5W)

der **Balkon',-s** balcony (5W)

der **Ball,̈e:** ~ **spielen** to play ball

die **Bana'ne,-n** banana (2W)

die **Bank,-en** bank (4W)

die **Bank,̈e** bench

der **Bär,-en** bear

barfuß barefoot

das **Bargeld** cash (6W)

der **Baron',-e** baron

der **Bauch,̈e** stomach, belly (S4W)

bauen to build (5E)

der **Bauer,-n** peasant; farmer (14E)

der **Bauernhof,̈e** farm

das **Baugesetz,-e** building code

das **Bauland** building lot

der **Baum,̈e** tree (14W)

(das) **Bayern** Bavaria (in southeast Germany)

bayrisch Bavarian

der **Beamte (ein Beamter)** civil servant; clerk (13W)

die **Beamtin,-nen** civil servant; clerk (13W)

bedenken* to consider

bedeuten to mean, signify (6E)

die **Bedeutung,-en** meaning, significance

die **Bedingung,-en** condition

sich beeilen to hurry (8G)

beeindrucken to impress

beeinflussen to influence

beenden finish (14E)

der **Befehl,-e** instruction

beginnen, begann, begonnen to begin (S8W)

die **Begrenzung,-en** limitation

die **Begrüßung: zur** ~ as greeting

die **Behandlung** treatment

bei (+ *dat.*) near, with, at the home of (3G); **Hier** ~. This is ———'s office, residence. (8W)

beide (*pl.*) both (10E); beides (*sg.*) both (things) (14W)

das **Bein,-e** leg (S4W); **auf den Beinen** on the go

das **Beispiel,-e: zum** ~ **(z.B.)** for example (S3W)

bei·tragen* to contribute

bekannt well-known (3E)

bekannt machen: **Darf ich . . . bekannt machen?** May I present . . .? (16W)

der **Bekannte (ein Bekannter)** acquaintance (12E)

die **Bekannte (eine Bekannte)** acquaintance (12E)

bekommen° (hat) to get, receive (7E)

belegen to take (a course) (15W)

beliebt popular

die **Belohnung** reward

sich bemühen to make an effort, try

benutzen to use

das **Benzin'** gasoline

beobachten to watch, observe

bequem comfortable, convenient (5E)

berauben to rob

der **Berg,-e** mountain (1W)

der **Bericht,-e** report (10W)

der **Beruf,-e** profession (13W)

berufen called, appointed

beruflich professional(ly) (13E)

beschreiben* to describe (S3W)

beschriftet labeled

besetzt occupied (6W)

besichtigen to visit, view (14W)

der **Besitz** property

besitzen* to own

besonders especially (S1W); **nichts Besonderes** nothing special (8W)

besser better (13G)

best- best (13G); **am besten** it's best (6E); best (13G); **dein Bestes** your best

bestehen* to pass (an exam) (15W)

bestellen to order (3W)

bestimmen to determine

bestimmt certainly, no doubt; certain (9E)

besuchen to visit (4W); to attend

der **Beton'** concrete

betonen to stress

betreten* to enter

betrunken drunk

das **Bett,-en** bed (5W)

betteln to beg

der **Bettler,-** beggar

die **Bevölkerung** population

bevor before (*conj.*) (15E)

bezahlen to pay (3W)

die **Bezahlung** pay (13W)

die **Bezugsperson,-en** person to relate to

die **Bibel,-n** bible

die **Bibliothek',-en** library (1W)
das **Bier** beer (2W)
bieten, bot, geboten to offer
der **Biki'ni,-s** bikini
das **Bild,-er** picture (S2W)
billig cheap, inexpensive (S5W)
sich **binden, band, gebunden** to tie o.s. down
die **Biologie'** biology
bis until (S1W); until (*conj.*) (5E); ~ **an** up to
bißchen: ein ~ a little bit (12W); **Ach du liebes** ~! Good grief! My goodness! Oh dear! (S9W)
bitte please (S1W); **Bitte** ~! You're welcome. (S8W); **Bitte schön!** Here you are. (3W); You are welcome (4W); **Bitte schön?** May I help you? (6W)
bitten, bat, gebeten (**um** + *acc.*) to request, ask (for) (12E)
blau blue (S2W)
das **Blei** lead
bleiben, blieb, ist geblieben to stay, remain (3W)
der **Bleistift,-e** pencil (S2W)
der **Blick** (**auf** + *acc.*) view (of)
blind blind
der **Block,⸗e** block
blond blond
blühen to flourish
die **Blume,-n** flower (2E)
die **Bluse,-n** blouse (S3W)
die **Blütezeit** golden age, heyday
der **Boden** ground, floor
die **Bohne,-n** bean (2W)
das **Boot,-e** boat
böse angry, mad (11E)
die **Bowle** alcoholic punch
der **Braten,-** roast (3W)
die **Bratwurst,⸗e** fried sausage
der **Brauch,⸗e** custom
brauchen to need (S5W)
brauen to brew
braun brown (S2W)
die **Braut,⸗e** bride
die **BRD (Bundesrepublik Deutschland)** German Federal Republic
brechen (bricht), brach, gebrochen to break
das **Brett: Schwarze Brett** bulletin board
die **Brezel,-n** pretzel
der **Brief,-e** letter (7W)
der **Briefkasten,⸗** mailbox (7W)
die **Briefmarke,-n** stamp (7W)
die **Brille,-n** eye glasses

bringen, brachte, gebracht to bring (2E)
das **Brot,-e** bread (2W)
das **Brötchen,-** roll (2W); **belegte** ~ sandwiches
die **Brücke,-n** bridge (4W)
der **Bruder,⸗** brother (S7W)
brummig grouchy (S7W)
das **Buch,⸗er** book (S2W)
das **Büchlein** booklet, little book
der **Buchstabe,-n** letter (of the alphabet)
buchstabie'ren to spell
sich **bücken** to bend down
die **Bude,-n** booth, stand; **Schieß**~ shooting gallery
die **Bühne,-n: auf der** ~ on stage
bummeln (ist) to stroll (4E)
die **Bundesrepublik** Federal Republic
bunt multicolored; garish (12W)
die **Burg,-en** castle (14W)
die **Burgdame,-n** lady of the castle
der **Bürger,-** citizen (14E)
der **Bürgerkrieg,-e** civil war
der **Bürgersteig,-e** sidewalk (12E)
das **Bürgertum** citizenry
der **Burgherr,-n,-en** lord of the castle
die **Bürgschaft,-en** sponsorship
das **Büro',-s** office (13W)
die **Bürokratie'** bureaucracy
der **Bus,-se** bus (4W); **mit dem** ~ **fahren*** to take the bus (7W)
der **Busch,⸗e** bush (14W)
die **Butter** butter (2W)

C

das **Café,-s** café (4W)
der **Campingplatz,⸗e** campground (6W)
charakterisie'ren to characterize
charakteri'stisch characteristic
charmant' charming (11W)
der **Charme** charm
die **Chemie'** chemistry
der **Chor,⸗e** choir (10W)
der **Christkindlmarkt** Christmas fair
der **Club,-s** club
die **Cola** coke (2W)
die' **Combo,-s** (musical) band
der **Computer,-** computer

D

da there (S2W); ~ **drüben** over there (4W)
damals then, in those days
die **Dame,-n** lady (4W)
(das) **Dänemark** Denmark

dänisch Danish

der **Dank: Vielen ~!** Thank you very much. (S8W)

Danke! Thank you. (S1W); **~ schön!** Thank you very much. (S5W)

danken (+ *dat.*) to thank (3W); **Nichts zu ~!** You are welcome. (15E)

dann then (S4W)

dar·stellen to portray

daß that (*conj.*) (3G)

der **Dativ** dative

das **Datum, Daten** date (S9W)

dauern to last; **Wie lange dauert das?** How long does that take? (7W)

der **Daumen,-** thumb; **Wir drücken dir die ~.** We keep our fingers crossed.

die **DDR (Deutsche Demokratische Republik)** German Democratic Republic

dein your (*sg. fam.*) (6G)

delikat delicate

der **Demokrat',-en,-en** democrat

die **Demokratie'** democracy

demokra'tisch democratic

denken, dachte, gedacht think (5W); **~ (an + *acc.*)** to think (of) (9G); **Das habe ich mir gedacht.** That's what I thought. (12W)

das **Denkmal,-̈er** monument (14W)

denn because, for (8E)

die **Depression',-en** depression

deswegen therefore (12E)

deutsch: auf ~ in German (S2W)

(das) **Deutsch: Sprechen Sie ~?** Do you speak German? (S3W)

der **Deutsche (ein Deutscher)** the German (1W)

die **Deutsche (eine Deutsche)** the German (1W)

(das) **Deutschland** Germany (1W)

deutschsprachig German-speaking

der **Dezem'ber** December (S6W); **im ~ in** December

d.h. (das heißt) that is, i.e. (12E)

der **Dialekt'** dialect

der **Dialog',-e** dialogue

dick fat, thick (S3W)

dienen to serve

der **Diener,-** servant

der **Dienst** service

der **Dienstag** Tuesday (S6W); **am ~ on** Tuesday

dienstags on Tuesdays (7G)

dies- this, these (6G)

die **Dimension',-en** dimension

direkt' direct(ly)

das **Dirndl,-** peasant dress (in southern Germany), dirndl

die **Diskothek',-en** discotheque

diskutie'ren to discuss

sich **distanzie'ren** to keep apart

die **Disziplin'** discipline

die **DM (Deutsche Mark)** German mark (S5W)

doch yes (I do), indeed, of course (2G); yet, however, but (11E)

der **Dokumentar'film,-e** documentary

der **Dollar,-** dollar

der **Dolmetscher,-** interpreter (13W)

der **Dom,-e** cathedral (4W)

der **Donnerstag** Thursday (S6W); **am ~ on** Thursday

donnerstags on Thursdays (7G)

das **Doppelzimmer,-** double room (6W)

das **Dorf,-̈er** village (5E)

dort there (S7W)

drastisch drastic

draußen outside; **hier ~** out here; **weiter ~** farther out

die **Drogerie',-n** drugstore (2W)

dumm (ü) stupid, silly (10W); **Du Dummkopf!** You dummy! (9W)

dunkel dark (14E)

dunkeln to get dark

dünn thin, skinny (S3W)

durch (+ *acc.*) through (2G); **mitten ~** right through; **quer ~** all across

durchbre'chen* to break through

durcheinan'der: Ich bin etwas ~. I'm a bit confused. (15W)

durch·fallen* to flunk (an exam) (15W)

durch·machen to undergo

der **Durchschnitt** average

dürfen (darf), durfte, gedurft to be allowed to, may (4G); **Was darf's sein?** May I help you? (2W)

der **Durst** thirst; **Ich habe ~.** I am thirsty. (2E)

die **Dusche** shower

(sich) **duschen** to take a shower (5W)

das **Dutzend,-e** dozen

duzen to say **du**

E

eben simply, just

die **Ebene,-n** plain

echt genuine, real

die **Ecke,-n** corner (4W)

der **Effekt'** effect

egal' the same; **Es ist ~.** It doesn't matter (8E); **~ wie** no matter how (12W)

die	**Ehe,-n** marriage (11W)		**enden** to end
das	**Ehepaar,-e** married couple (13E)		**endlich** finally (11E)
die	**Ehre** honor	die	**Energie'** energy
das	**Ei,-er** egg (2W)		**eng** narrow
	eigen- own (12E)	(das)	**England** England (1W)
	eigentlich actual(ly)	der	**Engländer,-** the Englishman (1W)
	eilig hurried; **Wir haben es (nicht) ~.**		**englisch: auf ~** in English (1W)
	We are (not) in a hurry. (14W)	(das)	**Englisch: Sprechen Sie ~?** Do you
	ein a, an (S4W); **die einen** the ones;		speak English? (S3W)
	einer one	der	**Engpaß,ᴗsse** bottle neck, street narrows
die	**Einbahnstraße,-n** one-way street		**enorm'** enormous
der	**Einblick,-e** insight	die	**Entdeckung,-en** discovery
der	**Eindruck,ᴗe** impression (12W)	die	**Ente,-n** duck; **Lahme ~!** Poor baby!
	eindrucksvoll impressive	der	**Enthusias'mus** enthusiasm
	einfach simple, simply (5E)		**entlang: die Straße ~** along the street
die	**Einfahrt,-en** driveway; **Keine ~!** Do		(4W)
	not enter!		**entschuldigen: ~ Sie bitte!** Excuse me,
der	**Einfluß,ᴗsse** influence		please. (S8W)
der	**Eingang,ᴗe** entrance (6W)	die	**Entschuldigung,-en: Entschuldigung!**
	einig- some (*pl.*), a few (12G); **so**		Excuse me. (4W)
	einiges all sorts of things (14W)		**entsprechen*** to correspond to
der	**Einkauf,ᴗe** shopping		**entstehen* (ist)** to develop
	ein·kaufen to shop (6G); **~ gehen*** to		**ent'weder . . . oder** either . . . or
	go shopping (2E)	(sich)	**entwickeln** to develop
	ein·laden* (zu) to invite (to) (9W)	die	**Entwicklung,-en** development
sich	**ein·leben** to get settled (15W)	die	**Erbse,-n** pea (2W)
	ein·lösen: einen Scheck ~ to cash a	die	**Erdbeere,-n** strawberry (2W)
	check (6W)	die	**Erde** earth; **unter der ~** underground
	einmal once; **noch ~** once more; **auch**	die	**Erfindung,-en** invention
	~ for once	der	**Erfolg,-e** success
sich	**ein·schreiben*** to register		**erfüllen** to fulfill
	ein·steigen* to get on (bus, train) (7W)		**erhalten*** to keep up, preserve
die	**Einstellung** attitude	sich	**erholen** to recuperate, relax
der	**Einwanderer,-** immigrant (16W)	die	**Erholung** recuperation, relaxation
	ein·wandern (ist) to immigrate (16W)	die	**Erinnerung,-en (an +** *acc.***)** reminder
die	**Einwanderung** immigration (16W)		(of)
das	**Einzelzimmer,-** single room (6W)	sich	**erkälten** to catch a cold (8G)
	einzig- only		**erklären** to explain (13E)
das	**Eis** ice, ice cream (3W)	die	**Erklärung,-en** explanation (15E)
	eiskalt ice-cold		**erlauben** to permit, allow
der	**Elefant',-en,-en** elephant	die	**Erlaubnis** permit
	elegant' elegant (5W)	die	**Ernte,-n** harvest
der	**Elek'triker,-** electrician (13W)		**erreichen** to reach
	elek'trisch electric		**erscheinen* (ist)** to appear
die	**Elektrizität'** electricity		**erschrecken (erschrickt), erschrak, ist**
das	**Element',-e** element		**erschrocken** to be frightened
die	**Eli'te** elite		**ersetzen** to replace
die	**Eltern** (*pl.*) parents (S7W)		**erst-** first (S9W); **~** not before (time),
die	**Emanzipation'** emancipation		only (9E)
	emanzipiert' emancipated		**erstaunlich** amazing
	emotional' emotional(ly)	die	**Erweiterung,-en** expansion
	empfangen* to receive		**erzählen (von +** *dat.***)** to tell (about) (9G)
	empfehlen (empfiehlt), empfahl,	der	**Esel,-** donkey
	empfohlen to recommend (3W)		**essen (ißt), aß, gegessen** to eat (S8W)
das	**Ende** end (10W); **am ~** in the end	das	**Essen** food, meal (3W); **beim ~** while
	(8E); **zu ~ sein** to be finished		eating (3E)

das **Eßzimmer,-** dining room (5W)
etwa about, approximately
etwas something (S3W); (*sg.*) some, a little bit (of) (S6W)
euer your (*pl. fam.*) (4E)
(das) **Euro'pa** Europe
der **Europä'er,-** the European
das **Exa'men,-** exam
extra extra

F

das **Fach,-̈er** subject (15W)
der **Fachbereich,-e** field (of study) (15W)
der **Faden,-̈** thread
fahren (fährt), fuhr, ist gefahren to drive, go (by car, etc.) (2E); ~ **Sie mit dem Bus!** Take the bus.
die **Fahrkarte,-n** ticket (7W)
der **Fahrplan,-̈e** schedule (of trains, etc.) (7W)
das **Fahrrad,-̈er** bicycle (4W)
der **Fahrradweg,-e** bike trail
die **Fahrt,-en** trip, drive (7W)
fair fair
der **Fall,-̈e: auf jeden** ~ in any case (13E)
fallen (fällt), fiel, ist gefallen to fall; ~ **lassen*** to drop (15E)
falsch wrong (S2W)
die **Fami'lie,-n** family (S7W)
fangen (fängt), fing, gefangen to catch
die **Farbe,-n** color (S2W); **Welche** ~ **hat . . .?** What's the color of . . .? (S2W)
färben to dye
der **Farbstoff,-e** dye, color
der **Fasching: zum** ~ for the carnival (Mardi gras)
fast almost (5E)
die **Faszination'** fascination
faszinie'ren to fascinate
faul lazy (S7W); **stinkfaul** very lazy
die **Faulheit** laziness
der **Februar** February (S6W); **im** ~ in February
fehlen to be missing, lacking (7W)
der **Fehler,-** mistake (1W)
feiern to celebrate (9W)
der **Feiertag,-e** holiday (9W)
der **Feind,-e** enemy
das **Feld,-er** field (5E)
das **Fenster,-** window (S2W)
die **Ferien** (*pl.*) vacation (7E)
fern far, distant
das **Ferngespräch,-e** long distance call
fern·sehen* to watch TV (8W)
das **Fernsehen** television (the medium); **im** ~ on TV (10W)

der **Fernseher,-** TV set (5W)
fertig finished, ready (S4W)
das **Fest,-e** celebration (9W)
fest·machen to fasten
der **Feudalis'mus** feudalism
das **Feuer,-** fire
die **Feuerzangenbowle** flaming alcoholic punch
die **Figur',-en** figure
der **Film,-e** film, movie (10W)
finanziell' financial(ly)
finanzie'ren to finance
finden, fand, gefunden to find (1E); **Was findet sie an** (+ *dat.*) **. . .?** What does she see in . . .? (11W)
der **Finger,-** finger (S4W)
die **Firma, Firmen** firm, company (13W)
der **Fisch,-e** fish (2W)
fit: sich ~ **halten*** to keep in shape (8E)
die **Flamme,-n** flame
die **Flasche,-n** bottle (3W); **eine** ~ **Wein** a bottle of wine (3E)
flechten (flicht), flocht, geflochten to weave (baskets)
das **Fleisch** (*sg.*) meat (2W)
die **Fleischerei',-en** butcher shop (2W)
fleißig industrious(ly) (S7W)
flexi'bel flexible
fliegen, flog, ist geflogen to fly (10G); **mit dem Flugzeug** ~ to go by plane (7W)
fliehen, floh, ist geflohen to escape (16W)
fließen, floß, ist geflossen to flow
fließend fluent(ly)
die **Flöte,-n:** ~ **spielen** to play the flute (8W)
der **Flug,-̈e** flight, plane trip (7W)
der **Flügel,-** wing
der **Flughafen,-̈** airport (7W)
die **Flugkarte,-n** plane ticket (7W)
das **Flugzeug,-e** airplane (7W)
der **Flur** hallway (5W)
der **Fluß,-̈sse** river (1W)
folgen (ist) (+ *dat.*) to follow (16W)
fördern to encourage
die **Förderung** advancement, encouragement
die **Form,-en** form, shape
die **Frage,-n** question (S3W); **eine** ~ **stellen** to ask a question (7E)
fragen to ask (S2W)
(das) **Frankreich** France (1W)
der **Franzo'se,-n,-n** Frenchman (1W)
die **Franzö'sin,-nen** Frenchwoman (1W)

französ′isch: auf ~ in French (1W)

(das) **Franzö′sisch: Ich spreche ~.** I speak French. (1W)

die **Frau,-en** Mrs., Ms., woman (S1W); wife (S7W)

das **Fräulein,-** Miss, Ms., young lady (S1W); **~!** Miss! Waitress! (3W)

frei free (6W)

die **Freiheit** freedom (13W)

der **Freitag** Friday (S6W); **am ~** on Friday **freitags** on Fridays (7G)

die **Freizeit** leisure time (8W)

fremd foreign (16W)

die **Fremdsprache,-n** foreign language

die **Freude** joy

freuen: sich ~ auf (+ *acc.*) to look forward to (9E); **Freut mich sehr.** I'm glad to meet you. (9W); **Es freut mich, Sie kennenzulernen.** I'm glad to meet you (16W)

der **Freund,-e** friend (3E)

freundlich friendly (11W)

die **Freundschaft,-en** friendship (11W)

der **Frieden** peace (14E)

friedlich peaceful (11W)

frieren, fror, gefroren to freeze

frisch fresh (2W)

früh early, morning (7G)

früher earlier, once, former(ly) (13E)

der **Frühling** spring (S6W)

das **Frühstück** breakfast (2E); **zum ~** for breakfast (3W)

sich **fühlen** to feel (a certain way) (12W)

führen to lead

funkeln to glitter

die **Funktion′,-en** function

für (+ *acc.*) for (S2W); **was ~ ein?** what kind of a? (S4W)

furchtbar terrible, terribly, awful(ly) (S6W)

der **Fürst,-en,-en** sovereign, prince (14E)

der **Fuß,ᵉe** foot (S4W)

der **Fußball,ᵉe: ~ spielen** to play soccer (9W)

der **Fußgänger,-** pedestrian (4W)

der **Fußgängerüberweg,-e** pedestrian crossing

der **Fußgängerweg,-e** pedestrian walkway

G

die **Gabel,-n** fork (3W)

ganz whole, entire(ly) (4E); very (9E)

die **Gara′ge,-n** garage (5W)

der **Garten,ᵉ** garden (5W)

der **Gast,ᵉe** guest (6W)

das **Gästezimmer,-** guest room (5W)

der **Gasthof,ᵉe** inn (6W)

das **Gebäude,-** building (4W)

geben (gibt), gab, gegeben to give (3G); **es gibt** there is, there are (1W); **Geben Sie mir . . .!** Give me . . . (2W); **Was gibt's (denn)?** What's new? (8W); **What's on (in) . . .?** (10W)

gebildet educated (11W)

geboren: Ich bin . . . geboren I was born. . . . (16W); **(Bach) wurde . . . geboren** (Bach) was born . . . (16W)

die **Gebühr,-en** fee

der **Geburtstag,-e** birthday (9W); **Wann haben Sie ~?** When is your birthday? (S9W); **Ich habe am . . . (s)ten ~.** My birthday is on the . . . (date) (S9W); **Ich habe im . . . ~.** My birthday is in . . . (month). (S9W); **Herzlichen Glückwunsch zum ~!** Happy birthday! (9W)

geduldig patient (11W)

die **Gefahr,-en** danger

gefährlich dangerous

das **Gefälle** decline, slope

gefallen (gefällt), gefiel, gefallen (+ *dat.*) to like, be pleasing to (3G); **Es gefällt mir.** I like it. (S6W)

das **Gefühl,-e** feeling (12E)

gegen (+ *acc.*) against (2G); toward

die **Gegend,-en** area, region (14W)

das **Gegenteil,-e** opposite (S3W); **im ~** on the contrary (4E)

gegenü′ber (**von** + *dat.*) across (from), opposite (4W)

die **Gegenwart** present (14W)

gehen, ging, ist gegangen to go (1G); **Wie geht's? Wie geht es Ihnen?** How are you? (S1W); **Es geht mir. . . .** I am (feeling). . . . (S1W); **Das geht nicht.** That's impossible. That doesn't work. (2E); **zu Fuß ~** to walk (4W)

gehören (+ *dat.*) to belong to (3W)

geistig mentally; intellectual(ly)

geizig stingy (11W)

gelb yellow (S2W)

das **Geld** money (4E); **~ aus·geben*** to spend money

die **Gelegenheit,-en** opportunity, chance (15E); **die ~ wahr·nehmen*** to take advantage of . . .

gelten für (gilt), galt, gegolten to apply to, be valid for

gemeinsam together, shared

gemischt mixed

das **Gemüse** (*sg.*) vegetable (2W)

das Gespenst – ghost

gemütlich cozy, pleasant (3E)

die **Gemütlichkeit** nice atmosphere

genau exact(ly); ~**wie** just like (S7W); **genauso** the same

der **General'inspektor,-en** inspector general

die **Generation',-en** generation

generös' generous (11W)

genießen, genoß, genossen to enjoy

der **Genitiv** genitive

genug enough (4E)

die **Geographie'** geography

das **Gepäck** baggage, luggage (6W)

gerade just now, right now (8W); ~ **als** just when (15E)

geradeaus' straight ahead (4W)

german'isch Germanic

gern (lieber, liebst-) gladly (2W); **furchtbar** ~ very much

das **Geschäft,-e** store (2W); business (13W)

die **Geschäftsfrau,-en** businesswoman (13W)

der **Geschäftsmann,-leute** businessman (13W)

geschehen (geschieht), geschah, ist geschehen to happen (11E); **Gern** ~ You are welcome. (15E)

das **Geschenk,-e** present (9W)

die **Geschichte,-n** story (10W); history (14E)

geschickt clever(ly)

geschieden divorced

geschlossen closed

der **Geschmack** taste (12W)

die **Geschwindigkeit,-en** speed (16E)

die **Geschwister** (*pl.*) brothers and sisters, siblings (S7W)

die **Gesellschaft** society

das **Gesetz,-e** law (16E)

gesichert secure

das **Gesicht,-er** face (S4W)

das **Gespräch,-e** conversation

gestern yesterday (7G)

gesund (ü) healthy (12E)

die **Gesundheit** health

das **Getränk,-e** beverage

gewinnen, gewann, gewonnen to win (8E)

gewöhnlich usual(ly) (3E)

gießen, goß, gegossen to pour

der **Gipfel,-** mountain top

die **Gitar're,-n:** ~ **spielen** to play the guitar (8W)

das **Glas,-er** glass (2E); **ein** ~ a glass of (2E)

der **Glaube,-ns** (*sg.*) belief

glauben to believe; think (10E)

gleich same, equal (12W); right away

gleichberechtigt with equal rights, (13W)

die **Gleichberechtigung** equal rights, equality (13W)

gleichfalls: Danke ~! Thank you, the same to you. (3W)

das **Gleis,-e** track (7W)

glorreich glorious

das **Glück: Viel** ~! Good luck. (1W)

glücklich happy (11W)

golden golden

der **Goldrausch** gold rush

der **Grad,-e** degree

die **Gramma'tik** grammar

gramma'tisch grammatical(ly)

gratulie'ren to congratulate; **Wir** ~! Congratulations. (9W)

grau gray (S2W)

die **Grenze,-n** border

(das) **Griechenland** Greece

groß (größer, größt-) large, big (S3W)

die **Größe,-n** size (12E)

die **Großeltern** (*pl.*) grandparents (S7W)

die **Großmutter,-** grandmother (S7W)

der **Großvater,-** grandfather (S7W)

grün green (S2W); **im Grünen** out in the country, in the midst of nature

der **Grund,-e** reason (12W)

gründen to found

die **Grünfläche,-n** lawn

die **Gruppe,-n** group (6E)

der **Gruß,-e** greeting (4E); **Viele liebe Grüße!** Best regards. (4E); **Viele Grüße (an + acc.) . . .!** Greetings (to . . .)! (10E)

grüßen to greet; **Grüß dich!** Hi!; **Grüß Gott!** Hello! (in southern Germany)

die **Gurke,-n** cucumber

gut (besser, best-) good, fine (S1W); **Na** ~. Well, all right. (6W)

das **Gute: Alles** ~! All the best. (9W)

H

das **Haar,-e** hair (S4W)

haben (hat), hatte, gehabt to have (2G)

der **Hafen,-** port (4W)

halb half (S8W); **in einer halben Stunde** in half an hour (7W)

die **Hälfte,-n** half

die **Halle,-n** hall

hallo: Hallo? Hello? (8W); **Hallo!** Hi. (8W)

der **Hals,-e** neck (S4W)

halten (hält), hielt, gehalten to stop (a vehicle), hold (4W); **Was** ~ **Sie von** (+ *dat.*) . . .? What do you think of . . .?

die **Haltestelle,-n** stop (for buses, etc.) (4W)

das **Halteverbot** no stopping or parking

die **Hand,ͤe** hand (S4W)

der **Handel** trade

der **Handwerker,-** craftsman

hängen to hang (up), put (5W)

hängen, hing, gehangen to be hanging (5W)

harmo'nisch harmonious

hart hard

häßlich ugly (S7W)

das **Hauptfach,ͤer** major (field of study) (15W)

hauptsächlich mainly (10E)

die **Hauptsaison** main season

die **Hauptstadt,ͤe** capital (1W)

die **Hauptstraße,-n** main street (4W)

das **Hauptwort,ͤer** noun

das **Haus,ͤer** house (5W); **nach Hause** (toward) home (3G); **zu Hause** at home (3G)

das **Häuschen,-** little house

die **Hausfrau,-en** housewife (13W)

der **Haushalt** household (13W)

die **Hecke,-n** hedge

das **Heft,-e** notebook (S2W)

das **Heftchen,-** small notebook

der **Heiligabend** Christmas Eve; **am** ~ on Christmas Eve

heiraten to marry, get married (11W)

heiratslustig eager to marry

heiß hot (S6W)

heißen, hieß, geheißen to be called (1G); **Ich heiße. . . .** My name is. . . . (S1W); **Wie** ~ **Sie?** What's your name? (S1W); **das heißt (d.h.)** that is (to say), i.e. (12E)

die **Heizung** heating

helfen (hilft), half, geholfen (+ *dat.*) to help (3W)

hell light, bright (14E)

das **Hemd,-en** shirt (S3W)

her-: heran' up to; **herein'** in(to); **herum'** around

heraus'·finden* to find out

der **Herbst** fall, autumn (S6W)

der **Herd,-e** stove (5W)

herein'·kommen* to come in, enter (11E)

der **Herr,-n,-en** Mr., gentleman (S1W); lord

herrlich magnificent, marvellous (4E)

herum'·reisen (ist) to travel around

das **Herz,-en** heart

der **Heurige,-n,** (*sg.*) new wine

heute today (S4W); **für** ~ for today (S4W); ~ **morgen** this morning (7G)

heutig of today

hier here (S7W)

die **Hilfe: Hilfe!** Help! (9W)

hilfreich helpful

der **Himmel** sky (14W)

hin und her back and forth

hin-: hinauf' up (to the speaker); **hinein'** in(to)

hinter (+ *acc.* / *dat.*) behind (5G)

hinterlas'sen* to leave behind

histo'risch historical(ly)

das **Hobby,-s** hobby (8W)

das **Hochhaus,ͤer** high-rise building

höchstens at most (16W)

die **Hochzeit,-en** wedding (9W)

der **Hof,ͤe** court, court yard

hoffen to hope

die **Hoffnung,-en** hope (16W)

hoffnungslos hopeless

die **Höhenburg,-en** mountain castle

der **Höhepunkt,-e** climax

holen to (go and) get, pick up, fetch (6W)

der **Holländer,-** the Dutchman

holländisch Dutch

hören to hear (1G)

der **Hörer,-** listener; receiver

der **Hörsaal,-säle** lecture hall (15W)

das **Hörspiel,-e** radio play

die **Hose,-n** slacks, pants (S3W)

das **Hotel',-s** hotel (4W)

hübsch pretty (S7W)

der **Hügel,-** hill (14W)

das **Hühnchen,-** chicken

der **Hund,-e** dog

der **Hunger: Ich habe** ~. I'm hungry. (2E)

die **Hungersnot** famine

die **Hütte,-n** hut, cottage

I

ideal' ideal

das **Ideal',-e** ideal (11W)

der **Idealis'mus** idealism

die **Idee',-n: Gute** ~! That's a good idea! (S8W)

der **Idiot',-en: Du** ~! You idiot! (9W)

idyl'lisch idyllic

ihr her, its, their (6G)

Ihr (formal) your (6G)

immer always (4W); ~ **noch** still

der **Im'perativ,-e** imperative

in (+ *acc./dat.*) in, into, inside of (5G)

der **In'dikativ** indicative

in'direkt indirect(ly)

die **Individualität'** individuality

individuell' individual(ly)

die **Industrie',-n** industry

die **Information',-en** information

informativ' informative

(sich) **informie'ren** to inform, get informed

der **Ingenieur',-e** engineer (13W)

die **Initiati've,-n** initiative

innen inside

der **Innenminister,-** minister of the interior

inner- inner

innerhalb within

die **Insel,-n** island (14W)

das **Institut',-e** institute

das **Instrument',-e** instrument

die **Integrie'rung** integration

intellektuell' intellectual(ly)

der **Intellektuel'le,-n** intellectual

intelligent' intelligent (11W)

intensiv' intensive

interessant' interesting (3E)

das **Interes'se,-n** (an + *dat.*) interest (in) (8E)

sich **interessie'ren für** to be interested in (8G)

international' international(ly)

das **Interview,-s** interview

intervie'wen to interview

in'tolerant intolerant

inzwi'schen in the meantime

irgendwo somewhere (16E)

(das) **Ita'lien** Italy (1W)

der **Italie'ner,-** the Italian (1W)

italie'nisch Italian (1W)

J

ja yes (S1W)

die **Jacke,-n** jacket (S3W)

das **Jäckchen,-** little jacket

das **Jahr,-e** year (S6W); **nächstes** ~ next year (7G); **das ganze** ~ all year long (7G)

die **Jahreszeit,-en** season (S6W)

das **Jahrhun'dert,-e** century (14W)

jahrhun'dertelang for centuries

-jährig years old; years long

der **Januar** January (S6W); **im** ~ in January

je (+ *comp.*) ... **desto** (+ *comp.*) ... the ... the ... (14W)

die **Jeans** (*pl.*) jeans

jed- (*sg.*) each, every (6G)

jeder everyone, everybody

jederzeit anytime (8W)

jemand someone, somebody (8E)

jetzt now (S8W)

der **Journalist',-en,-en** journalist, reporter (13W)

der **Jude,-n,-n** Jew

die **Jugendherberge,-n** youth hostel (6W)

der **Juli** July (S6W); **im** ~ in July

jung (ü) young (S7W)

der **Junge,-n,-n** boy (S7W)

der **Junggeselle,-n,-n** bachelor

der **Juni** June (S6W); **im** ~ in June

(die) **Jura** (*pl.*): **Er studiert** ~. He is studying law.

die **Juwe'len** (*pl.*) jewels

K

der **Kaffee** coffee (2W)

der **Kaiser,-** emperor

das **Kalb** calf; **Kalbsleber** calves liver

kalt (ä) cold (S3W); **eine kalte Platte** cold cuts

die **Kamera,-s** camera

(sich) **kämmen** to comb (o.s.) (8G)

die **Kammer,-n** chamber

kämpfen to fight

der **Kanal',-̈e** channel

die **Kano'ne,-n** canon

die **Kapel'le,-n** chapel

das **Kapi'tel,-** chapter

kaputt' broken; **kaputt gehen*** to get broken, break (11E)

der **Karikaturist',-en,-en** caricaturist

der **Karneval** carnival (9W)

die **Karot'te,-n** carrot (2W)

die **Karte,-n** ticket (7W); card (8W); ~ **spielen** to play cards (8W)

die **Kartof'fel,-n** potato (3W)

der **Kartof'felbrei** mashed potatoes

das **Karussell',-s** carousel

der **Käse** cheese (2W)

die **Kasse,-n** cash register (6W)

die **Kasset'te,-n:** ~ **spielen** to play cassettes (8W)

der **Katalog'-e** catalogue

die **Katastro'phe,-n** catastrophe

der **Katzensprung,-̈e** a stone's throw (*lit.*, a cat's jump)

kaufen to buy (2W)

das **Kaufhaus,-̈er** department store (2W)

der **Kaufmann,-leute** merchant

kaum hardly (14E)

die **Kegelbahn,-en** bowling alley

kein no, not a, not any (S7W)

kennen, kannte, gekannt to know, be acquainted with (4G)

kennen·lernen to get to know, meet (6E); **Möchten Sie ... ~?** Would you like to meet ...? (16W)

der **Kenner,-** connoisseur

die **Kenntnis,-se** knowledge, skill

der **Kern,-e** core

die **Kerze,-n** candle (9W)

due **Kette,-n** chain

die **Kettenreaktion** chain drill

der **Kilome'ter,- (km)** kilometer

das **Kind,-er** child (S7W)

der **Kindergarten,-** Kindergarten

der **Kinderhort,-e** day-care center

das **Kindermädchen,-** babysitter, nurse

das **Kinn** chin

das **Kino,-s** movie theater (4W)

die **Kirche,-n** church (4W)

die **Kirsche,-n** cherry

klar clear; **Klar!** Sure! (15W)

die **Klasse,-n** class (S2W)

das **Klassenzimmer,-** classroom (S2W)

klassisch classical

klatschen to clap, applaud (10W)

das **Klavier',-e:** ~ **spielen** to play the piano (8W)

das **Kleid,-er** dress (S3W)

die **Kleidung** clothing (S3W)

klein little, small (S3W)

das **Kleingeld** change (6W)

klettern (ist) to climb

das **Klima** climate

klingeln to ring

klingen, klang, geklungen: Das klingt gut. That sounds good. (7E)

klopfen to knock

der **Kloß,-e** dumpling

das **Knabberzeug** snacks

das **Knie,-** knee (S4W)

knipsen to take pictures

der **Knödl,-** dumpling (in southern Germany)

der **Knopf,-e** button

k.o. exhausted ("knocked out")

der **Koch,-e** cook

kochen to cook (5W)

die **Köchin,-nen** cook

der **Koffer,-** suitcase (6W)

der **Kolle'ge,-n,-n** colleague

die **Kolle'gin,-nen** colleague

die **Kolonie',-n** colony

kolonisie'ren to colonize

kombinie'ren to combine

komisch funny, comical; strange (10W)

der **Kommandeur',-e** commander

kommen, kam, ist gekommen to come (1G); **Wie komme ich von ... zu ...?** How do I get from ... to ...? (4W); **Komm 'rüber!** Come on over. (8W); **Wie kommst du darauf?** What makes you think (say) that?

der **Kommentar',-e** commentary

die **Kommo'de,-n** dresser (5W)

der **Kom'parativ,-e** comparative

der **Komponist',-en,-en** composer (10W)

der **König,-e** king (14E)

die **Königin,-nen** queen (14E)

der **Kon'junktiv** subjunctive

können (kann), konnte, gekonnt to be able to, can (4G)

die **Konservie'rungsmittel** (*pl.*) preservatives

das **Konsulat',-e** consulate

der **Kontrast',-e** contrast

kontrollie'ren to control, check

konzentriert' concentrated

das **Konzert',-e** concert (10W)

der **Kopf,-e** head (S4W)

der **Korb,-e** basket

der **Körper,-** body (S4W)

körperlich physical(ly)

korrigie'ren to correct

kosten to cost (1G); **Wieviel kostet ...?** How much is ...? (S5W); **Das kostet zusammen ...** That comes to ... altogether. (S5W)

kostenlos without cost

das **Kostüm',-e** costume

die **Kraft,-e** strength, power

krank (ä) sick, ill (12E)

das **Krankenhaus,-er** hospital (12E)

die **Krankenkasse,-n** health insurance

die **Krankenschwester,-n** nurse (13W)

die **Krankheit,-en** sickness

die **Kredit'karte,-n** credit card (6W)

die **Kreide** chalk (S2W)

die **Kreismeisterschaft,-en** county championship

der **Kreisverkehr** traffic circle

die **Kreuzung,-en** crossing

der **Krieg,-e** war (14E)

der **Krimi,-s** detective story (10W)

kritisie'ren to criticize

die **Krone,-n** crown

krumm crooked

die **Küche,-n** kitchen (5W)

der **Kuchen,-** cake (2W)

kühl cool (S6W)

der **Kühlschrank,-e** refrigerator (5W)

der **Kuli,-s** pen (S2W)

die **Kultur'** culture

kulturell' cultural(ly)

die **Kunst,**-̈e art (8E)

der **Künstler,**- artist

die **Kur,-en** treatment; **eine ~ machen** to go to a health spa

der **Kurort,-e** health spa

der **Kurs,-e** course (1W)

die **Kurve,-n** curve

kurz (ü) short (S3W); **~ vor** shortly before; **vor kurzem** recently

die **Kusi'ne,-n** cousin (S7W)

küssen to kiss

die **Kutsche,-n** carriage, coach

L

das **Labor',-e** lab (15W)

lachen to laugh (10W)

lächerlich ridiculous (12W)

laden (lädt), lud, geladen to load (9G)

die **Lage** location (14E)

die **Lampe,-n** lamp (5W)

das **Land,**-̈er country; countryside (1W); **aufs ~** (in)to the country(side); **auf dem Land(e)** in the country

landen (ist) to land (7W)

die **Landkarte,-n** map (1W)

die **Landschaft,-en** landscape, scenery (14W)

landwirtschaftlich agricultural

lang (ä) (adj.) long (S3W)

lange (ä) (adv.): **wie ~?** how long? (S8W); **Wie ~ sind Sie schon hier?** How long have you been . . .? (16W); **schon ~** for a long time (16W); **schon ~ nicht mehr** not for a long time (14W); **Das ist schon ~ her.** That was a long time ago. (16W)

langsam slow(ly) (S3W)

langweilig boring, dull (11W)

der **Lärm** noise (12E)

lassen (läßt), ließ, gelassen to leave (6W); to let (10W); **bringen ~** to have brought; **Laß mich in Ruhe!** Leave me alone. Leave me in peace. (9W); **Laß mal!** Never mind. (12W)

(das) **Latein'** Latin

laufen (läuft), lief, ist gelaufen to run, walk (2E)

die **Laune,-n: Sie hat schlechte ~.** She is in a bad mood. (11W)

laut loud, noisy (S3W)

leben to live (5E)

das **Leben** life (5E); **Dort ist immer ~.** There is always something going on.

leben'dig alive, lively

die **Lebensfreude** joy of living

die **Lebensmittel** (pl.) groceries (2W)

die **Leber** liver

die **Lederhose,-n** leather pants

legen to lay (down), put (5W)

das **Lehen** fief, loan

lehren to teach

der **Lehrer,**- teacher (S2W)

leicht light, easy (S3W)

leid: Es tut mir ~. I'm sorry. (4W)

leider unfortunately (6W)

leihen, lieh, geliehen to lend

die **Leine,-n** leash

sich **leisten** to afford

die **Leitung,-en** line, cable

lernen to learn (S2W)

lesen (liest), las, gelesen to read (S2W)

der **Leser,**- reader

die **Leseratte,-n** book worm

der **Lesesaal,-säle** reading room

letzt-: der letzte Zug nach . . . the last train to . . . (7W); **das letztere** the latter

die **Leute** (pl.) people (1W)

das **Licht,-er** light

lieb: Lieb-. . .! Dear. . .! (4E)

die **Liebe** love (11W)

lieben to love (5E)

lieber rather (13G)

das **Lieblingsfach,**-̈er favorite subject

liebst-; am liebsten best of all (13G)

das **Lied,-er** song; **Volks~** folksong

liegen, lag, gelegen to lie, be (located) (1W)

lila purple (S2W)

die **Limona'de (Limo)** lemonade, soft drink (3W)

link-: auf der linken Seite on the left (4W)

links left (4W); **erste Straße ~** first street to the left (4W)

der **Liter,**- liter

der **Löffel,**- spoon (3W)

die **Logik** logic

logisch logical

lokal' local

los: Was ist ~? What's the matter? (S3W)

lösen to solve

die **Lösung,-en** solution

der **Löwe,-n,-n** lion

die **Luft** air; **mit Luftpost** by airmail (7W)

die **Lust** inclination, desire; **Hast du ~ zu . . .?** Do you feel like (doing something)? (8W); **Ich habe (keine) ~ dazu.** I (don't) feel like it. (8E)

lustig funny (S7W); **sich ~ machen über** (+ *acc.*) to make fun of (11E)
luxuriös' luxurious
der **Luxus** luxury

M

machen to make, do (1G); **Das macht nichts.** That doesn't matter. (S6W); **Das macht zusammen. . . .** That comes to. . . . (2W); **Mach's gut!** Take care. (8W); **Was machst du Schönes?** What are you doing? (8W)
die **Macht,⸗e** power
das **Mädchen,-** girl (S7W)
die **Magd,⸗e** maid
der **Mai** May (S6W); **im ~** in May
das **Make-up** make-up
das **Mal,-e: das erste (zweite) ~** the first (second) time (11E); **zum ersten (zweiten) ~** for the first (second) time (11E)
malen to paint (8W)
man one, they (people) (1E)
manch- many a, some (6G)
manchmal sometimes (2E)
manipuliert' manipulated
der **Mann,⸗er** man, husband (S7W)
männlich masculine, male
der **Mantel,⸗** coat (S3W)
das **Märchen,-** fairy tale
die **Mark (DM)** mark(s) (S5W)
der **Markt,⸗e** market (2W)
die **Marmela'de,-n** marmalade, jam (2W)
der **März** March (S6W); **im ~** in March
die **Maschi'ne,-n** machine
die **Maske,-n** mask
der **Maskenball,⸗e** masquerade ball
das **Maß: in kleinerem Maße** on a smaller scale
die **Massa'ge,-n** massage
die **Masse,-n** mass
die **Mathematik'** mathematics
die **Mauer,-n** thick wall
die **Medail'le,-n** medal
die **Medizin'** medicine
mehr more (13G); **immer ~** more and more
mehrer- several (*pl.*) (12G)
meiden, mied, gemieden to avoid
mein my (S3W)
meinen to mean, suppose, think (12W)
die **Meinung,-en** opinion (12W); **meiner ~ nach** in my opinion (10W)
meist-: am meisten most (13G)
meistens mostly (6E)
die **Melodie',-n** melody

die **Mennoni'ten** (*pl.*) Mennonites
die **Mensa** student cafeteria (3W)
der **Mensch,-en,-en** human being, person; people (*pl.*) (1E); **Mensch!** Boy! Hey!
das **Menü',-s** dish, meal
das **Messer,-** knife (3W)
mieten to rent (5W)
der **Mieter,-** tenant
die **Mietwohnung,-en** apartment
die **Milch** milk (2W)
militä'risch military
die **Million',-en** million (S5W)
der **Millionär',-e** millionaire
das **Mineral'wasser** mineral water
minus minus (S5W)
die **Minu'te,-n** minute (S8W)
misera'bel miserable
mißglückt' unsuccessful
die **Mission',-en** mission
mit (+ *dat.*) with (3G); along (6G)
mit·bringen* to bring along (6G)
das **Mitglied,-er** member
mit·kommen* to come along (6G)
mit·machen to participate (8E)
mit·nehmen* to take along (6G)
— mittag noon (7G); **heute ~** today at noon (7G)
das **Mittagessen** lunch, noon-time meal (3W); **zum ~** for lunch (3W); **beim ~** at lunch
mittags at noon (habitually) (S8W)
die **Mitte** middle
das **Mittel,-** means (of)
das **Mittelalter** Middle Ages; **im ~** in the middle ages (14W)
mittelalterlich medieval
(das) **Mitteleuropa** Central Europe
mittelgroß average size
mitten auf in the middle of
mitten durch right through
die **Mitternacht: um ~** at midnight
der **Mittwoch** Wednesday (S6W); **am ~** on Wednesday
mittwochs on Wednesdays (7G)
die **Möbel** (*pl.*) furniture (5W)
möbliert' furnished
möchten: Ich möchte. . . . I would like (to have). . . . (2W)
das **Modal'verb,-en** modal auxiliary
die **Mode** fashion
modern' modern (9E)
modisch fashionable (12W)
möglich possible (6W)
die **Möglichkeit,-en** possibility (6E)
der **Moment',-e: Moment!** One moment. Just a minute. (7W)

momentan' at the moment, right now (11W)

der Monat,-e month (S6W); im ~ a month (5W)

monatelang for months

-monatig months long

monatlich monthly

der Montag, Monday (S6W); am ~ on Monday

montags on Mondays (7G)

das Moorbad,⸗er mud bath

die Moral' moral

morgen tomorrow (S2W); für ~ for tomorrow (S2W); Bis ~! See you tomorrow! (S1W)

der Morgen: Guten ~! Good morning (S1W)

— morgen early morning (7G); heute ~ this morning (7G)

morgens in the morning, every morning (S8W)

müde tired (S1W); todmüde dead-tired

die Müdigkeit fatigue

der Müllschlucker,- garbage disposal

der Mund mouth (S4W)

die Mundharmonika,-s harmonica

mündlich oral(ly)

das Muse'um, Museen museum (4W)

die Musik' music (8E)

musika'lisch musical (11W)

der Muskelkater: Ich habe ~. I have a charley horse.

müssen (muß), mußte, gemußt to have to, must (4G)

die Mutter,⸗ mother (S7W)

der Mythos myth

N

na well; ~ und! So what. (S6W); ~ gut. Well, all right. (6W); ~ na! Come on! nach (+ dat.) after (time) (3G); to (with cities, countries, continents) (3G)

der Nachbar,-n,-n neighbor (1E)

die Nachbarschaft neighborhood

nachdem' after (conj.) (13E)

nacherzählt retold, adapted

nachher afterward (13W)

nach·kommen* to follow

nach·machen to imitate

der Nachmittag,-e afternoon; am ~ in the afternoon

— nachmittag afternoon (7G); heute ~ this afternoon (7G)

nachmittags in the afternoon, every afternoon (S8W)

der Nachname,-ns,-n last name (16E)

die Nachricht,-en news (10E)

nächst- next; der nächste Zug nach . . . the next train to . . . (7W)

die Nacht,⸗e night (6W); Gute ~! Good night. (9W)

— nacht night (7G); heute ~ tonight (7G)

der Nachteil,-e disadvantage

die Nachteule,-n night owl

der Nachtisch: zum ~ for dessert (3W)

nachts during the night, every night (7G)

nah (näher, nächst-) near (4W)

die Nähe: in der ~ nearby (4W); in der ~ von (+ dat.) near

nähen to sew (8W)

der Name,-ns,-n name (6E)

nämlich namely (12W)

die Nase,-n nose (S4W)

national' national

die Natur' nature

natür'lich naturally, of course (S9W); natural

natur'wissenschaftlich scientific

neben (+ acc./dat.) next to, beside (5G)

das Nebenfach,⸗er minor (field of study) (15W)

der Nebensatz,⸗e subordinate clause

negativ negative

nehmen (nimmt), nahm, genommen to take (S3W)

nein no (S1W)

nennen, nannte, genannt to name, call (9E)

nett nice (S7W)

neu new (S3W); etwas Neues something new

neugierig curious (14W)

der Neujahrstag New Year's Day

nicht not (S1W); ~ wahr? isn't it? (S6W); ~ nur . . . sondern auch . . . not only . . . but also . . . (3E); gar ~ not at all (13W)

nichts nothing (3E)

nie never (7E)

sich nieder·lassen* to settle down

niemand nobody, no one (11E)

nobel noble

noch still (2E); Was ~? What else? (S3W); ~ nicht not yet (S4W); ~ einmal once more, again (S2W); ~ ein another (3W)

der Norden: im ~ in the north (1W)

nördlich (von) to the north, north (of) (1W)

normal' normal; by regular mail (7W)
norma'lerweise normally
nor'wegisch Norwegian
die Note,-n grade (15W)
nötig necessary, needed (16W)
der Novem'ber November (S6W); im ~ in November
nüchtern sober
die Nudel,-n noodle (3W)
die Nummer,-n number (6W)
nun now (11E); well
nur only (1E)

O

O je! Oh, oh!
ob whether (conj.) (3G)
oben upstairs (5W); up (14W)
der Ober,- waiter; Herr ~! Waiter! (3W)
oberhalb above
das Objekt',-e object
das Obst (sg.) fruit (2W)
oder or (S3W)
der Ofen," oven (5W)
offen open (2E)
öffentlich public (5E)
öffnen to open (S3W)
oft often (2E)
ohne (+ acc.) without (2G)
das Ohr,-en ear (S4W)
der Okto'ber October (S6W); im ~ in October
das Öl,-e oil, lotion
ölen to oil
die Olympia'de olympics
die Oma,-s grandma
das Omelett',-s omelette
der Onkel,- uncle (S7W)
die Oper,-n opera (10W)
das Opfer,- victim
orange' orange (S2W)
die Oran'ge,-n orange (2W)
das Orche'ster,- orchestra (10W)
die Ordnung order; in ~ Okay. All right. (S4W)
die Ordnungszahl,-en ordinal number (S9W)
die Organisation',-en organization
organisie'ren to organize
der Ort,-e town, place
der Osten: im ~ in the east (1W)
(das) Ostern: zu ~ at Easter
(das) Österreich Austria (1W)
der Österreicher,- the Austrian (1W)
österreichisch Austrian
östlich (von) east (of), to the east (of)(1W)
der Ozean,-e ocean (14W)

P

paar: ein ~ a couple of, some (2E)
das Paar,-e couple (13E)
packen to pack
das Paddelboot,-e canoe
paddeln to paddle
das Paket',-e package, parcel (8W)
die Paket'karte,-n parcel form
das Papier',-e paper (S2W)
der Park,-s park (4W)
das Parkett': im ~ in the orchestra
der Parkplatz,"e parking lot
die Partei',-en political party
das Parter're: im ~ on the first floor (6W)
das Partizip' participle
der Partner,- partner
die Party,-s party (9W)
der Paß,"sse passport (6W)
passen to fit
passend appropriate, suitable
passie'ren (ist) to happen (14W)
das Passiv passive voice
die Pause,-n intermission, break (10W); eine ~ machen to take a break
das Pech: ~ haben* to be unlucky (6E)
die Pension',-en boarding house; hotel (6W)
das Perfekt present perfect
perfekt' perfect
permanent' permanent
persön'lich personal(ly)
die Persön'lichkeit,-en personality
der Pfarrer,- minister (13W)
der Pfeffer pepper (3W)
der Pfefferminz peppermint
der Pfennig,-e German penny, pfennig
das Pferd,-e horse
pflanzen to plant
pflegen to take care of
das Pflichtfach,"er required subject
pfui how awful (indicates disgust)
das Pfund pound (2W); zwei ~ two pounds (2W)
die Phantasie' fantasy, imagination (14W)
phanta'stisch fantastic (4E)
der Philosoph',-en,-en philosopher
die Philosophie' philosophy
die Photographie' photography
photographie'ren to take pictures (8W)
die Physik' physics
der Physiker,- physicist
physisch physical(ly)
das Picknick,-s picnic
der Pilot',-en,-en pilot (7W)
der Pionier',-e pioneer

der **Plan,-e** plan
die **Planung** planning
die **Platte,-n** platter; **eine kalte** ~ cold cuts
der **Plattenspieler,-** record player (10W)
der **Platz,-e** square; place, seat (4W)
das **Plätzchen,-** cookie (2W)
plötzlich sudden(ly) (11E)
der **Plural** plural
plus plus (S5W)
das **Plusquamperfekt** past perfect
die **Politik'** politics
der **Poli'tiker,-** politician
poli'tisch political(ly) (16W)
die **Polizei'** (*sg.*) police (4W)
der **Polizist',-en,-en** policeman (13W)
polnisch Polish
die **Pommes frites** (*pl.*) French fries
der **Pool,-s** pool
der **Portier',-s** desk clerk (6W); doorman
die **Post** post office (4W); mail (7W)
das **Postfach,-er** P.O. box
das **Posthorn** bugle
die **Postkarte,-n** postcard (7W)
praktisch practical(ly)
das **Präsenz** present tense
der **Präsident',-en,-en** president
der **Preis,-e** price
die **Presse** press
prima great, neat (S1W)
der **Prinz,-en,-en** prince
die **Prinzes'sin,-nen** princess
privat' private
das **Privat'gefühl** feeling for privacy
pro per (6W)
die **Probezeit** probation
das **Problem',-e** problem (15E)
das **Produkt',-e** product
der **Profes'sor,-en** professor (1W)
das **Programm',-e** program; channel (10W)
das **Prono'men,-** pronoun
Prost! Cheers! (9W)
der **Protestant',-en,-en** protestant
das **Prozent',-e** percent
die **Prüfung,-en** test, exam (1W); **eine** ~ **machen** to take an exam (15W)
der **Psychia'ter,-** psychiatrist
der **Psycholo'ge,-n,-n** psychologist
die **Psychologie'** psychology
psycholo'gisch psychological(ly)
die **Publikation',-en** publication
das **Publikum** audience (10W)
der **Pudding,-s** pudding (3W)
der **Pulli,-s** pullover (S3W)
die **Puppe,-n** doll
putzen to clean (13W); **sich die Zähne** ~ to brush one's teeth (8G)

Q

die **Quäker** (*pl.*) Quakers
die **Qualität'** quality
die **Quantität'** quantity
das **Quartal',-e** quarter (university)
das **Quartier',-e** lodging
der **Quatsch** nonsense
quer durch all across
die **Quote,-n** quota

R

rad·fahren* (**fährt Rad, ist rad radge fahren**) to bicycle (8W)
das **Radio,-s** radio (5W)
der **Rand** edge
der **Rang,-e: im** ~ on the balcony
der **Rasen** lawn
sich **rasie'ren** to shave (o.s.) (8G)
der **Rat** advice, council
raten (rät), riet, geraten to advise, guess
das **Rathaus,-er** city hall (4W)
rauben to rob
der **Raubritter,-** robber baron
der **Raum** space
reagie'ren to react
die **Reaktion',-en** reaction
die **Rechnung,-en** check, bill (3W)
recht quite, rather (14E); **Du hast** ~. You're right. (7E)
recht-: auf der rechten Seite on the right side (4W)
das **Recht,-e** right (13W)
rechts right (4W); **erste Straße** ~ first street to the right (4W)
der **Rechtsanwalt,-e** lawyer (13W)
die **Rechtsanwältin,-nen** lawyer (13W)
reden to talk (12W)
die **Redewendung,-en** idiom (S4W)
die **Reform',-en** reform
der **Regen** rain
der **Regenschirm,-e** umbrella
die **Regie'rung,-en** government (16E)
regional' regional(ly)
regnen to rain; **Es regnet.** It is raining (S6W)
reich rich (11W)
das **Reich,-e** empire, kingdom
der **Reichtum,** wealth
reif ripe, mature
die **Reihe,-n** row (10W)
rein pure(ly)
der **Reis** rice (3W)
die **Reise,-n** trip (6E); **eine** ~ **machen** to take a trip, travel (7E)

das **Reisebüro,-s** travel agency (6E)
reiselustig travel-happy, fond of
  travelling
reisen (ist) to travel (6E)
der **Reisescheck,-s** traveler's check (6W)
reiten, ritt, ist geritten to ride (on
  horseback)
die **Reitschule,-n** riding academy
die **Rekla′me** advertisement, advertising
  (10W)
relativ relative(ly)
das **Relativ′pronomen,-** relative pronoun
der **Relativ′satz,∺e** relative clause
die **Religion′,-en** religion (16W)
religiös′ religious (16W)
rennen, rannte, ist gerannt to run (11E)
renovie′ren to renovate
der **Repor′ter,-** reporter
die **Republik′,-en** republic
der **Republika′ner,-** Republican
reserviert′ reserved (6W)
die **Residenz′** residence
resignie′ren to resign
der **Respekt′** respect
der **Rest,-e** rest
das **Restaurant′,-s** restaurant (3W)
die **Revolution′,-en** revolution
das **R-Gespräch,-e** collect call
richtig right, correct (S2W)
die **Richtigkeit** correctness
die **Richtung,-en: in** ∼ in the direction of
riechen, roch, gerochen to smell
das **Riesenrad** ferris wheel
riesig huge (16E)
die **Rinderherde,-n** herd of cattle
der **Ring,-e** ring
riskie′ren to risk
der **Ritter,-** knight (14E)
das **Rittertum** knighthood
der **Rock,∺e** skirt (S3W)
die **Rolle,-n** role; **Das spielt keine** ∼. That
  doesn't matter.
der **Roman′,-e** novel (10W)
die **Roman′tik** romanticism
der **Roman′tiker,-** romantic
roman′tisch romantic
römisch Roman
die **Rose,-n** rose
rot (ö) red (S2W)
die **Roula′de,-n** stuffed beef roll
der **Rückblick,-e** review
die **Rückfahrkarte,-n** roundtrip ticket (7W)
der **Rückgang** decline
der **Rucksack,∺e** knapsack, rucksack,
  backpack
die **Rücksicht:** ∼ **nehmen*** to consider

das **Ruderboot,-e** rowboat
rudern to row
rufen, rief, gerufen to call (9G)
die **Ruhe:** ∼ **bitte!** Quiet, please! **Laß mich
  in** ∼! Leave me alone. Leave me in
  peace. (9W)
der **Ruhetag** holiday, day off
ruhig quiet (11W)
die **Rui′ne,-n** ruins
ruinie′ren to ruin
der **Rundfunk** radio, broadcasting
russisch Russian

S

der **Saal, Säle** large room, hall
die **Sache,-n** thing, matter
der **Sack,∺e** sack
die **Safa′ri,-s** safari
der **Saft,∺e** juice
sagen to say, to tell (S3W); **Sag mal!**
  Say. Tell me. (1W); **Können Sie mir**
  ∼. . . ? Can you tell me . . .? (4W)
  wie gesagt as I (you; etc.) said (15E)
der **Salat′,-e** salad, lettuce (2W)
das **Salz** salt (3W)
sammeln to collect (8W)
die **Sammlung,-en** collection
der **Samstag** Saturday (S6W); **am** ∼ on
  Saturday
samstags on Saturdays (7G)
der **Samt** velvet
der **Sand** sand
die **Sängerknaben** (*pl.*) choir boys
der **Satz,∺e** sentence (S2W)
sauber clean (6E)
der **Sauerbraten** marinated pot roast
das **Sauerkraut** sauerkraut
die **S-Bahn,-en** commuter train
Schach: ∼ **spielen** to play chess (8W)
Schade! Too bad! (8W)
schaffen to work hard
schaffen, schuf, geschaffen to create
der **Schaffner,-** conductor (7W)
die **Schale** shell, peel
die **Schallplatte,-n** record (8W)
der **Schalter,-** ticket window, counter (6W)
scharren shuffle
die **Schatzkammer,-n** treasury
schauen to look; **Schau mal!** Look!
  (7E); **hinaus·**∼ to look out; **hinein·**∼
  to look in(to)
das **Schaufenster,-** display window
der **Schauspieler,-** actor (10W)
der **Scheck,-s** check (6W)
die **Scheidung,-en** divorce

scheinen, schien, geschienen to shine (S6W); to seem, appear to be (16E)
schenken to give (as a present) (9W)
schick chic (5W)
schicken to send (7W)
die **Schießbude,-n** shooting gallery
das **Schießpulver** gunpowder
das **Schiff,-e** ship, boat (14W); **mit dem ~ fahren*** to go by boat (7W)
das **Schild,-er** sign (4W)
der **Schinken,-** ham
schlafen (schläft), schlief, geschlafen to sleep (3E)
das **Schlafzimmer,-** bedroom (5W)
schlagen (schlägt), schlug, geschlagen to hit
der **Schlager,-** popular song
die **Schlagsahne** whipped cream
schlank slim, slender (11W)
schlecht bad(ly) (S1W)
schließen, schloß, geschlossen to close
schlimm bad, awful (14W)
der **Schlips,-e** tie
das **Schloß,-sser** palace (4W)
der **Schlüssel,-** key (6W)
schmecken to taste; **Das schmeckt gut.** That tastes good. (3W)
schmelzen (schmilzt), schmolz, geschmolzen to melt
der **Schmerz,-en** pain
der **Schmutz** dirt (12E)
schmutzig dirty (6E)
schneiden, schnitt, geschnitten to cut
schneien to snow (S6W)
schnell quick(ly), fast (S3W)
die **Schnellimbißstube,-n** fast food stand
das **Schnitzel,-** veal cutlet
die **Schokola'de** chocolate
schon already (1E)
schön nice, beautiful (S6W)
die **Schönheit** beauty
der **Schrank,-e** closet, cupboard (5W)
der **Schrebergarten,-** leased garden
der **Schreck: Ach du ~!** Good grief. (9W)
schrecklich terrible, terribly (12W)
schreiben, schrieb, geschrieben to write (S3W); **~ an (+ acc.)** to write to (9G)
schreibfaul too lazy to write
der **Schreibtisch,-e** desk (5W)
schriftlich written; in writing
der **Schriftsteller,-** writer
der **Schritt,-e** step
das **Schritt-Tempo** walking pace
der **Schuh,-e** shoe (S3W)
die **Schulden** (pl.) debt

die **Schule,-n** school (1W)
der **Schüler,-** pupil
der **Schutz** protection (14E)
die **Schwäche,-n** weakness
schwarz (ä) black (S2W)
das **Schwarzbrot,-e** dark rye bread
(das) **Schweden** Sweden
schwedisch Swedish
das **Schwein,-e** pig, pork . . .
die **Schweinshaxe,-n** pig-knuckles
die **Schweiz** Switzerland (1W)
der **Schweizer,-** the Swiss (1W)
schwer heavy, difficult (S3W)
die **Schwester,-n** sister (S7W)
schwimmen, schwamm, ist geschwommen to swim (5W); **~ gehen*** to go swimming (8W)
der **Schwimmer,-** swimmer
schwitzen to sweat
der **See,-n** lake (1W)
die **See** sea, ocean
das **Segelboot,-e** sailboat
segeln to sail; **~ gehen*** to go sailing (8W)
sehen (sieht), sah, gesehen to see, look (S7W); **Mal ~!** Let's see. (14W)
die **Sehenswürdigkeit,-en** attraction
sehr very (S3W)
die **Seide** silk
sein his, its (6G)
sein (ist), war, ist gewesen to be (S2W): **Das wär's!** That's it? (2W); **Wie wär's mit . . .?** How about . . .? (8W); **Ich bin's.** It's me. (10W); **Sei / seid / seien Sie . . .!** Be . . .! (13W); **Wie war's denn?** How was it? (14W)
seit (+ dat.) since (time) (3G)
die **Seite,-n: auf ~** on page, to page (S3W)
die **Sekretä'rin,-nen** secretary (13W)
der **Sekt** champagne (9W)
die **Sekte,-n** sect
die **Sekun'de,-n** second (S8W)
selbst -self; **~ wenn** even if (14E)
selbstverständlich: als ~ for granted
selten seldom (12W)
seltsam strange
das **Seme'ster,-** semester (1W)
das **Seminar',-e** seminar (15W)
die **Seminar'arbeit,-en** term paper
der **Septem'ber** September (S6W); **im ~** in September
die **Serie,-n** series
die **Sesamstraße** Sesame Street
der **Sessel,-** armchair (5W)
der **Sessellift** chair lift
setzen to set (down), put (5W); **sich ~** to sit down (8G)

die **Show,-s** (variety) show

sicher safe (5E); **Sind Sie** ~? Are you sure? (S9W)

sicherlich surely, certainly, undoubtedly (14E)

die **Siedlung,-en** settlement

(das) **Silve′ster: zu** ~ on New Year's Eve (9W)

singen, sang, gesungen to sing (8W)

der **Sinn** mind; sense

die **Situation′,-en** situation

sitzen, saß, gesessen to sit (3E)

skeptisch skeptical

Ski·laufen*: Skilaufen gehen* to go skiing (8W)

die **Sklaverei′** slavery

so like that; ~ **so fair** (S1W); **so . . . wie** as . . . as (S7W); ~ **ein** such (6G)

so daß so that (*conj.*)

das **Sofa,-s** sofa, couch (5W)

sofort′ immediately, right away

sogar′ even (5W)

sogenannt- so-called

der **Sohn,⁀e** son (S7W)

solch- such (5G)

der **Soldat′,-en,-en** soldier

sollen (soll) to be supposed to (4G)

der **Sommer** summer (S6W)

das **Sonderangebot,-e; im** ~ on special

sondern but (on the contrary) (4W)

die **Sonne** sun (S6W)

das **Sonnenöl** suntan lotion

der **Sonnenuntergang,⁀e** sunset

der **Sonntag** Sunday (S6W); **am** ~ on Sunday

sonntags on Sundays (7G)

sonst: ~ **noch etwas?** Anything else? (2W)

das **Sonstige: Sonstiges** various things (S2W)

die **Soße,-n** sauce, gravy

sowieso′ anyway, anyhow (13W)

soziali′stisch socialist

die **Soziologie′** sociology

(das) **Spanien** Spain (1W)

der **Spanier,-** the Spaniard (1W)

spanisch Spanish (1W)

spannend exciting, suspenseful (10W)

sparen to save

sparta′nisch Spartan, frugal

der **Spaß** fun; ~ **machen** to be fun (4E); **Viel** ~! Have fun! (7E); ~ **beiseite!** Be serious! Seriously! (13W)

spät late; **Bis später!** See you later. (S1W); **Wie** ~ **ist es?** How late is it? (S8W)

spazie′ren·gehen* to go for a walk (8W)

der **Spazier′gang,⁀e** walk

die **Speise,-n** food, dish

die **Speisekarte,-n** menu (3W)

das **Spezial′geschäft,-e** specialty shop

die **Spezialität′,-en** specialty (3W)

spezi′fisch specific(ly)

das **Spiel,-e** game, play (8W)

spielen to play (S8W)

der **Spielplan,⁀e** schedule (theater)

der **Spielplatz,⁀e** play ground

spinnen, spann, gesponnen to spin (yarn); **Du spinnst!** You are crazy. (9W)

der **Spitzname,-ns,-n** nickname

der **Sport** sport(s) (8E); ~ **treiben*** to be active in sports

die **Sportartikel** (*pl.*) sports equipment

der **Sportler,-** athlete

sportlich athletic (11W); sporty

die **Sprache,-n** language (1W)

-sprachig -speaking

sprechen (spricht), sprach, gesprochen to speak (S3W); ~ **Sie laut!** Speak up. (S3W); **Man spricht . . .** They speak . . . (1E); ~ **über** (+ *acc.*) to speak about (9G)

das **Sprichwort,⁀er** saying, proverb

springen, sprang, ist gesprungen to jump

der **Spruch,⁀e** saying

die **Spülmaschine,-n** dishwasher

die **Spur,-en** trace

der **Staat,-en** state

staatlich public

der **Staatsbürger,-** citizen

die **Staatsbürgerschaft** citizenship

die **Stadt,⁀e** city, town (1W)

das **Stadtbild** character of a town

der **Stadtplan,⁀e** city map (4W)

stagnie′ren to stagnate

der **Stahl** steel

der **Standard,-s** standard

stand·halten* to withstand

stark (ä) strong

die **Stati′stik,-en** statistic

die **Statue,-n** statue

stehen, stand, gestanden to be standing (4E); **Wie steht der Dollar?** What's the exchange rate of the dollar? (6W)

steigen, stieg, ist gestiegen to go up, rise, climb (10G)

der **Stein,-e** stone

die **Stelle,-n** position, job (13W)

stellen to stand (upright), put (5W)

Studiengebühren

sterben (stirbt), starb, ist gestorben to die

die **Steuer,-n** tax

das **Steuer** steering wheel; **am** ~ behind the wheel

die **Stewardeß',-ssen** stewardess (7W)

der **Stier,-e** bull

der **Stil,-e** style

stimmen: Das stimmt. That's true. That's right. (S6W)

das **Stipen'dium, Stipendien** scholarship (15W)

der **Stock,-werke: im ersten** ~ on the second floor (5W)

stolz proud (11E)

der **Stolz** pride

die **Straße,-n** street (2E)

die **Straßenbahn,-en** streetcar (4W)

strate'gisch strategic

der **Streber,-** grind

streng strict (12E)

der **Strudel** strudel

die **Struktur'** structure

der **Strumpf,-e** sock, stocking

das **Stück: ein** ~ a piece of (2F) **zwei** ~ two pieces of (2E)

das **Stück,-e** play (1E)

der **Student'**

das ...

...ackboard (S2W)

...,-e day (S6W); **Guten** ~! Hello.

(S1W); **am** ~ during the day (5E); **eines Tages** one day, someday (8E); **jeden** ~ each day (7G); **den ganzen** ~ all day long (7G)

tagelang for days (14W)

-tägig days long

täglich daily (10E)

das **Talent',-e** talent (8E)

talentiert' talented (11W)

die **Tante,-n** aunt (S7W)

der **Tanz,-e** dance

tanzen to dance; ~ **gehen*** to go dancing (8W)

der **Tape'tenwechsel** change of surroundings (lit., change of wallpaper)

die **Tasche,-n** bag (6W); pocket

die **Tasse,-n** cup (2E); **eine** ~ a cup of (2E)

tauschen to trade

das **Taxi,-s** taxi (4W)

der **Tee** tea (2W)

der **Teil,-e** part (1E)

teil·nehmen* (an + dat.) to participate (in), take part (in) (9E)

das **Telefon',-e** telephone (5W)

das **Telefon'buch,-er** telephone book (8W)

das **Telefon'gespräch,-e** telephone conversation, call (8W)

telefonie'ren to call up, phone (8W)

die **Telefon'nummer,-n** telephone number (8W)

die **Telefon'zelle,-n** telephone booth (8W)

der **Teller,-** plate (3W)

Tennis: ~ **spielen** to play tennis (S8W)

der **Teppich,-e** carpet (5W)

teuer expensive (S5W)

der **Text,-e** text

die **Texti'lien** (pl.) textiles

das **Thea'ter,-** theater (4W)

das **Thema, Themen** topic

der **Theolo'ge,-n,-n** theologian

der **Tip,-s** hint

der **Tisch,-e** table (S2W)

Tischtennis: ~ **spielen** to play ping pong (8W)

der **Titel,** title

die **Tochter,-** daughter (S7W)

Toi, toi, toi! Good luck! (9W)

die **Toilet'te,-n** toilet (5W)

tolerant' tolerant (12W)

die **Toleranz'** tolerance

toll great, terrific (5W)

die **Toma'te,-n** tomato (2W)

der **Ton** tone

der **Topf,-e** pot

die **Torte,-n** cake

die **Tour,-en** tour
der **Tourist',-en,-en** tourist (4W)
das **Tournier',-e** tournament
  traditionell' traditional
  tragen (trägt), trug, getragen to carry (3W); to wear (10E)
das **Training** training
der **Traum,-̈e** dream
  träumen (von) to dream (of) (14W)
  traumhaft dream-like
  traurig sad (10W)
  treffen (trifft), traf, getroffen to meet (7E)
  treiben, trieb, getrieben to push
der **Trend** trend
die **Treppe,-n** stairs, stairway (5W)
  treten (tritt), trat, getreten to step; kick
  treu faithful (11W)
der **Trimm-dich-Pfad,-e** exercise trail
  trinken, trank, getrunken to drink (2W)
das **Trinkgeld,-er** tip
  trotz (+ *gen.*) in spite of (7G)
  trotzdem nevertheless (4E)
  tschechisch Czech
  Tschüß! So long.
  tun (tut), tat, getan to do (7E)
die **Tür,-en** door (S2W)
die **Türkenbelagerung** Turkish siege
  typisch typical(ly) (8E)

U

die **U-Bahn** subway (4W)
  über (+ *acc.* / *dat.*) over, above (5G); about (9G)
  überall' everywhere (3E)
  überein'·stimmen to agree
  überho'len to pass (a car)
das **Überhol'verbot** no passing
  überle'gen to think, ponder
  übermorgen the day after tomorrow (7G)
  übernach'ten to spend the night (6W)
die **Übernach'tung,-en** overnight stay
die **Übernahme** takeover, seizure
die **Überreste** (*pl.*) leftovers
  überse'hen* to overlook
  überset'zen to translate (14E)
  übertra'gen* to transfer, transmit
  üblich usual, customary (15W)
  übrigens by the way
die **Übung,-en** exercise, practice
das **Ufer,-** river bank
die **Uhr,-en** watch, clock, o'clock (S8W); Wieviel ~ ist es? How late is it? (S8W)

  um at (o'clock) (S8W); (+ *acc.*) around (2G); **um ... zu ...** in order to ... (12E)
  umge'ben surrounded
die **Umge'bung** (*sg.*) surroundings (12E)
der **Umstand,-̈e** trouble, inconvenience
  um·steigen* to change (trains, etc.) (7W)
  um·wechseln to exchange (money) (6W)
der **Umzug,-̈e** parade
  unabhängig (von) independent (of) (10E)
die **Unabhängigkeit** independence (13W)
  unattraktiv unattractive (11W)
  unbedingt for sure
  unbegrenzt unlimited
  und and (S1W)
  unfreundlich unfriendly (11W)
(das) **Ungarn** Hungary
  ungebildet uneducated (11W)
  ungeduldig impatient (11W)
  ungefähr about, approximately (1E)
  ungemütlich unpleasant, uncomfortable
  ungestört unhindered
das **Unglück** bad luck
  unglücklich unhappy (11W)
die **Uniform',-en** uniform
die **Universität',-en (U'ni,-s)** university (1W)
  unmöbliert unfurnished
  unmöglich impossible (12W)
  unmusikalisch unmusical (11W)
das **Unrecht** wrong
  uns us, to us (4G); **bei ~** at our place (4E)
  unser our (6G)
  unsportlich unathletic (11W)
  unsympathisch uncongenial, unlikable (11W)
  untalentiert untalented (11W)
  unten downstairs (5W); down (14W)
  unter (*acc./dat.*) under, below (5G); among (16E)
der **Untergang** fall, downfall
die **Unterhal'tung** entertainment (10W)
  unterneh'mungslustig enterprising (11W)
der **Unterricht** instruction, lesson, class
der **Unterschied,-e** difference (12E)
  unterschrei'ben* to sign (6W)
die **Unterschrift,-en** signature
  unterstüt'zen to support
die **Unterstüt'zung** support
  unterwegs' under way, on the way, on the go (4E)

untreu unfaithful (11W)

unverheiratet unmarried, single (11W)

die Unwahrscheinlichkeit unreal condition

unzerstört intact

der Urlaub paid vacation

ursprünglich original(ly)

V

die Vanille vanilla

die Variation′,-en variation

der Vater,⸗ father (S7W)

verallgemeinern to generalize

das Verb,-en verb

verbessern to improve, correct (15W)

verbinden to link

verbindend linking

das Verbot,-e restriction

verboten forbidden (9E)

der Verbraucher,- consumer

verbrennen, verbrannte, verbrannt to burn

verbunden in touch

verdammen to curse

verdienen to deserve; to earn, make money (13W)

die Vereinigten Staaten (USA) (pl.) United States (US) (16W)

Verflixt! Shucks. Darn it.

verfolgt persecuted

die Vergangenheit past (14W); simple past

vergehen* to pass (time)

vergessen* to forget

vergleichen, verglich, verglichen to compare

verheiratet married (11W)

verhungern to starve

verkaufen to sell (2W)

der Verkäufer,- salesman, sales clerk (13W)

der Verkehr traffic (4W)

verlangen to demand

verlassen* to leave (behind) (16W); sich ~ auf (+ acc.) to rely on, depend on (12E)

sich verlieben (in + acc.) to fall in love (with) (11W); verliebt (in + acc.) in love (with) (11W)

sich verloben (mit) to get engaged (to) (11W); verlobt engaged (11W)

die Verlobung,-en engagement (11W)

verlockend tempting

der Verlust,-e loss

vermieten to rent out (5W)

der Vermieter,- landlord

verneinen to negate

verrückt crazy (9E)

verschenken to give away

verschieden various, different (9E)

die Verspätung: Der Zug hat ~. The train is late. (7W)

versprechen* to promise

verständnislos lacking in understanding (11W)

verständnisvoll understanding (11W)

verstecken to hide

verstehen* (hat) to understand (S3W); ~ unter (+ dat.) to understand by (13E)

versuchen to try (8E)

die Verteidigung defense

verwöhnen to spoil

das Verzeichnis index, catalogue

der Vetter,-n cousin (S7W)

viel (mehr, meist-) much (S4W)

viele many (S6W)

vielleicht′ perhaps (3E)

das Viertel,-: ~ nach a quarter past (S8W); ~ vor a quarter to (S8W); in einer Viertelstunde in fifteen minutes (7W)

die Vision′,-en vision

der Vogel,⸗ bird

die Voka′bel,-n (vocabulary) word

das Vokabular′ vocabulary (list)

das Volk,⸗er folk, people

das Volksfest,-e fair (9W)

das Volkslied,-er folksong

der Volkswagen,- VW

die Volkswirtschaft economics

voll full

völlig total(ly), complete(ly), fully (13E)

von (+ dat.) from, of (S5W); by (16G)

vor (+ acc./dat.) in front of, before (5G); ~ drei Jahren three years ago (10W)

voran′·kommen* to get ahead

vorbei′·bringen* to bring over

vorbei′·gehen* to pass by (6G)

vorbei′·kommen* to come by, pass by (6G)

vorbei′ sein* to be over, finished (14E)

(sich) vor·bereiten (auf + acc.) to prepare (for) (15W)

die Vorbereitung,-en preparation

die Vorbeugung prevention

der Vorfahr,-en,-en ancestor

die Vorfahrt right-of-way

vorgestern the day before yesterday (7G)

vor·haben* to plan, intend to, have in mind (10E)

der Vorhang,⸗e curtain (5W)

die **Vorlesung,-en** lecture, class
   (university) (10E)
— **vormittag** mid morning (7G); **heute**
   ~ this (mid) morning (7G)
vormittags in the (mid) morning (7G)
der **Vorname,-ns,-n** first name (16E)
Vorsicht! Careful! (9W)
vor·stellen: Darf ich ~? May I
   introduce? (9W); **sich** ~ to imagine
die **Vorstellung,-en** performance (10W)
der **Vorteil,-e** advantage (12E)
der **Vortrag,ːe** talk, speech
das **Vorurteil,-e** prejudice (12W)
die **Vorwahl** area code
vor·ziehen* (hat) to prefer (15E)

W

das **Wachs** wax
die **Waffe,-n** weapon
der **Wagen,-** car; railroad coach (7W)
die **Wahl** choice, selection
das **Wahlfach,ːer** elective (subject)
während (+ *gen.*) during (7G); while
   (*conj.*) (13E)
wahr·nehmen* to take advantage of,
   use
der **Wald,ːer** forest, woods (5E)
der **Walzer,-** waltz
die **Wand,ːe** wall (S2W)
der **Wanderer,-** hiker
wandern (ist) to hike (8W)
wann? when? at what time? (S8W)
die **Ware,-n** ware, merchandise
warm (ä) warm (S3W)
warten to wait; ~ **auf** (+ *acc.*) to wait
   for (9G)
warum? why? (S6W)
was? what? (S2W) ~ **für (ein)?** what
   kind of (a)? (S4W)
(sich) **waschen (wäscht), wusch, gewaschen**
   to wash (o.s) (8G)
die **Waschmaschine,-n** washing machine
das **Wasser** water (2W)
waten (ist) to wade
weder ... noch ... neither ... nor ...
   (10E)
der **Weg,-e** way, path, trail; route (4W);
   nach dem ~ **fragen** to ask directions
wegen (+ *gen.*) because of (7G)
weh·tun* to hurt (11E)
sich **weigern** to refuse
(das) **Weihnachten: zu** ~ at/for Christmas
   (9W); **Fröhliche** ~! Merry Christmas!
der **Weihnachtsbaum,ːe** Christmas tree
   (9W)

das **Weihnachtslied,-er** Christmas carol
   (9W)
der **Weihnachtsmann** Santa Claus (9W)
weil because (*conj.*) (3G)
die **Weile: eine** ~ for a while
der **Wein,-e** wine (2W)
der **Weinberg,-e** vineyard (14W)
weinen to cry
die **Weinstube,-n** inn
die **Weise: auf diese** ~ (in) this way (5E)
weiß white (S2W)
weit far (4W)
weiter: und so ~ **(usw.)** and so on
   (etc.) (S5W); ~ **draußen** farther out
weiter·fahren* to drive on (14W)
weiter·fragen to ask more
weiter·gehen*: Es geht weiter. It
   continues. (10W)
weiter·machen to continue (15E)
der **Weizen** wheat
welch- which (6G)
die **Welle,-n** wave
die **Welt** world (12E)
wenig- little (not much), few (7E)
wenigstens at least (12W)
wenn if, whenever (*conj.*) (3G); **selbst**
   ~ even if (14W)
wer? who? (4G); whoever
werden (wird), wurde, ist geworden to
   become, get (3W); **Was willst du
   einmal ~?** What do you want to be?
   (13W); **Ich will ... ~.** I want to be a
   ... (13W)
werfen (wirft), warf, geworfen to throw
wert worth
der **Westen: im** ~ in the west (1W)
westlich (von) west (of), to the west
   (of) (1W)
der **Wettbewerb,-e** contest
das **Wetter** weather (S6W)
wichtig important (1E)
wie? how? (S2W); ~ **bitte?** What did
   you say? Could you say that again?
   (S2W); ~ **like, as** (3E); **so ... ~ as
   ... as ...;** ~ **lange?** how long?
   (S8W); ~ **gesagt** as I said (you, etc.)
   (15E)
wieder again (S5W); **immer** ~ again
   and again, time and again (4E)
wiederho'len to repeat (S2W)
die **Wiederho'lung** repetition, review
wieder·hören: Auf wiederhören!
   Good-bye (on the phone). (8W)
wieder·sehen*: Auf Wiedersehen!
   Good-bye. (S1W)
der **Wiener,-** Viennese

Wieso' (denn)? How come? Why?
(11W)

wieviel(e) how much, how many
(S6W); **Der wievielte ist heute?**
What is the date today? (S9W)

wild wild (11W)

die **Wild-West-Serie** Western (series)

der **Wind** wind

der **Winter,-** winter (S6W)

das **Winzerfest** vintage festival

wirken to appear

wirklich really, indeed (S6W)

die **Wirklichkeit** reality (16E)

wirtschaftlich economical(ly)

wissen (weiß), wußte, gewußt to know
(a fact) (S3W)

die **Wissenschaft,-en** science (10E)

der **Wissenschaftler,-** scientist (13W)

die **Witwe,-n** widow

der **Witz,-e** joke

wo? where? (S2W)

die **Woche,-n** week (S6W); **die ganze ~** all
week long (7G)

das **Wochenende** weekend (3E); **am ~** on
the weekend (3E)

wochenlang for weeks

-wöchig weeks long

woher'? where from? (5G)

wohin'? where to? (5G)

wohl probably (13G)

wohnen to live, reside (1W)

die **Wohnung,-en** apartment (5W)

das **Wohnzimmer,-** living room (5W)

die **Wolke,-n** cloud (14W)

wollen (will), wollte (gewollt) to want
to (4G)

das **Wort,-e** connected words; **in anderen
Worten** in other words (8E)

das **Wort,̈er** (individual) word (S3W)

der **Wortschatz** vocabulary

die **Wortstellung** word order

das **Wunder,-** wonder; **~ tun** to do
wonders

wunderbar wonderful (S1W)

sich **wundern: ~ Sie sich nicht!** Don't be
surprised.

der **Wunsch,̈e** wish (12E)

(sich) **wünschen** to wish (6E)

die **Wurst,̈e** sausage (2W)

Z

die **Zahl,-en** number (S5W)

zählen to count (S5W)

der **Zahn,̈e** tooth (S4W)

der **Zahnarzt,̈e** dentist (13W)

die **Zahnärztin,-nen** dentist (13W)

zart tender

zärtlich affectionate (11W)

der **Zaun,̈e** fence

das **Zeichen,-** signal, sign

die **Zeichnung,-en** drawing

zeigen to show (S4W); **Zeig mal!** Show
me (us, etc.). (7E)

die **Zeit,-en** time (S8W); tense; **Ich habe
keine ~. I don't have time.** (1W); **in
jener ~** in those days

die **Zeitschrift,-en** magazine (10W)

die **Zeitung,-en** newspaper (10W); **Wochen
~** weekly newspaper

das **Zelt,-e** tent

zentral' central(ly)

das **Zentrum, Zentren** center; **im ~**
downtown

zerstören to destroy (14E)

die **Zerstörung** destruction

ziehen, zog, gezogen to pull (11E); **~
(ist)** to move (to another place) (14E)

ziemlich quite, fairly (15E)

das **Zimmer,-** room (5W)

der **Zimmerkollege,-n,-n** roommate (15W)

der **Zirkel,-** club, circle

die **Zirkulation'** circulation

der **Zoll** customs; toll

die **Zone,-n** zone, area

der **Zoo,-s** zoo

zu (+ _dat._) to (3G); too (S4W); closed
(2E); (+ _infinitive_) to (8G)

der **Zucker** sugar (3W)

zuerst' first (of all)

der **Zufall,̈e: So ein ~!** What a coincidence. (16W)

zufällig by chance

zufrie'den satisfied, content (15E)

der **Zug,̈e** train (7W); **mit dem ~ fahren***
to go by train (7W)

zu·hören to listen (S2W); **Hör mal zu!**
Listen. (7E)

die **Zukunft** future (14W)

zu·machen to close (6W)

zurück'·gehen* to decrease; go back

zurück'·kommen* to come back, return
(6G)

sich **zurück'·ziehen*** (hat) to withdraw

zusam'men together (2W)

die **Zusam'menfassung,-en** summary

die **Zusam'mengehörigkeit** solidarity

der **Zusam'menhalt** unity

zwischen (+ _acc./dat._) between (5G)

zwischendurch in between

ENGLISCH-DEUTSCH

Except for numbers, pronouns, **da-** and **wo-**compounds, this vocabulary includes all active words used in this book. If you are looking for certain idioms, feminine equivalents or other closely related words, look at the key-word given and then check it in the German-English vocabulary. Irregular verbs are only indicated by an asterisk (*); check their forms and auxiliaries in the list of irregular verbs.

A

able: to be ~ to können*
about (approximately) ungefähr
acquaintance der Bekannte
across (from) gegenüber (von + *dat.*)
actor der Schauspieler,-
address die Adresse,-n; **return ~** der Absender,-
advance: in ~ vorher
advantage der Vorteil,-e
adventurer der Abenteurer,-
advertising die Reklame
affectionate zärtlich
afraid: to be ~ (of) Angst haben* (vor + *dat.*)
after (time) nach (+ *dat.*); nachdem (*conj.*)
afternoon nachmittag
afterward danach, nachher
again wieder, noch einmal
against gegen (+ *acc.*)
ago vor (+ *dat.*)
ahead: straight ~ geradeaus; (of time) vorher
airplane das Flugzeug,-e
airport der Flughafen,-
all all-
allowed: to be ~ to dürfen*
almost fast
alone allein; **Leave me ~!** Laß mich in Ruhe!
along entlang
already schon
also auch
always immer
America (das) Amerika
American (*adj.*) amerikanisch
and und
angry böse
another ander-; noch ein
answer die Antwort,-en
to **answer** antworten
anyway sowieso
apartment die Wohnung,-en
to **applaud** klatschen

apple der Apfel,-
April der April
area die Gegend,-en
arm der Arm,-e
around um (+ *acc.*)
arrival die Ankunft
to **arrive (in)** an·kommen* (in + *dat.*)
art die Kunst,-e
as wie
to **ask** fragen; **to ~ (for)** bitten* (um + *acc.*)
assignment die Aufgabe,-n
at an (+ *dat.*); (o'clock) um . . . (Uhr)
athletic sportlich; **un~** unsportlich
at least wenigstens
attention: to pay ~ auf·passen
attractive attraktiv; **un~** unattraktiv
audience das Publikum
August der August
aunt die Tante,-n
Austria (das) Österreich
author der Autor,-en

B

bad schlecht; schlimm
bag die Tasche,-n
baggage das Gepäck
to **bake** backen*
baker der Bäcker,-
bakery die Bäckerei,-en
balcony der Balkon,-s
banana die Banane,-n
bank die Bank,-en
bath das Bad,-er; **to take a ~** baden
to **be** sein*; (become) werden*
bean die Bohne,-n
beautiful schön
because weil (*conj.*), denn; **~ of** wegen (+ *gen.*)
to **become** (be) werden*
bed das Bett,-en
beer das Bier
before vor (+ *acc./dat.*); bevor (*conj.*); **not ~** (time) erst

to **begin** beginnen*, an·fangen*
  beginning der Anfang
  behind hinter (+ *acc./dat.*)
to **belong to** gehören (+ *dat.*)
  beside neben (+ *acc./dat.*)
  best best-; am besten; **All the ~!** Alles Gute!
    ~ of all am liebsten
  better besser
  between zwischen
  bicycle das Fahrrad,-̈er (fährt Rad, ist
    radgefahren)
to **bicycle** rad·fahren*
  big groß (ö)
  bill die Rechnung,-en
  birthday der Geburtstag,-e
  bit: a little ~ ein bißchen
  black schwarz (ä)
  blackboard die Tafel,-n
  blouse die Bluse,-n
  blue blau
  body der Körper,-
  book das Buch,-̈er; **note~** das Heft,-e
  boring langweilig
  born geboren (ist)
  both beide (*pl.*); beides (things) (*sg.*)
  bottle die Flasche,-n
  boy der Junge,-n,-n
  bread das Brot,-e
  break (intermission) die Pause,-n
to **break** kaputt gehen*
  breakfast das Frühstück
  bridge die Brücke,-n
to **bring** bringen*; **to ~ along** mit·bringen*; **to
    have brought** bringen lassen*
  brother der Bruder,-̈; **brothers and sisters** die
    Geschwister (*pl.*)
  brown braun
to **build** bauen
  building das Gebäude,-
  bus der Bus,-se
  bush der Busch,-̈e
  business das Geschäft,-e
  but aber; doch; (on the contrary) sondern
  butcher (shop) die Fleischerei,-en
  butter die Butter
  by von (+ *dat.*)

C

  café das Café,-s
  cafeteria (student) die Mensa
  cake der Kuchen,-
  call der Anruf,-e; das Telefongespräch,-e
to **call** rufen*; **to ~ (up)** an·rufen*, telefo-
    nieren; **to ~ (name)** nennen*; **to be called**
    heißen*

  campground der Campingplatz,-̈e
  candle die Kerze,-n
  capital die Hauptstadt,-̈e
  car das Auto,-s; der Wagen,-; (railroad) der
    Wagen,-
  card die Karte,-n; **credit ~** die Kreditkarte,
    -n; **post ~** die Postkarte,-n
  Careful! Vorsicht!
  carnival der Karneval
  carpet der Teppich,-e
  carrot die Karotte,-n
to **carry** tragen*
  case: in any ~ auf jeden Fall
  cash das Bargeld
to **cash** (a check) ein·lösen
  cash register die Kasse,-n
  cassette die Kassette,-n
  castle die Burg,-en
  cathedral der Dom,-e
to **celebrate** feiern
  celebration das Fest,-e
  century das Jahrhundert,-e
  certain bestimmt-
  certainly bestimmt, sicherlich
  chair der Stuhl,-̈e; **arm~** der Sessel,-
  chalk die Kreide
  champagne der Sekt
  change das Kleingeld
to **change** (trains) um·steigen*; (money)
    wechseln
  channel das Programm,-e
  charming charmant
  cheap billig
  check der Scheck,-s; **traveler's ~** der
    Reisescheck,-s
  Cheers! Prost!
  cheese der Käse
  chess Schach
  chic schick
  child das Kind,-er
  choir der Chor,-̈e
  Christmas Weihnachten; **~ carol** das
    Weihnachtslied,-er; **~ tree** der
    Weihnachtsbaum,-̈e
  church die Kirche,-n
  citizen der Bürger,-
  city die Stadt,-̈e
  class (group) die Klasse,-n; (time) die
    Stunde,-n; (instruction, school) der
    Unterricht; (instruction, university) die
    Vorlesung,-en
  clean sauber
to **clean** putzen
  clerk der Angestellte; (civil servant) der
    Beamte; (desk clerk) der Portier,-s;
    (salesman) der Verkäufer,-

to **climb** steigen*
to **close** zu·machen
closed zu
closet der Schrank,⸗e
clothing die Kleidung
cloud die Wolke,-n
coat der Mantel,⸗
coffee der Kaffee
coincidence der Zufall,⸗e
coke die Cola
cold kalt (ä)
cold: to catch a ~ sich erkälten
to **collect** sammeln
color die Farbe,-n; **multicolored** bunt
to **comb (o.s.)** (sich) kämmen
to **come** kommen*; **to** ~ **along** mit·kommen*;
  to ~ **back** zurück·kommen*; **to** ~ **by**
  vorbei·kommen*; **That comes to . . .**
  altogether. Das kostet zusammen. . . . Das
  macht zusammen. . . .
comfortable bequem
company die Firma, Firmen
complete(ly) völlig
composer der Komponist,-en,-en
concert das Konzert,-e
conductor (bus) der Schaffner,-
confused durcheinander
Congratulations! Wir gratulieren!
connection der Anschluß,⸗sse
to **continue** weiter·gehen*, weiter·machen
convenient bequem
to **cook** kochen
cookie das Plätzchen,-
cool kühl
corner die Ecke,-n
correct richtig
to **correct** verbessern
to **cost** kosten
to **count** zählen
counter der Schalter,-
country das Land,⸗er
couple das Paar,-e; **(married)** das Ehepaar,-e;
  a ~ **of** ein paar
course der Kurs,-e
cousin der Vetter,-n; die Kusine,-n
cozy gemütlich
crazy verrückt; **You are** ~. Du spinnst.
cup die Tasse,-n
cupboard der Schrank,⸗e
curious neugierig
curtain der Vorhang,⸗e
customary (usual) üblich

D

daily täglich
to **dance** tanzen

dark dunkel
date das Datum, Daten; **What's the** ~ **today?**
  Der wievielte ist heute?
daughter die Tochter,⸗
day der Tag,-e
deal: That's a ~. Abgemacht!
dear lieb-
December der Dezember
dentist der Zahnarzt,⸗e
departure die Abfahrt
depend: to ~ **on** sich verlassen* auf (+ *acc.*);
  That depends. Das kommt darauf an.
dependence die Abhängigkeit
dependent (on) abhängig (von)
to **describe** beschreiben*
desk der Schreibtisch,-e
dessert der Nachtisch
to **destroy** zerstören
difference der Unterschied,-e
different anders, verschieden
difficult schwer
dinner das Mittagessen; das Abendessen
dirt der Schmutz
dirty schmutzig
to **do** tun*, machen
doctor der Arzt,⸗e
door die Tür,-en
dormitory das Studentenheim,-e
downstairs unten
to **dream (of)** träumen (von)
dress das Kleid,-er
dressed: to get ~ (sich) an·ziehen*; **to get**
  un~ (sich) aus·ziehen*
dresser die Kommode,-n
to **drink** trinken*
to **drive** fahren*; **to** ~ **on** weiter·fahren*
to **drop** fallen lassen*
drugstore die Drogerie,-n
during während (+ *gen.*)

E

ear das Ohr,-en
early früh
to **earn** verdienen
east der Osten; ~ **(of)** östlich (von)
easy leicht
to **eat** essen
educated gebildet; **un**~ ungebildet
egg das Ei,-er
electrician der Elektriker,-
elegant elegant, schick
else: What —? Was noch? **Anything** ~?
  Sonst noch etwas? **something** ~ etwas
  anderes
emigrant der Auswanderer,-

to **emigrate** auswandern (ist)
employee der Angestellte
end das Ende
engaged verlobt; **to get ~ (to)** sich verloben (mit)
engagement die Verlobung,-en
engineer der Ingenieur,-e
England (das) England
English (*adj.*) englisch
enough genug
to **enter** herein·kommen*
enterprising unternehmungslustig
entertainment die Unterhaltung
entrance der Eingang,˵e
equal gleich; **with ~ rights** gleichberechtigt
equality die Gleichberechtigung
to **escape** fliehen*
especially besonders
etc. usw., und so weiter
even sogar
evening der Abend,-e
every jed-
everything alles
everywhere überall
exact(ly) genau
exam die Prüfung,-en
example das Beispiel,-e
excellent ausgezeichnet
exchange der Austauch
to **exchange** (money) um·wechseln; **What's the ~ rate of the dollar?** Wie steht der Dollar?
excited: to get ~ sich auf·regen
exciting spannend
excuse die Entschuldigung
to **excuse** entschuldigen
exit der Ausgang,˵e
expensive teuer
to **explain** erklären
explanation die Erklärung,-en
eye das Auge,-n

F

face das Gesicht,-er
fair das Volksfest,-e
faithful treu; **un~** untreu
fall der Herbst
family die Familie,-n
fantastic phantastisch, toll
fantasy die Phantasie
far weit
farmer der Bauer,-n
fashionable modisch
fast schnell
fat dick
father der Vater,˵
February der Februar

to **feel** (a certain way) sich fühlen; **I'm (feeling). . . .** Es geht mir. . .; **to ~ like (doing something)** Lust haben* zu (+ *infinitive*)
feeling das Gefühl,-e
few wenig-
field das Feld,-er; (of study) der Fachbereich,-e
to **fill out** aus·füllen
finally endlich
to **find** finden*
fine gut (besser, best-)
finger der Finger,-
to **finish** beenden
finished (ready) fertig; (over) vorbei
fish der Fisch,-e
to **fish** angeln
flight (plane) der Flug,˵e
to **flunk** durch·fallen*
to **fly** fliegen*
floor: on the first ~ im Parterre; **on the second ~** im ersten Stock
flower die Blume,-n
flute die Flöte,-n
to **follow** folgen (ist) (+ *dat.*)
food das Essen; **Enjoy your ~.** Guten Appetit!
foot der Fuß,˵e
for für (+ *acc.*)
forbidden verboten
foreign fremd, ausländisch
foreigner der Ausländer,-
forest der Wald,˵er
fork die Gabeln,-n
France (das) Frankreich
free frei
freedom die Freiheit
freeway die Autobahn,-en
French (*adj.*) französisch
fresh frisch
Friday der Freitag
friend der Freund,-e
friendly freundlich; **un~** unfreundlich
friendship die Freundschaft,-en
from von (+ *dat.*); (a native of) aus (+ *dat.*)
front: in ~ of vor (+ *acc./dat.*)
fruit das Obst
fun der Spaß; **to make ~ of** sich lustig machen über (+ *acc.*)
funny lustig; komisch
furniture die Möbel (*pl.*)
future die Zukunft

G

game das Spiel,-e
garage die Garage,-n

garden der Garten,⸚
generous generös
gentleman (Mr.) der Herr,-n,-en
German (*adj.*) deutsch
Germany (das) Deutschland
to get (become) werden*; (fetch) holen; (receive) bekommen* (hat); to ~ off aus·steigen*; to ~ on ein·steigen*; to ~ up auf·stehen*; How do I ~ from . . . to . . .? Wie komme ich von . . . zu . . .?
girl das Mädchen,-
to give geben*; (as a present) schenken
gladly gern (lieber, liebst-)
glass das Glas,⸚er
to go gehen*; to ~ by (bus) fahren* mit; to ~ by (plane) fliegen*; to ~ out aus·gehen*
good gut (besser, best-)
good-bye auf Wiedersehen!; (on the phone) Auf Wiederhören!
government die Regierung,-en
grade die Note,-n
grandfather der Großvater,⸚
grandmother die Großmutter,⸚
grandparents die Großeltern (*pl.*)
gray grau
great (size) groß; (terrific) prima, toll
green grün
greeting der Gruß,⸚e
grief: Good ~! Ach du liebes bißchen! Ach du Schreck!
groceries die Lebensmittel (*pl.*)
grouchy brummig
group die Gruppe,-n
guest der Gast,⸚e
guitar die Gitarre,-n

H

hair das Haar,-e
half halb
hallway der Flur
hand, die Hand,⸚e
to happen geschehen*, passieren (ist)
happy glücklich; un~ unglücklich
hardly kaum
to have haben*; to ~ to müssen*
head der Kopf,⸚e
health die Gesundheit
healthy gesund (ü)
to hear hören
heavy schwer
Hello? Hallo?
to help helfen*; May I ~ you? Bitte schön? Was darf's sein? Help! Hilfe!
her ihr
here hier; ~ you are. Bitte schön!

hi! Hallo! Guten Tag!
to hike wandern (ist)
hill der Hügel,-
his sein
history die Geschichte
hobby das Hobby,-s
holiday der Feiertag,-e
home: at ~ zu Hause; (toward) ~ nach Hause
hope die Hoffnung,-en
to hope hoffen
hospital das Krankenhaus,⸚er
hot heiß
hotel das Hotel; (boarding house) die Pension,-en
hour die Stunde,-n
house das Haus,⸚er; ~hold der Haushalt; ~wife die Hausfrau,-en
how wie; ~ are you? Wie geht's ~ about . . .? Wie wär's mit . . .?
however aber; doch
huge riesig
hungry: I'm ~. Ich habe Hunger.
hurry: We are in a ~. Wir haben es eilig.
to hurry sich beeilen
to hurt weh·tun*
husband der Mann,⸚er

I

ice, ice cream das Eis
idea die Idee,-n
ideal das Ideal,-e
identification der Ausweis,-e
idiom die Redewendung,-en
idiot der Idiot,-en
if (*conj.*) wenn; ob
imagination die Phantasie
to imagine sich vor·stellen
immigrant der Einwanderer,-
to immigrate ein·wandern (ist)
important wichtig
impression der Eindruck,⸚
to improve verbessern
indeed doch, wirklich
independence die Unabhängigkeit
independent (of) unabhängig (von)
industrious(ly) fleißig)
inn der Gasthof,⸚e
in spite of trotz (+ *gen.*)
instead of anstatt (+ *gen.*)
intelligent intelligent
interest (in) das Interesse (an + *dat.*)
interested: to be ~ in sich interessieren für
interesting interessant
interpreter der Dolmetscher,-
to introduce vor·stellen

to **invite (to)** ein·laden* (zu)
island die Insel,-n
isn't it? nicht wahr?
Italian (*adj.*) italienisch
Italy (das) Italien
its sein

J

jacket die Jacke,-n
jam die Marmelade,-n
January der Januar
job die Arbeit; (position) die Stelle,-n
July der Juli
June der Juni

K

to **keep in shape** sich fit halten*
key der Schlüssel,-
king der König,-e
kitchen die Küche,-n
knee das Knie,-
knife das Messer,-
knight der Ritter,-
to **know** (a person) kennen*; (a fact) wissen*; (skill) können*
known bekannt

L

lab das Labor,-e
lacking: to be ~ fehlen
lady die Dame; **young** ~ (Miss, Ms.) das Fräulein,-
lake der See,-n
lamp die Lampe,-n
to **land** landen (ist)
landscape die Landschaft,-en
language die Sprache,-n
last letzt-
late spät; **How** ~ **is it?** Wie spät ist es? Wieviel Uhr ist es? **The train is** ~. Der Zug hat Verspätung.
to **laugh** lachen
law das Gesetz,-e
lawyer der Rechtsanwalt,-e
lazy faul
to **learn** lernen
to **leave** (behind) verlassen* (let) lassen*; (depart) ab·fahren*
lecture die Vorlesung,-en; ~ **hall** der Hörsaal,-säle
left links; link-
leg das Bein,-e
leisure time die Freizeit
lemonade die Limonade (Limo)
letter der Brief,-e

lettuce der Salat
library die Bibliothek,-en
to **lie** (to be located) liegen*
life das Leben
light (color) hell; (weight) leicht
likable sympathisch; **un**~ unsympathisch
like wie; **just** ~ genau wie
to **like** gefallen*; **I would** ~ (**to have**). . . . Ich möchte. . . .
to **listen** zu·hören; **to** ~ **to** sich an·hören
little klein; (amount) wenig
to **live** leben; (reside) wohnen
location die Lage
long (*adj.*) lang (ä); (*adv.*) lange
to **look** sehen*; **to** ~ (**like**) aus·sehen* (wie + nom.); **to** ~ **at** (sich) an·sehen*; **to** ~ **for** suchen; **to** ~ **forward to** sich freuen auf (+ *acc.*); **Look!** Schau mal!
loud laut
love die Liebe; **in** ~ (**with**) verliebt (in + *acc.*); **to fall in** ~ (**with**) sich verlieben (in + *acc.*)
to **love** lieben
luck: Good ~! Viel Glück! Toi, toi, toi!

M

magazine die Zeitschrift,-en
mail die Post; ~**box** der Briefkasten,-̈ **by air**~ mit Luftpost; **by regular** ~ normal
mainly hauptsächlich
major (field of study) das Hauptfach,-̈er
to **make** machen
man der Mann,-̈er; (human being) der Mensch,-en,-en
many viele; **how** ~ wieviele
map die Landkarte,-n; **city** ~ der Stadtplan,-̈e
March der März
mark (German) die Mark (DM)
market der Markt,-̈e
marriage die Ehe,-n
married verheiratet
to **marry, get married** heiraten
marvellous herrlich
matter: What's the matter? Was ist los? **It doesn't** ~ Es ist egal. Das macht nichts. **no** ~ **how** egal wie
May der Mai
meal das Essen; **Enjoy your** ~. Guten Appetit!
to **mean** (signify) bedeuten; (think) meinen
meat das Fleisch
to **meet** (see) treffen*; (get to know) kennen·lernen; **I'm glad to** ~ **you.** Freut mich sehr. Es freut mich, Sie kennenzulernen.

menu die Speisekarte,-n
milk die Milch
mind: to have in ~ vor·haben* **Never** ~!
  Laß mal!
minister der Pfarrer,-
minor (field of study) das Nebenfach,⸗er
minus minus
minute die Minute,-n; **Just a** ~. Moment!
missing: to be ~ fehlen
mistake der Fehler,-
Middle Ages das Mittelalter
modern modern
moment der Moment
Monday der Montag
money das Geld
month der Monat,-e
monument das Denkmal,⸗er
mood die Laune,-n
more mehr
morning der Morgen; **mid**~ der Vormittag
most meist-, am meisten; **at** ~ höchstens
mostly meistens
mother die Mutter,⸗
mountain der Berg,-e
mouth der Mund
to **move** (to another place) ziehen* (ist)
movie (film) der Film,-e; (theater) das
  Kino,-s
much viel (mehr, meist-); **how** ~ wieviel
museum das Museum, Museen
music die Musik
musical musikalisch; **un**~ unmusikalisch
my mein

N

name der Name,-ns, -n; **first** ~ der
  Vorname,-ns, -n; **last** ~ der Nachname,-
  ns,-n; **What's your** ~? Wie heißen Sie?
to **name** nennen*
namely nämlich
near (distance) nah (näher, nächst-);
  (vicinity) bei (+ *dat.*); in der Nähe von (+
  dat.)
necessary nötig
neck der Hals,⸗e
to **need** brauchen
neighbor der Nachbarn,-n,-n
neither . . . nor . . . weder . . . noch . . .
never nie
nevertheless trotzdem
new neu
New Year's Eve Silvester
news die Nachricht,-en
newspaper die Zeitung,-en
nice nett

night die Nacht,⸗e; **to spend the** ~
  übernachten
no nein
nobody niemand
noise der Lärm
noodle die Nudel,-n
noon mittag
north der Norden; ~ (**of**) nördlich (von)
nose die Nase,-n
not nicht: ~ **any** kein
nothing nichts
novel der Roman,-e
November der November
now jetzt, nun; **right** ~ gerade, momentan
number die Nummer,-n; die Zahl,-en
nurse die Krankenschwester,-n

O

occupied besetzt
ocean der Ozean,-e
o'clock Uhr
October der Oktober
of course natürlich; doch
office das Büro,-s
often oft
oh ach
old alt (ä); ~**-fashioned** altmodish
on auf (+ *acc./dat.*)
once einmal; (formerly) früher; ~ **in a while**
  ab und zu
one (people, they) man
only nur; (certain time) erst
open offen; auf
to **open** öffnen, auf·machen
opera die Oper,-n
opinion die Meinung,-en
opportunity die Gelegenheit,-en
opposite das Gegenteil,-e
or oder
orange die Orange,-n; (color) orange
orchestra das Orchester,-
order: in ~ **to** um . . . zu
to **order** bestellen
our unser
oven der Ofen,⸗
over (location) über (+ *acc./dat.*); (finished)
  vorbei
own (*adj.*) eigen-

P

package das Paket,-e
page die Seite,-n
to **paint** malen
palace das Schloß,⸗sser

pants die Hose,-n
paper das Papier
parents die Eltern (*pl.*)
park der Park,-s
part der Teil,-e
to **participate (in)** teil·nehmen* (an + *dat.*);
  mit·machen
party die Party,-s
to **pass** (an exam) bestehen*; **to ~ by**
  vorbei·gehen*, vorbei·kommen*
passport der Paß,⸗sse
past die Vergangenheit
patient geduldig; **im~** ungeduldig
to **pay** bezahlen
pea die Erbse,-n
peace der Frieden; **Leave me in ~.** Laß
  mich in Ruhe!
peaceful friedlich
pedestrian der Fußgänger,-
pen der Kuli,-s
pencil der Bleistift,-e
per pro
performance die Vorstellung,-en
perhaps vielleicht
people die Leute (*pl.*); (human being) der
  Mensch,-en,-en
pepper der Pfeffer
pharmacist der Apotheker,-
pharmacy die Apotheke,-n
piano das Klavier,e
picture das Bild,-er; **to take a ~**
  photographieren
piece das Stück
pilot der Pilot,-en,-en
ping pong Tischtennis
place der Platz,⸗e; **at our ~** bei uns
to **plan** vor·haben*
plate der Teller,-
platform der Bahnsteig,-e
play (theater) das Stück,-e
to **play** spielen
pleasant gemütlich; **un~** ungemütlich
please bitte
plus und, plus
police die Polizei (*sg.*)
policeman der Polizist,-en,-en
political(ly) politisch
poor arm (ä)
port der Hafen,⸗
possibility die Möglichkeit,-en
possible möglich; **im~** unmöglich
post office die Post
potato die Kartoffel,-n
pound das Pfund
to **prefer** vor·ziehen* (hat); lieber tun*
prejudice das Vorurteil,-e

to **prepare (for)** (sich) vor·bereiten (auf + *acc.*)
present (gift) das Geschenk,-e; (time) die
  Gegenwart
to **present** (introduce) bekannt machen
pretty hübsch
prince der Prinz,-en,-en
princess die Prinzessin,-nen
probably wohl
problem das Problem,-e
profession der Beruf,-e
professional(ly) beruflich
professor der Professor,-en
program das Programm,-e
protection der Schutz
proud stolz
public öffentlich
pudding der Pudding,-s
to **pull** ziehen*
pullover der Pulli,-s; der Pullover,-
purple lila
to **put** (set down) setzen; (stand upright)
  stellen; (lay down) legen; (hang up)
  hängen; **to ~ on** (clothing) (sich)
  an·ziehen*

Q

quarter das Viertel
queen die Königin,-nen
question die Frage,-n
quiet ruhig
quite ziemlich, recht

R

radio das Radio,-s
to **rain** regnen
rather lieber
to **read** lesen*
ready fertig
reality die Wirklichkeit
really wirklich
reason der Grund,⸗e
to **recommend** empfehlen*
record die Schallplatte,-n; **~ player** der
  Plattenspieler,-
red rot (ö)
refrigerator der Kühlschrank,⸗e
religious religiös
to **rent** mieten; **to ~ out** vermieten
to **repeat** wiederholen
report der Bericht,-e
reporter der Journalist,-en,-en
reserved reserviert
restaurant das Restaurant,-s
to **return** zurück·kommen*
rice der Reis

rich reich
ridiculous lächerlich
right rechts, recht-; (correct) richtig; (okay) in Ordnung; na gut;
right das Recht,-e **You're ~**. Du hast recht. **That's ~**. Das stimmt.
to **rise** steigen*
river der Fluß,⸗sse
roast der Braten,-
roll das Brötchen,-
room das Zimmer,-; **bed~** das Schlafzimmer; **class~** das Klassenzimmer; **dining~** das Eßzimmer; **double ~** das Doppelzimmer,-; **guest ~** das Gästezimmer; **living ~** das Wohnzimmer; **single ~** das Einzelzimmer
roommate der Zimmerkollege,-n,-n
row die Reihe,-n
to **run** laufen*; rennen*

S
sad traurig
safe sicher
to **sail** segeln
salad der Salat,-e
salt das Salz
same gleich; **the ~** genauso; **the ~ to you** gleichfalls
Santa Claus der Weihnachtsmann
satisfied zufrieden
Saturday der Samstag
sausage die Wurst,⸗e
to **say** sagen; **What did you ~**? Wie bitte?
schedule (of trains, etc.) der Fahrplan,⸗e
scholarship das Stipendium, Stipendien
school die Schule,-n
science die Wissenschaft,-en
scientist der Wissenschaftler,-
season die Jahreszeit,-en
second die Sekunde,-n
secretary die Sekretärin,-nen
to **see** sehen*; **I ~**. Ach so.; **What does she ~ in . . .?** Was findet sie an (+ *dat.*) . . .?
to **seem** scheinen*
seldom selten
to **sell** verkaufen; **sold out** ausverkauft
semester das Semester,-
seminar das Seminar,-e
to **send** schicken
sentence der Satz,⸗e
September der September
serious: Be ~! Spaß beiseite!
settled: to get ~ sich ein·leben
several (*pl.*) mehrer-
to **sew** nähen
to **shave** (o.s.) sich rasieren

to **shine** scheinen*
ship das Schiff,-e
shirt das Hemd,-en
shoe der Schuh,-e
to **shop** ein·kaufen
short kurz (ü)
to **show** zeigen
shower: to take a ~ sich duschen
sick krank (ä)
sidewalk der Bürgersteig,-e
sign das Schild,-er
to **sign** unterschreiben*
simple, simply einfach
since (time) seit (+ *dat.*)
to **sing** singen*
single (unmarried) unverheiratet
sister die Schwester,-n
to **sit** (be sitting) sitzen*; **to ~ down** sich setzen
to **ski** Ski·laufen*
skirt der Rock,⸗e
sky der Himmel
to **sleep** schlafen*
slim schlank
slow(ly) langsam
to **snow** schneien
soccer Fußball
sofa das Sofa,-s
some (*sg.*) etwas; (*pl.*) einig-; (many a) manch-; (a couple of) ein paar
somebody jemand
something etwas
sometimes manchmal
somewhere irgendwo
son der Sohn,⸗e
soon bald
sorry: I'm ~. Es tut mir leid.
so that (*conj.*) so daß
sound: That sounds good. Das klingt gut.
soup die Suppe,-n
south der Süden; **~ (of)** südlich (von)
Spain (das) Spanien
Spanish (*adj.*) spanisch
to **speak** sprechen*
special: nothing ~ nichts Besonderes
specialty die Spezialität,-en
speed die Geschwindigkeit,-en
spoon der Löffel,-
sport(s) der Sport
spring der Frühling
stairs die Treppe,-n
stamp die Briefmarke,-n
to **stand** stehen*
to **stay** bleiben*
stewardess die Stewardeß,-ssen
still noch

stingy geizig
stomach der Bauch,ᵈe
stop (for buses, etc.) die Haltestelle,-n
to stop (in a vehicle) halten*; (doing
  something) auf·hören (zu + *infinitive*)
store das Geschäft,-e; **department** ~ das
  Kaufhaus,ᵈer
story die Geschichte,-n; **detective** ~ der
  Krimi,-s
stove der Herd,-e
strange komisch
strawberry die Erdbeere,-n
street die Straße,-n; **main** ~ die
  Hauptstraße,-n
streetcar die Straßenbahn,-en
strict streng
to stroll bummeln (ist)
student der Student,-en,-en
study das Studium, Studien
to study studieren
stupid dumm (ü)
subject das Fach,ᵈer
subway die U-Bahn
such (*sg.*) so ein; (*pl.*) solch-
sudden(ly) plötzlich
sugar der Zucker
suitcase der Koffer,-
summer der Sommer
sun die Sonne
Sunday der Sonntag
supermarket der Supermarkt,ᵈe
supper das Abendessen
supposed: to be ~ to sollen*
sure sicher; Sure! Klar!
surroundings die Umgebung
to swim schwimmen*
Switzerland die Schweiz

T
table der Tisch,-e
to take nehmen*; **to** ~ **along** mit·nehmen*; ~
  care! Mach's gut!; (a course) belegen;
  (last) dauern; **to** ~ **off** (clothing) (sich)
  aus·ziehen*; **to** ~ **off** (plane) ab·fliegen*
talent das Talent,-e
talented talentiert; **un**~ untalentiert
to talk reden
taste der Geschmack
to taste schmecken
taxi das Taxi,-s
tea der Tee
teacher der Lehrer,-
telephone das Telefon,-e;
to tell sagen; erzählen (von + *dat.*)
tennis Tennis
terrible, terribly furchtbar, schrecklich

than (after *comp.*) als
to thank danken (+ *dat.*)
that (*conj.*) daß; ~ **is (i.e.)** das heißt (d.h.)
the . . . the . . . je (+ *comp.*) . . . desto (+
  comp.) . . .
theater das Theater,-
their ihr
then dann
there da, dort; ~ **is** es gibt
therefore deswegen
thick dick
thin dünn
things: all sorts of ~ so einiges; **various** ~
  Sonstiges
to think (of) denken* (an + *acc.*); **What do you**
  ~ **of . . .?** Was halten Sie von (+ *dat.*) . . .?
  What makes you ~ **that?** Wie kommst du
  darauf? (suppose) meinen
thirsty: I'm ~. Ich habe Durst.
this dies-
through durch (+ *acc.*)
Thursday der Donnerstag
ticket die Karte,-n; (bus) die Fahrkarte,-n;
  (plane) die Flugkarte,-n; **roundtrip** ~ die
  Rückfahrkarte,-n; ~ **window** der Schalter,-
time die Zeit; **any**~ jederzeit; **the first** ~ das
  erste Mal
tired müde
to zu (+ *dat.*); an (+ *acc.*); (a country, etc.)
  nach
today heute
together zusammen
toilet die Toilette,-n
tolerant tolerant
tomato die Tomate,-n
tomorrow morgen; **the day after** ~ übermorgen
too (also) auch; (much) zu
tooth der Zahn,ᵈe
total(ly) völlig
tourist der Tourist,-en,-en
track das Gleis,-e
traffic der Verkehr
train der Zug,ᵈe; ~ **station** der Bahnhof,ᵈe
to translate übersetzen
to travel reisen (ist)
travel agency das Reisebüro,-s
tree der Baum,ᵈe
trip die Fahrt,-en; die Reise,-n
true richtig; **That's** ~. Das stimmt.
to try versuchen
Tuesday der Dienstag
turn: to ~ off (radio etc.) aus·machen; to ~
  on (radio etc.) an·machen
TV (medium) das Fernsehen; (set) der
  Fernseher,-
typical(ly) typisch

U

ugly häßlich
uncle der Onkel,-
under unter (+ *acc./dat.*)
to   **understand** verstehen*
understanding verständnisvoll; **lacking ~** verständnislos
unfortunately leider
United States (US) die Vereinigten Staaten (USA) (*pl.*)
university die Universität,-en (Uni,-s)
unlucky: to be ~ Pech haben*
until bis
upstairs oben
usual(ly) gewöhnlich

V

vacation die Ferien (*pl.*)
various verschieden-
vegetable das Gemüse
very sehr; ganz
view (of) der Blick (auf + acc.)
village das Dorf,̈er
vineyard der Weinberg,-e
to   **visit** besuchen; (view) besichtigen

W

to   **wait (for)** warten (auf + *acc.*)
waiter der Ober,-
waitress das Fräulein,-
to   **walk** zu Fuß gehen*; laufen*; **to go for a ~** spazieren·gehen*
wall die Wand,̈e
to   **want to** wollen*, möchten*
war der Krieg,-e
warm warm (ä)
to   **wash (o.s.)** (sich) waschen*
watch (clock) die Uhr,-en
to   **watch TV** fern·sehen*; **Watch out!** Passen Sie auf! Achtung!
water das Wasser
way der Weg,-e; **this ~** auf diese Weise; **on the ~** unterwegs
to   **wear** tragen*
weather das Wetter
wedding die Hochzeit,-en
Wednesday der Mittwoch
week die Woche,-n

weekend das Wochenende
welcome: You're ~. Bitte schön! Bitte bitte! Gern geschehen! Nichts zu danken!
west der Westen; **west (of)** westlich (von)
what was; **~'s new?** Was gibt's (denn)? **~'s on (in)** . . .? Was gibt's im . . . **So ~!** Na und!
when (at what time) wann; (whenever) wenn (*conj.*); als (*conj.*) **just ~** gerade als (*conj.*)
where wo; **~ from** woher; **~ to** wohin
whether (*conj.*) ob
which welch-
while (*conj.*) während; **for a ~** eine Weile
white weiß
who wer
whole ganz
why warum, wieso
wife die Frau,-en
wild wild
to   **win** gewinnen*
window das Fenster,-
wine der Wein,-e
winter der Winter,-
wish der Wunsch,̈e
to   **wish** (sich) wünschen
with mit (+ *dat.*); (at the home of) bei (+ *dat.*)
without ohne (+ acc.)
woman (Mrs., Ms.) die Frau,-en
wonderful wunderbar
word (individual) das Wort,̈er; (connected words) das Wort,-e
work die Arbeit
to   **work** arbeiten; **That doesn't ~.** Das geht nicht.
world die Welt
to   **write** schreiben*
wrong falsch

Y

year das Jahr,-e
yellow gelb
yes ja
yesterday gestern; **the day before ~** vorgestern
yet doch; **not ~** noch nicht
young jung (ü)
your dein, euer, Ihr
youth hostel die Jugendherberge,-n

INDEX

This index is limited to grammatical entries. Topical vocabulary (days of the week, food, hobbies, etc.) can be found through the Table of Contents. Entries appearing in the *Rückblicke* (reviews) are indicated by parentheses.